세계 종교의 역사

A LITTLE HISTORY of RELIGION

인간이 묻고 신이 답하다

세계 종교의 역사

리처드 할러웨이 지음 | 이용주 옮김

●일러두기
1. 이 책에 나오는 인명, 지명, 고유명사 등은 가급적 원지 발음에 가깝게 표기했습니다.
2. 원어는 괄호 없이 병기하는 것을 원칙으로 삼되 경우에 따라 '( )'와 '[ ]'를 사용하여 의미를 분명하게 전달하고자 했습니다.
3. 이 책에 나오는 각 종교의 경전(바이블) 제목 앞뒤에는 겹낫표를 생략했습니다.
4. 일반적인 책명에는 『 』를, 영화명에는 「 」를, 정기간행물(잡지 등)에는 〈 〉를 붙였습니다.

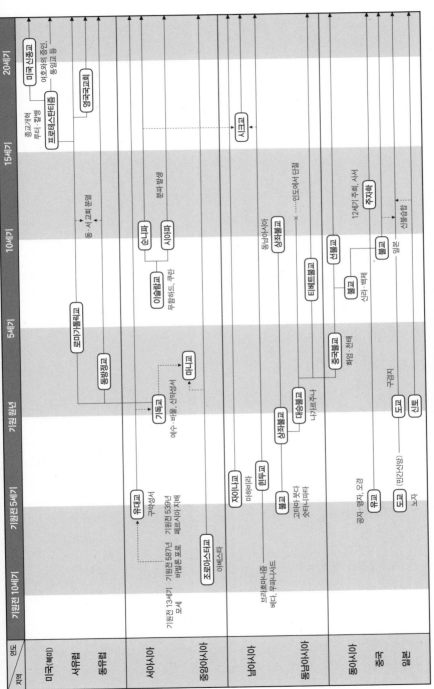

연표로 보는 세계 종교의 역사

연도	기원전 10세기	기원전 5세기	기원 원년	5세기	10세기	15세기	20세기

미국(북미)

미국 신종교
(여호와의증인, 통일교회 등)

서유럽

종교개혁
루터·칼뱅
프로테스탄티즘

동유럽

로마가톨릭교
동서 교회 분열
영국국교회

동방정교

기독교
예수·바울, 신약성서

서아시아

유대교
구약성서

기원전 13세기
모세

기원전 587년
바빌론 포로

기원전 539년
페르시아 지배

마니교

이슬람교
무함마드, 쿠란

순니파

시아파

분파 발생

중앙아시아

조로아스터교
아베스타

남아시아

자이나교
마하비라

힌두교

상키아학파

상좌불교

대승불교
교타마 붓다
숫타니파타

티베트불교

인도에서 단절

시크교

동남아시아

불교

중국불교
화엄·천태

선불교

동아시아

상좌불교

불교
신라·백제

정토교
일본

주자학
12세기 주희, 사서

신불습합

중국

유교
공자·맹자, 오경

도교 (민간신앙)
노자

구겸지

일본

도교

신도

| 차례 |

CHAPTER 1

저 너머의 세상?

종교란 무엇인가? 그리고 그것은 어디서 왔는가? 종교는 인간이라는 동물human animal의 정신mind에서 나온 것이니, 결국 우리 인간으로부터 유래한 것이라고 말할 수 있다. 지구 위의 다른 동물들은 종교를 필요로 하지 않는 것 같다. 그리고 우리가 아는 한, 동물은 어떤 종교도 만들어내지 않았다. 아마도 동물은 우리보다 더 자기 생명과 일체가 된 삶을 살기 때문일 것이다. 동물은 본능적으로 행동한다. 그들은 생명의 흘러감에 대해 항상 생각하지 않고도 잘 살아간다. 인간이라는 동물은 그렇게 사는 능력을 잃어버렸다. 우리의 두뇌는 우리가 항상 자기를 의식하면서 살 수밖에 없도록 발달해왔다. 우리는 우리 자신에 대해 관심을 가진다. 우리는 주변의 사물에 대한 궁금증을 버릴 수가 없다. 우리는 생각하지 않을 수 없는 것이다.

그리고 우리가 생각하는 대상 중에서 가장 큰 것은 우주 자체 및 우주가 어디에서 왔는지 하는 것이다. 우주를 만든 어떤 존재가 우주 바깥 어딘가에 정말로 실재할까? 그 누군가를 지칭하는 가장 간단한 단어가 신神이다. 영어로는 God, 그리스어로 *theos* 라고 한다. 그 바깥 어딘가에 신이 있다고 믿는 사람을 유신론 자theist라고 부른다. 그 바깥에는 아무도 없고 우리는 이 우주 안에 스스로 존재하게 되었다고 믿는 사람을 무신론자atheist라고 부른다. 신에 대해, 그리고 신이 우리에게 무엇을 원하는지를 연구하는 학문이 신학theology이다. 죽음 이후에 우리에게 어떤 일이 일어나는가? 그것 역시 우리가 묻지 않을 수 없는 또 다른 커다란 질문이다. 우리가 죽으면, 그것으로 끝인가 아니면 다른 어떤 일이 일어나는가? 다른 일이 일어난다면, 그것은 과연 어떤 것인가?

이런 질문들에 답하려는 첫 번째 시도가 바로 종교다. 첫 번째 질문에 대해 종교가 제공한 답은 비교적 단순하다. 우주는, 사람들이 보통 신God이라 부르는, 우주를 초월하는 어떤 힘에 의해 창조되었고, 그는 자기가 창조한 것에 끊임없이 관심을 가지고 관여한다. 신이라 불리는 그 힘의 성질, 그것이 우리에게 원하는 것, 그 점에 대해 모든 종교는 각기 다른 해석을 내놓는다. 하지만 사람들은 어떤 형식으로든 그런 존재를 믿어왔다. 종교는 우리가 우주 안에서 혼자가 아니라고 말해준다. 우리의 삶을 넘어 다른 실재, 다른 차원이 존재한다. 우리는 그것을 '초자연적supernatural' 이라고 부른다. 그것은 우리가 즉시 지각할 수 있는 세계, 즉 자연 세계 밖에 있기 때문이다.

우리가 보통 신이라고 부르는 초월적 실재에 대한 믿음이 종교 신앙에서 가장 중요한 것이라면, 그런 믿음을 촉발한 것은 무엇이고, 또 그것은 언제 시작되었는가? 그것은 아주 오래전에 시작되었다. 사실, 인간이 우리가 사는 세계 너머에 초자연적 세계가 있다는 것을 믿지 않았던 때는 없었던 것 같다. 사람이 죽은 다음에 어떤 일이 일어날 것인지에 대한 의문이 그런 믿음을 촉발했을 것이다. 모든 동물은 죽는다. 그러나 인간은 다른 동물과 달리 시체를 그 자리에 버려두지 않는다. 우리가 추적할 수 있는 범위 안에서 보면, 인간은 죽은 자를 위해 장례를 치러주었던 것을 알 수 있다. 그들이 어떻게 장례를 치렀는지를 보면 그들의 믿음이 어떤 것이었는지 추측할 수 있다.

물론, 그렇다고 해서 동물이 자기 동료의 죽음을 애도하지 않는다고 말할 수는 없다. 동물이 애도를 한다는 증거는 충분히 많다. 에딘버러에는 그레이프라이어스 바비Greyfriars Bobby라는 유명한 강아지 동상이 있는데, 그 강아지는 주인을 잃은 동물의 슬픔이 어떤 것인지 잘 보여준다. 바비는 주인 존 그레이John Gray가 죽은 후 그의 무덤에 누워 14년을 살다가 1872년에 죽었다. 바비가 친구를 그리워한 것은 분명하다. 그리고 존 그레이의 가족은 바비가 죽은 후 장례를 치르고 바비를 그레이프라이어스 커크야드Greyfriars Kiryard에 안치했다. 그들은 바비를 묻을 때 인간적인 방식으로 의식을 거행했다. 그렇다면, 인간으로 하여금 죽은 사람을 매장하도록 촉발한 것은 무엇일까?

죽은 사람이 우리에게 알려주는 가장 놀라운 사실은 항상 일어나던 일이 어느 날 갑자기 일어나지 않게 된다는 것이다. 죽은 사람은 더 이상 숨을 쉬지 않는다. 숨은 물질적인 신체는 아니지만 우리 안에 들어와 신체에 생명을 주는 어떤 것에 대한 생각을 불러일으키는 첫걸음이다. 그리스어 프시케psyche, 라틴어 스피리투스spiritus는 둘 다 '숨 쉬다' 혹은 '불어넣다'라는 의미를 가진 동사였다. 정신spirit 또는 영혼soul은 육체에 생명과 숨을 불어넣는 것이다. 그리고 얼마 동안 육체 안에 머물다가, 육체가 죽으면 떠나간다. 그러나 그것은 어디로 가는가? 그 물음에 대한 하나의 대답이 바로 저 너머의 세상, 정신의 세계, 우리가 사는 지상의 다른 편으로 갔다는 설명이다.

초기 인류의 장례 의식은 이런 견해를 뒷받침한다. 그 시절에는 아직 문자가 발명되지 않았기 때문에, 인류의 먼 조상이 남긴 모든 것은 그들의 생각을 오직 침묵으로 보여줄 뿐이다. 그들은 우리가 읽을 수 있는 형태로 생각을 남기지 않았고, 믿음을 표현하지도 않았다. 그러나 그들이 무엇을 생각했는지를 추측할 수 있는 분명한 단서를 남겨주었다. 이제부터 그 단서를 면밀하게 조사해보자. 그 조사를 위해 우리는 기원전BCE 수천 년 전으로 거슬러 올라가야 하는데, 그 '기원전'이라는 용어에 대한 설명이 먼저 필요할 것이다.

과거에 어떤 일이 언제 발생했는지를 알기 위해서는 국제 표준 달력 혹은 날짜 계산법이 필요하다. 오늘날 우리가 사용하는 달력은 기원후 6세기 무렵 기독교에 의해 만들어졌다. 종교가 역사에서 얼마나 큰 영향력을 행사하고 있는지를 단적으로 보여주는 예이다. 거의 2,000년 동안, 가톨릭은 세상을 움직이는 강력한 세력 중 하나였다. 오늘날에도 여전히 많은 세계인이 사용하고 있는 달력을 만들었을 정도로 강력했다. 그 종교의 창시자 예수 그리스도의 탄생이 달력 제작에서 핵심적인 사건이다. 그의 탄생이 기원 원년이 된 것이다. 예수 탄생 이전에 일어난 일은 모두 주전主前, 즉 BC Before Christ가 된다. 탄생 이후의 일은 모두 주후主後, 즉 AD anno Domini다.

우리 시대에 와서 BC와 AD는 BCE와 CE로 대체되었다. 그것은 종교적 왜곡을 포함하는 개념이 될 수도 있고, 왜곡을 포함하지 않는 것이 될 수도 있다. BCE는 기독교 시대 이전Before the Christian Era, CE는 기독교 시대Christian Era를 의미할 수도 있다. 또는 BCE는 기원전Before Common Era, CE는 기원후Common Era를 의미할 수도 있다. 여러분은 자기 입장에 따라 그 의미를 자유롭게 선택할 수 있다. 나는 이 책에서 BCE를 주전 혹은 기원전에 발생한 사건을 표시하는 데 사용할 것이다. 그러나 혼란을 피하기 위해, CE는 꼭 필요한 경우에만 한정적으로 사용할 것이다. 그러므로 아무 표시가 없는 어떤 연도를 마주치게 되면, 주후 또는 기원후에 발생한 것으로 보면 된다.

어쨌든, 우리는, 기원전 13만 년 이래 인류의 조상이 죽은 사람을 매장하던 방식에서, 종교적 믿음의 증거를 발견할 수 있다. 지금까지 발견된 무덤 안에 놓여 있던 음식물, 도구, 장식품 등을 통해 볼 때, 인류의 조상들은 죽은 사람이 다른 종류의 세상을 향한 여행길에 그런 물건이 필요하다고 믿었을 것이라고 추측할 수 있다. 또 하나는 주검을 붉은 황토ochre로 칠하는 것인데, 이것은 아마도 사후에 이어지는 생명에 대한 관념을 상징하는 것이리라. 이런 관습은, 기원전 10만 년 무렵 만들어진, 세계에서 가장 오래된 매장터인 이스라엘 카프제Qafzeh의 어머니와 아들 무덤에서 발견되었다. 비슷한 관습을 우리는 지구 반 바퀴 떨어진 오스트레일리아의 문고Mungo 호수 매장터에서 발견할 수 있다. 이것은 기원전 4만 2000년 무렵에 만들어진 것으로, 주검이 붉은 황토로 덮여 있었다. 주검에 색칠을 하는 것은 인류가 가진 탁월한 능력 중 하나인 상징적 사유symbolic thinking의 출현을 의미한다. 종교에서는 상징적 사유가 넘쳐난다. 그리고 그것을 잘 포착하는 것은 충분한 가치가 있다.

많은 유용한 단어들이 그렇듯, 상징symbol이라는 단어 역시 그리스어에서 왔고, 여기저기 흩어진 것을, 마치 깨진 접시 조각을 맞추듯, 하나로 모으는 것을 의미한다. 그 이후 상징은 다른 어떤 것을 대표하거나 표현하는 것이 되었다. 상징은 여전히 여럿을 모은다는 의미를 가지고는 있다. 하지만 깨진 도자기 조각을 단순히 맞추어 붙이는 것보다 훨씬 더 복잡한 무엇이 되었다. 상징의 좋은 예는 '성조기Stars and Stripes' 같은 국기다. 성조기를 보면 미국을 떠올린다. 그것은 미국을 상징하며, 미국을 대표한다.

상징은 말로 표현할 수 있는 것보다 훨씬 더 깊은 헌신loyalties을 표현하기 때문에 성스러운 것이 될 수 있다. 사람들이 자기에게 소중한 상징이 모독당하는 것을 견디지 못하는 이유다. 낡은 천을 태우는 것은 아무 문제가 되지 않지만, 그것이 자기 나라를 상징한다면 문제가 달라진다. 특히 그 상징이 종교적인 것이라면, 어떤 공동체에 성스러운 것이라면, 훨씬 더 심각해진다. 그런 경우 상징을 모독하는 것은 살의가 가득한 분노를 촉발할 수도 있다. 이 책에는 '상징'이라는 개념이 수도 없이 등장할 것이다. 따라서 상징이라는 개념을 잘 기억해야 한다. '붉은 황토'가 죽은 사람이 새로운 다른 장소에서 '새로운 생명'을 얻기 위해 떠난다는 믿음을 표현하고 있는 것이 그런 예다.

상징적 사유의 또 다른 예로 죽은 사람을 매장하는 방식을 꼽을 수 있다. 특히 그가 권위 있고 중요한 인물이라면 더욱 그렇다. 그런 인물의 주검은 거대한 둥근 돌 아래에 묻힐 수도 있고, 곧게 세운 돌 두 개가 커다란 덮개를 지지하는 구조를 가진 돌멘dolmen이라고 불리는 조심스럽게 만들어진 석실에 묻히기도 한다. 죽은 사람을 위해 인류가 만든 가장 멋진 기념물은 이집트 기자Giza에 있는 피라미드다. 피라미드는 무덤인 동시에, 무덤 주인인 왕족의 영혼이 불사immortality로 나아가는 도약대라고 생각되었다.

시간이 흐르면서 매장 의례는 더 정교해졌고, 어떤 지역에서는 놀라울 정도로 잔인해졌다. 죽은 사람이 다른 세상에서 안락함과 지위를 누릴 수 있도록 부인들이나 노예들이 함께 매장되기도 했다. 여기서 주목해야 할 사실이 있다. 아주 초창기부터, 종교는 일부 사람의 생명에 대해서는 전혀 관심을 보이지 않는 비정한 측면을 가지고 있었다는 사실이다.

우리의 조상들이 죽음을 존재의 다른 국면으로 들어가는 입구이며, 저세상이 이 세상의 변형태라고 상상했다고 해석하는 것은 옳다. 죽음을 이 너머의 저세상으로 이어지는 문이라고 이해한다면, 저세상이 이 세상과 연결되어 있다고 하는 그들의 믿음또한 엿볼 수 있다.

여기까지만 보면, 종교적 믿음이란 마치 수수께끼를 푸는 것같은 추측의 과정처럼 보일 수 있다. 인류의 조상들은 세계가 어디서 왔는지 스스로 묻고, 또 세계가 저기 어딘가에 있는 더 위대한 힘에 의해 창조되었을 것이라고 추측했다. 그들은, 숨이 멎은 시체를 보면서, 죽은 사람의 영혼이 지금까지 머물던 육체를 떠나 어딘가로 가는 것이 분명하다고 생각했다.

그러나 종교의 역사에서 아주 중요한 한 그룹은 너머의 세계 또는 죽은 영혼이 찾아가는 목적지에 대해 추측하지 않았다. 그들은 자신들이 저 세계를 방문했고 그 세계가 자신들을 찾아왔다고 주장한다. 그들은 저 세계의 요구를 들었다고, 또 자신들이 보고 들은 것을 다른 사람들에게 말해주라는 명령을 받았다고 주장한다. 그래서 그들은 자기들이 받은 메시지를 선포한다. 그들은 자기들의 말을 믿는 사람을 모아서 그 가르침에 따라 살기 시작한다. 우리는 그들을 예언자prophet 또는 현자sage라고 부른다. 그리고 그들을 통해 새로운 종교가 탄생한다.

그러고 난 다음, 다른 일이 일어난다. 그들이 전하는 이야기는 추종자들에 의해 암송되고, 입에서 입으로 전해졌다. 그러나 시간이 지나면서 종이에 기록된다. 그것은 이제 소위 신성한 문서Holy Scripture 또는 성스러운 기록sacred writings이 된다. 성서the Bible, 유일

세계 종교의 역사

한 책 The Book! 그리고 그것은 그 종교의 가장 중요한 상징이 된다. 그것은 물리적으로는 한 권의 책에 불과하다. 그것은 여러 사람이 쓴 것이다. 그 기록의 역사를 추적할 수도 있다. 그러나 그 책의 글을 통해 너머의 세계에서 온 메시지가 우리가 사는 세상으로 전해졌다. 그 책은 영원eternity과 시간time을 연결하는 다리가 된다. 인간을 신성한 존재divine와 연결한다. 그것이 바로 사람들이 그 책을 경외심으로 숭배하고, 또 열심히 연구했던 이유다. 또한 그 책이 조롱당하거나 파괴될 때 믿는 사람들이 분노했던 이유다.

종교의 역사는 이들 예언자와 현자, 그리고 그들이 시작했던 운동, 그들의 행적에 관한 이야기다. 그러나 그것은 논쟁과 불일치로 가득한 무거운 주제다. 회의론자들은 그들 선지자 중 일부의 실존 자체를 의심한다. 또 그들이 보고 들었다는 환상과 목소리의 실재 자체를 의심한다. 충분히 그럴 수 있다. 그러나 그들은 요점을 놓치고 있다. 예언자와 현자는 그들에 관한 이야기 안에 실존하고 있으며, 그 이야기는 오늘을 사는 수십억 사람에게 의미를 전하고 있다는 그 사실은 논쟁의 여지가 없기 때문이다.

이 책에서 우리는 여러 종교가 우리에게 전해주는 이야기들을 읽을 것이다. 그 과정에서, 그 당시 그런 일이 실제로 일어났는지 아닌지를 계속 묻지는 않을 것이다. 그러나 그런 질문을 완전히 무시하는 것도 옳지 않다. 따라서 이어지는 챕터에서 예언자와 현자들이 환상을 보고 목소리를 들었을 때 무슨 일이 일어난 것인지에 대해 생각해볼 것이다. 그들 예언자 중 한 사람이 모세Moses라고 불리는 인물이다.

CHAPTER 2

문

여러분이 기원전 1300년의 어느 아침에 이집트 시나이 사막에 있다고 가정해보자. 여러분은 가시덤불 앞에서 턱수염을 기르고 맨발로 무릎을 꿇고 앉아 있는 한 남자를 만나게 될 것이다. 그는 집중하여 가시덤불에 귀를 기울이고 있다. 그는 가시덤불을 향해 말을 한다. 그리고 다시 듣는다. 마침내 그는 일어나 결심한 듯 성큼성큼 걸어간다. 그의 이름은 모세, 종교의 역사에서 가장 유명한 예언자 중 한 사람이고, 유대교의 창시자다. 나중에 그에 대해 기록된 이야기에서는, 이날 불타는 덤불 안에서 어떤 신이 그에게 자유를 찾아 이집트에서 노예 무리를 이끌고 약속의 땅 팔레스타인으로 가라고 명령했다고 한다.

관찰자인 여러분이 보기에는 그 덤불은 불타고 있지 않았다.

세계 종교의 역사

게다가 그 불은 타서 없어지는 것이 아니다. 그 덤불은 열매로 붉게 타오르고 있다. 여러분은 귀를 기울이는 모세의 진지한 태도와 모세가 하는 말은 들을 수 있지만, 막상 그에게 말을 하는, 그리고 그가 귀 기울이는 목소리는 들을 수 없다. 그러나 이런 사실이 특별히 놀라운 것은 아니다. 여러분의 어린 여동생이 인형과 생생한 대화를 이어나간다거나, 사촌 동생이 자기 부모 이상으로 진짜라고 여기는 상상의 친구와 대화하는 모습을 본 적이 있기 때문이다. 여러분은 아마도 정신적으로 아픈 사람이 보이지 않는 사람과 열심히 이야기하는 것을 본 적이 있을 것이다. 따라서 여러분은 다른 사람에게는 들리지 않는 어떤 특별한 목소리를 듣는 사람들이 있다는 생각에 어느 정도 익숙해져 있다.

그러면 여기서 잠시 모세에게 말을 걸고 있는 그 보이지 않는 화자에 대해 생각해보자. 시간과 공간 밖에 존재하면서 인간과 직접 대화할 수 있는 보이지 않는 실재, 그런 존재에 대해 여러분의 생각을 집중해보라. 그런 생각을 이해하게 될 때, 여러분은 이미 종교의 중심 개념을 파악했다고 말할 수 있을 것이다. 우주에는 신체 감각으로 느낄 수 있는 범주를 넘어서는 힘이 존재하며, 그 힘은 특별한 사람에게만 자신을 드러낸다. 그들은 그 힘이 전해준 메시지를 다른 사람들에게 선포하려고 마음먹은 사람들이다. 당분간 우리는 이 진술을 수긍하지도 부정하지도 않을 것이다. 단지 그들의 주장 자체를 언급해둘 뿐이다. 저 너머에는 우리가 신God이라고 부르는 보이지 않는 힘이 있으며, 지금까지 그들과의 접촉을 유지하고 있다! 바로 이런 주장이다. 앞으로 종교의 역사를 따라가면서 우리는 다른 종교들 역시 이런 주장의 다른 버전을 가지고 있으며, 그것이 우리에게 무엇을 말하려고 했는지에 대해 배우게 될 것이다. 그러나 대부분의 종교는 그것이 거기에 존재한다는 사실을 당연히 받아들인다. 그리고 그들의 신앙 형태가 그 존재에 대한 최상의 응답이라고 확신한다.

다시 모세에게 돌아가 사막에서의 그 만남에 대한 그의 생각을 살펴보자. 여러분은 덤불이 불타고 있는 것을 보지 못했을 뿐 아니라 거기서 울려 나오는 신의 목소리를 듣지도 못했다. 그렇다면 어떻게 모세는 불꽃의 열기를 느꼈고, 명령하는 목소리에 진지하게 귀를 기울였고, 또 그 명령을 실행했을까? 그것은 오직 모세의 머릿속에서 일어난 일이었고, 그래서 여러분은 어떤 일이 일어나고 있는지 알 수 없었던 것일까? 혹은 그의 정신mind은 여러분이 도달할 수도 이해할 수도 없는 저 너머에 있는 다른 정신들minds과 접촉할 수 있었던 것일까? 만약 종교가 예언자와 현자들이 자신들의 정신 안에서 경험한 것에서 시작된다면, 그리고 여러분이 그들의 경험을 단순한 환상이라고 내치지 않고 경청한다면, 어떤 사람들은 보통 사람들이 보지도 못하고 듣지도 못하는 실재에 대해 개방되어 있는 것은 아닌지, 여러분은 아마도 처음으로 진지하게 생각해보게 될 것이다.

그 문제에 대한 가능한 설명 중 하나는 이렇다. 우리 인간의 정신은 지하실 혹은 지하 창고를 가진 단독주택처럼 두 개의 다른 차원에서 작동한다는 것이다. 우리는 꿈꿀 때, 그 다른 차원을 경험한다. 1층의 의식적 마음은 낮에는 깨어나 계획적이고 질서

잡힌 생활을 유지한다. 그러나 불을 끄고 잠이 드는 밤이 되면, 지하 창고의 문이 열리면서, 우리의 꿈꾸는 정신은 말로 드러내지 못한 욕망과 잊어버리고 있던 두려움이 뒤엉켜 만들어내는 파편들로 채워진다. 따라서 우주 안에 눈으로 보는 것보다 더 많은 것이 정말로 존재하는가 하는 질문을 한쪽으로 제쳐놓는다면, 적어도 일상적이고 깨어 있는 우리의 의식적 삶보다 더 많은 것이 존재한다는 것을 인정하지 않을 수 없다. 인간의 정신 안에는 잠재의식, 혹은 무의식이라고 불리는 지하층이 존재한다. 그리고 우리가 잠들면 지하층의 문이 열리면서 다양한 이미지와 목소리가 홍수처럼 밀려든다. 그것을 우리는 꿈꾸기dreaming라고 부른다.

종교의 역사 안에서 우리는, 보통 사람들은 꿈에서만 가질 수 있는, 그런 종류의 만남을 깨어 있는 동안에 경험하는 사람들을 자주 만날 수 있다. 그런 사람들을 우리는 예언자 혹은 몽상가dreamer라고 부르지만, 다르게 생각하면, 그들을 창조적인 예술가에 비유할 수 있다. 다른 점이 있다면, 예술가가 자기의 비전vision을 그림이나 작품에 쏟아붓는 것과 달리, 그들 예언자의 과업은 자신이 보고 들은 것을 수백만 명을 설득할 수 있는 메시지로 통역하는 것이다. 모세는 이런 신비로운 활동의 대표적인 예다. 그는 유래를 알 수 없는 어떤 것을 만났고, 그런 만남으로 인해 유대인들의 역사는 근본적으로 변화했다. 그러나 도대체 그 어떤 것은 무엇이었으며 어디로부터 오는가? 그것은 모세 안에 있었는가? 아니면 그의 바깥에서 왔는가? 아니면 그 둘 다였는가?

지금까지 나는 모세에게 일어났던 일에 대한 이해를 돕기 위해 의식과 무의식을 넘나드는 문door 비유를 사용하여 이야기해 보았다. 이어서 종교 경험을 이해하는 세 가지 다른 관점에 대해 논의해보자.

첫 번째 관점은 이렇게 말한다. 어떤 하나의 사건을 계기로, 의식과 무의식 사이의 문이 열린다. 그다음에는 마치 꿈같은 일이 벌어진다. 예언자들은 그것이 자기 외부에서 온다고 믿지만, 실제로는 무의식에서 온 것이다. 그들에게 들리는 목소리는 진짜다. 그것이 그들에게 말을 건다. 그러나 그것은 사실 자기 마음 안에서 나오는 자신의 목소리다. 다른 사람들이 그 소리를 들을 수 없는 이유다.

두 번째 관점은 이렇다. 그 경우 문은 하나가 아닐 수 있다. 예언적인 경험에서 열린 문은 두 개였을 수도 있고, 무의식 또는 꿈꾸는 정신이 저 너머의 초자연 세계와 접촉했을 수도 있다. 정말 저 너머에 다른 실재reality, 혹은 우리 인간의 정신을 넘어서는 다른 정신이 있다면, 그것이 우리와 접촉하기 위해 노력하지 않는다고 말할 수 없다. 계시를 통해 예언자가 저 너머의 정신을 만난 것일 수도 있고, 그런 정신이 예언자에게 말하는 것이라고 볼 수 있다. 그들은 그 너머의 정신이 말한 것을 세상에 전달한다.

세 번째 관점은 하나의 문 이론과 두 개의 문 이론 사이에 있는 중간적 입장이다. 인간의 무의식 안에 두 개의 문이 있을 수도 있다. 인간 정신이 저 너머 거기에 있는 것과 진짜로 만날 수도 있다. 그러나 우리는 다른 사람의 정신을 이해하는 것이 얼마나 어려운지 잘 알고 있기 때문에, 신적인 정신divine mind과 만났다는 사람들의 주장을 받아들이는 데 신중해야 한다. 인간의 무의식 안에 두 개의 문이 있을 수도 있겠지만, 다른 세계로 통하는 문이 완전하게 열린 적은 결코 없었던 것 같다. 따라서 보고 들었다고 예언자들의 주장을 쉽게 받아들일 수 없다.

내가 제시한 문 비유를 사용하여, 사막에서 모세에게 일어난 일을 바라보는, 종교에 대한 세 가지 관점을 다시 생각해보자. 하나의 문 이론에 따르면, 모세는 자기 민족을 이집트의 노예 상황에서 해방시키는 지도자가 되기 위한 권능과 결의를 주는 꿈을 꾼 것이다. 이 이야기는 다음 챕터에서 더 자세하게 살펴볼 것이다. 그의 경험은 독특하다. 그것은 실제로 일어났다. 그러나 그 경험은 전적으로 그의 무의식에서 나온 것이다. 종교에 관한 이런 관점은 어린 시절 우리가 열광했던 낡은 영화관의 경험을 생각해보면 잘 이해할 수 있다. 당시에 영화는 릴 방식으로 감긴 필름에 기록되었다. 영화관 뒤쪽에는 반대편 은막에 영상을 쏘는 작은 방이 있었다. 우리가 보는 화면은 우리 눈 앞쪽에 있었지만, 실제로 그것은 뒤쪽에 있는 기계에서 나온 것이었다. 마찬가지로, 종교란 우리 무의식 안에 있는 두려움과 소망이 삶이라는 은막 위에 투사된 것에 불과한 것이라고 보는 입장은 하나의 관점이 될수 있다. 종교는 저 너머에 있으면서 그 자체의 생명을 가지고 있는 것처럼 보인다. 그러나 사실 그것은 우리 상상력의 깊은 곳에서 나온다. 그것은 전적으로 인간이 만든 것이다.

여러분은 여기에서 멈추고 그 지점에 그것을 버려둘 수도 있다. 혹은 그런 설명을 다 받아들인 다음에, 두 번째 문이라는 관점으로 나아갈 수도 있다. 종교적 경험의 인간적 측면에 관한 디테일을 변경하지 않으면서, 그것은 여전히 신에게서 왔다고 믿는 것도 가능하다. 모세가 들었던 그 목소리를 우리는 들을 수 없었다. 왜냐하면 그것은 신의 정신과 모세의 정신이 직접 소통하여 일어난 일이었기 때문이다. 우리는 볼 수도 들을 수도 없었지만, 그것은 다른 실재와의 진정한 만남이었다. 그 사건을 우리는 완전하게 이해할 수 없다. 하지만 그것의 결과는 잘 알고 있다.

두 번째 문 관점에 대해서는 나중에 다시 돌아올 것이다. 인간이 다른 사람과의 일상적 만남을 얼마나 쉽게 오해하는지 잘 알기 때문에, 신God을 만났다는 주장에 대해 주의를 기울여야 하고, 의심과 신중함을 가지고 대해야 한다. 따라서 우리가 가진 비판적 능력을 종교적 주장에 적용해야 하고 그들의 자기 평가를 단순히 받아들여서는 곤란하다.

여러분은 비신앙인, 진정한 신앙인, 또는 비판적 신앙인이 될 수 있다. 이런 주제에 대해 긴 시간 동안 생각을 거듭해가는 중에, 많은 사람이 그랬던 것처럼, 여러분 역시 하나의 입장에서 다른 입장으로 왔다 갔다 하는 자신을 발견할 것이다. 나는 여러분이 이 책에서 읽게 될 이야기들을 해석하는 최선의 방법을 여러분 스스로 결정하도록 할 것이다. 마지막 페이지까지 그 문제는 결론이 나지 않은 채로 남아 있을 수도 있다. 여러분은 아무런 결정을 하지 않기로 결정할 수도 있다. 그리스어로 '알 수 없다'는 의미의 불가지론agnosticism의 입장을 취할 수도 있다.

지금까지 우리는 일반론적으로 종교에 대해 생각해보았다.

이제부터는 특정 종교를 하나하나 살펴볼 것이다. 그러나 어디서부터 시작할 것인가? 그리고 어떤 순서로 살펴볼 것인가? 그것은 흥미로운 질문이 될 수 있다. 과학이나 철학의 역사와 달리, 종교의 역사에 접근할 때 엄격한 연대기적 접근법을 취하는 것은 효과적이지는 않다. 다른 사건들이 동시에 다른 장소에서 일어나고 있었기 때문이다. 따라서 단순히 연속적인 발전 궤도를 따라가는 것은 불가능하다. 우리는 때로는 연대기적으로 때로는 지리적으로, 지그재그를 그릴 수밖에 없다.

그런 접근 방식은 인간이 인류의 시초부터 물어왔던 '커다란 질문들big questions'에 대한 대답이 종교마다 얼마나 다르고 또 다양했는지를 보여주는 데 더 유리하다. 그 질문들은 어디서든 동일했을 것이다. '저 너머에 누가 있는가?' 그리고 '죽은 다음에 어떤 일이 일어나는가?' 그러나 그 질문에 대한 대답은 아주 다르다. 그것이 종교의 역사를 이해하는 일이 매력적인 이유다.

고맙게도 우리 여정의 출발점은 분명해 보인다. 살아 있는 종교들 중에서 가장 오래되었고, 또 여러 면에서 가장 복잡한 종교인 힌두교Hinduism로부터 시작하는 것이 가장 좋을 것이기 때문이다. 나는 우리의 이야기를 인도에서부터 시작할 것이다.

CHAPTER 3

바퀴

　사이언스 픽션SF에서 인기 있는 주제 중 하나는 인류 역사에 재앙을 가져온 과거의 사건을 바꾸기 위해 시간을 거슬러가는 영웅 이야기다. 그중 한 이야기는 미친 테러범을 태우고 선로를 달리는 기차에서 시작된다. 그 테러범은 기차가 거대한 댐을 통과하는 순간 기차를 폭발시킨다. 그리고 대홍수가 일어나 도시 전체가 물에 잠긴다. 다행히, 정부의 비밀 정보기관이 사람을 과거의 시간으로 보낼 수 있는 방법을 찾아내고, 기차가 아직 역을 떠나기 전에 요원을 기차에 태운다. 요원은 두 시간 안에 테러범을 찾아서 폭탄을 제거해야 한다. 결국 요원은 과업을 완수하고 도시를 구출한다. 우리 대부분은 영화에서처럼 시간을 거슬러 올라가 메시지를 삭제한다거나, 다른 사람에게 상처를 입히고 불행을 안겨준 충동을 억제하는 것을 소망해본 적이 있을 것이다. 그러나 우리는 어느 하나의 일에 다른 일이 따르는 연쇄의 법칙에 묶여 우리가 한 일의 결과를 피할 수 없다.

힌두 종교Hindu religion에서는 이것을 카르마karma, 즉 '행위의 법칙the law of deed'이라고 부른다. 그러나 그 법칙이 미치는 범위는 우리가 사는 현재의 삶에 그치지 않는다. 힌두교의 가르침에 따르면, 여러분의 '영혼soul or spirit'은 우리가 현재 통과하고 있는 이 삶이 시작되기 전에도 여러 차례 과거의 삶을 살았다. 그리고 우리는 이 삶이 끝나고, 미래에 더 많은 삶을 살게 될 것이다. 각각의 삶은 그 이전의 삶에 의해, 그리고 또 그 삶은 또 그 이전의 삶에 의해 결정된다. 이런 식으로 우리의 삶은 먼 과거의 뿌연 안개 속으로 거슬러 올라간다. 마찬가지로, 현재 우리의 행동은 다음 삶에 영향을 미친다. 우리의 삶은 끊임없이 굴러가는 바퀴wheel에 올라타고 있다.

인도의 예언자와 현자들은, 아주 멀리 보면서, 사람이 죽으면 무슨 일이 일어나는지 물었다. 그리고 그들은 놀라운 답을 찾아냈다. 사람은 결코 죽지 않는다는 것이다. 사람은 존재하기를 완전히 멈추지 않는다. 그들은 죽음 너머에 있는 다른 형태의 삶으로 들어가는 것일 뿐이다. 그리고 자신의 카르마의 명령에 따라 다른 생명의 형태로 다시 지상으로 돌아온다. 물론 사람으로서 다시 돌아오지 않을 수도 있다. 존재 전체는 거대한 하나의 재생 공장이다. 이 공장에서는, 죽음Death이라고 표시된 문door을 막 통과한 삶의 수준과 질에 따라, 반대편에 있는 재생Rebirth이라고 표시된 문을 통과해 나가면서 얻는 새로운 삶의 신분과 질이 결정된다. 그 공장의 이름은 윤회samsāra(헤매고 다닌다는 의미)다. 영혼은 그 공장을 통과하면서 다음 형태에 전달되고, 그리고 또 그다음 형태에 전달된다. 그들이 어떤 한 삶에서 행한 행동은, 좋은 행동이든 나쁜 행동이든, 모두 다음 삶의 질에 영향을 미친다. 인간만이 삼사라(윤회)에 묶여 있는 것은 아니다. 세계 자체가 죽음과 재생death and rebirth이라는 삼사라의 법칙에 묶여 있다. 현재 삶의 주기를 끝낸 영혼은 휴지기에 들어가고, 때가 무르익으면 다시 소환된다. 그렇게 존재의 바퀴는 돌고 돌고, 또 돈다.

그러나 그들은 카르마가 영혼을 감시하는 초월적 존재가 고안한 벌이라고 생각하지 않았다. 카르마는 마치 중력과 같은 비인격적 법칙이며, 원인에 결과가 따르는 것처럼, 그 안에서는 존재하는 모든 것은 다른 것에서 나온다. 마치 도미노 하나를 탁 치면 다른 도미노가 따라서 넘어지는 것과 비슷하다. 영혼은 삼사라를 거치고 최종적 단계인 모크샤moksha에 도달하기까지 무려 800만 번 형태를 바꾼다. 하나의 빗방울이 바다에 떨어져 사라지듯, 존재로부터 해방되어 영원 속으로 자취를 감추는 것이다. 그렇다면, 어떻게 끊임없이 회전하는 존재의 바퀴에서 벗어나 구원을 얻을 것인가? 그것이 힌두 종교의 궁극적인 목표가 되었다.

죽음 이후에 무슨 일이 일어나는지를 말하는 전문용어는 환생reincarnation이다. 전 세계의 많은 종교 공동체가 재생을 믿었지만, 인도 종교는 다른 어떤 종교보다 그 문제를 집중적으로 탐구했다. 힌두교의 그런 관심을 설명하기 위해 지금까지 사용한 용어들, 즉 카르마(행위의 법칙), 모크샤(해방), 삼사라(윤회)는 모두 고대 언어인 산스크리트어에서 왔다. 그 언어는 북쪽에서 온 난폭한 침입자들이 인도에 가져왔고, 힌두교는 그들이 인도에 들어온 기원전 2000년 무렵에 시작되었다.

인도의 북쪽 먼 곳에는 길게 펼쳐진 초원이 있는데, 중앙아시아 스텝이다. 그곳은 거친 초원 지대로 소떼를 몰고 끊임없이 좋은 목초지를 찾아다니는 무리들에게는 이상적인 땅이었다. 기원전 2000년 초기 무렵, 그들이 스텝 지역에서 남쪽으로 이주하기 시작한 이유는 정확히 알 수 없다. 그들 중 한 무리가 남쪽으로 내려와 인도로 들어왔다. 그들은 자신들을 하나의 동포, 즉 그들 언어로 아리안Aryans이라고 불렀다. 그들은 빠른 이륜마차를 타는 전투적인 사람들이었다. 그들은 인도 아대륙의 북서쪽 인더스 계곡으로 휩쓸고 들어왔다.

거기에는 이미 세련된 문명이 존재하고 있었다. 그 문명은 선진적인 예술, 건축, 그리고 종교를 가지고 있었다. 아마도 그 문명은 모든 발전된 사회가 가진 미덕과 악덕을 가지고 있었을 것이다. 여기에 뛰어든 아리안 침입자들은 자신들의 용감함과 에너지를 세련된 문명으로 보완했다. 침입자와 원주민들을 구별하는 다른 하나의 요소는 침입자들의 피부가 조금 더 옅었다는 것이다. 그 피부색의 차이에 대한 그들의 관점은, 아리안이라는 단어에 깃든 추악한 이미지로서, 오늘날까지 긴 여운을 남기고 있다. 그러나 침략자들이 인도에 가져온 것은 옅은 피부색만이 아니었다. 그들은 자기들이 믿던 신들gods과 함께 뛰어난 종교문학인 베다Vedas의 전반부를 가지고 들어왔다.

베다는 기원전 1200년에서 1000년 사이에 기록되었다. 아리아인들은 인도에 뿌리를 내리고 인도인의 삶을 지배하기 위해 그것을 만들었다. 베다는 두 가지 분명히 구별되는, 그러나 서로 연결된 의미를 가지고 있다. 무엇보다 베다는 슈루티Shruti, 즉 '들은 것'이다. 저 너머에서 오는 삶의 의미에 관한 진리를 과거의 현자들이 들었던 것이 베다의 중심을 이루고 있다. 현자들은 최초로 들은 사람들이었으며, 어떤 목소리가 그들에게 말을 걸었다. 그들은 자기들이 들었던 것을 반복해서 들려주었고, 제자들은 스승이 들려주는 것을 암송했다. 이런 방식으로 베다는 수백 년 동안 전승되었다. 오늘날까지 베다를 소리 내어 읽은 것이 힌두 경전을 배우는 최선의 방식으로 여겨진다. 힌두 사원에서는 '성서the Bible'나 '쿠란Qu'ran' 같은 것을 볼 수 없다. 그러나 그들이 실행하는 의례 안에서 그것에 해당하는 것이 말로 전달되고 있는 것을 볼 수 있다.

또한 베다는 '지식'을 의미한다. 이 단어는 영어의 '기지wit'나 '지혜wisdom'과 어원이 같다. 베다에는 네 종류가 있다. 리그베다Rig Veda, 야주르베다Yajur Veda, 사마베다Sama Veda, 그리고 아타르바베다Atharva Veda가 그것이다. 그리고 각 베다는 다시 네 부분으로 구성된다. 삼히타Samhitas, 브라흐마나Brahmanas, 아란야하Aranyahas, 그리고 우파니샤드Upanishads다. 간단히 설명해보면 다음과 같다. 리그베다의 삼히타는 베다 중 가장 오래된 것이다. 그것은 신을 찬양하는 1,000개 이상의 찬송hymns으로 이루어져 있

세계 종교의 역사

다. 종교에서 이런 행동은 '숭배worship'라고 표현하는데, 강력한 지배자들이 누리는 일종의 '아부' 같은 것이다. 영국 여왕을 '폐하Your majesty'로 부르고, 그녀에게 절을 하거나 무릎을 굽혀 인사하는 것을 생각해보면 좋을 것이다. 리그베다의 한 예를 보자.

> 모든 것을 만든, 탁월한 지혜와 뛰어난 권능을 가진,
>
> 창조자, 지배자, 최고의 본보기…….

이런 말이 무엇을 의미하는지 알 수 있을 것이다. 최고의 찬사를 바쳐라! 마치 지상의 군주들이 선물과 아부를 즐기는 것처럼, 신들도 마찬가지다. 찬송이 신에게 바치는 아부라면, 제물은 신에게 바치는 선물이다. 그리고 아부와 제물은 숙련된 전문가들이 준비한 정성스런 예식을 통해 바쳐져야 한다. 힌두 전통에서는 제사를 주관하는 사제들을 브라민Brahmins이라 불렀고, 브라흐마나Brahmanas는 그들이 편찬한 제사 매뉴얼이었다.

이런 종류의 매뉴얼은 대부분 사람들에게는 지루한 내용을 가지고 있다. 그러나 일부 종교적 정신을 가진 사람들에게 병적인 흥미를 끌기도 한다. 성직자 수업을 받던 젊은 시절, 나는 기독교의 여러 전통에서 사용하는 의식과 의례 안내서에 매료되었다. 현관의 계단만큼이나 큰 『로마교회의례지침서The Ceremonies of the Roman Rite Described』는 물론, 그것의 영국판인 『의례설명서Ritual Notes』도 있었다. 달콤한 향 연기 속에서 대성당 안으로 천천히 줄지어 걸어가는 주교들의 행렬을 상상하면서, 나는 그 두 책에 빠져들

기도 했다. 그 책들은 가톨릭의 브라흐마나였다. 그러나 단지 종교 관계자들만 복장을 갖추고 정성스런 의례를 수행하는 것은 아니다. 많은 사적인 클럽, 학생들의 동호회 역시 자신들의 비밀스런 의례 전통을 가지고 있다. 이런 현상은 인간이 상징과 의례에 대한 근본 욕구를 가지고 있다는 사실을 기억하게 만든다.

만약 여러분이 외형적인 의례보다 내면적 종교 신앙에 더 관심이 있다면, 베다 문헌의 마지막 단계가 여러분의 주의를 끌 것이다. 300년 이상의 성립 기간을 거쳐 기원전 300년 무렵에 완성된 우파니샤드Upanishads가 그것이다. 우파니샤드는 '스승 가까이에 앉는다'는 의미인데, 그것과 함께 여러분은 힌두교의 실천 혹은 의례적 측면에서 철학적이고 신학적인 측면으로 관심을 옮길 수 있다. 바로 이 우파니샤드 안에서 우리는 이 챕터의 처음에 이야기했던 카르마와 삼사라 교리를 만날 수 있다.

다음 챕터에서 나는 이런 독특한 힌두교의 가르침의 출현과 그것이 설명되는 방식에 대해 논의할 것이다. 여기서는 종교가 제기하는 또 다른 커다란 질문에 대한 힌두교의 대답을 살펴보면서, 이 챕터를 마무리하고자 한다. 앞에서 우리는 죽음 이후 무슨 일이 일어나는지에 대한 힌두교의 대답을 살펴보았다. 우파니샤드가 제시한 대답은 재생에 대한 탁월한 교리였다. 종교가 항상 제기하는 다른 하나의 물음은, 만일 무엇이 있다고 한다면, 저 우주 너머의 암흑 속에 존재하는 것이 무엇인가, 하는 것이다. 몇몇 종교에서는 이런 질문에 대해 대답한 사람을 예언자라고 부르고, 그들의 이름이 곧 그 종교의 이름이 되었다. 그러나 힌두교에서는 그런 방식을 취하지 않는다. 힌두교에서는 그런 이름을 가진 창시자가 없었다. 그리고 힌두교가 성립할 수 있도록 종교적 영감inspiration을 불어넣었던 그런 과거의 인물도 존재하지 않는다. 힌두교는 인도의 먼 과거 속에 존재했던 이름 없는 몽상가들dreamers에 기원을 둔다. 그러나 힌두교는 그들 초기 몽상가들의 이름을 전하지 않았고, 단지 그들이 말해준 것만 전달했다.

리그베다는 저 멀리 그곳에 무엇이 있는가, 라는 종교적 질문에 대한 대답으로 시작된다. 그 대답을 듣기 위해서는 우리 스스로가, 별이 쏟아지는 북인도 하늘 아래 모닥불 옆에서 세상의 시작과 그 너머의 시간을 꿰뚫어보고 있는, 이름 없는 현자라고 상상해보아야 한다. 그는 어둠 속을 고요히 응시하면서, 말을 한다기보다는 노래를 하듯, 기도를 바치고 있다.

그때는 존재도 비존재도 없었다. 그 너머에는
  공기도 없었고, 하늘도 없었다.
그 유일자는 숨도 쉬지 않고, 그러나 그 자체가 숨이 되었다.
  그것과 동떨어져서는 아무것도 존재하지 않았다.
신들은 이 세상이 만들어진 다음에 나타났다. 그렇다면 누가 아는가?
  그것이 어디로부터 처음 존재하게 되었는지.
그가, 이 최초의 창조자가, 그 모든 것을 만들었는가
  아니면 그것을 만들지 않았는가.
그의 눈, 가장 높은 하늘에서 이 세상을 지배하는 그의 눈은 정말로

아는가. 혹은 어쩌면 알지 못하는가.

그의 노랫소리를 듣고 있는 놀라움을 금할 수 없다. '신들 gods'이 있다고 말하면서, 그 신들은 '이 세상이 만들어진' 다음에 나타났다고 하지 않는가! 이것은 신들 역시 우리처럼 만들어졌으며, 우리처럼 시간의 바퀴의 순환에 묶여 있다는 것을 의미한다. 그들은 우리처럼 왔다가 간다. 그러나 몽상가는 그 모든 변화하는 형상 뒤에 변하지 않는 무엇이 있다는 사실을 넌지시 알려준다. 그가 '그 유일자'라고 부른 존재다. 그는 역사와 역사의 피조물은 '그 유일자'라는 거대한 산의 현존을 가리고 왜곡하는 안개와 같다고 말하는 것 같다. 그러나 그것은 무엇인가? 그리고 그 유일자의 대리인인 신들은 도대체 누구인가?

CHAPTER 4

하나에서 여럿으로

어느 날 여러분은 자기가 가장 좋아하는 작가가 자기 작품에 대해 이야기하기 위해 여러분이 사는 마을에 온다는 소식을 듣는다. 여러분은 그가 나타날 책방으로 가서, 저자가 자신의 새 책 중 일부를 직접 읽어주는 것을 듣는다. 거기에는 여러분에게 오랫동안 친숙했던 등장인물들이 최근 경험한 일들이 가득하다. 여러분은 그 경험들이 다 어디서 온 것인지 묻는다. 그 이야기는 진짜인가요? 그들은 어디에 살고 있나요? 작가는 웃음을 터뜨린다. '그것은 제 상상 속에 있어요'라고 그는 말한다. 그것은 작가가 만든 이야기에 불과하다. 그 모든 것이 작가의 머릿속에서 나왔다. 따라서 작가는 자기가 원하는 모든 것을 만들어낼 수 있는 것이다.

만약 집으로 돌아오는 길에, 어쩌면 여러분 자신이 '진짜'가 아닐지도 모른다는 생각이 들면 어떨까? 여러분 자신이 누군가가 만들어낸 것이며, 다른 누군가가 꿈꾸는 이야기 속에 나오는 등장 인물에 불과한 것이 아닐까, 라는 생각. 만일 책 속의 등장인물이 독립적인 생명체가 아니라 어떤 작가의 상상력의 산물에 불과하 다는 사실을 깨닫게 된 것과 같은 일이, 당신에게 일어난다면?

이것은 인도의 현자들이 계시의 힘을 통해 얻은 깨달음과 같은 것이었다. 세상은 그 자체로는 진짜가 아니다! 오직 하나, 궁 극적으로 진실한 것이 있다. 우주적 영혼, 또는 정신, 그들이 브라 흐만Brahman이라 부른 그것만이 궁극적으로 진짜다. 그것은 여러 가지 형태로 자신을 표현하고, 스스로를 드러낸다. 진정한 실재 로서 존재하는 것처럼 보이는 이 세상의 모든 것은, 사실은, 브라 흐만이 뒤집어쓰는 여러 가면과 여러 형태일 뿐이다. 우파니샤드 가 말하는 것처럼, 그것은 '모든 존재 안에 숨어 있고…… 모든 존 재 안에 내재하는 자기self, 모든 일을 지켜보며, 모든 존재 안에 머 물러 있는 증인, 관찰자perceiver, 유일자'다. 그리고 세상 모든 것은 브라흐만 안에 있었으며 브라흐만은 그들 안에 있다!

우파니샤드에 등장하는 이야기 속의 한 구절은 그것(브라흐 만)의 정체를 아주 근접하게 포착하고 있다. 어느 아버지가 아들 에게 말했다. '스베타케투여! 가장 멋진 본질, 이 세상 전체가 그 것을 자신의 영혼으로 가지고 있는 그 최고의 본질. 그것이 실재 Reality이고…… 또 그것이 바로 너다.' 사람들은 흔히 자신이 개별 적이고 독립적인 존재성을 가지고 있다고 생각하지만, 그것은 환 상이다. 그들은 모두 브라흐만이 펼쳐가는 스토리의 전개 안에서 계속 반복해서 등장하는 인물이며, 다음번 이야기에서의 역할은 그들의 카르마에 의해 결정된다.

그리고 그들에게 결정되어 주어지는 것은 개인으로서의 역할만이 아니다. 사회를 구성하는 여러 계급, 즉 어느 카스트에 속할 것인지도 그것에 의해 결정된다. 인간의 영혼이 다시 태어날 때마다, 어느 그룹의 일원이 될 것인지가 결정되며, 다음에 올 죽음과 재생 때까지 그 정해진 그룹 안에서 살아야 한다. 카스트의 구별과 피부색 사이에는 분명한 연결 고리가 있다. 따라서 우리는 자기들의 언어와 종교를 인더스 계곡으로 가져온 아리안 침입자들이 옅은 피부색을 가지고 있었을 것이라고 추측할 수 있다. 또 그들이 그곳에서 마주친 더 짙은 피부색을 가진 인종을 멸시했을 것이라는 사실도 추측할 수 있다. 아리아인들이 들어오기 이전에도 인도에는 비슷한 형태의 신분제도가 존재했을 수도 있다. 그러나 아리아인들은 자신들이 만든 신분제도를 최고 실재 Supreme Reality의 명령에 따른 질서라고 정당화했다. 그리고 그 제도의 기원을 말하는 경전을 만들었다.

최고 실재인 브라흐만은 자신과 혼동되는 이름을 가진 창조신 브라흐마Brahma에게 이 세상을 만드는 임무를 위임했다. 브라흐마는 최초의 남자 마누Manu와 최초의 여자 샤타루파Shatarupa를 만들었다. 그리고 그 둘 사이에서 인류가 나왔다. 그러나 인간은 동등하게 창조되지 않았다. 중요도 순에 따라 네 개의 카스트가 만들어졌다. 최상층에는 성직자와 교사 계급인 브라민Brahmins이 있다. 그다음은 왕, 귀족, 전사 계급인 크샤트리아Kshatriyas가 있고, 그다음에 무역상, 상인, 그리고 장인 계급인 바이샤Vaisyas가 온다. 가장 밑바닥에는 노예와 농장 노동자 계급인 수드라Sudra가 있다. 브라민은 피부색이 옅다. 크샤트리아는 붉고, 바이샤는 노란색이다. 그리고 수드라는 검다. 그리고 그들 모두의 아래에 변소를 청소하거나 그 밖의 다른 더러운 일들, 영원히 불결하게 여겨지는 일을 하는 계급이 있었다. 그들의 그림자가 지나치기만 해도 더럽다고 여겨지는 사람들, 즉 '만져서는 안 되는 사람들the untouchables'이 있었다. 그것은 견고하고 확고한 체제였지만, 카르마와 삼사라에 대한 믿음이 그 제도가 가져다주는 절망감을 어느 정도 완화시켜주었다. 사람들은 카르마가 그들에게 결정해준 삶을 떠도는 동안, 이번 생에서 잘 산다면 다음번 생에서는 자신의 위치를 향상시킬 수 있다고 하는, 희망을 가질 수 있었다.

그러나 카스트와 계급적 구분, 또 다른 다양한 생명의 형태를 가진 이 세상이 브라흐만이 자신을 드러내는 유일한 방법은 아니었다. 그는 신들, 그것도 수백만에 이르는 신들을 창조했다. 신들은 '형상 없는 유일자One-Without-Shape'가 취하는 여러 형상들 중 하나였다. 그러나 우리는 이들 신을 어떻게 생각해야 할지에 대해 신중해야 한다. 표면적으로 보면 힌두교는 다신론적polytheistic이라고 말할 수 있다. 그것은 많은 신의 존재를 믿는다는 의미를 가진 단어다. 그러나 정확히 말하자면 그것은 '일신론적monotheistic'이라고 부를 수 있다. 왜냐하면 그 많은 신들은 모두 유일한 신의 여러 양상 또는 표현이라고 믿어지기 때문이다. 그러나 사실은 '하나의 신one god'이라는 개념조차 옳지 않다. 힌두교의 믿음 안에는,

세계 종교의 역사

'신들'을 포함하여 인생을 스쳐 지나가는 환영에 불과한 모든 실체 없는 등장인물들 뒤에는 하나의 최고 실재Supreme Reality, 우파니샤드의 표현을 빌리면, '그 유일자that One Thing'가 존재한다. 여러분이 이런 주장들에 관한 전문용어를 배우고 싶다면, 이런 믿음은 '하나의 신에 대한 믿음one-god-ism'이 아니라 '하나의 것에 대한 믿음one-thing-ism'을 의미하는 일원론monism이라고 명명할 수 있을 것이다.

　모든 사람이 이러한 거대한 개념을 편안하게 여기는 것은 아니다. 따라서 여러 신의 다양한 형상(이미지)들이 '그 유일자'에 대한 상징symbol으로 출현하고, 그런 형상들은 사람들이 구체적으로 볼 수 있고 또 집중 가능한 어떤 것으로서 유효성을 획득하게 된다. 여기서 '상징'이란 거대한 개념을 대신하고 또 그것을 우리와 연결시켜주는 어떤 대상물을 의미한다는 사실을 기억할 필요가 있다. 힌두교에는 우리가 선택할 수 있는 수천의 신과 수천의 형상(이미지)이 있다. 그 결과 모든 존재하는 것을 존재하게 만든 그 유일자를 경배하는 사람들은 자신들이 생각하는 것을 그 신들과 형상들로부터 끄집어낼 수 있도록 디자인되어 있다.

　만약 여러분이 힌두교의 신들이 어떤 것인지 알고 싶다면, 가장 가까이에 위치한 그들의 신전 중 하나를 찾아가보자. 먼저 우리는 신전 앞에 있는 계단을 걸어 올라가서 현관을 열고 들어가야 한다. 그러고는 신발을 벗고 맨발로 사원 안으로 들어간다. 중앙 홀로 다가가면 멀리 끝부분에 한 단 높게 마련된 제단shrine이 있다. 거기에서 우리는 그 사원에 사는 하나의 신 혹은 여러 신을 발견하게 될 것이다. 인도에 있는 큰 사원에는 수많은 신들이 우글거린다. 우리가 선택한 사원에는 단지 세 명의 신이 있지만, 그 신들은 매우 대중적이고 중요하다.

먼저 눈이 셋, 팔이 넷 달린 춤추는 남자 형상이 보인다. 그의 머리에서부터 인도의 가장 유명한 갠지스 강물이 흘러나온다. 또 불룩한 배와 코끼리 머리를 가진 커다란 몸집의 인물 형상도 있다. 그러나 우리에게 가장 당혹감을 주는 것은 입에서 끝없이 뻗어 나오는 혀를 가진 여자의 형상일 것이다. 그녀는 팔이 네 개 달려 있는데, 한 팔에는 날카로운 검이, 다른 한 팔에는 피가 뚝뚝 떨어지는 잘려나간 머리 하나가 들려 있다.

눈 셋에 팔 넷을 가진 춤추는 남자는 파괴자 시바Shiva the Destroyer다. 코끼리 머리를 가진 신은 가네샤Ganesh다. 가네샤는 파르바티Parvati 여신과 시바 사이에서 태어난 시바의 아들 중 하나다. 잘린 머리를 들고 있는 팔 넷의 여자 형상은 칼리Kali 여신으로서, 시바의 부인 중 하나다. 가네샤는 어느 날 자신을 알아보지 못한 아버지 시바 신에 의해 머리가 잘렸다. 그러자 시바 신은 자신의 실수를 깨닫고 자기가 처음으로 마주치는 생명체의 머리를 아들에게 이식해주겠다고 약속했다. 그렇게 해서 처음 마주친 생명체가 코끼리였기 때문에 가네샤는 코끼리 머리를 하게 되었다고 한다. 이렇게 큰 고통과 시련을 견뎌낸 가네샤는 인생에서 만나는 도전을 극복할 수 있도록 도와주는 존재로서, 그의 신자들에게 인기가 높고 또 접근이 용이한 신이다.

칼리의 이야기는 크게 위안이 되지는 않는다. 힌두교의 신들

세계 종교의 역사

은 변신에 능하다. 특히 칼리는 수많은 어머니 여신들 중 하나다. 죽음의 신인 칼리는 악마와 전투를 치르는 사이에 파괴의 흥분 때문에 정신줄을 놓아버렸다. 그렇게 살해의 흥분에 도취된 칼리는 자기 앞에 존재하는 모든 것을 죽이고 말았다. 시바는 흥분에 빠진 칼리 여신을 저지하기 위해 그녀의 발 앞에 자기 몸을 던졌다. 그러자 시바의 행동에 너무나 큰 충격을 받은 칼리 여신은 놀라서 혀가 빠져버리고 말았다고 한다. 칼리와 가네샤는 다채로운 형상을 가지고 있지만, 실제로는 시바 신이 더 중요하다. 시바는 힌두교 만신전pantheon에서 최상위의 삼위triad 신들 중 하나로 가장 기억할 만하다. 삼위 신의 나머지 두 신은 앞에서 이미 만나본 창조신 브라흐마, 그리고 보호자 비슈누Vishnu다.

힌두 종교에서 최상위에 있는 삼위 신의 위상을 이해하기 위해서는, 시간에 대한 두 가지 다른 사유 방식을 이해해야 한다. 서구의 사고에서는 시간은 목표물을 향해 쏜 화살처럼 날아간다. 따라서 이것에 대한 최고의 이미지는 이런 화살 형태(→)의 직선이다. 그러나 인도의 사고에서 시간은 바퀴처럼 돌기 때문에, 이런 사유에 대한 최고의 이미지는 이런 형태(○)의 원이다. 카르마가 개인으로 하여금 재생의 사이클을 돌고 또 돌도록 추진시키는 것과 마찬가지로, 세계도 비슷한 카르마의 법칙에 예속되어 있다. 이 세계는 현재의 우주적 시간 끝에 이르면 텅 빈 공허 안으로 사라지고, '그 유일자'는 다시 시간의 바퀴를 돌리기 시작하고, 창조자 브라흐마는 또 다른 세계를 창조한다.

일단 자기 일을 완수하고 나면 브라흐마는 다음 바퀴가 돌아올 때까지 휴식을 취한다. 그리고 비슈누가 브라흐마의 뒤를 이어 활동한다. 흔히 오른손에 권위의 상징인 곤봉을 들고 있는 모습으로 그려지는 비슈누는 마치 자애로운 부모처럼 이 세상을 사랑하고 그것을 안전하게 지키기 위해 온 힘을 다하는 신이다. 비슈누는 편안하고 믿을 수 있는 신이다. 그러나 어느 정도 따분한 신이기도 하다. 하지만 시바는 전혀 따분하지 않다. 시바는 인간성의 전투적 측면을 대변한다. 그는 브라흐마가 창조하고 비슈누가 지켜온 것을 끝장내는 종결자다. 그가 보여주는 가장 드라마틱한 행동은 죽음의 춤이다. 그 춤은 다음 바퀴가 돌아올 때까지 시간을 짓밟아서 세계를 망각 속으로 되돌리는 행동이다.

독실한 힌두교도는 여러 신의 이미지를 응시하면서 그 신들이 표상하는 것에 대해 숙고한다. 그 신들은 하나의 삶에서 다음 삶으로 이어지는 돌고 또 도는 거대한 시간의 순환을 생각하게 해준다. 그것은 끊임없이 계속 돌아가는 회전무대다. 모든 것이 그 위에서 왔다가 가고, 나타났다 사라지고, 입장했다 퇴장하며, 찬란하지만 지루한 볼거리에 불과하다. 과연 이 장면을 마치고 무대를 떠나 은퇴할 수는 없는가? 끝없이 돌아가는 삼사라(윤회)로부터 최종적인 벗어남은 가능한가?

영혼이 시간의 회전무대로부터 탈출할 수 있도록 도와주는 훈련 방법이 있기는 하다. 그러나 그 훈련 방법을 이해하기 위해서 먼저 인간은 자신이 빠져 있는 곤경을 기억해야 한다. 인간 자신은 사실은 진짜가 아니다. 그러나 인간은 자신이 진짜라는 환상에 사로잡혀 있다. 구원salvation이란 이런 환상에서 해방되는 것이며, 최종적으로는 자기가 사라지는 것이다. 단순하게 말하자면, 해방에 가까워지도록 도와주는 훈련은 두 가지 종류의 정신적 연습으로 나뉜다. 그것을 우리는 외재적 방법과 내재적 방법이라고 생각해볼 수 있을 것이다. 즉 어떤 무엇something에 집중하는 방법과 무nothing에 집중하는 방법이다.

신도들은 외재적 방법, 즉 사랑스런 헌신이라고도 알려진 그 방법을 실천할 때, '형상 없는 유일자'와의 합일을 얻기 위해 신의 형상 또는 이미지를 이용한다. 그들은 신에게 선물을 바치고, 사랑의 마음으로 신을 섬긴다. 이런 의례를 수행하면서 그들은 자기 자신의 본성에서 빠져나와 유일자 안으로 들어간다. 이것은 그들 자신을 붙잡아두고 있는 인간 본성의 손아귀에서 점차 풀려나게 해주는 일종의 자기 망각self-forgetfulness을 촉진한다. 그러나 이것은 느린 작업이라, 끊임없이 되돌아가는 바퀴로부터의 최종적 탈출을 성취하기까지는 셀 수 없이 많은 삶을 반복해서 살아내야 할 것이다.

구원으로 나아가는 또 하나의 방법은 이것과는 전혀 다르다. 형상을 초월하는 존재에 도달하기 위해서는 이미지를 사용하지 않아야 한다. 명상 훈련을 통해 자기라는 환상illusion 자체를 버리기 위해 노력하는 것이다. 가만히 앉아서, 신체의 불편함과 마음 안을 내달리는 잡념들을 무시하는 것을 배움으로써 수행자는 자기라는 환상에 사로잡힌 자신을 비우고, 진실한 실재the Real와의 합일을 성취하기 위해 노력한다. 그러나 그런 명상법 역시 손쉽게 배우고 터득할 수 있는 것이 아니다. 명상이 가져다주는 '합일의 느낌sense of union'은 손쉽게 사라진다. 그리고 일시적으로 비워진 마음은 금세 유사한 갈망과 잡념으로 채워진다. 이 때문에, 지속적인 자기 망각 상태와 유일자와의 합일을 추구하는 과정에서, 어떤 사람들은 모든 세속적인 애착을 포기하고 방랑하는 걸인이 되어 완전한 자기부정의 삶을 살기를 선택하기도 한다. 그들은 자신을 삶에 묶어두려는 신체적 욕구를 억제하고 유일한 진실인 유일자 안에 자신을 버리기 위해 노력한다.

힌두교는 시간의 바퀴로부터의 최종적 해방을 확실하게 약속한다. 그러나 구원을 얻기까지 필요한 무한히 계속될 생에 대해 생각하면, 심장이 멎을 것 같다. 기원전 500년경, 해방을 획득할 수 있는 빠른 길이 있을지도 모른다는 생각을 가진 사람이 있었다. 그는 종교의 역사 안에서 가장 매력적인 천재 중 한 사람이었다. 그가 내놓은 대답을 보기 위해서는 다음 챕터로 넘어가야 한다. 그의 이름은 고타마 싯다르타, 그는 왕자였다. 그러나 그는 붓다라는 이름으로 더 잘 알려져 있다.

CHAPTER 5

왕자에서 붓다로

아리아 기마민족이 벼락같은 기세로 인도에 들어와 현재 우리가 힌두교라 부르는 복잡하고 다채로운 종교적 진화를 일으키고, 1,500년이 지났을 무렵 끊임없는 환생의 교리를 의심스럽게 바라보는 한 남자가 있었다. 그는 근본적인 질문을 던졌다. 무엇이 영혼을 삼사라의 바퀴에 묶어두는가? 그리고 그가 얻은 대답은 새로운 정신적 운동을 추동했다. 그는 기원전 580년경 인도 북동부의 히말라야 산맥 기슭에서 태어났다. 그의 이름은 고타마 싯다르타Siddhartha Gautama. 이 챕터는 그에 관한 이야기다.

싯다르타는 통치자이자 전사 계급인 크샤트리아 카스트에 속했다. 그의 아버지 슛도다나Suddhodhana는 샤카Sakyas족의 왕이었고, 그의 부인 마야 왕비는 그가 쉰 살이 되었을 때 아들을 낳았다.

어린 싯다르타는 열심히 힌두교의 성전인 베다를 공부했다. 싯다르타는 특권적인 삶을 살던 왕자였지만, 그의 선생들은 그에게 삼사라의 교리를 가르쳤다. 왕자였던 그 역시, 다른 사람들과 마찬가지로, 수많은 생을 살아내는 긴 여정 중에 있음을 잊지 않아야 한다고 가르쳤던 것이다. 왕자 싯다르타는 열여섯 살에 야소다라 공주와 결혼하고 아들 라훌라를 낳았다. 싯다르타는 스물아홉 살까지 특권적이고 보호받는 삶을 살았고, 그가 필요로 하는 모든 것은 노예들이 채워주었다. 그러나 단 며칠 사이에 일어난 일련의 사건이 싯다르타의 인생을 영원히 바꾸어버렸다. 그것은 네 가지 광경Four Sights[四門出遊, 四門遊觀] 이야기로 알려지게 되었다.

첫째 날, 사냥에서 돌아오던 싯다르타는 땅바닥에서 고통으로 몸을 뒤틀고 있는 수척한 남자를 보게 되었다. 그는 자신을 수행하던 찬나Channa에게 그 남자에게 무슨 문제가 있는지 물었다. '그는 아픕니다'라고 찬나가 대답했다. '왜 아픈가?' 왕자가 물었다. '왕자님, 그것이 인생의 길이지요. 모든 사람은 병이 들지요.' 왕자는 생각에 잠기는 듯했지만, 아무 말도 하지 않았다.

둘째 날, 싯다르타는 활처럼 등이 휘고 머리를 끄덕이며 손을 덜덜 떨고 있는 노인과 마주쳤다. 그 노인은 막대기를 두 개나 갖고 있었지만 걷기가 힘들어 보였다. '이 사람도 아픈가?' 왕자가 찬나에게 물었다. '아닙니다. 그는 늙었습니다. 나이가 들어 일어난 일이지요'라고 찬나가 대답했다. 싯다르타는 생각에 잠겼지만 이번에도 아무 말 하지 않았다.

셋째 날, 싯다르타는 장례 행렬을 보았다. 죽은 남자는 힌두의 풍습에 따라 화장터로 옮겨지고 있었고, 과부가 된 아내와 아이들이 흐느끼며 따라가고 있었다. 싯다르타는 찬나에게 무슨 일이 일어났는지 물었다. '이것은 모든 살덩이가 가는 길입니다'라고 찬나가 설명해주었다. '왕자에게나 거지에게나 죽음은 우리 모두에게 찾아오지요.' 또다시 싯다르타는 아무 말도 하지 않았다.

싯다르타는 질병의 고통, 늙음, 그리고 죽음을 목격했다. '이 모든 고통의 원인은 무엇인가?' 그는 궁금했다. 그는 베다를 연구했지만, 모든 베다가 그에게 말해준 것은 그것이 삶의 법칙, 즉 카르마라는 것이었다. 이런 삶의 불가사의에 대한 생각에 잠겨 궁전에서 앉아 있을 때, 노랫소리가 그의 창문으로 흘러 들어왔다. 그러나 그 소리는 그를 더 슬프게 만들 뿐이었다. 즐거움은 덧없이 지나간다는 것을 그는 깨달았다. 즐거움이 안도감을 줄 수 있지만 죽음이 다가오는 것을 늦출 수는 없었다.

넷째 날, 그는 시장 안으로 들어갔고, 여느 때처럼 찬나가 함께 있었다. 필요한 물건들을 공급하는 가게 주인들과 상인들 사이에서, 거친 옷을 입고 먹을 것을 구걸하는 승려를 싯다르타는 보았다. 그 승려는, 늙고 가난한 것이 틀림없었지만, 행복하고 평온해 보였다. '이 사람은 어떤 종류의 사람인가?' 그가 찬나에게 물었다. 그는 집을 떠나 재산도 걱정도 없이 지내는 사람들 중 하나라고, 찬나가 말해주었다.

싯다르타는 안락한 자신의 궁전으로 돌아와 깊은 생각에 잠겼다. 그날 밤 잠들지 못하고 시달리던 싯다르타는 인간의 고통이 욕망에 의해 야기된다는 것을 불현듯 깨달았다. 남자든 여자든, 자신의 운명에 만족하는 사람은 없었으며, 그 때문에 결코 평안을 얻을 수 없었다. 그들은 모두 가지지 못한 것을 갈망했다. 그러나 갈망하던 대상을 얻는 순간, 또 다른 갈망이 그 자리를 차지했다. 그것에 대해 더 깊이 생각하면 할수록, 싯다르타는 점점 더 욕망을 혐오하게 되었다. 그것은 이 세상에 태어난 모든 사람을 괴롭히는 질병이었으며, 누구도 그 강박에서 벗어날 수 없었다. 그러나 욕망에 대한 혐오감을 느끼면서도, 싯다르타의 마음에는 욕망에 시달리는 사람들에 대한 연민이 넘쳤다. 그리고 그는 그들을 돕기로 결심했다. 그는 그들이 욕망의 족쇄에서 풀려나 다시는 이 고통의 세상에 태어나지 않도록 해줄 수 있는 길[way]을 발견하고자 했다. 그는 윤회[재생, rebirth]의 바퀴에서 그들을 구원할 깨달음을 찾고자 했다. 그리고 그는 자신이 발견한 길[path]로 사람들을 인도하고자 했다.

그런 결심을 한 싯다르타는 잠자리에서 일어났다. 아내와 아들에게 작별 인사를 속삭인 다음, 그는 찬나를 불러내어 종마 칸타카Kanthaka가 끄는 마차에 올라타고 밤 속으로 달려갔다. 그들이 숲 언저리에 닿자 싯다르타는 마차에서 내려 가지고 있던 칼로 길고 검은 자신의 머리카락을 잘라냈다. 그리고 찬나에게 잘라낸 머리카락을 주고, 그것을 궁전으로 가져가 자신이 시작한 새로운 인생의 증거로 보여주라고 했다. 그 후 싯다르타는 값비싼 옷을 벗어 던지고 방랑자의 옷으로 갈아입었다. 집 없는 순례자의 길로 나아가기로 결심한 것이다. 왕자 싯다르타는 나이 스물아홉에 궁전을 떠나 걸인이 되었다. 이것이 바로 '위대한 포기Great

Renunciation'라고 알려진 사건이다.

집을 떠난 싯다르타는 6년에 걸쳐 욕망의 고통을 몰아내고 깨달음을 얻는 최선의 길을 찾아 방황했다. 그가 만난 현자들은 두 가지 접근 방법을 제안했다. 하나는 마음을 억제하고 갈망을 제거하기 위해 고안된 집중적인 정신 훈련이었다. 싯다르타는 그런 기술을 정복하고 그것이 유용하다는 사실을 확인했다. 그러나 그런 기술이 그가 찾던 최종적인 해방이나 깨달음을 가져다주지는 않았다. 그래서 싯다르타는 명상가들 곁을 떠나 자기가 찾던 깨달음의 길을 향해 떠났다. 그러던 중에, 그는 극심한 고행을 수행하던 일군의 수도자들을 만났다. 그들의 방법은 육체를 부정하는 것이었다. 육체를 부정하면 할수록 정신은 더욱 명료해질 것이라고 그들은 말했다. 영혼을 해방시키고 싶다면 육체를 굶주리게 해야 한다. 그 후 싯다르타는 거의 죽음에 이르는 자기부정의 훈련에 돌입했다. 그때 싯다르타는 자신의 상태에 대해 이렇게 말했다.

내가 과일 한 개로 하루를 연명할 때 나의 육체는 쇠약해졌다. …… 손발은 마치 시든 덩굴식물의 비틀어진 마디처럼 되었고…… 여윈 갈비뼈는 쓰러질 것 같은 지붕의 서까래와 같았으며…… 배를 만져보려 하면 내 손 안에 잡히는 것은 등뼈였다.

훈련에 몰입하던 싯다르타는 하나의 의문을 제기했다. 만약 이 육체 포기 이론이 사실이라면, 나는 지금 죽음의 경계 지점에 도달했으므로, 지금 정도면 깨달음에 도달해 있어야 하는 것이 아닌가? 당시 싯다르타는 너무 쇠약해져 있어서 몸을 끌어 움직이지도 못하다가 기절했다. 그의 친구들은 그가 곧 죽을 것이라고 생각했지만, 그는 회복했다. 그리고 정신이 들자, 자신의 결심을 수도자들에게 알렸다. '6년 동안의 집중적인 명상과 육체를 괴롭히는 훈련은 내가 추구하던 깨달음으로 나를 데려다주지 않았다. 그래서 나는 나 자신을 괴롭히는 단식과 훈련을 멈추겠다.' 싯다르타의 선언에 실망한 수도자들은 그의 곁을 떠났고, 그는 홀로 자신의 길로 계속 나아갔다.

길을 걷던 싯다르타는 야생 무화과나무에 도달했고, 나무 아래에서 휴식을 취하던 중 큰 결심을 했다. 비록 나의 피골이 상접하고 생명의 피가 말라버린다 해도, 나는 깨달음을 얻을 때까지 여기에 앉아 있으리라. 그렇게 그는 혼잣말을 했다. 이레가 지난 후, 싯다르타는 문득 머리를 내리치는 듯한 깨달음을 얻었다. 욕망을 제거하겠다는 욕망, 그것 자체가 하나의 욕망이 아닌가! 그는 문득 욕망을 제거하겠다는 자신의 욕망이 자신의 깨달음에 장애가 되어왔다는 사실을 깨달았다. 이런 통찰의 의미가 납득이 되면서, 그는 자신에게 욕망이 남아 있지 않음을 알게 되었다. 그는 엑스터시 상태로 들어갔다. '무지가 파괴되고 지식이 생겨났으며, 어둠이 파괴되고 빛이 생겨났다.' 즉시 그는 깨달았다. '더 이상 다시 태어남[rebirth]은 없다. 나는 지금까지 가장 고귀한 삶을 살았다. 나의 임무는 이루어졌다. 그리고 이제 나에게는 지금까지의 내가 더 이상 남아 있지 않다.' 그에게는 이제 삼사라와 윤회의 바퀴가 더 이상 돌지 않게 되었다. 그때 그는 깨달은 자Enlightened One, 즉 붓다Buddha가 되었다. 이날은 성스러운 밤Sacred Night이라고 알려져 있다.

깨달음을 얻은 싯다르타는 이전에 자기가 실망감을 안겨주었던 고행의 수도자들을 찾아나섰다. 그는 인도 북부의 갠지스 강 기슭에 자리한 도시 베나레스Benares의 사슴공원에서 그들을 발견했다. 그가 포기하고 떠났음에도 불구하고, 그들은 싯다르타를 깍듯하게 맞이했다. 그리고 그들은, 고행의 삶을 포기하고 깨달음의 가능성도 잃지 않았느냐고, 싯다르타를 점잖게 비난했다. 그러나 그 비난에 대해 붓다가 던진 대답은 '법의 바퀴에 대한 최초의 설교'[初轉法輪, Sermon of the Turning of the Wheel]로 알려져 있다. 여기서 붓다는 자신이 집을 떠나 깨달음을 찾아다니던 내내 자기를 괴롭혔던 질문을 다시 던졌다. 우리의 갈망 때문에 우리에게 채워졌던 족쇄라고 할 수 있는 '삼사라의 바퀴wheel of samsāra'가 더 이상 돌지 않도록 만드는 것은 무엇일까? 싯다르타는 양극 사이의 중간적 길을 취하는 것이 그 물음에 대한 답이라고 말했다. 그는 이것을 '중도Middle Path'라고 불렀다. '수도자들이여, 피해야 할 두 가지 극단이 있다. 하나는 즐거움과 정욕의 삶이며 이것은 저급한 것이고…… 이득이 없다. 다른 하나는 고행의 삶이며, 이것은 고통스럽고…… 이득이 없다. 이 두 극단을 피함으로써 깨달음으로 이끄는 중도를 얻는다.' 중도로 가는 푯대는 네 개의 고귀한 진리[四聖諦, Four Noble Truths]다. 고통[苦]의 원인[集]은 욕망이다. 욕망은 제거[滅]될 수 있다. 그리고 그것을 제거하는 방법[道]은 여덟 개의 바른 길[八正道, Eightfold Path]을 실천하는 것이다.

붓다는 실제적이며 행동하는 사람이었다. 실제적인 사람들의 강한 특성은 목록 만들기를 대단히 좋아한다는 것이다. 해야 할 일, 기억할 일, 시장에서 사야 할 것들의 목록 등. 이것이 고통을 야기하는 갈망을 제거하기 위해 필요한 것을 담은 '팔정도'의 목록이다. 바른 견해[正見], 바른 결의[正思惟], 바른 언사[正語], 바른 행동[正業], 바른 일[正命], 바른 노력[正精進], 바른 명상[正念], 바른 집중[正定]이 그것이다. '바른 믿음(견해)'과 '바른 결의'는 중도를 발견하고 따르는 것이다. 다음은 다른 사람을 중상하거나 거친 언어를 절대 사용하지 않겠다는 결정이다. 더욱더 중요한 것은 훔치거나 죽이거나 어떤 부끄러운 일도 하지 않겠다는 의지와 다른 사람을 해치게 만들 수 있는 일을 피하는 것이다.

불교는 행동이지 신조가 아니다. 믿어야 할 어떤 것이라기보다 행해야 할 어떤 것이다. 그 효율성의 관건은 명상을 통해 끊임없이 솟는 갈망을 통제하는 것이다. 가만히 앉아서 자신이 어떻게 호흡하는지 관찰함으로써, 단어 하나 또는 꽃 한 송이를 놓고 명상함으로써, 수행자는 의식의 여러 다른 수준을 통과하여 욕망을 최소화하는 고요함calm의 단계로 나아간다. 만약 붓다가 17세기 프랑스의 명상가 블레즈 파스칼Blaise Pascal을 만났다면, '모든 인간적 사악은 단 하나의 원인, 즉 방 안에서 가만히 앉아 있을 수 없는 것에 기인한다'고 주장하는 파스칼의 통찰에 동의했을 것이다.

중도에 대한 붓다의 설명을 받아들인 수도자들은 그의 추종자가 되었다. 그리고 그들이 중심이 되어 상가Sangha, 즉 불교의 수도승과 여승 집단이 탄생했다. 붓다의 가르침은 어떤 신조도 부과하지 않았다. 그의 가르침은 인도 종교의 두 가설, 카르마와 삼사라, 즉 수백만 번의 환생을 이끌어가는 행위의 법칙에 의해 뒷받침되고 있었다. 붓다는 윤회[환생]의 바퀴를 멈추는 가장 빠른 길은 수도승이 되어 깨달음으로 이끄는 규율들을 수행하는 것이라고 가르쳤다. 그러나 만일 그것이 불가능한 상황이라면, 차선책은 다음 생에는 황토색 승복을 입은 수도승이나 여승이 될 것이라는 희망을 가지고 윤리적인 삶을 살아가는 것이다.

베나레스에서의 첫 설교 이후, 붓다는 45년 동안 여행하며 수도승과 여승 집단인 상가를 강화시키는 활동을 벌였다. 죽음이 가까워졌을 때, 그는 제자들에게 이렇게 말해주었다. 자신이 떠나는 것은 문제가 되지 않는다. 그의 가르침이 계속 남게 될 것이기 때문이다. 중요한 것은 자기가 아니라 그 가르침이라고. 붓다가 된 왕자는 베나레스 북동쪽의 한 마을로 마지막 여행을 떠났다. 그는 병든 육체를 느끼면서, 두 나무 사이에 누워 숨을 거두었다. 그의 나이 여든이었다. 고타마 싯다르타가 세운 종교는 아시아 전역에 퍼졌고, 머지않아 세계 종교가 되었지만, 오늘날 그것이 태어났던 땅에서는 거의 찾아볼 수 없다. 불교는 지금도 인도 어디서나 만날 수 있는 자이나교와는 다르다. 그것에 대해서는 다음 챕터에서 살펴볼 것이다.

CHAPTER 6

아무것도 해치지 말라

불교와 마찬가지로, 자이나교Jainism는 힌두교가 인간에게 제기한 질문에 대한 하나의 대답이다. 인간은 카르마, 즉 행위의 법칙에 따라 윤회[재생]의 바퀴에 묶여 있다. 그 결과 우리의 현재 생은 앞으로 우리가 살게 될 많은 생에서 가장 최근의 버전 중 하나에 불과하다면, 어떻게 자신을 카르마로부터 해방시켜 니르바나라고 불리는 상태에 도달할 수 있는가? 니르바나nirvana는 양초 불을 끄듯이 혹 불어서 끈다는 의미의 산스크리트어 단어다. 니르바나는 영혼이 '삼사라'로부터 완전히 벗어날 때 획득된다. 붓다가 제시한 답은 양극단 사이의 중도를 실천하는 것이었다. 자이나교는 정반대의 방향으로 갔다. 그것은 상상할 수 있는 가장 극단적인 길, 엄격한 자기부정self-denial의 길을 선택했다. 자이나교의 최고 이상은 수행자들이 살레카나sallekhana에 이르는 것, 즉 굶어서 죽는 것이었다.

자이나교Jainism라는 말은 '정복'을 의미하는 산스크리트어 동사에서 왔다. 그것은 자인Jains, 즉 자이나교도가 구원을 가져다주는 깨달음에 도달하기 위해 인간적 본성에 맞서 싸우는 전투를 가리킨다. 자이나교의 전통에 따르면, 깨달음을 얻기 위한 욕망과의 싸움에서 승리한 스물네 명의 지나jinas, 즉 정복자가 존재한다고 한다. 그 정복자들, 즉 지나들jinas은 강을 건너는 사람이라는 뜻을 가진 티르탄카라tirthankaras라고 불리기도 한다. 그들은 자신의 영혼을 이끌고 '재생[윤회]의 강river of rebirth' 건너편으로 건너가 구원을 성취했기 때문이다. 일반적으로 자이나교의 '창시자'로 알려진 사람은 바르다마나Vardamana로, 그는 이들 티르탄카라 중 마지막 인물이었다. 그는 보통 '위대한 영웅'이라는 의미를 가진 마하비라Mahavira라는 이름으로 알려져 있지만, 실제로 그의 본명은 바르다마나였다. 자이나교의 전승에 따르면, 그는 기원전 599년 무렵 동북 인도의 갠지스 강 유역에서 태어났다고 한다. 그 지역은 고타마 싯다르타가 태어난 장소와 가깝다.

마하비라와 붓다(고타마 싯다르타)는 단순히 지리적 위치나 시대적 유사성 이상의 공통점을 가지고 있다. 마하비라는 싯다르타와 마찬가지로 왕자였으며 고통과 고통의 원인이라는 문제에 사로잡혀 있었다. 그리고 그 또한 깨달음을 얻기 위해 특권적인 삶을 포기했다. 그는 고통의 원인이 욕망이라고 생각한 붓다와 같은 생각을 가지고 있었다. 사람들은 자기가 가지고 있지 않은 것을 갈망하기 때문에 행복하지 않다. 그리고 자신이 열망하던 것을 얻는 순간, 또 다른 것을 갈망한다. 결국, 욕망이 고통의 원인이므로, 욕망의 불을 끄는 것만이 우리를 구원할 수 있다. 그리고 그가 제시한 욕망 소멸의 방법을 보면, 마하비라가 얼마나 과격하고 근본적 입장을 가진 인물이었는지를 알 수 있다. 마하비라는 이렇게 주장한다. 윤회[재생]의 바퀴에서 벗어나는 유일한 방법은 악을 피하고 선을 실행하는 것이다. 붓다와 마찬가지로, 마하비라 역시 리스트(목록)를 만드는 것을 아주 좋아했다. 그는 자신의 방법을 다섯 계율로 간추렸다. 살아 있는 것은 그것이 무엇이든 죽이거나 해치지 말라. 도둑질하지 말라. 거짓말하지 말라. 부정하고 절제 없는 삶을 살지 말라. 어떤 것도 탐내거나 갈망하지 말라.

언뜻 보면 그가 제시한 계율에는 새로운 것이 전혀 없다. 다른 수많은 종교가 거의 비슷한 목록을 제시하고 있다. 그러나 자이나교의 특징은 다른 생명체를 죽이거나 해치지 말라는 마하비라의 첫째 계명에 대한 그들의 깊은 사유에서 찾을 수 있다. 다시 말해, 아힘사Ahimsa라는 말로 널리 알려진 '비폭력'이 마하비라가 가르친 것의 핵심이다. 그리고 그는 죽이거나 해치지 말라는 비폭력의 계율을 절대적이고 보편적인 원리로 만들었다. 구원을 추구하는 사람은 오직 그런 절대적인 비폭력을 통해서만 윤회[재생]의 바퀴에 물려 있는 카르마를 변화시킬 수 있다.

자이나교의 승려와 여승은 어떤 것도 해치거나 죽이지 않아야 한다! 먹기 위해 동물을 죽여서도 안 된다. 사냥이나 낚시도 허용되지 않는다. 모기가 뺨을 물어도, 벌이 목을 쏘아도, 그것을 죽여서는 안 된다. 집 안에서 거미나 곤충을 발견해도 죽이면 안 된다. 그런 것들이 주변에 있는 것을 원하지 않는다면, 다치지 않도록 조심스럽게 잡아서 경의를 표하면서 집 밖으로 내보내야 한다. 그리고 길을 걸을 때도, 땅 위에는 아주 작은 생명체가 가득하기 때문에, 그것들을 해치지 않도록 아주 조심해야 한다. 자이나교도는 자기들의 발걸음으로 발아래 생명을 짓밟는 것을 방지하기 위해 가벼운 깃털로 만든 빗자루로 길을 쓸어내면서 걷는다. 심지어 어떤 사람은 마스크를 착용하여 숨을 들이쉴 때 곤충이 입속으로 빨려 들어오지 못하게 한다. 모든 형태의 생명에 대한 경건과 존중은 뿌리채소에도 적용된다. 땅에서 뿌리채소를 뽑아 먹어서는 안 된다. 그것들 역시 사람만큼이나 가치 있는 생명을 가진 존재인 것이다.

그렇다면 고기, 생선, 뿌리채소를 먹지 않는 자이나교도가 어떻게 살아남았을까? 실제로 그들 중 일부는 살아남지 않는 쪽을 선택했다. 금식에 의한 자살, 즉 살레카나는 자이나교도가 선택할 수 있는 최상의 결정이었다. 그것은 영혼 안에 남아 있는 욕망을 제거하여 카르마로부터 최종적인 해방을 달성하는 것을 의미했다. 그러나 자살은, 보편적으로도 혹은 심지어 자이나교도에게도, 실행하기 어려운 관행이라는 사실은 잠시만 생각해봐도 알 수 있다. 종교는 모두 제각기 강렬함intensity에 대한 여러 다른 기준을 가지고 있다. 광신자의 뜨거운 열정에서부터 때때로 규율을 준수하는 정도의 미지근한 수준까지, 다양하다. 역사상 가장 뜨거운 종교 중 하나인 자이나교 역시 수행자들 사이에 여러 다른 수준의 온도가 공존했다. 자이나교도 중 대부분은 금식에 의한 자살을 선택하지 않았다. 그러나 그들의 행동은 충분히 극단적인 것이었다. 그들은 과일을 먹고 생존했지만, 그것도 땅에 떨어진 것만 먹었다. 자이나교도는 극단적인 과일 섭취자들이었다. 그들은 바람에 떨어진 과일만 먹음으로써 다른 생명체를 해치지 않고도 버틸 수 있었던 것이다.

모든 형태의 생명이 신성하다는 믿음을 제외하면, 자이나교는 종교적인 이론을 거의 제시하지 않았다. 그들의 체계 안에는 최고신이나 창조자가 존재할 수 있는 여지가 없었다. 그리고 그들은 카스트 제도의 잔인성을 거부했다. 자이나교도들은 그들이 작성한 정밀한 우주 지도가 구원으로 가는 길을 알려준다고 믿었다. 그들은 우주가 가는 허리 모양으로 연결된 커다란 두 개의 구로 이루어져 있다고 생각했다. 이미지로 그려보기를 원하면, 풍선 하나를 불어서 중간에 매듭을 지어 두 부분으로 나누어보면 좋을 것이다. 자이나교도는 가운데의 매듭 부분이 우리가 사는 세계이며, 윤회의 바퀴에 묶인 영혼들은 그 세계에서 자기 시간을 보내고 있다고 생각했다. 그리고 음식을 너무 많이 먹었을 때 몸이 무거워져 몸을 가누기 힘들어지는 것처럼, 나쁜 행동은 영혼을 무겁게 만들고 윤회의 바퀴에서 벗어나기 힘들게 만든다고 믿었다. 나쁜 삶을 산 영혼들은 다음번에는 더 낮은 생명의 형태로 돌아온다. 아마도 뱀이나 개구리의 모습으로. 어쩌면 당근이나 양파의 모습으로 올 수도 있다. 진짜로 악한 삶을 살았던 사람의 영혼은 너무나 무거워져 우주 아랫부분에 있는 일곱 개의 지옥 안으로 떨어진다. 지옥은 아래로 내려가면 갈수록 영혼에게 더 끔찍한 고문을 가한다.

　마찬가지 원리에 따라, 자기 죄를 없애기 위해 열심히 노력한 영혼은 노력한 만큼 더 가벼워졌다. 아주 충실한 자이나교도는 극단적 금욕주의ascetism를 실천했다. 금욕주의라는 단어는 그리스에서의 육상 훈련과 연관된 말인데, 대단히 고통스런 훈련을 통해 그 분야에서 다른 모두를 능가하는 역량을 발휘하는 것을 의미했다. 자이나교의 최상위 선수라고 할 수 있는 지나들jinas은 엄격한 훈련을 통해 영혼은 점점 더 가벼워졌고, 마침내 우주의 맨 꼭대기 하늘에 도달할 정도로 상승했다. 그 결과 스물여섯 번째 하늘에 도달했을 때, 그들은 니르바나에 도달하고 구원을 향한 분투는 끝이 난다. 거기서 그들은 부동의 지복 상태에 영원히 머물러 있게 된다. 마침내 구원을 얻은 것이다.

　자이나교의 또 다른 흥미로운 점은 그런 무중력 상태를 향한 분투를 생각의 영역으로 확장해가는 방식이다. 나쁜 행동은 물론, 나쁜 생각 역시 영혼의 무게를 무겁게 만든다. 역사가 알려주는 것처럼, 종교적 관념을 포함한 생각ideas의 불일치가 인간들 사이에서 발생하는 폭력의 주된 원인이었다. 자이나교도들에게 비폭력, 즉 아힘사ahimsa의 교리는 사람의 육체뿐 아니라 생각에 대해서도 적용되는 것이었다. 자이나교도는 정신적 영역에 있어서도 누구에게도 해를 끼치지 않는 비폭력을 행사해야 한다고 믿는다. 그들은, 인간은 그 누구든 결코 사물의 전체를 보지 못한다는 사실을 인정하면서, 사물을 보는 다양한 방식과 실재를 경험하는 다양한 모습을 모두 존중해야 한다고 생각했다.

이런 교리를 그들은 아네칸타바다anekantavada라고 불렀다. 그리고 그 교리를 설명하기 위해, 코끼리 한 마리를 놓고 각기 다른 부분을 손으로 더듬어 묘사했던 여섯 맹인의 이야기를 들려준다. 코끼리 다리를 만졌던 맹인은 코끼리가 기둥 같다고 말했다. 꼬리를 만졌던 맹인은 코끼리가 밧줄 같다고 말했다. 코끼리 코를 만진 맹인은 나뭇가지 같다고 말했다. 귀를 더듬어보았던 맹인은 코끼리가 부채 같다고 말한다. 코끼리 배를 만진 사람은 벽 같다고 말했고, 마지막으로 코끼리의 상아를 만진 사람은 코끼리가 단단한 파이프 같다고 말했다. 스승은 그들이 모두 옳았지만 모두가 전체가 아니라 한 부분만 파악했다고 말해주었다. 이 이야기는 인간이 실재를 파악하는 데 있어 제한적이라는 사실을 보여준다. 인간은 완전히 눈이 먼 것은 아니지만, 단지 하나의 각도에서만 사물을 바라볼 수 있을 뿐이다. 하지만, 자기가 보는 것이 전체 그림이라고 주장하거나 다른 사람들도 자기 방식대로 보아야 한다고 강요하지 않는다면, 큰 문제는 없다.

자이나교도들은 우리 지식의 한계가 우리 실존의 한계 때문에 발생한다고 생각한다. 우리 인간의 실존은 비실재성을 본질로 삼기 때문이다. 오직 깨달음을 얻는 사람들만이 완전한 지식을 가질 수 있다. 우리가 자이나교의 여러 측면을 어떻게 판단하든, 정신적 겸손함을 강조하는 그들의 태도는 종교의 역사 안에서 대단히 보기 드문 것이다. 일반적으로 종교는 자기들이 스스로 어떤 최종적인 답을 얻었다고 생각하는 경향이 있다. 종교는 그 자신이 코끼리 한 마리를 놓고 티격태격하는 맹인 거지들일 수 있다는 생각 자체를 거부한다.

마하비라는 인도 전역을 다니면서 자신의 메시지를 전파했고, 제자들을 이끌어나갔다. 기원전 427년에 나이 일흔에 마하비라가 자발적 굶주림으로 죽음에 이르렀을 때, 그를 따르는 남자 승려가 1만 4,000명, 여자 승려가 3만 6,000명이었다. 그들은 모두 진정한 자이나교도 선수들athletes이었다. 그들은 자신들이 현생에서 니르바나를 성취할 수 있을 정도로 자기 영혼을 가볍게 만들기 위해 열심히 수행했다. 그리고 그들은 마하비라의 비폭력에 대한 가르침과 모든 생명체에 대한 경외심을 그들의 성스러운 책 아가마Agamas에 수집했다.

대부분의 종교는 일단 확립되고 난 다음에는 여러 종파로 분열되는 경향을 보여준다. 자기들이 원조 예언자나 스승의 진정한 후계자라고 주장하는 것이다. 자이나교 역시 예외가 아니었다. 마하비라가 죽은 다음 자이나교는 두 개 그룹으로 분열되었지만, 그들 사이의 차이점은 크지 않았고, 귀여운 정도의 차이만 드러냈다. 자기들 스스로 디감바라Digambaras, '하늘을 입은' 사람들이라고 칭했던 그룹은 남자 승려와 여자 승려 모두 옷을 입지 않아야 한다고 주장했다. 한편 그들과 대립하는 그룹은 자신들을 스베탐바라Svetambaras, 즉 '흰옷을 입은' 사람들이라고 부르면서 남녀 모두 흰색 옷을 입도록 허락했다.

인도에는 현재에도 수백만 명의 자이나교 평신도와 그들을 이끄는 승려와 여승이 활동하고 있다. 승려나 여승은 진정한 자이나교의 선수이지만, 평신도들 역시 자신이 속한 사회적 위치에서 가능한 한 가장 단순한 생활을 하려고 노력한다. 그들은 단번에 스물여섯 개의 하늘에 도달할 수 있다고 생각하지 않는다. 그러나 그들은 자신의 현재 생에서의 비폭력적 부드러움이 다음 생에서 승려나 여승의 자리에 도달하게 해주기를 기대한다. 그리고 그다음 생에서는 최종적인 니르바나에 도달할 수 있을 것이다.

자이나교의 성격을 생각해보면, 그것은 결코 대규모의 거대 종교로 발전할 수는 없었을 것이다. 그러나 자이나교는 지금까지도 영향력 있는 종교로 남아 있다. 그리고 이 종교는 우리에게 흥미로운 특징을 보여준다. 극단적인 수행은 소수에게만 호소력을 가지지만, 그럼에도 그것은 결국 다수의 의견에 영향을 미치고 그들의 태도를 부드럽게 만들 수 있다. 모든 생명이 가진 신성성에 대한 자이나교의 믿음은 다양한 형태의 채식주의자 운동에 기여했다. 그리고 그들의 아힘사, 즉 비폭력 교리는 정치사에 커다란 충격을 주었다. 20세기 전반, 영국의 지배로부터 인도를 해방시키는 독립운동을 지도했던 마하트마 간디Mahatma Gandhi에게 영향을 준 것은 특기할 만하다. 같은 20세기 중반에 미국에서 아프리카계 미국인들의 시민 권리를 위한 운동을 이끌었던 기독교 설교자 마틴 루터 킹 목사에게도 큰 영향을 주었다.

자이나교는 욕망이 인간이 겪는 대부분의 고통의 원인이며, 오직 욕망을 제어하는 것을 배움으로써 행복과 만족을 얻을 수 있다는 진리를 제시한다. 우리 중에서 '하늘 옷'을 입거나 굶어 죽기를 원하는 사람은 거의 없겠지만, 그렇게 살고자 하는 사람들의 생각과 행동은 우리 모두가 조금 더 단순한 삶을 살 필요가 있다는 사실을 기억하게 해준다.

이 책의 첫머리에서 나는 여러 종교의 출현을 추적할 때 엄격하게 연대기적인 행로를 따르는 것은 불가능하다는 사실을 지적했다. 그 이유는, 이런 이야기에서는 시간만큼이나 장소가 중요하기 때문이다. 서로 다른 일이 여러 장소에서 동시에 발생했다. 따라서 우리가 역사를 통해 나아가는 길은 지그재그일 수밖에 없다. 우리는 다음 챕터에서 아리아인들이 인도를 침략한 시점에서 몇백 년을 거슬러 올라갈 것이다. 나아가 종교의 역사에서 가장 중요한 인물 중 한 사람, 아브라함Abraham이라는 이름을 가진 신비한 인물을 만나기 위해 서쪽으로 움직이게 될 것이다.

CHAPTER 7

방랑자

우르Ur. 두 글자로 만들어진 짧은 단어다. 'u'는 'up'에서의 'u' 발음이다. 'r'은 스코틀랜드 사람이 발음하는 방식으로 굴린다. 그래서 '어Ur' 또는 '어르Urrr'다.(우리말에서는 관행적으로 '우르'라고 발음한다 - 옮긴이) 우르는 종교의 역사에서 가장 중요한 인물 중 하나인 족장 아브라함이 태어난 곳이다. 그는 그곳에서 기원전 1800년 무렵에 태어났다고 알려져 있다. 유대인, 기독교인, 그리고 무슬림[이슬람교도]은 각기 아브라함이 자기들의 종교를 만든 조상이라고 주장한다. 먼 산에서 똑똑 떨어진 물이 흘러 만들어진 가느다란 실개천이 수천 킬로미터를 흐르면서 광대한 평원 위에 거대한 세 개의 강이 되는 광경을 그려보면, 이해할 수 있게 될 것이다. '우르'는 메소포타미아Mesopotamia의 동남쪽에 위치한다. 메소포타미아

　　　　　세계 종교의 역사

는 그리스어로 '두 강물 사이'라는 의미를 가진 말인데, 그 두 강물이 티그리스와 유프라테스다. 우르는 현재의 이라크Iraq 지역에 있었다.

오늘날 전해 내려오는 이야기에 따르면, 아브라함은 테라Terah의 아들이었다. 아브라함에게는 나홀Nahor과 하란Haran이라는 형제가 있었다. 그들에 관한 이야기는 성경의 창세기에 보인다. 그러나 히브리 성경에 대한 오래된 안내서는 그들에 대해 더욱 풍부한 이야기를 전해준다. 그들은 풀이 무성한 유프라테스 강 계곡 초원에서 양을 치는 목동이었다고 한다. 그리고 테라는 그곳 사람들이 숭배하는 신상이나 우상을 만들어주는 일을 했는데, 그것은 아주 이익이 많은 부업이었다. 메소포타미아 사람들은 네 명의 최고신을 가지고 있었다. 아누Anu는 하늘의 신이었고, 키Ki는 땅의 여신, 엔릴Enlil은 대기의 신, 그리고 엔키Enki는 물의 신이었다. 태양과 달도 신으로 숭배되었다. 고대 종교에서 자연의 힘이 거의 자동적으로 신성한 존재가 되는 현상은 주목할 만하다.

인도인들처럼, 메소포타미아의 사람들 역시 제물devotions을 바칠 때 무언가 눈에 보이는 구체적인 신상을 요구했다. 테라는 자기 작업실에서 만든 신상神像에 사람들이 제물을 바치고 은혜를 구하는 것을 보면서 큰 만족감을 느꼈다. 어느 날 그가 자리를 비우고 아브라함이 그의 일을 대신하고 있을 때, 한 노인이 신상을 사러 들어왔다. '당신은 몇 살인가요?' 아브라함이 그에게 물었다. 그 노인은 '칠십'이라고 대답했다. '그렇다면, 당신은 아주 바보로군요. 70년 전에 태어난 사람이 아직도 바로 어제 이 가게 뒤 작업실에서 만들어진 신상에 예배를 하는 것을 보니!' 아브라함이 말했다. 그 노인은 잠시 생각하더니, 구매를 취소하고 돈을 돌려받아 가게에서 나가버렸다.

그 이야기를 들은 형들은 크게 화를 냈다. 그들은 아버지에게 아브라함이 자기 고집 때문에 자기들의 사업을 위험에 빠뜨리고 있다고 불평했다. 그래서 테라는 아브라함이 가게 앞에 있지 못하게 했다. 그 대신 아브라함은 신상을 전시하는 전시실을 방문한 고객이 신에게 바치는 제물을 가져오면 그것을 신상 앞에 올리는 일을 하라는 명령을 받았다. 어느 날 한 여인이 신에게 음식을 바치러 왔다. 아브라함은 그 음식을 신상 앞에 올리는 대신 그녀를 조롱했다. '그 조각상은 괜찮은 입을 가지고 있지만, 당신이 준비한 그 음식을 먹을 수도 없고 나중에 고맙다는 말도 할 수 없어요. 그것은 두 손을 가지고 있지만, 당신이 그 앞에 바친 음식을 단 한 조각도 집을 수 없어요. 그리고 그것은 아름답게 만들어진 다리를 가지고 있지만 당신을 향해 단 한 발도 옮길 수 없어요. 내가 아는 한, 그 우상을 만든 사람들이나 그것에 예물을 바치는 사람들이나 멍청하고 쓸모없는 사람들이거든요. 그 신상도 마찬가지죠.'

이것은 두 가지 이유에서 대단히 위험한 대화였다. 지역사회에서 뿌리내린 종교에 도전하는 것은 결코 환영받는 일이 아니기 때문이다. 게다가 그런 비판이 그 지역의 경제생활을 위협한다면 상황은 더욱 나빠진다. 이곳은 여러 신을 숭배하는 사회였고, 그 신들의 신상을 생산하는 것은 수익성이 높은 산업이었다. 아브라함은 자신을 큰 문제에 빠지게 만들었다. 그가 안전을 확보하기 위해 할 수 있는 최선의 일은 그 지역을 떠나는 것이었다. 그 이후 아브라함은 자기 가족과 가축을 이끌고 먼 거리를 이동하는 방랑자가 되었다. 그러나 그것은 종교의 역사를 창조한 '정신적 여정 spiritual journey'이었다.

아브라함의 이야기는 다신교에서 일신교로의 변화, 엄격하지 않은 다신 숭배에서 엄격한 유일신에 대한 숭배를 고수하는 신앙으로의 변화를 보여준다. 무엇이 이런 변화를 촉발했을까? 아브라함은 아버지 가게에 있던 아무런 해를 끼치지 않는 작은 신상들에 대해 왜 그렇게 화를 냈던 것인가? 우리가 아브라함의 마음속으로 들어가려면 상상력이 필요하다. 하지만, 거기서 일어났던 일을 이해하는 것은 그다지 어렵지 않다. 그는 아버지와 형들이 그 형상들을 조각하는 모습을 지켜보았다. 그는 조각들을 만드는 데 무엇이 필요한지 알고 있었다. 그러니 그것들이 사람이 만든 장난감에 불과하다고 평가하는 것은 당연한 일이 아니겠는가? 그러나 아브라함은 사람들이 어리석고 멍청하다고 생각하면서 그냥 어깨를 으쓱하고는 지나칠 수도 있었을 것이다. 그렇다면 그는 왜 그렇게 화를 냈던 것일까?

왜냐하면 아브라함은 신God의 목소리를 들을 수 있는 예언자였기 때문이다. 그리고 그 목소리는 그런 신상들을 숭배하는 것은 사람들에게 즐거움을 주고 신상 제작자들의 사업 기회를 가져다주는 게임에 불과한 것이 아니라고 경고했다. 그것은 끔찍하고 위험한 거짓말에 근거를 두고 있었다. 그런 신상으로 표현하는 신들은 존재하지 않는다. 오직 유일한 신God 한 분이 존재한다! 그리고 신God은 다른 신들의 신상이나 형상을 경멸할 뿐 아니라 미워한다. 그런 신들이 자녀들이 아버지를 아는 것을 방해하고 있기 때문이었다. 마치 낯선 자에게 아이를 도둑맞은 부모처럼, 신God은 자기 자녀들을 되찾고 유괴범을 벌하기를 원했다.

이것은 인간의 역사에서 중요한 전환점이며 잠시 깊이 생각해볼 가치가 있다. 우리의 역사를 통해 볼 때 인간이 다른 인간을 증오하는 일에 아주 익숙하다는 것은 아주 분명한 사실이다. 그리고 어떤 식으로든 자기들과 다른 사람들은 쉽게 증오 대상이 된다. 인종, 계급, 피부색, 성별, 정치, 심지어 머리 색깔이 우리 안에서 추한 행동을 촉발한다. 종교 역시 그럴 수 있다. 실제로, 종교적 증오는 인간에게 신성한 정당화를 부여하기 때문에, 아마도 이러한 인간적 병폐 중에서 가장 치명적인 형태일 것이다. 물론 다른 사람들의 의견이 마음에 들지 않기 때문에 그들을 미워하는 것은 있을 수 있는 일이다. 그러나 신God 또한 그들을 혐오하고 그들을 절멸시키기를 원한다고 말하는 것은 전혀 다른 일이다. 따라서 강렬한 종교적 확신이 인간관계 유지에 위험한 요소를 추가할 수 있는지 주목하는 것은 필요한 일이다. 아브라함 이야기에 등장하는 또 다른 하나의 사건이 이런 사실을 상기시켜줄 것이다.

아브라함의 머릿속에서 말을 걸었던 그 목소리는 그에게 우상을 미워하라고 말해주었을 뿐 아니라 아버지의 나라를 떠나 장차 위대한 나라가 될 다른 땅으로 옮기라고 명령했다. 그 명령에 따라 아브라함은 그의 가족과 가축 떼와 소떼를 이끌고 서쪽으로 가서 유프라테스 강을 건너 마침내 가나안 땅에 도착했다고, 창세기는 우리에게 말해준다. 오늘날 이스라엘 또는 팔레스타인으로 알려진 가나안 땅은 지금 우리가 지중해라고 부르는 큰 바다의 동쪽 경계 지역에 위치하고 있었다. 아브라함은 해안이 아니라 그 땅의 척추라 할 수 있는 석회암 능성이를 따라 내륙에 정착했다. 그리고 거기에서 그의 가족과 가축 떼와 소떼는 번창했다.

그러던 어느 날 아브라함은 다시 머릿속에서 울리는 목소리를 들었다. 이번에 그 목소리는 아브라함에게 아들인 이삭Isaac을 산으로 데려가 신에게 제물로 바치라고 했다. 아브라함은 신에게 동물을 태워 죽이는 선물을 바치는 것은 익숙했다. 그러나 자기 아들을 죽이라는 명령을 받은 적은 한 번도 없었다. 그러나 그는 그 명령에 감히 의문을 제기하지 않았다. 아브라함은 다음 날 아침 일찍 일어나 당나귀 위에 땔감을 실어서 묶고 아들과 젊은 사내 두 명을 데리고 길을 떠났다. 산기슭에 도달한 아브라함은 젊은이들더러 당나귀를 지키며 남아 있으라고 말했다. 그리고 그는 이삭의 등에 땔감을 지우고 횃불을 밝히며 산으로 오르기 시작했다. 아브라함은 허리띠에 날카로운 칼을 차고 있었다. 그들이 오솔길을 걸어 올라갈 때 이삭이 아버지에게 물었다. '아버지, 제물을 준비할 불과 칼은 준비되었는데 잡을 동물은 어디에 있나요?' 아버지는 대답했다. '걱정 마라, 아들아. 신이 우리에게 필요한 것을 주실 것이다.'

그들이 제물을 바칠 장소에 도달했다. 아브라함은 돌멩이 몇 개를 모아서 임시 제단을 만들고 그 위에 땔감을 펼쳐놓았다. 그리고 두려움에 떨고 있는 아들을 붙잡아 얼굴을 땔감을 향하게 하고 묶었다. 아브라함은 이삭의 긴 머리카락을 움켜쥐고 목이 드러나도록 머리를 뒤로 젖혔다. 그런 다음 자기 허리띠에서 칼을 빼들고 아들의 목을 베려고 했다. 바로 그 순간 그의 머릿속 목소리가 그를 다시 불렀다.

'아브라함아, 네 아들을 죽이지 마라.' 그 목소리는 말했다. '나의 명령에 따라 기꺼이 네 아들을 죽이려는 의지를 통해, 나를 향한 너의 충성됨이 너의 인간적인 애정보다 강하다는 것을 보여주었다. 그러니 내가 네 아들을 구할 것이다.' 부르르 떨고 있던 아브라함은 칼을 내렸다. 그리고 그는 덤불에 뿔이 걸려 있는 숫양 한 마리를 발견했다. 그는 안도감으로 정신이 나간 채 숫양의 목을 따 아들 대신 제단 위에 놓고 하느님께 바쳤다. 이 모리아Moriah 산에서 일어났던 엄청난 장면에 대해 이삭이 어떻게 생각했는지에 관해서는 들은 바가 없지만, 그것은 상상하기 어렵지 않다.

일부 초기 종교들에서 인간 희생이 실행해졌다는 것을 우리는 잘 알고 있다. 그리고 그것이 어떻게 시작되었는지를 이해하기는 어렵지 않다. 만일 우리가 신들gods이란 언제나 어떤 경우든 받들어 모셔야 하는 예측불허한 지배자라고 생각한다면, 그 신들의 호의를 얻기 위해 우리는 동물뿐 아니라 인간까지도 희생물로 바쳐야 한다는 사실을 이해할 수 있다. 아마도 아브라함과 이삭의 이야기에는 그러한 섬뜩한 역사의 머나먼 메아리가 담겨 있을지도 모른다. 그러나 전통적인 유대교, 기독교, 그리고 이슬람

세계 종교의 역사

에서는 이 아브라함에 대한 시험이 그런 방식으로 해석되지 않았다. 그것이 그들에게 말해주는 것은, 신의 의지에 대한 모든 세속적인 연결 고리를 넘어서는 절대적인 복종이다. 오늘날이라면, 어떤 남자가 신이 자신에게 명령하여 자기 아들을 죽여 제물로 바치라고 말했다고 주장한다면, 우리는 그가 제정신이 아니라고 판단할 것이다. 이런 사례 때문에 모든 종교는 미쳤다고 결론을 내려야 한다는 것은 아니다. 그러나 시간의 흐름을 따라가는 종교 이야기를 들을 때, 여러분은 그들의 주장 중 일부에 대해서는 의문부호를 달아볼 필요가 있다. 이 이야기에서 우리가 주목하는 위험성은 사람들의 마음속에서 말하고 있는 신의 목소리에 지나친 권위를 부여하는 성향이다. 아브라함이 품었던 우상에 대한 증오는 여기서 좋은 안내자 역할을 한다.

우리는 앞에서 우상이란 인간이 만들어낸 것이며 그것을 신성한 존재로 대하는 것은 어처구니없는 짓이라는 아브라함의 생각을 살펴보았다. 그러나 신God에 대한 우리의 여러 가지 생각들ideas 역시 인간의 발명품이 아닌가? 우리는 나무나 돌을 가지고 손으로 그것을 만들어내지는 않았다. 그러나 그것은 말이나 개념을 사용하여 인간의 정신 안에서 만들어진 것일 수 있다. 따라서 우리는 그런 주장들을 조심스럽게 대해야 한다. 우리가 이미 잘 알고 있는 것처럼, 그런 생각들 중에서 어떤 것은 대단히 위험할 수 있다. 신은 우리에게 우리 자녀를 제물로 바치라고 명령할 수도 있다. 그렇다면, 종교가 인간 공동체의 최대의 적이 될 수도 있다는 사실도 추측할 수 있다. 적어도, 아브라함의 예를 통해서, 만일 명령이 '저 높은 곳'에서 온 것이라면 그것이 어떤 일이든 반드시 그 명령에 따라야 하는 것이라고 인간이 스스로를 설득할 수 있다. 그리고 역사는 종교의 이름으로 거의 모든 일이 행해졌음을 보여준다.

나는 아브라함의 이야기가 종교의 역사 안에서 하나의 전환점이라고 말했다. 다신교에서 유일한 신을 믿는 일신교로의 전환을 가능하게 만들기 때문이다. 그리고 그런 전환은 종교란 결코 고정적인 것이 아니라는 사실을 보여준다. 종교는 끊임없이 진화하고 변화한다. 종교는 활동사진이다. 아브라함이 그렇게 매력 넘치는 인물인 이유가 바로 그것이다. 그는 땅 위에만 방황했던 것이 아니라 정신세계 안에서도 방황했고, 방향을 전환시켰다. 몸을 돌려 방향을 바꿀 수 있는 그런 능력은 모든 흥미로운 인간들이 보여주는 특징 중 하나다. 그리고 그것은 종교를 이해하는 열쇠 중 하나이기도 하다.

아브라함은 방랑자였다. 그리고 그가 죽은 후에 그의 후손들 역시 다른 민족들과 마찬가지로 더 나은 삶을 찾아 계속해서 이동했다. 전해지는 이야기에 따르면, 아브라함이 죽은 후 몇 세대 동안 엄청난 기근이 가나안 땅을 덮쳤다고 한다. 그 결과 그의 후손들은 다시 길을 떠나게 되었다. 이번에 그들은 남쪽으로 내려갔다. 거기서 또 하나의 거대한 강을 건너 이집트로 들어갔다. 그리고 거기에서 그들 역사의 다음 챕터가 전개되었다. 우리는 다시 모세를 만나게 될 것이다.

CHAPTER 8

갈대밭에서

아브라함이 머릿속의 목소리가 내린 명령에 따라 거의 죽일 뻔했던 아들, 이삭은 살아남아서 다른 아이들의 아버지가 되었다. 그리고 이삭의 아들 야곱도, 그의 할아버지처럼, 신의 목소리가 자신을 향해 말하는 것을 들었다. 그 목소리는 그가 더 이상 야곱이라고 불리지 않을 것이라고 말했다. 그의 새 이름은 이스라엘이었다. '신이 다스린다'는 뜻이다. 따라서 그의 열두 아들은 이스라엘의 자녀 또는 이스라엘인이라고 불렸다. 할아버지 아브라함처럼, 이제 이스라엘이라고 불리게 된 야곱은 방랑하는 유목민이었다. 그는 가축 떼를 몰고 물과 좋은 풀을 찾아 이곳저곳을 돌아다녔다. 수십 년 동안 이스라엘인들은 다른 부족들에 맞서 자기 부족을 유지할 수 있을 정도로 성장했고, 최고의 목초지와 가

갈대밭에서　　　　　　　073

장 풍부한 우물을 놓고 다른 부족과 경쟁하게 되었다.

그러나 머지않아 대기근이 가나안 땅을 덮쳤다. 풀은 시들고 우물은 말랐다. 그래서 이스라엘인들은 시간이 시작된 이래 다른 민족이 그랬던 것처럼 다른 곳에서 행운을 찾아보기로 결정했다. 그들은 가축 떼를 배불리 먹일 수 있는 우거진 목초지를 가진, 나일 강이 흐르는 이집트를 향해 남쪽으로 이주했다. 처음에 이집트인들은 그들을 환영했다. 그리고 이스라엘인이 나일 강에서 가깝고 바다에서 멀지 않은 이집트 북동부의 고센 지역에 정착하도록 허락했다. 여기서 이스라엘인들은 번창했고 숫자가 늘어났다. 그러나 그들은 자기들끼리만 살았다. 우상을 경멸했던 아브라함의 가르침을 기억하며, 그들은 그 지역의 종교와 거리를 두었다. 그곳의 종교는 개, 고양이, 악어, 또는 다른 여러 동물의 형태를 가진 신들을 숭배하는 활기찬 다신교였다.

다른 사람들과 섞이기를 거부하는 사람들이 종종 경험하듯이, 이스라엘인들은 이집트인들 사이에서 점차 인기를 잃어갔다. 그리고 숫자가 늘고 더욱 성공을 거두게 됨에 따라, 그들에 대한 비호감은 증오로 변했다. 그다음에는 증오가 박해로 변하고, 이스라엘인에게 노동을 강요하게 되었다. 그리고 이러한 조직화된 가혹함조차 그들을 억누르지 못하게 되자, 이집트 정부는 계획적인 파괴 작전을 선택하게 된다. 이집트 왕은 이스라엘의 여성을 이집트 남자와 강제로 결혼시켜 일반 국민과 동화시키고, 새로 태어날 이스라엘 남자아이는 태어나자마자 죽이라는 법령을 포고했다. 자기가 낳은 아들이 태어나자마자 학살되는 것을 보느니 차라리 아이를 멀리 보내는 것이 낫겠다고 결심한 한 어머니가 있었다. 그녀는 방수 처리된 바구니 안에 조심스럽게 아들을 넣고 나일 강둑의 갈대밭 안에 그것을 놓아두었다. 그녀는 그곳이 이집트의 왕, 파라오의 딸이 목욕하러 오는 장소라는 것을 알고 있었다. 그 계책은 성공했다. 왕의 딸이 왕골 바구니에 담겨 강물 위에 떠 있는 아기를 발견하여 자기 아들로 입양하고 모세라는 이집트 이름을 지어주었다.

모세는 파라오의 왕궁에서 특권적인 삶을 살았지만 자신이 이집트인이 아니라 이스라엘인이라는 사실을 알고 있었다. 모세에게는 그를 입양하고 키워준 압제자들에 대한 반감, 그리고 자신의 운명이 노예들과 함께하는 것이라는 자각이 자라나고 있었다. 그는 이스라엘인들에게 어떤 일이 벌어지고 있는지 궁금했다. 어느 날 그는 호기심에 이끌려 작업에 동원된 이스라엘인 노예들을 지켜보게 되었다. 그러다가 이집트인 패거리의 대장 하나가 이스라엘인 한 사람을 거칠게 때리는 것을 목격한 모세는 분노하여 그 이집트인을 죽이고 모래에 파묻었다. 그는 다음 날도 이스라엘인을 보러 나갔다. 이번에는 두 이스라엘인이 싸우는 광경을 보게 되었고, 그들 사이에 끼어들어 싸움을 말리려고 했다. 그러자 싸움을 시작했던 이스라엘인은 모세를 조롱했다. '어제는 이집트인을 죽이더니, 오늘은 나를 죽여 모래 속에 숨기려고 하는구나!' 모세는 자신이 저지른 일이 왕궁에 곧 알려졌으며, 자신에게 조만간 위험이 닥칠 것이라는 사실을 깨달았다. 곧바로 모세는 사막으로 도망쳤고, 그곳에서 한 유목민의 도움으로 피신처를 얻게 되었다.

　이곳이 바로 우리가 가시덤불 앞에서 무릎을 꿇고 있던 모세를 처음 만났던 곳이다. 그때 모세는 자기가 듣고 싶지 않은 말을 하는 목소리에 귀를 기울이고 있었다. 그 목소리는 그가 원하지 않는 위험한 책임을 맡기려 하고 있었다. 그것은 아브라함으로 하여금 메소포타미아 사람들이 숭배하던 신들을 비난하고 인생의 위험을 감수하라고 명령했던 바로 그 목소리였다. 그것은 아브라함에게 이삭을 제물로 바치라고 명령했던 바로 그 목소리였다. 나아가 그것은 야곱에게 '이스라엘'[신이 다스린다]이라는 이름으로 바꾸라고 명령했던 바로 그 목소리였다.

　이것은 신gods에 대한 새로운 사유 방식이었다. 모든 부족과 민족은 자기들의 신gods을 숭배하는 것이 당연하게 여겨지고 있었다. 단 하나의 신a god이 인간의 운명은 물론 역사 자체를 제어한다는 생각은 새롭고 놀라운 것이었다. 모세가 자기에게 말을 건 그 신에게 이름이 무엇인지 물었을 때, 모세가 얻은 대답은 훨씬 더 혼란스러운 것이었다. 그 목소리는 자기 이름이 '스스로 있는 자I AM'라고 알려주었다. 그 말의 의미를 정확하게 이해하는 것은 쉽지 않다. 하지만 그 목소리의 주인은 자기가 모든 생명의 근원이며 존재하는 모든 것의 배후에 있는 에너지이자 의미라는 사실을 말하고 있다는 것은 분명하다. 그리고 그 목소리가 건네는 말을 들었던 사람들은 그 목소리의 주인과 관계 맺는 것이 자신들을 위험에 빠뜨린다는 사실도 알고 있었다.

　그 목소리는 전혀 다른 방식으로 말을 건넸다. 그것은 어디도 아닌 곳으로부터nowhere 불현듯 등장했고, 정신 안에서 마치 천둥처럼 울렸다. 그리고 그것에서 빠져나올 수 없게 되었다. 그 목소리는 그들에게 오직 하나의 신God이 존재하고, 오직 하나의 신만이 존재할 수 있다고 말해주었다. 다른 모든 신들gods은 인간의 창조물이다. 그들 여러 신은 인간의 상상력이 만들어낸 것이다. 문자 그대로 인간의 손에 의해 만들어진 것이다. 소위 신god이라 불리는 그것들은 거짓말이었다. 그 거짓말은 인간의 영혼을 손상시키는 것이기 때문에 반드시 내버려야 한다. 그런 진리를 세상에 알리도록 이스라엘의 자녀를 선택한 그 신만이 '유일하고 참된 신only true god'이다. 이런 메시지를 전달받은 사람들은 분명히 두려움을 느꼈을 것이다. 세상은 갖가지 신들로 넘친다. 그리고 그들을 숭배하는 열광적인 숭배자들이 넘쳐나고, 그들의 사업은 번창한다. 그러나 사람들의 신앙을 모욕하는 것은 위험한 일이었으며, 그들의 사업을 방해하는 것은 훨씬 더 나쁜 일이었다.

그것이 바로 모세가 그 목소리의 요구를 거부하려 했던 이유였다. 모세는 이집트와 그 지배자들로부터의 탈출에 막 성공했다. 그런데 그의 머릿속 목소리는 그에게 지금 다시 이집트로 돌아가서 반역을 꾀하라고 말하고 있었다! 이스라엘 사람들을 이끌고 가라고? 모세는 이스라엘인들이 감사할 줄 모르고 또 질서를 모르는 집단이라는 사실을 잘 알고 있었다. 그런 그들을 이집트에서 이끌고 나와 다른 나라로 가야 한다고? 만약 약속된 땅에 도착한다 해도 거기에서 어떤 종류의 환대가 기다리고 있을지 누가 알겠는가? 그러나 목소리는 집요했고, 모세는 마지못해 복종했다. 이집트로 돌아간 모세는 두 가지 시련을 만났다. 그중에서도, 아브라함과 이삭과 야곱의 신God이 모세 자신에게 나타나, 자기로 하여금 이스라엘 사람들을 이끌고 이집트를 떠나 새로운 땅, 그들이 여러 세대 전에 떠나왔던 그 땅으로 다시 돌아가라고 명령했다는 사실을 납득시키는 것은 대단히 어려운 과제였다. 파라오를 설득하여 그들을 해방시켜준다면 모세를 따르겠다고 그들은 투덜거리며 동의했다. 모세는 그 일을 어떻게 해내려고 했을까?

모세의 첫 번째 방안은 이집트 당국에, 이스라엘인들이 고센의 북쪽 사막에서 자기들의 신에게 제사를 드리러 갈 수 있도록 며칠 휴가를 달라고, 요청하는 것이었다. 당연히 이집트 사람들은 그런 요청을 받아들이지 않았다. 이집트인들은 배타적이고 오만한 이스라엘인들이 숭배하는 질투심 많은 신과 그들의 종교를 경멸하고 있었기 때문이다. 그다음에 이어지는 이야기를 통해, 우리는 이스라엘인의 신이 연이어 이집트에 재앙을 내렸다는 것을 알고 있다. 그것은 이스라엘인의 모든 아들을 학살하는 것에 상응하는 사건, 즉 파라오 집안에서 같은 일이 일어나도록 만드는 재앙을 통해서 최고점에 도달한다.

목소리는 미리 모세에게 알려주었다. 그리고 모세는 이스라엘인들은 정해진 날 밤에 문을 잠그고 집 밖으로 나가지 말라고 일러주었다. 모든 이스라엘 가정에서는 양 한 마리를 제물로 바치고 그것의 피를 문설주에 발라서 그 집이 이집트인의 집이 아니라 이스라엘인의 집이라는 것을 표시했다. 그리고 그날 밤 자정에 이스라엘의 신은 모든 가축의 첫 새끼와 모든 가정의 첫아이를 죽이며 그 땅을 휩쓸고 지나갔다. 그러나 양의 피로 표시된 집들은 아무런 피해를 입지 않았다. 동이 트자, 찢어지는 비명 소리로 하루가 시작되었다. 지난밤에 이집트인 가정 중에서 아무도 죽지 않은 집은 단 하나도 없었다. 그래서 파라오는 모세를 불러 말했다. '네가 이겼다. 며칠 동안 네 백성을 데리고 사막으로 가라. 거기서 너의 신에게 제사를 올려라. 그리고 우리가 죽은 자들을 애도할 수 있도록 내버려달라.' 그리고 위대한 탈출이 시작되었다.

모세는 사람과 동물의 긴 행렬 가운데서 지중해 해안에 근접한 '갈대 바다 Sea of Reeds'로 알려진 위험한 지역으로 이스라엘인들을 이끌고 갔다. 썰물로 물이 빠졌고 그들은 안전하게 건너편으로 넘어갈 수 있었다. 그때에야 이집트인들은 자신들이 속았다는 사실을 알아차리게 되었다. 이스라엘인들은 짧은 며칠간의 종교 순례를 위해 떠난 것이 아니었다. 만약 그것이 그들의 목표였다면 가축과 소떼를 모두 데리고 가지는 않았을 것이다. 그런 것이 아니었다. 그들은 영원히 탈출하려 했고, 이미 하룻길을 훔쳐냈다. 그래서 이집트인들은 전차에 올라타고 그들을 추격했다. 이집트인들이 갈대 바다에 도착했을 때는 막 밀물이 시작되고 있었다. 이집트인들은 밀려드는 물살에 휩쓸려 모두 익사했다. 이스라엘인들은 이 일을 그들의 신 God이 한 일이라고 축하했다. 마침내 그들은 자유를 얻었고 그들을 가로막는 것은 없었다.

이것은 유대인들의 역사에서 결정적인 사건이었고, 그 이후 그들은 경건한 태도로 이 일을 기념했다. '유월절Feast of Passover' 이라는 이름으로 매년 벌어지는 축제를 통해, 유대인들은 신성한 파괴자Divine Destroyer가 그들이 이집트의 속박에서 벗어나 약속의 땅으로 갈 수 있도록 이스라엘 아이들을 죽이지 않고 구해주었던 그날 밤을 되돌아본다. 그 축제 전날 밤에 유대인 아이들은 왜 유월절의 식사는 다른 날의 식사와 다르냐고 묻는다.

그들은 왜 이날 밤 보통 빵이 아니라 누룩을 넣지 않은 빵[무교병matzos]을 먹는가? 이집트를 탈출하던 날 밤에는 빵이 제대로 부풀 때까지 기다릴 시간이 없었다는 것을 기억하기 위해서라고, 부모들은 아이들에게 말해준다. 그들은 빵이 부풀어 오르지 않은 상태에서 그대로 오븐에서 꺼낼 수밖에 없었던 것이다. 또 아이들은 여러 가지 야채 대신 왜 쓴 약초를 먹는지 묻는다. 이집트에서 노예로 보낸 쓰디쓴 고난의 시간을 기억하기 위해서라고 말해준다. 그들은 쓴 약초를 한 번은 짠물에, 한 번은 단물에 담근다. 눈물이 즐거움으로, 고통이 기쁨으로 변한다는 것을 기억하기 위해서다. 그리고 아이들은 왜 그날 밤에 식탁에서 기대어 앉는지 묻는다. 그러면 아이들은 이집트에서는 자유인만 그렇게 앉을 수 있었고 노예는 서 있어야 했다는 이야기를 듣게 된다. 그들은 이제 자유인이기 때문에 그렇게 기대어 앉을 수 있다!

3,300년이 넘는 세월 동안 유대인 아이들은 유월절 밤마다 부모에게 이런 질문을 던졌다. 똑같은 질문과 대답이 오갔다. 그들은 지금 자유인이므로 식사할 때 뒤로 기댈 수 있다. 이 이야기에서 가슴 아픈 것은, 유대인 아이들이 이 질문을 던지고 또 그들

이 자유를 얻었다는 대답을 들었던 그들의 역사 속에서, 그들은 여러 차례 포로로 잡혀갔다는 사실이다. 그것은 지금까지 흘러온 긴 시간 동안 그들의 삶에 그림자를 드리운 구름이다. 유월절 이야기는, 속박과 박해의 역사를 겪어온 민족으로서, 해방이라는 위대한 행동이 그들의 역사에서 결정적인 사건이었음을 축하하는 것이었다.

그러나 그것은 종교가 어떻게 작용하는지를 알려주는 중요한 교훈이 된다. 종교적 이야기들은 과거를 뒤돌아보는 것일 수도 있지만 실제로는 미래에 대한 희망을 던져주는 것이기도 하다. 유대인들이 이 이야기를 활용했던 방식이 그것이다. 그들은 이집트 탈출 사건[Exodus]을 자기들이 하나의 민족으로 탄생한 날로 돌아본다. 그러나 그다음에 이어지는 것은 불꽃놀이를 하면서 잔치를 벌이는 독립 기념일Independence Day이 아니었다. 그것은 더 나은 미래를 찾아 사막을 건너가는 길고 비참한 고난의 길이었다.

CHAPTER 9

십계

이스라엘의 자손들은 이집트의 노예 상태에서 탈출했다. 그러나 그들의 어려움은 이제 막 시작된 것이나 마찬가지였다. 갈대 바다에서 이집트 군대가 익사한 것은 그들에게 용기를 주었고, 모세는 자신을 따라 사막으로 나가자고 그들을 설득했다. 그러나 이스라엘인들은 신God에 관해서 모세가 하는 말을 진정으로 이해한 적이 없었다. 당시의 일반적인 견해에 따르면, 신이란 마치 오늘날의 축구팀만큼이나 흔해빠진 것이었다. 그들은 분명히 고향의 신을 숭배했지만, 그것이 다른 신들을 무시한다는 의미는 아니었다. 그들은 신들의 리그에 선수가 많다는 사실을 알고 있었다. 이스라엘인들은 모세와 이야기를 나누었던 그 신에게 무언가 특별한 것이 있다는 사실은 알고 있었다. 그러나 그렇다고 해서 그것이 다른 신은 존재하지 않는다는 의미는 아니라고 이해했다. 그 신은 자기들의 신이기 때문에 최고의 신이라는 정도의 의미로 받아들인 것이다.

오래지 않아 그들은 모세가 자신들과 다른 방식을 세상을 보고 있다는 사실을 알게 되었다. 모세는 그들을 젖과 꿀이 흐르는 땅으로 인도한다고 말했지만 그들을 그곳으로 데려가기 위해 서두르는 기색이 전혀 보이지 않았다. 그들은 이집트를 떠난 후 오랜 시간이 흐른 뒤에야 비로소 어느 산 어귀에 도착했다. 거기서 모세는 말했다. 다음으로 가야 할 곳이 어딘지 알기 위해 산꼭대기로 가서 신의 목소리를 듣고 오겠다. 그동안 여기서 기다려달라. 그러나 모세가 너무 오래 돌아오지 않자 이스라엘인들은 지루하고 초조해졌다. 그러자 군중을 이끌던 일부 책임자는 종교 축제로 그들의 관심을 돌리려고 했다. 그들은 기술자들을 불러 이집트 종교에서 신을 상징하는 거대한 황금 송아지를 만들었다. 그들은 이스라엘인들이 숭배할 수 있도록 그것을 단상 위에 올려놓았다. 그들은 어쩌면 이미 고향이 되어버린 이집트 땅을 몹시 그리워하고 있었을 것이다. 또는 오랫동안 사막을 가로질러 걷느라 지친 몸을 잠시 쉬게 할 필요가 있었을지도 모른다. 황금 송아지에 대한 예배는 곧 열광으로 변했다. 북소리가 울려 퍼지고 이스라엘인들은 마치 록 콘서트에서 황홀경에 빠진 팬들처럼 흥분 상태로 동상 주위에서 소리치며 미친 듯이 춤을 추었다.

갑자기 그들에게 돌아온 모세는 그 광경을 보며 크게 화를 냈다. 그는 그 난장판을 멈추게 하고 조용히 하라고 시켰다. 모세의 손에는 산 위에서 모세에게 말했던 그 목소리가 내려준 십계명이 들려 있었다. 모세는 이스라엘인은 바로 지금부터 그것을 준수해야 한다고 말했다.

십계명의 계율 대부분은 결속을 유지하고자 하는 공동체라면 어떤 공동체든 납득할 수 있는 내용이었다. 살인하지 말라. 도둑질하지 말라. 배우자를 속이지 말라. 거짓말하지 말라. 하루는 노동에서 벗어나 쉬어라[안식일을 지켜라]. 이런 식으로 의미가 있는 것들이다. 그리고 첫 계명도 나름 일리가 있다. 그들을 이집트에서 이끌고 나온 그 신은 그들의 유일한 신이어야 하며, 다른 신을 섬겨서는 안 된다. 그들은 그런 요구를 순순히 받아들였다. 고향신을 받드는 것은 아무 문제가 없었던 것이다.

그러나 이스라엘인들을 놀라게 한 것은 오히려 두 번째 계명이었다. 그것은 그들의 신God은 물론 그 어떤 것의 형상을 만드는 것도 금지했다. 형상 금지! 예술 금지! 그것은 그들을 어리둥절하게 만들었다. 인간에게는 사냥감인 동물이나 예배 대상인 신을 그림으로 그리는 것이 숨쉬기만큼이나 자연스럽다는 사실은 분필을 손에 잡은 어떤 아이들이라도 증명해줄 수 있다. 모세에게 말을 건넸던 그 목소리는 모든 형태의 예술에 대해서 미심쩍은 눈길을 보냈다. 인간이 형상을 사용하여 존재의 신비를 포착하려고 한다는 사실에 대해 대단히 분노했다. 그렇다면 그런 신의 분노 뒤에 있는 것은 무엇일까?

이 문제를 이해하기 위해서는 '상징'에 대한 논의로 돌아가는 것이 도움이 될 것이다. 우리는 상징이 사람들을 더 큰 실재와 연결시켜주는 힘을 가지고 있다는 사실을 확인했다. 채색된 헝겊 한 조각이 국가를 대신할 수 있다는 것이 그런 예 중 하나다. 상징은 인간이 만든 가장 탁월한 발명품 중 하나다. 상징은 국가처럼 거대하고 추상적인 대상을 포착할 수 있는 아주 간단한 방법이다. 문자가 발명되고 나자 상징은 훨씬 더 유용한 것이 되었다. 사람들은 이제 거의 모든 것을 문자(단어)로 번역하여 손에 들고 다니는 책에 담을 수 있게 되었다. 한 가지 실수가 있다면, 어떤 단어와 그 단어가 의미하는 바를 혼동하여, 마치 그 둘이 똑같은 것인 양 취급했다는 점이다. 사물은 결코 우리가 말하는 그대로의 존재일 수가 없다. 우리는 (마시는) 물을 물이라는 단어로 표현할 수 있지만, 그 단어를 마실 수는 없다. 물이라는 단어는 물을 대신하는 기호(상징)일 뿐, 물 그 자체가 아니다.

이런 원리가 종교적 단어들에는 적용되지 않는다고 생각하는 신앙인들이 있다는 사실 때문에 골치 아픈 일들이 자주 일어난다. 마치 신God이라는 단어가 신 그 자체인 것처럼 생각하는 것이다. 그들의 책, 성서는 잉크로 종이에 쓴 것이 아니라 처음부터 끝까지 신God이 직접 채워놓은 것이라고 생각한다. 결국 신God을 표현하는 최상의 단어와 최상의 상징을 누가 가지고 있는지를 놓고 서로 싸우는 것으로 그들의 관계가 끝났다는 사실은 전혀 놀랍지 않다. 그 어떤 말도, 그 어떤 상징도, 신이라는 실재에 다가가지 못한다. 그렇게 신은 두 번째 계명을 통해 경고한 것이다. 벽에 그린 그림이든 책에 쓴 단어든, 어떤 종류의 인간 예술로도 결코 신God의 신비를 전달할 수 없다.

두 번째 계명은 신에 대해 인간이 발견한 가장 중요한 통찰이었다. 그것이 진짜로 목표로 삼았던 것은 종교 자체였다. 그 통찰은 황금 송아지 주위에서 열광적으로 춤추었던 사람들이 얻을 수 있는 것이 아니었다. 그 계명은 우리에게 경고한다. 어떤 종교적 시스템도 신God의 신비를 포착하거나 담을 수 없다. 그럼에도 불구하고, 역사 속에서 많은 종교가 그것이 가능하다는 듯이 주장했다는 사실을 우리는 보게 될 것이다. 두 번째 계명은 신을 대표한다고 주장하는 조직들이 바로 그 신의 가장 강력한 적대자이며, 무엇보다도 위험한 우상이 될 수 있다고 하는 사실을 일찌감치 경고했다. 그러나 이스라엘인들이 그 메시지를 이해하는 데에는 오랜 시간이 필요했다.

황금 송아지를 둘러싼 사막에서의 열광이 끝나고, 이스라엘인은 이동을 계속했다. 찾아가야 할 약속의 땅이 있었기 때문이다. 모세는 그 땅이 시야에 들어오는 곳까지 그들을 인도했다. 다시 신의 목소리가 모세에게 말했다. 산에 올라 멀리서 그곳을 바라보라. 그리고 거기서 모세는 죽었다. 이제 모세의 장군 여호수아Joshua가 이스라엘인 침략군을 이끌게 된다. 그러나 그것은 평화로운 점령이 아니었다. 이스라엘 사람 한 세대를 모두 그 땅에 묻은 후에도, 그들은 자기들이 확보한 지역의 지배권을 확보하기 위해 그 지역의 모든 부족들과 끊임없는 전쟁을 치러야 했다. 결국 이스라엘인들은 이런 끝없는 전투에서 그들을 이끌어줄 왕이 필요하다는 결정을 내렸다. 다른 모든 부족들이 왕을 가지고 있었다. 그렇다면 그들이 왕을 갖지 못할 이유가 있는가? 그들이 선

세계 종교의 역사

택한 첫 번째 왕은 사울Saul이었다. 사울은 그의 통치 기간 중 거의 전부를 가나안에서 이스라엘의 영토를 확보하는 데 사용했다.

이스라엘인이 대항했던 부족들 중에 팔레스타인 종족이 있었다. 그리고 그들의 용맹한 군인들 중에 골리앗Goliath이라 불리는 자가 있었다. 두 군대가 서로 맞서 진을 치고 있던 어느 날, 골리앗이 앞에 나서 사울의 군대 안에 자기와 일대일로 맞서 싸울 자가 있으면 도전하라고 외쳤다. 이스라엘 진영에서는 자원자가 나서지 않았다. 그러던 중 어린 양치기 하나가 골리앗의 도전을 받아들여 진 앞으로 나섰다. 그러나 그들은 어린 양치기를 보면서 비웃었다. 어떻게 저런 애송이가 골리앗처럼 훈련받은 전투병을 상대할 수 있겠는가? 그 소년은 대답했다. '내 아버지의 양들을 늑대로부터 보호했을 때와 똑같은 방법으로, 돌팔매를 쓸 것이다.' 그가 거인과 맞서기 위해 앞으로 발을 내디디자, 그 거인은 으르렁대며 그에게로 달려왔다. 골리앗이 창을 던지기 위해 팔을 뒤로 젖히는 순간, 양치기 소년은 침착하게 돌팔매에 돌멩이 하나를 넣고 힘차게 돌린 다음 골리앗을 향해 돌을 날렸다. 그 돌은 골리앗의 관자놀이에 맞았고, 그가 고꾸라졌다. 그리고 소년은 거인이 갖고 있던 칼을 빼서 그의 머리를 잘랐다. 사울의 군대는 그날 전투에서 승리했고, 이스라엘인들에게는 새로운 영웅이 나타났다. 그의 이름은 다윗David이었다.

사울이 전투에서 죽자 다윗이 그를 계승했고, 그는 이스라엘인이 이상적인 왕으로 회상하게 될 왕이 되었다. 그는 30년 동안 재위했으며, 많은 시간을 전장에서 보냈다. 이스라엘 최초의 성전을 세운 솔로몬이 그의 아들이었고, 그 성전에서 백성들은 신에게 가장 좋은 동물을 희생 제물로 바치고 밭에서 난 최고의 곡식을 올렸다. 그리고 그들은 신을 기쁘게 해주기 위해 진한 향불 연기를 피워 올렸다. 그것은 그들의 먼 옛날 이집트 노예 시절로부터 이어져온 종교적 관행이었다. 그들은 이제 더 이상 방랑하는 부족들의 헐렁한 연합체가 아니었다. 이제 그들은 제대로 된 하나의 국가를 수립했다. 그들에게도 왕이 있었다. 멋진 신전도 있었다. 마침내 그들은 해냈던 것이다. 그러나 그들의 신은 그렇게 생각하지 않았다!

그래서, 모세에게 말했던 그 목소리는 다시 말하기 시작했다. 수 세대 동안 그 목소리가 들리지 않았지만, 이제 새로운 세대의 예언자들의 마음속에 그 목소리가 크게 외쳤다. 이스라엘인들이 변화시켜버린 자신의 모습을 그가 얼마나 증오하는지 아는가? 그 목소리가 그들에게 알려주었다. 그들은 자신들을 해방시킨 신을 그들이 내쫓았던 사람들의 신들과 다름없는 탐욕스런 우상으로 변질시키고 말았다. 그런 것은 그 목소리가 원하던 바가 아니었다. 그는 가난한 사람들을 위한 정의justice를 원했다. 그는 과부와 고아가 보살핌 받기를 원했지, 그들을 속여 재물을 빼앗기를 원치 않았다. 무엇보다 그가 원했던 것은 서로를 돌보던 사막 시절에 이스라엘인들이 알고 있던 단순한 삶을 회복하는 것이었다. 그러나 이스라엘인들은 다시 한 번 외국에서 노예 생활을 하는 경험을 거치고 나서야 신이 그들에게 언제나 말해주고 싶었던 것을 이해하게 된다.

세계 종교의 역사

독립 왕국을 건설한 이후 이스라엘인들은 단 하루도 편안한 날을 보내지 못했다. 그들이 그 지역에 살던 종족들과의 싸움에서 이기고 가나안 땅을 차지했을 때조차, 그들은 항상 반복되는 위험에 처해 있었다. 그들의 약속된 땅은 남쪽으로든 북쪽으로든 여러 강대국 사이에 끼인 통로였다. 남쪽에 있는 이집트에 대해서는 그들이 이미 잘 알고 있었다. 그들은 그곳에서의 역사가 있었기 때문이다. 그러나 메소포타미아 북쪽의 앗시리아 제국Assyrian Empire이 그들의 자유에 가장 큰 영향을 미쳤다. 그리고 이집트 탈출을 통해 이집트로부터 해방된 후 몇백 년 만에 이스라엘인들은 다시 제국의 노예가 되었다. 그들은 앗시리아의 침략을 받았고, 왕국 전체가 억압받았다. 이어 등장한 신바빌로니아 제국은 이스라엘을 파괴하고 이스라엘인 1만 명 이상을 포로로 잡아 바빌론으로 끌고 갔다. 가나안에서의 승리로 인해 신God에 대한 그들의 관념이 변질되었던 것처럼, 이제 바빌론에서 겪은 그들의 고통으로 인해 그 관념은 다시 변하게 된다.

처음에 그들은 자기들이 신God을 영원히 잃어버렸다고 생각했다. 신은 솔로몬이 지은 예루살렘 성전에 있는데 그들은 거기서 떠나 있었다. 그 사실을 기억하고 그들은 바빌론의 강기슭에서 흐느꼈다. 어떻게 이방인의 땅에서 주님의 노래를 부를 수 있었겠는가? 그러나 그들이 경험한 크나큰 슬픔이 신에 대한 새로운 이해를 가져다주었다. 신은 성전에 묶여 있는 우상이 아니었다. 게다가 그는 가나안 땅에 고정되어 있지도 않았다. 신은 어디에나 있었다! 신은 그들과 함께 바빌론에 있었다. 그들과 함께 예루살렘에 있었던 것과 마찬가지로. 그리고 이집트에도! 예언자들이 말했던 것처럼, 사실, 신은 언제 어디서나 그들과 함께 있었다. 그들은 이제야 그 모든 것을 볼 수 있게 되었다. 만일 예언자들이 그들에게 전했던 것을 이해하기만 했더라면! 그러나 그들은 이제 그런 실수를 만회하게 된다.

그들은 과거에 신이 행했던 일들에 대해 전해져 내려오는 이야기들을 모으기 시작했다. 아브라함, 이삭, 야곱, 그리고 모세에게 말을 걸었던 그 목소리에 대한 이야기들. 이집트 탈출과 가나안 정착에 대한 이야기들. 노예 시절이나 자유인 시절이나, 사랑스런 강물과 언덕이 있는 고향 땅에서나 강물도 언어도 생소한 이 땅에서나, 항상 그들과 함께하는 유일한 진정한 신과 맺은 계약covenant, 즉 결혼marriage에 그들이 어떻게 초대를 받았는지에 대한 이야기들. 이것은 그들이 바빌론 유배지에서 자기들의 역사의 의미를 되새길 때 그들에게 다가온 생각들이었다. 신은 그들에게 예언자를 보내 다시 말을 건네기 시작했다. 그리고 이번에는 그들이 귀를 기울였다.

CHAPTER 10

예언자들

예언자prophets란 앞으로 일어날 일을 말하는 사람fore-teller이
아니다. 그들은 앞서서 말하는 사람들forth-tellers이다. 그들은 미래
를 예언하는 것이 아니라 자신들이 신으로부터 들은 것을 설명
하거나 알리는 사람들이다. 아브라함은 신의 목소리로부터 메소
포타미아 사람들의 우상을 비웃으라는 소리를 들었다. 모세는 그
목소리로부터 이스라엘인들을 이집트로부터 해방시켜 약속된
땅으로 이끌고 가라는 명령을 들었다. 그리고 이스라엘의 자녀들
이 가나안에 정착하고 왕들이 그들을 통치할 때도 신의 목소리
는 침묵하지 않았다. 그때 그 목소리는 단순한 사람들, 어둠에서
발을 빼내어 신이 모세에게 내린 법을 지키지 않는 힘 있는 자들
에게 도전하는 순수한 사람들에게 들렸다. 그들은 이야기를 통해

자신들의 메시지를 전달하는 설득력 있는 웅변가들이었다. 그들은 심지어 왕의 행동에도 관심을 가졌다. 여기서 우리가 앞 챕터에서 만났던, 돌팔매와 돌멩이 하나로 골리앗을 죽였던, 그 위대한 왕 다윗에게 예언자가 어떻게 도전하고 있는지를 전해주는 이야기를 살펴보자.

다윗은 기원전 1000년경에 이스라엘의 왕위에 올랐다. 그는 시온 산이라 불리는 견고한 산을 선택하고 그 위에 평화의 도시 예루살렘을 지어 이스라엘의 수도로 삼았다. 이 아름다운 도시는 지금도 여전히 수백만 명의 사람들이 신성한 도시라고 여기는 곳이다. 다윗은 위대한 전사였고 카리스마 넘치는 지도자였지만, 결코 완전한 인간은 아니었다. 어느 날 나탄Nathan이라는 예언자가 그를 찾아와 최근에 일어난 무도한 행위에 대해 이야기했다. 한 시골에 수천 마리의 양과 소를 소유한 부자가 살았는데 그는 더 이상 원할 것이 없는 사람이었다. 그리고 그의 소작농 중에는 재산이라곤 딸처럼 아끼는 어린 암양 한 마리밖에 갖지 못한 가난한 남자가 있었다. 어느 날 부잣집에 예상치 못한 귀한 손님이 찾아왔다. 그러자 그 부자는 자기 양은 그냥 두고 가난한 소작농 남자의 양을 잡아서 손님을 접대했다는 것이다.

이 이야기를 들은 다윗 왕은 자리에서 벌떡 일어나 물었다. '그 괴물이 누구냐?' 나탄은 대답했다. '바로 당신입니다.' 나탄은 다윗이 당시 먼 전장에 나가 있는 충성스런 장군 우리아Uriah의 아내 밧세바Bathsheba와 동침했다는 사실을 알고 있었다. 그리고 다윗은 그 일을 비밀에 부치기 위해 우리아가 전투에서 죽음을 당

세계 종교의 역사

하도록 획책하고 조용히 밧세바와 결혼식을 올렸다. 그러나 나탄의 도전을 받은 다윗은 자신의 죄를 인정하고 그 일을 바로잡으려고 노력했다. 이처럼 예언자들은 이야기가 사람들의 삶의 방향을 바꾸어놓는 힘을 가지고 있다는 사실을 알고 있었다. 그러나 그들의 이야기가 모두 신의 노여움을 알려주기 위한 것은 아니었다. 그들의 이야기는 질책을 할 때도 있지만 때로는 위안이나 미래에 대한 희망을 제공했다. 그런 희망을 말하는 이야기를 하나 보자.

다윗이 죽은 후 400년 정도가 지났을 때, 이스라엘인들은 바빌론에 유배되어 예루살렘을 그리워하며 슬픔에 빠져 있었다. 그때 바빌론에 유배당한 사람들 중 한 사람이 신으로부터 받은 메시지를 전해주었다. 그의 이름은 에스겔Ezekiel이었다. 그는 처음에는 이스라엘이 범한 과거의 과오를 꾸짖었다. 신은 이스라엘인들을 이집트의 노예 상태에서 해방시켰다. 그러나 이스라엘이 다른 민족들처럼 사는 것을 원해서 그랬던 것은 아니었다. 다른 민족들은 물질적으로 성공하여 부자가 되고 세상이라는 무대에서 뽐내기를 원했다. 그리고 그런 위치에 도달하기 위해 신들을 이용했다. 그 민족들에게 종교는 단지 정치의 한 영역일 따름이었다.

그러나 이스라엘의 신은 정치인들의 권력 게임에서 이용되는 우상idol이 아니었다. 이스라엘인의 나라는 다른 나라들과 같지 않았다. 그것은 신성한 나라여야 하고, 지상에서 그들의 유일한 목표는 신을 섬기는 것이었다. 그러나 그들은 스스로 그 지역의 권력 게임 안으로 빨려 들어갔다. 그 결과 신은 그들이 바빌론에 유배되는 벌을 내린 것이다.

그러나 에스겔은 이스라엘인들이 유배를 당한 것은 그들이 지은 죄 때문이라고 주장했다. 그런 에스겔의 비난은 종교의 역사 안에 또 하나의 흥미로운 생각을 도입했다. 이스라엘이 그 지역의 권력투쟁으로 인해 고통을 당할 때마다, 예언자들은 그 고통의 책임을 그들을 짓밟은 군대에 묻지 않고 신에 대한 그들의 불신앙 탓으로 돌렸다. 자신에게 어떤 나쁜 일이 발생했을 때, 그것은 불운 때문이 아니라 자신이 지은 죄 때문이라고 하는 생각이 탄생한 것이다. 그리고 이스라엘은 계속해서 나쁜 일을 당했다. 따라서 예언자들은 끊임없이 이스라엘이 범한 죄를 꾸짖었다. 그러나 신이 이스라엘을 꾸짖기를 멈추고 위로하기 시작한 경우도 있었다. 에스겔이 이스라엘 백성에게 전해준 것은 그런 위로 중에서 가장 감동적인 것이었다.

에스겔은 목소리를 들었을 뿐 아니라 환상vision을 보기도 했다. 그리고 그가 본 환상 중에는 포로가 된 이스라엘 백성에게 주는 희망의 메시지가 담긴 것도 있었다. 그런 환상 중 하나를 소개해보자. 에스겔은 환상 안에서 메마른 뼈가 가득한 넓은 계곡 안을 들여다보면서 언덕 위에 서 있었다. 그리고 목소리는 에스겔에게 그 뼈들에게 예언을 하라고 말해주었다. 숨결이 그들 안으로 들어가서 살이 다시 붙을 것이고, 마침내 다시 살아날 것이라는 예언이었다. 에스겔은 그 목소리가 시키는 대로 예언을 했다. 그러자 뼈들이 그 자리에서 덜그럭거리며 연결되는 소리를 내더니, 금세 계곡은 사람의 해골로 가득해졌다. 이어서 골격 위로 힘

줄, 살, 피부가 자라났고, 계곡은 시체로 가득해졌다. 그리고 마침내 숨결이 그 시체 안으로 들어가고 그들은 일어섰다. 그것은 마치 생기 가득한 전사들로 구성된 거대한 군대가 계곡을 채우고 있는 것 같았다. 이어서 그 목소리는 에스겔에게 이렇게 말했다. 이 뼈들은 생명이 다했다고 생각하면서 죽어서 바빌론에 묻힌 이스라엘 백성들이다. 그러나 신은 그들을 되살려내고 그들의 땅 이스라엘로 데려갈 것이다.

그 예언은 정확하게 실현되었다. 기원전 539년, 페르시아가 신바빌로니아를 무너뜨렸다. 페르시아 왕 키루스Cyrus[고레스]는 유배 와 있던 이스라엘 백성을 이스라엘로 되돌려 보내고, 신바빌로니아가 무너뜨린 신전을 재건하고 그들의 종교 전통을 회복할 수 있게 허락했다. 그리고 그 이후 200년에 걸쳐 이스라엘인들은 자기들의 의지대로 종교를 만들어갈 수 있게 되었다. 이제 드디어 이스라엘 백성은 '신이 다스린다'는 그들의 이름이 가진 의미 그대로 살 수 있게 되었다. 그들은 다른 나라처럼 인간 지도자가 이끄는 나라가 아니라 신God이 지배하는 종교적 공동체, 즉 신정theocracy을 수립했다. 그들은 곧바로 신의 현존presence의 상징이자 그들 삶의 중심이 되는 신전 재건에 착수했다. 기원전 515년 신전은 완성되어 신에게 헌정되었다.

바빌론 유배에서 돌아온 이후의 이스라엘에는 왕이 존재하지 않았다. 따라서 신전의 최고 사제가 가장 중요한 인물이 되었다. 그는 지상에서의 신의 대리인으로 여겨졌다. 그리고 이 기나긴 이스라엘의 통합consolidation 과정에서 아브라함 이래 그들 역사의 일부였던 어떤 것이 사라지고 말았다. 예언이 멈춘 것이다! 이제, 신이 이스라엘 백성에게 주는 놀라운 새로운 말을 전달하는 예언자 대신, 신이 인도하는 역사 이야기 및 그들의 삶을 규율하는 율법을 모은 책이 편찬되었다.

그 책들 중에서 가장 중요한 것이 펜타토이크Pentateuch, 즉 '모세오경'이다. 그것은 성서의 처음 다섯 책으로, 고대의 필사가들이 기록한 것을 담은 파피루스 두루마리였다. 그들이 유배에서 돌아온 이후의 평화적 기간 동안, 이스라엘과 그들의 신 사이의 오랜 관계에 관한 이야기가 최종적으로 정리되었다. 그 이후, 목소리Voice의 민족이었던 이스라엘 백성은 책Book의 민족이 되었다.

초기에 이스라엘인들은 종교에 대한 실험적 분위기를 이어갔다. 그것을 우리는 프리랜서 종교라고 부를 수 있을 것이다. 그것은 전문적인 성직자가 아니라 직접적으로 말을 건네는 신의 목소리를 들은 타고난 재능을 가진 아마추어들에 의해 추동되었다. 그것은 모든 종교가 시작되는 방식이기도 하다. 보통 예언자 혹은 현자라고 불리는, 특별한 재능을 가진 사람들이 어떤 목소리를 듣고 환상을 보기 시작하면 종교가 출현한다. 그들은 자기가 보고 들은 것을 다른 사람들에게 이야기해준다. 환상을 보지 않았거나 목소리를 듣지 않은 사람들은 자기가 들은 것에 대해 믿음으로 반응한다. 그리고 종교적 구조가 형성되기 시작한다.

이런 구조가 더욱 정교해지면 새로운 유형의 지도자가 요구된다. 그리고 아마추어에서 전문가로의 이동이 시작된다. 꿰매어 합쳐진 신성한 이야기들을 해석해줄 교사가 필요해진다. 책에 기록된 사건들을 축하하는 축제를 관장할 사제가 필요해진다. 이 모든 활동을 집결할 수 있는 성전도 필요하다. 이런 긴 과정이 완성되면, 세계는 지금까지 존재했던 종교에 더하여 완전하게 발달한 또 하나의 종교를 가지게 된다.

그러나 그 과정에서 무언가가 사라졌다는 느낌이 남는다. 바로 이런 느낌 때문에 성장한 종교는 언제나 갈망과 후회의 감정을 가지고 초기 시대를 되돌아본다. 마치 처음 사랑했을 때의 열정이 퇴색하고 함께 사는 것이 지겨워진 부부가 자기도 모르게 사랑의 감정이 넘치던 시대를 갈망하며 되돌아보는 것과 비슷하다. 모든 종교가 최초의 불타는 사랑을 다시 일깨우기 위해 초기시대를 뒤돌아보는 데 많은 시간을 쓰는 이유가 바로 여기에 있다. 그러나 그것은 쉬운 일이 아니다. 그 신성한 연인의 목소리는 침묵으로 떨어졌고, 그들에게 남겨진 것은 그의 편지뿐이기 때문이다.

그것이 아니면, 신이 전화를 걸어도, 지금은 저절로 돌아가고 있는 시스템이 방해를 받지 않을까 하는 염려 때문에, 종교를 넘겨받은 사람들이 수화기를 들지 않으려고 하는 것은 아닐까? 이런 긴장은 조직화된 종교의 표면에서 결코 멀리 떨어져 있는 것이 아니다. 여기서 여러분이 읽게 될 종교의 역사가 그런 사실을 보여줄 것이다. 이스라엘은 바빌론 유배에서 돌아온 후 이처럼 스스로를 강화시키기 시작했다. 흩어졌던 뼛조각들이 다시 모이기 시작했다. 이스라엘이 1,000년을 허비하며 찾아내려고 했던 평화는 200년이라는 중간 기간 동안 유지되었다. 이 시간 동안 이스라엘을 지배한 제국의 왕들은 이스라엘 백성의 종교에 간섭하지 않았다. 그러나 그 제국은 영원하지 않았다.

기원전 333년에 그리스 황제 알렉산더 대왕은 세계의 여러 지역을 점령했다. 이스라엘로서는 또 다른 변화의 주기가 시작된 것이다. 알렉산더는 이스라엘이 그들의 종교를 가질 수 있도록 허락하고 그냥 내버려두었다. 그러나 그가 죽자, 오늘날의 아프가니스탄, 이란, 이라크, 시리아, 레바논, 그리고 팔레스타인 지역에 퍼져 있던 제국의 영토는 스타일이 다른 지도자들에 의해 통치되었다. 그들은 백성들에게 자신들의 종교를 부과하기로 결정했다. 따라서 그 새로운 종교가 강렬한 질투심을 가진 이스라엘의 신과 충돌하는 것은 시간문제일 뿐이었다. 이 싸움을 시작한 왕은 안티오쿠스 4세Antiochus IV였다. 그 지역에서 더 큰 왕국을 가지겠다는 야망이 좌절된 그리스 혈통의 안티오쿠스 4세는 유대인 백성을 질투심 강한 신으로부터 분리시키고, 그들에게 세련된 그리스의 종교와 문화를 강요하기로 결심했다.

기원전 167년에 그는 예루살렘의 신전을 그리스 신 제우스에게 제물을 바치는 사원으로 만들었다. 이어서 그는 이스라엘 전역에 유대인들이 제우스 신에게 희생을 바치도록 강요하는 일을 관리할 집행관들을 파견했다. 한 집행관은 모딘이라는 예루살렘 외곽의 한 마을에 도착한 다음, 마타티아스Mattathias라는 그 마을의 사제에게 명령했다. 왕의 명령에 따라 제우스 신에게 희생 제물을 바치든지, 아니면 자살하라고. 그러자 마타티아스는 희생 제사에 사용되는 칼을 꺼내 양이 아니라 집행관을 죽여 희생 제물로 삼았다.

그와 그의 아들은 이 난폭한 왕에 맞서 3년간 이어질 전쟁에 돌입했다. 그들은 세 번의 전투에서 승리하며 더럽혀진 신전을 되찾았다. 기원전 164년 12월 14일, 그들은 그들의 신전을 재건하고 정화하여 다시 신에게 봉헌했다. 그 일을 하는 데 8일이 걸렸고, 이 기간은 지금도 유대인들에 의해 '하누카Hanukkah'라고 불리는 '빛의 축제'를 통해 기억된다. 하누카 축제 동안에는 매일 아홉 갈래의 나뭇가지 모양 촛대에 불을 밝힌다. 안티오쿠스에 의해 신성모독을 당했던 예루살렘 신전의 재건을 기억하기 위한 행사인 것이다.

안티오쿠스는 기원전 163년에 죽었고, 이스라엘인들의 삶은 더 나아졌다. 기원전 63년 로마에 지배권이 넘어갈 때까지, 100년 동안 이스라엘의 위태로운 독립 상태는 유지되었다. 그리고 대단원의 마지막 단계가 시작되었다.

CHAPTER 11

종말론

착한 사람들에게도 나쁜 일이 일어날 수 있다. 기독교 성경의 마지막 책인 요한계시록에서는 이 나쁜 일을 네 명의 기사로 표현한다. 전쟁, 기근, 질병, 죽음이 그것이다. 이 네 명의 기사는 인류의 시작부터 역사 전체를 관통하여 질주해왔으며, 앞으로도 그 속도를 늦출 기미를 보이지 않는다. 그것은 누구에게나 다루기 힘든 문제이지만, 종교적 신앙을 가진 사람들에게는 더욱 특별한 문제로 다가온다. 만일 여러분이 신을 믿지 않는다면, 그리고 인간의 삶에는 궁극적인 의미가 없다고 믿는다면, 그렇다면 모든 고통은 단지 여러분이 처리해야 하는 불쾌한 현실에 불과할 것이다. 그러나 만일 여러분이 신의 존재를 믿는다면, 대답해야 할 어려운 질문들을 가지게 된다. 왜 신은 이렇게 많은 고통을 이 세상

세계 종교의 역사

에 허용했는가? 그리고 어째서 고통받는 자는 착한 사람들이고, 고통을 피해가는 자는 나쁜 사람들인 경우가 그리 많은가? 모든 종교는 이런 질문에 나름의 대답을 갖고 있다. 유대교 초기의 대답은 만일 이스라엘이 고통받고 있다면 그것은 그들의 죄에 대해 벌을 받고 있기 때문이라는 것이었다.

이번 챕터에서 우리는 이스라엘의 고통에 대해 생각해볼 것이다. 이것은 특정 개인의 고통이 아니라 하나의 *민족*으로서 이스라엘이 겪는 고통이다. 그리고 그들이 고통을 당하는 것은 분명한 이유가 있다고 여겨졌기 때문이다. 유일한 참된 신One True God은 이스라엘을 자신이 선택한 민족, 자기의 신부, 자기의 사랑하는 자라고 불렀다. 그런데 어째서 그들의 관계는 그렇게 값비싼 희생을 치러야 하는 관계가 되었는가? 왜 그들의 관계가 이스라엘 민족에게 그렇게 큰 고통을 가져다주었는가? 예언자 에스겔은 이렇게 말했다. 이스라엘 백성은 신의 특별한 민족이 된다는 것이 갖는 의미를 이해하지 못했기 때문에 그런 고통을 겪게 된 것이라고. 신의 민족이 된다는 것은 다른 민족이 자기들의 신들을 믿는 방식과 전혀 다른 방식으로 살면서 스스로를 구별하는 것이라는 사실을 이해하지 못했다는 것이다. 그러나 이스라엘 민족은 자기들의 특별함을 이해하지 못했고, 오히려 다른 민족의 종교를 모방하고 그들의 정치에 빠져들었다. 이스라엘인은 심지어 참된 신God을 예배하지 않았고, 정의justice와 신성함 대신 아첨과 희생물을 요구하는 그들의 우상을 숭배하듯이 대했다. 그것이 바로 이스라엘 백성이 결국 바빌론의 포로가 되었던 이유이다.

그러나 포로에서 풀려나 예루살렘으로 돌아온후 그들은 교훈을 얻었다.

이스라엘로 다시 돌아온 이후 그들은 종교적 순수성이 삶의 목적이자 의미가 되는 나라를 만들기 위해 노력했다. '모세오경'의 가르침을 조심스럽게 주의를 기울여 따르려고 했다. 신을 그들 삶의 중심으로 두는 의례를 준수하면서 매일매일을 살고자 했다. 무엇을 먹어야 하는지, 무엇을 만질 수 있고, 또 누구와 사귀어야 하는지에 이르기까지, 삶의 모든 국면이 신에 대한 예배가 되었다. 이스라엘은 종교가 삶 자체의 목적이 되는 '신의 나라god-state', 즉 신정국가가 되었다. 마침내 그들은 신과 어떻게 평화롭게 살 수 있는지 배우게 되었다.

그 평화는 안티오쿠스에 의해서 산산이 깨졌다. 이스라엘 민족의 고통은 다시 시작되었다. 그러나 이번에는 달랐다. 이제는 하느님에 대한 그들의 충성심이 비극의 원인이 되었다. 따라서 고통은 악에 대한 벌이라는 과거의 설명은 더 이상 효력이 없었다. 새로운 설명을 발견해야 했다. 안티오쿠스의 박해 기간 동안 새로운 이야기가 등장했다. 그리고 그것은 그들의 종교인 유대교에 새로운 요소를 도입했으며, 그들의 종교뿐 아니라 이후에 등장하는 기독교와 이슬람의 역사에도 중요한 영향을 미치게 된다.

이스라엘의 역사에서 주요한 역할을 했던 예언자들은 *미래를 미리 말하는* 사람들이 아니었다. 앞에서 살펴본 대로, 그들은 이스라엘의 과거에 있었던 신의 분노를 밖으로 드러내어 말하는 사람이었다. 안티오쿠스 왕에 맞서 투쟁하는 동안 새로운 인물이 나타났다. 그는 신이 자신의 고통받는 종을 위해 예비해둔 것을 죽음을 넘어, 역사 자체를 넘어, 미래를 향해 볼 수 있다고 주장했다. 과거의 예언자들과 달리, 그는 그 목소리가 말해준 것을 알리기 위해 중심 무대로 나오지 않았다. 그는 스파이처럼 그림자 속에 머물며 자신이 듣고 본 것을 글로 썼다. 그리고 그는, 마치 적의 영토에 머물면서 은밀히 보고서를 보내는 스파이처럼, 자기편 사람만 읽을 수 있도록 메시지를 암호화했다. 이런 방식으로 신으로부터 받은 비밀 정보를 전하는 것을 계시, 혹은 묵시apocalyptic라고 하는데, 이 말은 단순한 의미를 가진 무서운 그리스어다. 사실이 말은 숨겨진 것을 드러낸다는 의미를 가진 단어로, 무대 위에서 어떤 일이 은밀히 벌어지고 있는지를 알리기 위해 커튼을 올리는 것과 같은 행동이다. 묵시 작가는 적의 침략에 대비하여 마지막 반격을 준비하는 신의 은밀한 계획에 이용되는 스파이 같은 존재라고 생각하는 것이 적절할 것이다. 그들은 결국 적군의 침략에 맞설 수 있도록 신의 백성을 준비시키기 위해 보내진 사람들인 것이다.

최초의 묵시 작가는 자기를 다니엘Daniel이라고 불렀다. 그리고 그는 짧은 책 한 권에 유대인 독자들만이 이해할 수 있는 메시지를 담았다. 그는 그 책의 배경을 수백 년 전 바빌론에서의 포로 시절로 설정했다. 그러나 그것은 암호였다. 그가 기록한 일들은 실제로는 안티오쿠스의 박해가 일어나던 그 당시에 일어난 일이다. 그의 책은 여섯 개의 이야기와 두 개의 꿈으로 이루어져 있다. 그중 아주 유명한 이야기의 주인공은 다니엘 자신이고, 그 이야기는 유대인들이 박해자의 분노를 극복하고 살아남을 것이라는 사실을 확신시키려는 의도를 담고 있다.

그 이야기에서 다니엘은 바빌론에 포로로 잡혀간 유대인들 중 한 사람이다. 그는 페르시아 제국에서 관리가 되었다. 키루스 대왕의 아들 다리우스 대왕은 유대인들이 유대 지방으로 돌아가도록 허락했던 인물이다. 다리우스 대왕은 다니엘이 이스라엘의 신God에 대해 보여준 충성심뿐 아니라 행정관으로서의 그의 능력에 감동을 받았다. 그러나 다니엘의 출중함은 다른 관리들의 질투를 불러일으켰고, 그로 인해 그는 함정에 빠지게 된다. 그들은 다리우스 대왕에게 아부하면서 제국 내 모든 지역에서 다리우스 대왕 이외의 어떤 신에게도 기도하지 못하도록 하는 법령을 제정하도록 권했다. 그 법을 위반한 사람은 그 누구라도 사자 굴에 던져버리는 벌을 받게 된다. 다리우스 대왕은 결국 그 법을 통과시켰고, 그런 제안을 했던 자들은 기쁨으로 날뛰었다. 그들은 다니엘이 어떤 일이 있어도 이스라엘의 신에게 기도를 올릴 것이라는 사실을 알고 있었던 것이다.

그들은 다니엘을 염탐했다. 그리고 자기 집에서 기도 중인 다니엘을 발견하고 대왕에게 보고했다. 대왕은 다니엘이 함정에 빠졌다는 것을 알고 마음이 아팠다. 그러나 법안이 이미 승인된 상태였기 때문에 다니엘을 함정에서 빼낼 수 있는 방법을 찾을 수가 없었다. 그는 슬픈 마음으로 다니엘을 사자 굴로 보냈다. 그러나 다음 날 아침, 사자들과 밤을 지낸 다니엘은 아무런 상처를 입지 않았고, 멀쩡하게 돌아왔다. 다니엘의 독자들은 이 이야기가

세계 종교의 역사

300년 전 바빌론에서 일어난 일이 아니라는 것을 알고 있다. 그것은 신에게 충성하는 이스라엘 백성이 받는 안티오쿠스 박해에 대한 은유였다. 다니엘이 이스라엘 백성에게, 비록 그들이 사자 굴에 던져지더라도, 굳게 믿음을 지키고 산다면 신은 그들을 구원할 것이라고 말하고 있었던 것이다. 그 책은 이스라엘 백성의 저항 의식을 강화시키기 위한 목적을 가지고 써진 것이었다.

그러나 다니엘의 요점은 그것만이 아니다. 그는 고통 가운데 있던 이스라엘을 단순히 위안하고 싶었던 것이 아니다. 그는 이스라엘이 적군에 대항하는 신의 마지막 전투에 대비하기를 원했다. 유대의 사상가들은 인도의 현자들과는 다른 시간관념을 가지고 있었다. 인도의 현자들은 시간이 끊임없이 돌아가는 바퀴이고 영혼은 그 바퀴에서 벗어나 행복한 무nothingness로 탈출하기 위해 투쟁한다고 보았다. 그러나 유대의 사상가들은 시간이 하느님이 쏜 화살이며, 그것이 과녁에 도달하면 시간은 끝이 나는 것이라고 보았다. 그리고 다니엘에 따르면, 그 시점이 거의 가까워졌다. 시간의 흐름이 끝나면, 이스라엘의 고통도 마침내 정복될 것이다. 그러면 그 오랜 기간 동안 모든 죽었던 자들이 무덤에서 일어나 그들을 만든 창조주를 만나 심판을 받게 될 것이다. 여기서 다니엘은, 이스라엘 역사에서 처음으로, 죽음 이후의 삶에 대한 믿음, 그리고 심판에서 받는 점수는 신의 법에 따라 결정된다고 하는, 최후의 결산 개념을 도입한다.

이스라엘의 역사상, 다니엘 이전에는, 죽음 이후의 삶에 대한 관심은 거의 보이지 않았다. 신은 시간 속에서 마주치지만, 죽음과 함께 인간은 자신의 시간을 끝내고 무대 뒤로 사라졌다. 죽은 자의 영혼은 셰올Sheol이라 불리는 어두운 지하 세계로 갔다. 셰올은 심지어 신까지도 기억하지 못하는 망각의 장소였다. 그러나 다니엘의 책은 이런 모든 전통적인 죽음 관념을 바꾸어놓았다. 그는 이스라엘 백성에게 말한다. 역사의 끝에서 신은 시간을 뚫고 들어올 것이며 '땅의 먼지 가운데서 잠자던 자들이 깨어나게 할 것이며, 어떤 자들은 영생을 얻고 또 어떤 자들은 수치와 영원한 모욕을 받게 될 것이다'.

죽은 자의 부활resurrection of the dead은 유대교에 있어 새로운 개념이었고 그 이후에도 항상 논쟁거리가 되는 개념이었다. 나중에 유대교 교사들은 그것을 믿는 그룹과 믿지 않는 그룹으로 나뉘게 된다. 그러나 그것은 시간이 지날수록 가속화되는 개념이었다. 다니엘이 개인이 죽었을 때 개별적으로 부활하는 것을 믿었던 것은 아니다. 그는 민족 전체의 부활general resurrection을 믿었다. 모든 죽은 사람이 무덤 안에서 잠들어 있다가 신이 역사의 종말을 가져오면 비로소 동시에 모두 일어나 신의 심판을 마주하게 될 것이다. 그리고 다니엘은 기다릴 시간이 길지 않다고 생각했다.

그는 또 다른 커다란 관념 하나를 제시했다. 끝이 가까이 왔음을 보여주기 위해 신은 메시아Messiah라고 불리는 대단히 특별한 비밀 요원을 보내 최후의 공격에 대비하게 만들 것이라는 생각이다. 메시아는 '기름 부은 자'라는 뜻이다. 유대인들이 과거에 그들을 이끄는 왕을 지명할 때, 그가 신의 종이라는 표시로 그의 머리에 기름을 부었다. 다니엘은 이스라엘 백성들에게 시간과 이스라엘의 고통이 조만간 끝에 이른다는 것을 알려주고 있었다. 그리고 그 끝이 가깝다는 것은 곧 메시아가 도래할 날이 멀지 않았다는 것이었다. 그러나 메시아는 다른 우주에서 오는 것이 아니다. 그는 하늘_{heaven}에서 내려오는 것도 아니다. 메시아는 이스라엘 백성 안에서, 그들 가운데 살고 있는 사람들 중에서 등장할 것이다. 그는 조만간 드러날 것이고, 그의 정체가 밝혀질 것이다. 어쩌면 그는 이미 여기에 와 있을지도 모르기 때문에, 여러분은 두 눈을 크게 뜨고 있어야 한다! 이처럼 다니엘은 이스라엘 백성에게 희망을 주었다. 그들의 고통이 끝나게 될 시간과 신이 그들의 눈에서 흐르는 눈물을 닦아줄 날에 대한 희망이었다. 그래서 그들은 메시아가 나타나기를 살피며 기다렸다. 그러나 그는 결코 도착하지 않았다. 그리고 사정은 더 나빠질 뿐이었다.

로마인들이 기원전 63년에 팔레스타인을 넘겨받으면서 일어난 일들에 비교하면, 안티오쿠스의 박해는 어린아이 장난 같은 것이었다. 150년간 지속된 끊임없는 동요는 몇 번의 전쟁으로 중단되었지만, 마침내 끝이 왔다. 그리고 예루살렘 성전은 또다시 피뢰침이 되었다. 유대인들에게 성전은 그들 자신의 삶보다 더 소중한 것이었다. 성전은 1,000년 넘는 시간 이전에 그들을 이집트에서 불러낸 신을 상징하는 보물을 보관하는 장소였다. 그러나 자신들의 신에 대한 유대인들의 강렬한 열정은 새로운 통치자인 로마인들을 당혹하게 만들었다. 로마인들에게 신이란 흔해빠진 것이었다. 사려 있는 사람들은 신을 심각하게 여기지 않았다. 유대인들을 이런 무모한 헌신으로 내모는 이 신에게는 도대체 무엇이 있는 것일까?

전설에 따르면, 기원전 63년에 예루살렘을 정복한 로마의 폼
페이Pompey 장군은 유대인들의 신전에 모셔진 신을 찾아가보기로
결정했다. 그 신전은 안으로 들어갈수록 더 큰 신성함을 나타내
는 여러 개의 뜰courts로 이어져 있었다. 폼페이는 그 뜰을 성큼성
큼 걸어 들어가 지성소Holy of Holies라 불리는 성역에 이르렀다. 이
것은 신전에서 가장 신성한 부분이었으며 오직 최고 사제만이 들
어가도록 허락된 곳이었다. 폼페이는 이스라엘의 신을 마주하게
되리라 기대하며 경건하게 지성소 안으로 발을 들여놓았다. 그것
은 텅 비어 있었다. 거기에는 아무것도 없었다!

유대인들은 수 세기 동안 끊임없이 그들에게 나타났던 그 목
소리를 표현할 수 있는 것은 '무nothing', 또는 '무엇도 아닌 것no thing'
이라는 사실을 알고 있었다. 십계명의 두 번째 계명이 그들의 영
혼 안으로 깊이 자리 잡고 있었던 것이다. 그들은 끌로 돌에 아름
다운 문양을 새기고, 또 아름다운 뜰을 연결하여 이 웅장한 신전
을 세웠다. 이 신전에 대한 그들의 애정이 지극했던 만큼, 그것을
잃게 된다면 역사가 끝날 때까지 내내 그것의 파괴를 슬퍼할 것
이다. 그럼에도 불구하고 그 신전의 핵심부에는 아무것도 없었
다! 폼페이는 돌아서 나오면서 텅 빈 방으로 자기들의 신을 상징
하는 이 종교가 던지는 수수께끼로 인한 당혹감을 떨치기 어려웠
을 것이다.

로마인들의 당혹감은 다음 한 세기를 거치는 동안에 분노로
변했다. 그들이 이 고집 센 민족이 사는 방식 및 그들의 배타적인

신과 타협하는 것이 불가능하다는 것을 발견했기 때문이다. 그래서 로마인들은 이스라엘을 완전히 끝장내기로 결정했다. 기원후 70년, 티투스Titus[디도] 장군의 지도하에, 로마인은 예루살렘을 무너뜨리고 140년 전 폼페이가 방문한 이후 대대적으로 확장하고 단장해놓은 이스라엘의 신전을 파괴했다. 마침내 끝났다고, 티투스는 생각했다. 내가 그들을 파괴했다.

그러나 그들은 결코 파괴되지 않았다. 유대인들은 또 다른 기나긴 유배의 길에 올라 지구 구석구석으로 흩어지게 되었다. 그리고 그들은 자기들에게 가장 중요한, 자신들의 신을 제외한 모든 것을 잃었다. 그들은 어떤 석조 건물도 자기들의 신을 담을 수 없다는 것을 알고 있었다. 언어라는 건축물 안에 신을 담을 수 있다고 생각하는 사람들 역시 미심쩍게 보았다. 새로운 유배 생활을 견디고 자신들의 메시아가 올 것을 기다리면서, 그들은 인간의 언어로 신God을 정의하려는 어떤 시도도 인정하지 않는 전통을 만들어냈다.

이어서 대단히 중요하지만 골치 아픈 새로운 인물이 무대에 등장하게 된다. 그들은 '이단자Heretic'라고 불렸다. 이단자들은 대다수의 생각에 도전하며 엉뚱한 질문을 던지는 불편한 사람들이다. 하지만 그들은 우리에게 많은 것을 가르쳐준다. 그중 가장 유명한 예를 유대인의 성경 안에서 발견할 수 있다.

CHAPTER 12

이단자

　미국의 존 F. 케네디 대통령은 지구상의 핵폭탄이 세상을 더 위험한 곳으로 만든다고 믿었다. 그리고 그는 핵무기 수를 감축하길 원했지만 많은 반대에 부딪혔다. 그중 가장 큰 목소리로 비판한 사람은 어느 핵물리학자였는데, 그는 미국이 핵폭탄을 더 많이 보유하면 할수록 세상은 더 안전해질 것이라고 주장했다. 이 문제에 대해 질문을 받은 케네디 대통령은 이렇게 말했다. 어떤 일에서든 완벽한 확신을 가진 사람은, 더구나 그 사람이 전문가라면, '열린 마음open mind'을 가진 사람의 마음을 흔들어놓게 될 수 있다고. 그리고 이어서 그는 그것이 바로 '닫힌 마음closed mind'을 갖는 것의 장점이라고 덧붙였다.

　닫힌 마음을 가진 사람의 인생에서 유일한 과제는 자기 이

세계 종교의 역사

외의 모든 사람에게 자기 입장을 강요하는 전투를 벌이는 것이다. 이런 종류의 확실성을 가리키는 전문용어가 정통orthodoxy이다. 그 말은 그리스어로서 참된 믿음 혹은 바른 믿음을 의미한다. 핵무기에 대한 정통적인 입장에 반대한 케네디 대통령과 같은 사람은 이단자heretic였고, 그런 입장을 이단heresy이라고 부른다. 이단heresy이란 말 역시 주류 입장에 반대하는 입장을 의미하는 그리스 단어에서 왔다. 정통과 이단은 인간의 삶 어디서나 발견되지만, 특별히 종교에서 강력한 힘을 보여준다. 그리고 그 둘이 작동하는 것을 알면, 왜 종교들이 내부적으로 끊임없는 불일치와 때로는 폭력적인 대립을 일으키는지 이해할 수 있게 될 것이다.

하지만 거의 대부분의 종교는 이단으로 출발했다. 아브라함이 가족이 운영하는 가게에서 다른 사람들이 믿는 신들을 비웃었던 것처럼, 예언자들은 지배적인 의견에 도전하는 내부의 목소리에 반응한다. 그다음에 일어나는 일은 대개, 다른 생각을 가진 사람들[이단자]이 분리되어 나와서 새로운 종교를 시작하거나, 낡은 그룹과 경쟁하는 분파를 세우는 것이다. 때로 이단자들이 싸움에서 이기고 그들의 생각이 새로운 정통이 되기도 한다. 닫힌 마음이 그대로 굳게 닫혀 있어서 새로운 생각은 다른 곳으로 떠날 수 있다. 하지만 새로운 통찰력을 흡수할 수 있을 만큼 충분히 열린 마음을 가지는 것도 가능하다.

유대인은 다른 유일신 종교의 추종자에 비해 이런 과정을 받아들이는 데 더 뛰어났다. 처음부터 논쟁과 불일치는 그들의 삶에서 중심을 차지하고 있었다. 모든 종교는 논쟁을 한다. 그러나 대부분은 가능하면 빨리 그런 논쟁을 멈추고 모두 받아들이거나, 그것이 아니면, 무리에서 나가야 한다는 원칙을 만들어놓고 있다. 그들은 상황이 단순해지는 것을 좋아한다. 그러나 유대 종교는 그렇게 하지 않았다. 사실 종교에서, 그 어떤 것도 논쟁의 여지가 없는 것이란 없다는 것을 그들은 알고 있다. 그러나 유대인들은 마음을 쇠로 만든 상자 안에 넣어 잠그고 열쇠를 없애버리기보다는 계속 논쟁하는 것이 낫다고 생각했다. 그리고 유대교 성서의 중심부에서 우리는 욥 Job이라는 이름을 가진 이단자가 그 당시의 정통에 대항하여 자기주장을 펴고 있는 것을 발견할 수 있다.

욥 이야기[욥기]는 오랫동안 구전 민담으로 전승되어오던 것이었다. 그러다가 바빌론 유배 시대에, 한 무명 시인이 그것을 수집하여 기록하여, 고통의 문제를 탐색하는 방법으로 사용했다. 아마도 유대인들은 다른 어떤 민족보다 더 고통의 문제를 탐구해야 할 필요가 있었을 것이다. 지금까지 인류 역사에서 많은 국가와 민족이 거대한 제국의 등장과 함께 역사에서 자취를 감추었다. 그리고 그들의 고통도 그렇게 막을 내렸다. 그러나 유대인들의 고통은 절대로 그런 식으로 끝날 것 같지는 않았다. 유대인들은 기원후 70년에 하나의 국가로서는 종말을 맞았다. 그리고 영토가 없는 상태에서 그들은 가는 곳마다 거부당했고 방랑하는 민족으로 역사 안에 내던져졌다. 그들은 어디서도 장기적으로 안전을 확보할 수 없었기 때문에, 가방을 꾸린 채로 언제라도 다른 곳으로 떠나거나 다른 장소로 유배를 떠날 준비를 하면서 살았다.

그들은 땅과 신전을 포함하여 모든 것을 잃어버렸지만 자기들의 책만은 간직했다. 그 책은 그들의 정신적 보금자리가 되었고, 다음 추방이 시작되었을 때, 피난 가방에 밀어 넣을 수 있는 것이었다. 설사 그 책이 사라진다고 하더라도, 유대인들 모두가 통째로 암기하던 '모세오경'의 핵심 구절을 기억에 담아두었다. 그들은 그것을 '듣다' 또는 '귀 기울이다'에 해당하는 히브리어로 쉐마Shema라고 불렀다. '오, 이스라엘이여, 들으라. 우리의 주님, 우리의 신은 한 분이다. 너희는 너희의 주님을 온 마음과 온 영혼과 온 힘을 다해 사랑하게 될 것이다.' 유대인의 전통에 따라 다니엘은 사자 굴에서 쉐마를 암송했고, 상처 하나 입지 않고 살아났다. 그리고 다니엘 이야기는 커다란 위기의 순간에 이스라엘에 용기를 주었다. 그러나 이제는 무엇이 사자의 입안에서 먼지처럼 바스러질 위기에 처한 유대 민족에게 용기를 줄 수 있을 것인가? 어째서 이번에는 '고통'이 이스라엘의 생명이 되었던 것일까?

욥기는 그 질문에 대한 대답이었다. 욥은 자기 민족이 수백 년 동안 물어왔던 그 질문에 대한 확고한 대답을 갖고 있지 않았다. 그가 한 일은 그들이 가지고 있던 정통적 견해, 즉 고통은 신이 그들의 죄에 대해 내린 벌이라는 견해를 파괴한 것이었다. 그리고 그것은 종교의 역사에 있어서 거대한 순간이었다. 욥기는 잘못된 생각에 대해 그것이 잘못되었다고 말하는 단순한 사람을 우리에게 소개해준다. 그 시대의 정통 사상을 따르는 사람들은 신이 옳다고 말하기 때문에 그 답은 옳다고 욥에게 말한다. 그래서 욥은 스스로에게 묻는다. '신이 단지 그렇다고 말하기만 하면 잘못된 것은 옳은 것이 되는가?' 아니다, 잘못된 것은 잘못된 것이다. 신이 뭐라고 말하든, 사제가 신이 말한 것이 무엇이라고 말해주든, 나는 그들의 주장이 잘못되었다는 것을 알고 있다. 설사 하늘이 내 앞에서 무너진다고 해도, 나는 그렇게 말할 것이다. 욥은 성경 바로 한가운데서 일어나서 그 자체의 가르침에 도전하는 이단자다.

욥기를 열자마자 우리는 그가 착한 사람이며 엄청난 부를 획득한 정의로운 사람이라는 이야기를 듣게 된다. 그에게는 사랑하는 일곱 아들과 세 딸이 있었다. 게다가 그는 양 7,000마리, 낙타 3,000마리, 황소 500마리와 암나귀 500마리를 소유하고 있었다. 그 외에도 욥에게는 헤아릴 수 없이 많은 재산과 하인이 있었다. 욥은 그 지역에서 당시의 화폐로는 계산할 수 없을 정도로 큰 부자였던 것이다.

그러나 그는 며칠 사이에 모든 것을 잃는다. 그의 가축은 도둑맞았고, 그의 하인들과 자녀들은 살해되었으며, 그 자신도 끔찍한 피부병에 걸린다. 그는 쓰레기 더미에서 깨진 질그릇 조각으로 몸을 긁으며 앉아 있는 신세가 된다. 그의 고통은 절대적이다. 그의 아내는 그에게 신을 저주하고 죽는 것이 마땅하다고 말한다. 그러나 욥은 자신의 모든 고통에 대해 이렇게 말한다. '내가 모태에서 알몸으로 나왔고 또 알몸으로 돌아갈 것이다. 주께서 주었고 주께서 거두었다. 주의 이름이여, 찬양받으소서.'

그다음 장면에서는 욥을 위로하러 왔다고 말하는 세 친구가 등장한다. 그러나 사실은 그들은 따져 물으러 온 사람들이다. 그들은 모든 것에 대해, 심지어 욥을 삼켜버린 상실의 쓰나미에 대해서조차, 하나의 대답만을 가진 그런 종류의 신앙인이다. 데만Teman 사람 엘리바스Eliphaz, 수아Shuh 사람 빌닷Bildad, 나아마Naamath 사람 소발Zophar은 고통에 빠진 자기들의 친구 욥 앞에 앉아 그를 심문하기 시작한다. 그들은 똑같은 말을 반복하면서 사태를 점점 더 악화시킨다. 그러나 그들 중에서 처음으로 욥의 상태에 대해 그 종교의 공식적인 입장을 내놓은 사람은 데만 사람 엘리바스다.

엘리바스는 이렇게 말한다. 악한 자는 고통을 추수하지만 정직한 사람은 결코 멸망하지 않는다. 너는 고통을 거두어들이고 있으니 우리에게 말해달라. 너의 두 어깨 위에 내린 이 모든 비참함이 발생한 이유는 무엇인가? 욥은 그들이 비난하는 그 논리를 받아들이기를 거부했다. 신이 그에게 재앙을 내린 이유가 무엇이든, 욥은 그것이 그가 범한 죄 때문이라는 것을 받아들일 수 없었다. 욥은 자신이 이런 재앙을 당할 만한 어떤 나쁜 일도 행한 적이 없는 정의로운 사람이라는 사실을 스스로 잘 알고 있다.

욥의 친구들은 열린 마음으로 그에게 다가가지 않는다. 그들에게는 공식적인 입장이 틀릴지도 모른다는 생각이 결코 떠오르지 않는다. 만일 그들이 그런 가능성을 고려했다면, 그들의 정돈된 종교적 우주 안에서 모든 것은 해결될 수 있었을 것이다. 의심에 빠지는 것보다는 어떤 노선에 매달리는 것이 낫다. 그러나 욥은 자신의 이야기에 매달린다. 공식 교리가 틀린 것이 분명하다. 왜냐하면 욥은 자신의 가족과 재산을 휩쓸어가버린 그런 재난을 당할 만한 어떤 나쁜 일도 하지 않았다는 것을 분명히 알고 있기 때문이다.

비정상적인 상황 속에 내몰린 평범한 사람 욥은 자신에게 가해진 비난에 굴복하지 않는다. 그리고 그는 무자비한 이론에 도전할 용기를 발견한다. 설사 이번 생에서 자신의 무죄를 증명하는 것이 불가능하다고 하더라도, 죽은 다음에 자신에게 내려진 평가가 부당하다는 사실을 신이 입증해줄 것이라고, 그는 믿는다. 부정적인 것을 증명하는 것은 항상 불가능하다. '왜냐하면, 나를 구원하는 그분은 살아 있으며 결국에는 그분이 땅 위에 서게 되리라는 사실을 나는 알고 있기 때문이다. 내 가죽이 이렇게 파괴당한 후, 나는 살 안에서 신을 보게 될 것이다. 나의 눈은 내 편이신 신을 보게 될 것이다…….'

그러나 욥은 자신의 정당함을 입증받기 위해 죽음을 기다릴 필요가 없었다. 신이 스스로를 나타내어, 신을 거역했다는 혐의로 욥을 공격했던, 그들을 비난한다. '주께서 데만 사람 엘리바스에게 말씀하셨다. 너와 너의 두 친구에게 내 분노가 타오른다. 너희는 나에 대하여, 나의 종 욥이 말한 것처럼 옳게 말하지 않았기 때문이다.' 결국 다수의 입장을 자랑스럽게 떠들어대는 정통의 선전자가 아니라 이단자가 신의 축복을 받게 되는 것이다.

그러나 이 이야기에서는 신God조차 정통파의 가르침에 도전하는 것이 허용되지 않았다! 신이 욥의 이단적 생각을 인정한 것에 불만을 가졌던 후대의 작가가 본문에 해피엔딩을 덧붙인 것이다. 그 해피엔딩에서 신God은 욥에게 '그가 이전에 가졌던 것의 두

배'를 준다. 그렇게 함으로써, 그 후대의 작가는 이번 생에서 착하게 산 사람은 보상받고 악한 일을 한 사람은 벌을 받는다는 옛 정통 이론을 회복시키려고 했다. 그러나 욥 이야기의 매력은 지금도 살아 있는 '이단'과 '정통'을 동시에 볼 수 있게 해준 점에서 찾을 수 있다. 그리고 그것은 우리로 하여금 마음의 결정을 하게 만든다.

이 이야기를 검토할 때, 우상을 금지하는 두 번째 계명으로 돌아가볼 필요가 있다. 이 계명은 신을 자그마하고 깔끔한 조각품으로 만들고 예쁘게 포장해서 종교 시장에 내다 팔 수 있다는 생각에 대해 경고한다. 그러나 그것은 바로 조직화된 종교가 하고 있는 일이다. 신을 자기들이 만든 정통 이론의 틀 안에 밀어 넣고, 그것을 다른 사람들에게 강요하려고 한다. 그것이 바로 욥을 위로하러 온 사람들이 했던 일이다. 그들은 절망에 빠진 욥 옆에 앉아서 그에게 닥친 일로 인한 고통을 함께 나누려고 하기보다, 그런 상황에서 신의 손길이 얼마나 정확하게 그 일에 작용하고 있는지를 확인시켜주면서, 그런 설명을 욥이 받아들여야 한다고 주장했다. 고도로 발달된 종교적 정통 이론들은 이런 식으로 일하는 것을 아주 좋아한다. 사람들에게 정확하게 무엇을 생각해야 하는지 말해주고, 어떤 것이 무엇을 의미하는지, 그리고 신이 그런 상황에 얼마나 잘 어울리는지 설명하기를 좋아한다. 만일 여러분이 어떤 종교가 여러분에게 설명을 쏟아내려고 하는 상황에 처하게 된다면, 그것은 장거리 버스 여행을 할 때 본인이 집착하고 있는 문제들을 밤새 떠들어대는 강박적인 수다쟁이 옆에 꼼짝

없이 붙들리는 것과 같다.

데만 사람 엘리바스, 수아 사람 빌닷, 나아마 사람 소발은 그들이 말하는 것을 테이프에 녹음해두었다고 생각하고 만나는 사람 누구에게나 그것을 들려주기를 즐기는 전형적인 종교 열광자들이다. 욥기가 대단한 것은, 우리가 그 요점을 이해하도록 만들기 위해, 거의 지겨워 죽을 때까지 그들이 말하는 것을 듣게 만든다는 것이다. 신이란 어떤 존재인지, 또는 신이 어떤 일을 하려고 하는지, 여러분이 이미 알고 있다고 확신하지 말라는 것이 바로 욥기가 전하는 메시지다.

유대인들은 다른 대부분의 신앙인들보다 그런 종류의 불확실성과 함께 사는 일에 뛰어났다. 그들은 다른 사람들에게 자기들의 신을 이해시키려고 애쓰지 않는다. 그들은 자기들이 신을 이해하기 위해 신과 논쟁하느라고 너무 바쁘다. 그리고 그들은 지금도 여전히 논쟁 중이다.

그러나 우리는, 그들이 신과 긴 논쟁을 계속하도록 그냥 버려두고, 조로아스터교라는 또 다른 종교를 검토하러 갈 것이다. 이 종교는 우리를 기원전 600년 붓다 시대의 페르시아로 데려다줄 것이다. 그러나 먼저 인도에 잠시 들렀다가 가야 한다.

CHAPTER 13

마지막 전투

인도 서쪽의 해안 도시 뭄바이 남쪽에 있는 말라바Malabar 언덕 꼭대기에 가면, 관광객들이 쌍안경을 들고 나무들 위로 솟은 신비의 석조 탑을 바라보는 광경을 보게 될 것이다. 관광객이 이 탑을 보기 위해 직접 언덕을 올라가는 것은 금지되어 있지만, 만약 드론으로 사진을 찍는다면 그 탑에는 바깥벽으로 둘러싸인 평평한 지붕이 있다는 것을 알게 될 것이다. 그 지붕은 세 개의 동심원으로 나뉘어 있다. 어쩌면 카메라에는 새들이 지붕 위에서 썩은 고기를 먹고 있는 광경이 포착될지도 모르겠다. 새들은 그곳에 배열된 시체를 게걸스레 먹고 있는데, 첫 번째 원에는 남자들, 두 번째 원에는 여자들, 세 번째 원에는 아이들의 작은 시체가 놓여 있다.

드론의 카메라가 찍고 있는 것은 죽은 자들에 대한 부주의한 무관심 행동이 아니라 가장 심오한 경의를 담은 선행으로서, 인도의 가장 작은 종교 공동체인 파시교도들Parsees의 고대 장례 의식이다. 파시교도들은 죽은 육체가 불결하다고 생각한다. 그래서 그들은 시체를 묻으면 그것을 받아들이는 땅을 오염시키게 되고 시체를 태우면 그것을 소멸시키는 불을 오염시키게 된다고 생각한다. 그들은 쓰레기 더미에서 먹이를 뒤지는 동물에게 친절하게 대하는 것이 땅을 깨끗하게 한다고 믿는다. 따라서 이러한 침묵의 탑Towers of Silence을 만들어 그 위에 시체를 놓아두고, 태양의 압도적인 열기와 까마귀 및 콘도르의 날카로운 부리가 시체를 해체하기를 기다리는 것이다. 시체가 탑 위에 놓이면, 얼마 지나지 않아 살이 얇게 찢기고, 해골은 하얗게 분해되어 탑 중앙에 있는 방에 모인다. 그 방에서 뼈는 서서히 먼지로 돌아가서 흙을 통해 걸러지고 바다로 씻겨 들어간다. 그래서 죽음과 함께 인간이 잃게 되는 육체는 그것을 먹고 사는 동물들에게 계속되는 생명의 선물이 된다. 모든 것이 자연으로 돌려보내진다. 아무것도 낭비되지 않는다.

이런 침묵의 탑을 세우는 파시교도들은 오랫동안 인도에서 살았다. 그러나 그 이름이 암시하는 것처럼, 그들은 원래는 페르시아에서 온 사람들이었다. 페르시아라는 이름은 그리스인들이 이란에 붙인 것이며, 인도의 북서쪽에 있는 땅이다. 파시교도들은 조로아스터교라 불리는 종교를 믿는 사람들이다. 조로아스터교는 기원전 6세기 이스라엘 사람들이 바빌론에 유배되어 있던 즈음에 이란에서 출현했다. 인도의 파시교도를 제외하면, 오늘날 세계에 남아 있는 조로아스터교도는 많지 않다. 하지만 조로아스터교는 유대교를 비롯하여 여러 중요한 종교 신앙에 지대한 영향을 끼쳤다. 그리고 유대교가 세계의 가장 많은 신자를 가진 두 종교, 즉 기독교와 이슬람을 탄생시켰기 때문에, 우리는 조로아스터교의 창시자 조로아스터(자라투스트라)를 역사상 가장 영향력 있는 종교적 인물들 중 한 명으로 볼 수 있게 되는 것이다. 현재까지 남아 있는 기록은 많지 않지만, 그것이 만들어진 시기는 정확하게 알 수 없다. 아마도 조로아스터는 기원전 628년에 태어나 551년에 경쟁자 사제에 의해 살해된 것으로 보인다.

사제였던 조로아스터가 다른 사제에 의해 살해되었다는 사실로부터, 우리는 종교의 강한 특성 중 하나인 폭력적 불화의 가능성을 떠올릴 수 있다. 외딴섬의 크기를 둘러싼 분쟁을 해결하기 위해서 사용될 수 있는 측량 같은 방식으로 종교의 궁극적 원천을 조사할 수는 없다. 종교는 이 세상을 초월한 또 다른 하나의 세계를 원천으로 삼는다. 그 다른 세계의 비밀은 그 신비를 간파했다고 주장하는 예언자를 통해 우리에게 드러난다. 그 예언자들은 어떤 목소리가 자기들에게 들려준 것이 있다고 주장하고, 그것을 세상에 알려주면서 새로운 종교가 태어난다. 그러나 모든 새로운 종교는 옛 종교에 대한 공격이라고 보일 수 있기 때문에, 옛 종교의 사제들이 새로운 종교의 사제들을 집단적으로 공격하는 일이 일어나는 것은 전혀 놀랍지 않다. 그것이 바로 예언자들은 항상 고통을 받을 수밖에 없고, 또한 자신들이 본 것 때문에 죽어야 한다고, 종교 사상의 역사에서 가장 위대한 인물 중 한 사람이 우리에게 알려준 것이다. 조로아스터는 옛 종교의 사제로서 새로운 종교의 예언자가 되었다. 그래서 그에게는 곤란이 닥칠 수밖에 없었을 것이다.

종교 논쟁 중에서 가장 이해하기 쉬운 것은 다신교와 일신교 사이에서 일어나는 것이다. 우주는 신들로 가득하다고 믿는 사람들과 오직 하나의 신이 있다고 믿는 사람들 사이에서 일어나는 논쟁이다. 아브라함은 최초의 유일신론자monotheist였고, 조로아스터 역시 아브라함과 마찬가지고 유일신론 편에 서 있다고 말할 수 있다. 그러나 조로아스터가 환상 속에서 본 것, 그리고 그가 들은 목소리는 아브라함에게 나타났던 것보다 훨씬 더 복잡했다. 그 이유는, 많은 종교적 예언자들처럼, 조로아스터가 어떤 한 가지 문제에 사로잡혀 있었기 때문이다.

일신교Monotheism는 수많은 경쟁적 신들이 존재하기 때문에 발생하는 혼란을 없애버릴 수는 있다. 그러나 그 신념 자체가 가진 어려움들은 여전히 존재한다. 앞에서 살펴보았던 것처럼, 이스라엘 민족은 고통이라는 문제를 둘러싸고 어려움을 겪었다. 유일한 신이 그들을 선택한 것이 틀림없다면, 그 신은 어째서 그를 믿는 민족에게 그렇게 끝없이 고통과 슬픔을 안겨주었을까? 그러나 조로아스터가 경험한 어려움은 이스라엘 민족의 것보다 더 깊고 더 보편적이다. 고통받는 자들은 왜 선한 사람들에게 나쁜 일이 일어나는지 묻는다. 조로아스터는 거기서 그치지 않고 한 걸음 더 나아간다. 그는 이 세상에 선과 악이라는 대립적인 힘이 처음 들어온 이유와 방식에 대해 알고 싶었다. 인생이란 외부적 요소들과의 싸움에 그치는 것이 아니다. 인간은 다른 인간과 대항하여 싸우는 생존 투쟁을 겪어야 하며, 대부분의 인간은 자기들이 다른 사람에게 끼치는 고통에 대해서 잔인하거나 무관심하다. 그렇다면 그런 악함은 과연 어디로부터 나온 것일까? 그리고 정말로 그런 악을 견디고 참는 사람들은 상을 받고, 타인에게 고통을 가하는 사람들은 벌을 받게 되는가?

그런 의문들 때문에 고통받았던 조로아스터는 결국 페르시아의 옛 다신교 사제로서 누렸던 편안한 삶을 벗어던지게 된다. 과거에 출현했던 많은 영적 구도자처럼, 조로아스터 역시 악의 본성에 대해 숙고하면서 침묵 속에서 몇 년의 시간을 홀로 지낸다. 그리고 어느 날 그는 의문에 대한 답을 얻는다. 답이 그에게 다가온 것이다. 조로아스터가 본 일련의 환상은 선과 악의 투쟁이 인간 자신의 역사보다 더 오래된 것이라는 사실을 알려주었다. 악 자체의 기원이 바로 신God의 마음 가운데에 있다는 사실! 조로아스터는 그런 답을 얻은 것이다. 진정으로 유일한 최고의 신God이 존재한다. 그는 그 신을 지혜의 주님Wise Lord, 즉 아후라 마즈다Ahura Mazda라 불렀다. 그리고 그는 그 유일한 신이 복잡한 본성을 가진 존재라는 사실을 알게 된다. 태초에, 지혜의 주님Wise Lord은 이란성쌍둥이의 아버지였다. 그 신은 두 쌍둥이 아들에게 각자 자신의 길을 선택하게 했다. 한 아들은 선을 선택했다. 다른 아들은 악을 선택했다. 한 아들은 진실을 택했고, 다른 아들은 거짓을 택했다. 그 결과 세상은 선과 악이 서로 투쟁하는 드라마틱한 전장이 되었다. 그리고 세상 안에 등장한 인간은 그 전장에서 선악의 투쟁을 겪어야 했고, 신의 두 아들은 서로 투쟁하면서 인간을 자기편으로 끌어들이기 위해 노력했다. 신의 두 아들의 투쟁 안에 살게 된 우리 인간은 선과 악, 어느 편에 설 것인지를 항상 스스로 결정해야만 한다.

조로아스터는 선과 악의 투쟁을 신의 존재 안으로 다시 가지고 들어갔다. 그러나 그렇다고 해서 그가 고민하던 문제가 해결된 것은 아니다. 지혜의 주님이 처음부터 악을 만들어낸 이유는 무엇인가? 그리고 그는 왜 자기의 두 아들이 그 두 힘 중 하나를 선택하게 만들었는가? 여기에 대한 확실한 설명이 필요했던 것이다. 그러나 그는 설명을 제공하지 않는다. 조로아스터가 한 일은, 선과 악이라는 거대한 힘을 인정하고, 현실적으로 우리 인간이 모두 경험하는 상황을 극적으로 표현하는 것에 그쳤다. 조로아스터는 인간의 삶을 일련의 전투로 묘사하는 데 뛰어난 능력을 발휘했다. 그래서인지, 도덕적인 존재가 되려고 하는 인간의 노력을 묘사하는 데 전쟁과 투쟁은 대단히 적절한 언어를 제공한다. 인간은 살면서 여러 종류의 중독 위협에 맞서서 '싸우고' 있다. 우리는 여러 가지 유혹에 대항해서 '투쟁'한다. 심지어 실제 악령에 대한 생각은 이성적인 논리에 '맞서서' 머리를 들고 일어난다. 마치 바이러스처럼, 인간의 마음을 감염시킬 수 있는 다양한 생각들이 나타날 수 있으며, 끔찍한 행동을 하도록 인간의 마음을 충동질하기도 한다. 인종주의는 그런 나쁜 충동들 가운데서도 가장 나쁜 것 중의 하나다. 그리고 그것 외에도 다른 많은 것들이 있을 수 있다.

그러나 조로아스터는 거울을 들어 인간 경험을 비추는 극작가 이상의 통찰력을 가진 묵시적 예언자였다. 따라서 그는, 다니엘과 마찬가지로, 역사 너머의 먼 미래에 내려질 세계의 이야기의 결론까지도 통찰했다. 훌륭한 책에는 매듭이 지어지지 않은 결말에 대해 만족스러운 해결 방향을 제시하는 마지막 챕터가 필요하다. 역사는 원이 아니라 화살이라고 보는 종교에서는, 특히 이러한 해결에 대한 열망이 강하다. 하나의 이야기에는 끝없이 돌아가는 바퀴가 아니라 시작과 중간, 그리고 끝이 있어야 한다고 보았기 때문이다.

조로아스터는 선과 악이 영원히 교착 상태에 놓여 있을 것이라고 생각하지 않았다. 역사에는 마지막 결산이 있어야 한다. 지혜의 주님Wise Lord이 선악을 창조한 것은 단순히 선악의 투쟁을 반복하기 위해서가 아니다. 우리 인간은 선악의 선택지 앞에서 자신의 운명을 선택할 자유를 가지고 있다. 그리고 그것을 제대로 행사해야 한다. 지혜의 주님은 우리가 어떤 선택을 내리는지에 대해 무관심하지 않았다. 악을 선택한 사람들은 자신들의 행동의 결과를 멀리 내다볼 수 있는 안목을 갖지 못했다. 그것이 그들의 비극이다. 그들이 내린 선택이 그들 자신의 본성을 결정하고, 결국 자기 스스로 만들어낸 본성에 따라 심판을 받게 될 것이다. 사람이 죽으면 그의 영혼은 친와트 다리Chinvat Bridge라고 불리는 심판의 다리를 건너서 이미 준비된 운명으로 들어간다. 그 다리는 면도날처럼 좁다. 저 멀리에는 파라다이스가 존재하지만, 다리아래에는 지옥이 있다. 그의 영혼은 생전에 행한 악의 무게 때문에 다리에서 떨어져 지옥으로 갈 수 있다. 또는 그가 행한 선행으로 인해 가벼워진 영혼은 춤추며 파라다이스로 갈 수도 있다.

그러나 이런 비전이 조로아스터가 본 것 중에서 가장 극적인 것은 아니다. 악 그 자체의 문제를 해결해야 한다. 영혼을 무겁게 만든 바로 그 악을 파라다이스로 보내는 것이 조로아스터의 최종 목표였다. 조로아스터가 제시한 답은 그가 '마지막 창조'라고 부른 부분에 나온다. 지혜의 주님Wise Lord은 그 '마지막 창조' 사건을 통해 악을 선택한 쌍둥이 아들을 파괴한다. 즉 악 그 자체가 파괴되는 것이다. 그 결과 세계는 다시 새롭게 태어나고 선과 정의가 지배하는 세상이 실현된다. 그 새로운 세상은 샤오슈안트saoshyant라 불리는 은혜의 구원자가 지배하는 세상이다.

조로아스터의 가르침은 생생한 무서움을 안겨주고 있을 뿐 아니라 그 이후에 출현하는 종교들에 커다란 영향을 끼친다. 조로아스터의 가르침은 세계 종교에 새로운 중요한 주제를 제공하고 있다. 예를 들어, 파라다이스에서의 행복과 지옥에서의 고통, 나아가 개인의 부활 주제는 조로아스터교가 처음 발견한 것이었다. 시간의 마지막 지점에서 신이 보낸 구원자가 마지막 전쟁을 통해 악을 파괴하고 정의와 공정의 세상을 확립한다는 주제 역시 조로아스터교가 처음 발견한 것이다. 앞에서 우리는, 고통받고 있는 이스라엘 민족을 위로하기 위해, 다니엘이 동일한 아이디어를 제시한 바 있다는 사실을 살펴보았다. 아마도 그런 다니엘의 생각은 페르시아에서 유배 생활을 하던 시기에 유대인들이 배운 것일 가능성이 있다. 이런 영향 관계를 통해서 우리는 종교들이 서로에게 배타적으로 봉인되어 있는 것이 아니라 서로 왕성한 융합을 이루면서 발전한 것이라는 사실을 확인할 수 있다.

조로아스터는, 적대자를 만나기도 하지만, 또한 다른 종교로부터 인정을 받으면서 결국 성공을 거두었다. 그의 가르침은 아베스타Avesta라고 불리는 신성한 경전으로 결집되었다. 그리고 이단으로 시작한 종교가 정통으로 변화하는 과정이 시작되었다. 조로아스터교도들은 형상이나 이미지의 힘을 크게 신뢰하지 않았다. 하지만 그들은 불fire을 '지혜의 주님'에 대한 상징으로 선택하고, 그것을 지켜왔다. 조로아스터교의 신전에는 항상 신성한 불이 밝혀져 있다. 따라서 그들은 불을 숭배하는 사람들이라는 오해를 받기도 했다. 불은 분명히 그들에게 신성한 것이다. 하지만 그것은 어디까지나 유일한 신인 '지혜의 주님'의 영원성에 대한 신성한 상징이라는 사실을 잊어서는 안 된다.

조로아스터교에 따르면, 살아 있을 때 좋은 생각, 좋은 말, 좋은 행동을 실천하면 영혼은 더 빨리 친와트 다리를 건널 수 있다. 침묵의 탑 위에 놓인 주검들 중에서, 착한 삶을 살았던 사람의 주검을 하늘의 새들이 더 빨리 해체시켜준다고 믿었던 것이다. 이런 침묵의 탑은 지금도 이란의 여러 산꼭대기에서 발견할 수 있다. 그것은 조로아스터교가 한때 그 나라의 중심 종교였다는 사실을 보여주는 기념물이 되고 있다. 그러나 조로아스터교는 옛 종교가 제정한 법 때문에 고통을 받았고 얼마 지나지 않아서 종말을 맞이했다. 그 이후 조로아스터교는 고향 이란에서 몇 세기를 견뎌냈다. 그러나 약 1,300년 전, 이슬람이라고 불리는 강력한 새로운 종교가 조로아스터교를 밀어내고 그 자리를 대신하게 된다. 바로 그즈음, 고향을 떠나 인도로 옮겨간 조로아스터교도들은 인도에서 다시 성스러운 불을 밝히고 침묵의 탑을 세웠다. 그리고 그들은 많은 숫자는 아니지만, 여전히 그곳에서 좋은 생각, 좋은 말, 좋은 행동을 실천하면서 지금까지 살고 있다.

여기서 나는, 새로운 챕터를 시작하기 전에, 지금까지 배운 것들로부터 이끌어낼 수 있을 만한 몇 가지 결론의 토대들을 다시 점검해보려고 한다. 앞을 못 보는 자들과 코끼리에 대한 자이나교도들Jains의 비유가 이런 일에 적합한 출발점이 될 것이다. 그이야기의 메시지는 단순하고 분명하다. 인간은 제한된 시야 때문에 궁극적인 실재에 대한 완전한 지식을 얻을 수 없다. 따라서 인간이 만든 종교적 주장들이 궁극적 실재를 보여줄 것이라는 오만함을 가져서는 안 된다.

그러나 이런 경고에도 불구하고, 종교의 예언자들과 현자들은 자신들의 믿음에 대해 의심을 품는 경우는 거의 없다. 그 이유는 그들이 인간과 궁극적 실재 사이에 드리워진 베일 뒤에 놓인 것을 '보았고' '들었다고' 확신했기 때문이다. 나는 동사 '보았다'와 '들었다'에 조심스럽게 인용부호를 붙임으로써 그들의 주장에 대해 우리가 어떻게 반응해야 하는지, 우리 스스로 결정해야 한다는 사실을 확인하려고 했다. 왜냐하면 그들은 서로 '다른 것'을 보았을 수도 있고 같은 것을 '다르게' 보았을 수 있기 때문이다.

힌두의 현자들은 카르마의 바퀴가 회전한다는 사실, 그리고 시간 자체가 끊임없이 회전하고 있다는 사실을 보았다. 그리고 이런 관점은 인도 종교의 중심적 사상이 되었다.

한편 유대의 예언자들은, 시간이 충분히 무르익었을 때, 메시아를 보내어 역사를 마감시킬 그들의 유일한 참 신God을 보았다. 그리고 그런 희망은 신앙심 깊은 유대인이 버틸 수 있는 힘을 제공했다.

그러나 조로아스터는 선과 악 사이에 벌어지는 전투, 그리고 역사의 마지막 순간에 일어날 선의 승리를 보았다.

이들 여러 종교의 창시자들은, 비록 제각기 다른 해석을 내리기는 했지만, 이 세상에서 일어나는 일보다는 세상 너머의 시간에 대해서 자신들이 본 것에 커다란 관심을 가지고 있었다.

하지만 여러분이 우리의 다음 정거장인 중국에 도착하면 다른 광경을 보게 될 것이다. 중국의 현자들은, 너머의 세계에서 일어날 일보다는, 지금 살고 있는 이 세계 안에서 어떻게 사는 것이 최선인지에 더욱 관심을 갖고 있었다는 것을 발견하게 될 것이다. 그러므로 이제 더 많은 것을 발견하기 위해, 세계에서 가장 오래되고 가장 긴 무역로인 '실크로드' 중 하나를 따라 동쪽으로 방향을 잡아보자. 그 길은 우리를 중국으로 곧장 데려다준다. 거기서 우리는 유교라고 불리는 인생에 대한 흥미로운 관점을 만날 것이다.

CHAPTER 14

세속 종교

　실크로드는 기원전 206년에 시작되었다. 그해에 중국 황제는 중국에서 생산되는 가장 중요한 수출품인 비단을 인도의 여러 민족에게 팔기 위해 상인들을 서쪽으로 보냈다. 처음에는 인도의 북쪽 국경을 따라 중국으로 이어졌던 실크로드는 시간이 흐르면서 유럽의 경계라고 할 수 있는 지중해 해안까지 확장되었고, 총 연장은 6,500킬로미터에 이른다. 상인들은 말이나 낙타를 이용하여 비단을 비롯한 여러 물품을 서방으로 가져갔고, 돌아올 때에는 양모와 직물을 가져왔다. 그러나 이 유명한 길을 따라 운반된 것은 단지 비단과 물건들만이 아니었다. 생각이 교환되고 종교가 수출되거나 수입되었다. 인도에서 온 무역상들에 의해 불교가 중국으로 전해졌고, 그것은 마침내 중국의 3대 종교 중 하나가 되었다.

그러나 중국은 종교에 대한 그들만의 접근 방법을 가지고 있었다. 아마도 '실용주의적pragmatic'이라는 개념이 그들의 방법을 설명할 수 있는 최선의 말일 것이다. 그 말은 행동 또는 행위를 의미하는 그리스어 단어에서 유래하며, 영어의 '실용적practical'이라는 말이 거기에서 나왔다. 그리고 그것은 바른 믿음right-believing이라기보다는 바른 실행right-doing에 더 중점을 두고 있다. 중국의 종교는 이론이 아니라 실천을 강조했다는 의미에서, 그 말은 중국인의 종교에 대한 태도를 설명할 때 아주 유용하다.

중국 종교의 실용적이고 실제적인 특징은 중국 고대의 다신신앙polytheism에서부터 잘 드러나고 있다. 고대 중국의 신들은 자연의 힘이나 변화무쌍한 날씨를 상징하는 것이었다. 중국인들은 다양한 형태의 제사를 통해 신들에게 기원했다. 신들이 인간의 삶에 개입하여 호의를 베풀거나, 인간에게 손해를 끼치는 귀신을 물리치는 능력을 가지고 있다고 믿었기 때문이다. 많은 신들 중에서 최고신은 하늘의 신이었다. 대지에 비를 뿌리는 신이 특히 중요한 신으로 제사의 대상이 되었다. 그러나 비가 내리는 곳에는 홍수가 있게 마련이다. 홍수를 다스리는 신은 공공共工이라는 이름을 가지고 있었다. 또한 홍수가 있는 곳에는 가뭄도 있게 마련이다. 발魃는 가뭄의 여신이었다. 그리고 생명을 유지하게 해주는 음식물보다 더 중요한 것이 있을까? 기장의 신 후직后稷은 대지에서 자라나는 곡식에게 축복을 내려주는 신이었다.

이런 모든 자연의 힘들 사이의 균형을 유지하는 것은 중요한 일이었다. 그것은 국가의 책무 중 하나로서 결코 게을리할 수 없는 대단히 실용적인 과제였다. 고대 중국에서 종교는 무엇인가를 믿는 일이 아니라 무엇인가를 하는 것과 관련된 일이었다. 그것은, 인간 공동체에 무엇인가 좋은 것을 가져다주기 위해, 자연의 힘들을 관리하는 합리적인 방식이었다.

중국인들은 자연의 신들을 관리하려고 노력했을 뿐만 아니라 악마, 악귀, 흡혈귀, 도깨비, 귀신, 용처럼 인간에게 해를 끼치는 모든 사악한 정령들로부터 벗어나기 위해 많은 노력을 기울였다. 폭죽은 그런 악귀나 귀신들을 쫓아내기 위한 도구로서 발명되었다. 악귀나 귀신이 폭죽 소리에 놀라 달아날 것이라고 생각했던 것이다. 오늘날까지도 중국인들은 화려한 폭죽놀이를 즐긴다.

고대의 중국인들은 이런 초자연적인 힘에 대응하는 자신들만의 방법을 가지고 있었을 것이다. 하지만 중국인들이 믿었던 다신교의 기원에 대해서는 거의 알려진 것이 없다. 중국의 신들은 자연 세계를 경이로운 눈으로 바라보던 인간의 꿈꾸는 마음이 만들어낸 것이다. 그 신들은 인간의 역사 안에서 일반적으로 보이는 상상의 산물이라고 말할 수 있다. 종교와 인생에 대한 중국인들의 실용적 접근 방식은 기원전 5세기와 6세기에 와서 새로운 명료성과 방향을 획득하게 된다. 고대의 인도 종교를 비판하는 불교와 자이나교가 등장하고, 바빌론에 포로로 잡혀간 유대인들이 신의 본성에 대해 다시 생각하기 시작하던 그즈음에, 중국의 사상가들 사이에서 새로운 기운이 일어났다. 그러나 중국의 현자들은, 다른 문명의 경우와 달리, 죽음 이후의 세계나 미래 세계에 큰 관심을 기울이지 않았다. 그들은 그들이 사는 현실의 세계를 이해하고 설명하는 데 창조성을 발휘했다. 그런 현자들 중에서 가장 중요한 인물이 바로 공자였다. 서양에서는 컨퓨시어스Confucius라고 불리는 바로 그 사람이다.

컨퓨시어스는 당시 분열되어 있던 여러 나라들 중 하나인 노魯나라의 관료를 지낸 심오한 사상가 공구孔丘의 존칭인 공부자孔夫子를 라틴어식으로 표기한 것이다. 그의 생애에 관해서 우리가 아는 것은 극히 적다. 그러나 그가 남긴 글[論語] 안에서 우리는 현명하고 폭넓은 사상을 가진 한 사람과 만날 수 있으며, 그의 사상은 그가 죽은 후에도 동양 문화에 거대한 영향을 미치게 된다. 알려진 바에 따르면, 공자는 기원전 551년에 태어났다. 공자의 시대는 서로 경쟁하는 국가들의 지도자들이 끊임없이 전쟁에 몰두하던 혼돈의 시대였다. 인류를 괴롭히는 문제들에 대한 해답을 찾기 위해 분투하는 21세기의 정치가들이나 사상가들과 마찬가지로, 그 당시의 현자들 역시 중국이 직면한 위기의 해결책들을 제공했다. 그리고 그들이 제안한 것은 현대의 정치가들이 말하는 것과 크게 다르지 않았다. 불에는 불로 대응하고, 폭력에는 폭력으로 대응하라! 적이 우리를 공격하는 것보다 더 강하게 그들을 공격하라! 더 큰 대포와 더 치명적인 폭탄을 만들어라! 악당들에게 대응하려면 더 거친 지도자를 찾아내야 한다! 인류의 전 역사를 통해서 볼 때, 이런 강경한 입장을 가진 정치적 방안이 할리우드 블록버스터 못지않게 지도자들의 인기를 끌었다.

그러나 공자의 입장은 달랐다. 공자는 백성의 행복과 안전이 정치의 목표이자 목적이어야 한다고 역설했다. 그런 목표를 이루기 위해서는 윤리학 훈련을 받은 인물을 관료로 선발해야 한다고 충고했다. 그런 사람들은 사회에 만연하는 불일치와 갈등을 해결하기 위해 폭력에 의지하지 않을 것이기 때문이다. 그런 충고를 들은 지도자들은 공자가 전하는 지혜에 귀를 기울였다. 심지어 공자의 생각이 옳다는 사실을 깨닫고 머리를 끄덕이는 군주도 있었다. 그러나 그들 중 누구도 공자가 제시한 생각을 실천할 준비가 되어 있지 않았다. 공자는 지혜를 가진 사람이었다. 그리고 그에 못지않게 인내심을 가진 사람이기도 했다. 그는 언젠가 계몽된 통치자가 자기 생각들을 실천할 것이라고 기대하면서, 자기 생각을 설명하고 가르치는 것을 인생 목표로 삼았다. 교육자로서의 여생을 보내던 공자는 기원전 479년에 숨을 거두었다. 그러나 그의 제자들이 공자의 가르침을 기록하고, 책으로 남겼다. 그 제자들 덕분에 공자의 사상이 후세에 전해질 수 있었던 것이다. 그리고 수백 년이 지난 후, 그의 시대가 찾아왔다. 기원전 100년경, 뛰어난 황제[한 무제]가 나타나 공자의 생각을 실천했다. 그리고 1912년 중국에서 황제 제도가 무너질 때까지, 공자의 사상은 중국의 지배적인 철학이 되었다. 심지어 오늘날의 공산주의 중국에서조차 공자의 원칙들은 지배력을 가지고 있다.

공자의 핵심 사상은 개인을 사회 및 사회적 제약들과 대립된 것으로 보는 '개인주의'와는 전혀 다른 것이다. 우리는 탄생 순간부터 사람들 사이의 '관계의 그물web of relationship'에 얽혀 있으며, 또 그것 없이 우리는 한순간도 생존할 수 없다고 공자는 가르쳤다. 공동체에 이로운 것이 개인에게도 이로운 것이다. 그것은 심지어 때로 개인의 사적인 욕구를 부정하는 것이 되기도 한다. 인생은 관계 속에 존재한다. 사회는 우리 모두가 그것의 구성원인 하나의 몸이다. 팔다리는 그 하나의 몸에서 떨어져나와서는 생존할 수 없다.

그리고 유교에서 강조하는 '측은지심compassion'은 모두를 하나로 묶어주는 접착제다. 측은지심은 함께 고통받는 것을 의미한다. 측은지심을 가진 사람은 다른 사람들의 시각에서 사물을 보기 위해 그들의 경험 안에서 삶을 느껴보려고 애쓴다. 우리는 공자로부터 황금률golden rule에 대한 최초의 표현 중 하나를 배우게 된다. 하나는 긍정문, 다른 하나는 부정문의 형태로 등장한다. '다른 사람들이 너희에게 해주기를 원하는 대로 너희는 다른 사람에게 행하라.' 또는, '다른 사람들이 너희에게 행하지 않기를 바라는 것을 너희는 다른 사람에게 행하지 말라.'

이러한 이해심과 타인에 대한 공감을 포착하기 위해 공자가 사용했던 단어는 인仁이었다. 중국적 실용주의의 원칙을 지킴에 있어서 인仁은 논리적인 이해보다는 행동에서 더 잘 나타난다. 만일 여러분이 다른 사람의 생명을 구하기 위해 여러분의 생명을 희생한다면, 여러분은 인仁을 행하고 있는 것이다. 만약 내가 몇 달 동안 저축해서 사려던 물건을 사러 가는 길에 그 돈을 집 없는 노숙자에게 대신 주었다면, 나는 인仁을 실천하고 있는 것이다. 인仁은 인간이 할 수 있는 가장 고상한 행위다. 그것은 다른 사람을 자기보다 앞에 두는 것이다. 그리고 그것은 공자가 정치가들과 지도자들에게서 발견하길 원했던 정신이었다. 공자는 그들이 자신들의 야망이 아니라 백성의 행복에 집중하기를 원했다. 그는 또한 일반 시민들도 같은 정신으로 어려운 시대에 좋은 정치를 실천하기 위해 분투하는 지도자들을 평가해주기를 원했다.

인간의 불일치와 갈등을 처리하는 유교적 접근법은 측은지심만이 아니다. 유교는 다른 사람들에 대한 배려와 인내도 가르친다. 실제로는, 이것이 거의 양식화된 예의禮義와 연관되는 이유이다. 예의와 인내는 인간관계의 복잡성을 인식하는 마음의 표시이며, 그 실천에는 보살핌이 요구된다. 오늘날까지도 성급한 서양인의 마음 안에서보다는 인내심을 가진 동양인의 마음 안에서 사람들 사이의 상호 관계에 관한 예의를 더 쉽게 찾아볼 수 있는 것 같다.

그러나 유교는 종교라기보다는 오히려 철학으로 더 잘 알려져 있는 것이 아닌가? 철학과 종교라는 두 용어 사이의 차이를 정의하는 것이 이 문제를 결정하는 데 도움이 될 것이다. 또 하나의 유용한 그리스어인 필로소피philosophy는 어떤 형태로든 '지혜에 대한 사랑'을 의미한다. 그리고 도덕철학이라는 분야는 이 세상에서 살아가기 위해서 가장 지혜로운 방식을 탐구하는 학문이다. 반면 종교는 이 세상 너머 저곳에 존재하는 것에 보다 더 관심을 가진다. 그리고 종교는 우리가 인생을 끝마쳤을 때 어떤 일이 일어날 것인지에 대해서 관심을 가지기도 한다.

이런 종교적 주제들은 유교의 관심을 끄는 질문이 아니었다. 유교는 다가올 너머의 삶 안에서 받을 벌을 피하거나 상을 준비하는 것에 큰 관심을 가지지 않았다. 유교는 인간 공동체의 선을 위해 이 세상에서의 인생을 관리하는 것에 그 에너지를 집중한다. 인생은 그 자체로 잘 살아내야 하는 것이지 죽음 후 우리에게 일어날지도 모르는 것의 서곡prelude이 아니다.

그럼에도 불구하고, 유교에는 종교적 범주 안에 포함된다고 볼 수 있는 측면이 있다. 바로 죽음에 대한 접근 방식과 조상에 대한 숭배가 그것이다. 그러나 이것 역시 인간을 사회 안에서 서로 연결된 존재라고 보는 철학의 연장선에서 이해될 수도 있다. 죽음조차도 우리 인간들 사이의 결속을 끊을 수 없다. 유교 사회에서 죽은 자들을 뜨겁게 애도하고 그들에 대한 기억을 오래도록 간직하고자 하는 이유다. 죽음 이후 애도하는 기간은 사회적 관계에 따라 달라진다. 죽음을 맞은 사람의 자녀에게는 애도 기간이 2년 이상이 될 수도 있다. 애도 기간 중에 있는 자녀는 사회적 직업에서 물러나야 하고 부부 관계를 맺어서도 안 된다. 그들은 가장 단순한 음식만을 먹어야 하고 좋은 옷을 입거나 즐겁게 지내는 일도 삼가야 한다.

그러나 공자에 따르면, 조상 숭배는 돌아가신 부모를 애도하는 것 이상의 의미를 가지고 있다. 죽은 자는 단순히 존재하기를 멈춘 것이 아니었다. 죽음 때문에 우리가 그들과의 접촉을 끊는 것도 아니었다. 그들은 이곳이라는 현장을 떠나 저 너머의 곳으로 갔지만, 우리의 삶 속에서 계속해서 영향력을 갖고 있었다. 그들이 눈에 보이지 않는다고 해서 마음에서도 떠났다는 의미는 아니었다. 그 때문에 유교에서는 봄 명절인 청명절淸明節을 중요한

절기로 축하한다. 그때가 되면 가족들은 조상의 묘를 찾아 함께 소통하고 다시 함께 즐거운 시간을 보낸다. 그들은 죽은 존재이기는 했지만, 가족 모두에 대한 예의와 존경이 유교의 핵심 정신이었다.

그러나 유교가 중국에서 전적으로 고유한 길을 갔던 적은 한 번도 없었다. 유교는 인생에 대해 거의 상호 교환이 가능한 세 가지 접근 방법 중 하나였다. 다른 둘은 도교와 불교였다. 다음 챕터에서 우리는 도교를 점검하고, 기원후 1세기에 마침내 중국에 전래된 불교에 어떤 일이 일어났는지 발견하게 될 것이다.

CHAPTER 15

길

유교는 쉽게 이해되는 대상일 수는 있지만 여전히 심각한 사상체계다. 그리고 그다지 재미있지도 않다. 그 점에서 또 다른 중국의 전통인 도교와는 반대다. 유교에서 도교로 인식을 전환하는 것은 힘들지만, 일단 요령을 얻게 되면 훨씬 더 재미가 있다. 다른 종교의 현자들처럼 도교의 창시자들 역시 무언가를 발견했다. 그러나 바로 그런 발견이 그것을 다른 종교와 다르게 만든다는 것도 사실이다. 힌두교의 현자들은 세계와 세계 안에서의 우리 삶은 환상이며, 구원을 얻으려면 그 환상을 떨쳐버려야 한다고 가르쳤다. 유대교의 예언자들은 언젠가는 신이 이 세상에 종말을 가져올 것이며 사람들은 세상에 존재하는 동안 행한 것에 대해 심판받을 것이라고 말했다. 세상과 세상 안에서의 인간의 위치,

그것은 그 두 종교가 해결해야 할 문제였다. 그리고 그 대답을 발견하기 위해 그들은 세상 밖으로 나갔다.

그러나 도교는 달랐다. 도교의 현자들이 바라본 곳은 이 세상이었다. 그리고 그들은 자기들이 발견한 것을 정말 사랑했다. 그들은 세상을 통합시키는 통일성과 상호 의존성에 큰 감동을 받았다. 그러나 인간은 유일한 예외로서, 과도한 자의식 때문에 우주의 자연적인 리듬과 결별했고, 그 결과 우주와의 일체감에서 벗어나 있는 존재였다. 자연과의 조화를 회복하고 그것의 리듬에 맞추어 사는 것이 평화를 얻는 유일한 방법이다. 그러나 그들이 이런 지혜를 표현하는 방식 때문에 사람들은 도교를 따르기 힘들다고 생각했다. 그들은 우주의 도Dao에 따라 살아야 한다고 사람들에게 권했지만, 그 도道가 무엇인지는 설명하지 않았다. 게다가 그 도의 존재에 대해 미리 알고 있지 않다면 도를 배울 수 없다고 사람들에게 말하는 곳에서, 어려움이 배가된다. 나아가 도를 아는 사람은 도에 대해 말하지 않고 도에 대해 말하는 사람은 도를 알지 못한다고 말하는 곳에 가서는, 그것을 이해하기가 더욱더 어려워졌다. 이 부분을 읽는 동안 여러분은 아마도 '도'가 무엇인지 알아내려고 머리를 쥐어짜고 있을 것이다. 모든 이성적인 사람들처럼, 여러분은 설명을 원한다. 무슨 일이 일어나고 있는지 이해하기를 원한다. 여러분의 정신은 그것을 요구한다. 단지 미소로 쳐다보며 아무 말도 하지 않는 도교의 현자들은 여러분의 화를 더욱 돋울 뿐이다.

도가 무엇인지 어렴풋이나마 이해하기 위해서는, 인생에서 중요한 무엇인가를 하기 위해 비장한 각오를 했는데 그 비장함이 오히려 일을 그르치게 만들었던 각자의 경험을 기억해낼 필요가 있다. 그리고 무엇인가를 이루고자 하는 악착같은 마음을 포기했을 때 오히려 원하던 것이 이루어지는 경험을 했을 것이다. 처음으로 수영장에서 수영을 시작했던 순간이 그 좋은 예가 될 수 있다. 또는 어느 여름날 오후 여러분이 자신도 모르게 몸의 균형을 잡고 자전거를 타고 길을 따라가고 있는 자신을 발견했던 경험도 있을 것이다. 균형Balance이 도를 이해하는 열쇠다. 이미 그런 균형을 유지할 수 있는 사람만이 도가 무엇인지 어렴풋이나마 이해할 수 있다. 우리는 어쩌면 그것을 '순환의 도Dao of cycling'라고 부를 수 있을 것이다. 도교는, 다른 사람과의 관계뿐 아니라 우주 전체에 대해서, 우리가 살아가는 방식이나 다른 사람과 관계를 맺는 방식 안에서 그런 균형을 발견하기를 원한다.

인생에 대한 이런 접근 방법을 처음으로 가르쳐준 사람은 노자Laozi라고 불리는 사람이었다. 기원전 600년 무렵에 태어난 그는 공자와 동시대를 살았지만 공자보다는 연장자였으며, 고대 중국 황실의 도서관에서 일했다고 전해진다. 그리고 중국을 떠나면서 노자는 인생을 사는 방법에 대해 알려달라는 제자의 요청을 받아들여 『노자』, 즉 『도덕경』이라고 불리게 되는 책을 구술해주었다고 한다. 그 책은 종교의 역사 또는 철학의 역사에서 가장 짧고 또 가장 중요한 책 중 하나라고 평가받고 있는데, 그 책의 핵심은 '균형balance'과 '상보성complementarity'이라는 아이디어다. 노자는 자연 속에 있는 모든 것에는 대립자가 존재한다고 생각했다. 그러나 그 대립은 단순한 반대가 아니라 상보적인 관계를 가진다. 그런 의미에서 그것은 '상보적 대립자complementary opposite'라고 부를 수 있다. 그는 이 상보적인 대립자를 음陰과 양陽이라고 불렀다. 모든 음陰은 그것의 대립자로서 양陽을 포함하고, 동시에 모든 양은 음을 상보적 대립자로 포함하고 있다. 그리고 그런 상보적 대립이라는 성격을 명확하게 표현하기 위해, 먼저 큰 원을 그린 다음 그것을 정확히 두 부분으로 나누는 곡선을 가운데에 그린다. 그리고 대립하는 두 부분은 각각 그것의 반대 요소를 의미하는 점 하나를 내부에 포함하고 있다. 흰색 반쪽(양)에는 검은 점(음)이 포함되어 있고, 검은색 반쪽(음)에는 흰 점(양)이 포함되어 있는 식이다. 이런 이미지는 우리에게 이렇게 말해준다. 여러분이 자기 자신을 이해하고 싶다면, 자신과 대립하는 대립자를 이해하라. 대립자 안에서 자신을 발견하라. 흰색은 검정색을 품고 있으며, 검정색은 흰색을 품고 있다. 흰색은 검정색 안에서 발견되고, 검정색은 흰색 안에서 발견된다. 여성은 남성 안에서 발견되고, 남성은 여성 안에서 발견된다. 친구는 적 안에 있고, 적은 친구 안에 있다. 나의 종교는 여러분의 종교 안에서, 여러분의 종교는 나의 종교 안에서 발견할 수 있다. 이것은 공자가 자신을 상대방의 입장에서 상상하라고 말하는 것과 실제로는 크게 다르지 않다. 그러나 노자는 더 즐겁게 돌려서 이야기한다. 그는 우리에게 다양성을 견뎌내라고 말하지 않는다. 그는 우리가 그 안에 들어가서 즐기기를 원한다. 세계는 수백 종류의 악기가 함께 협력하여 아름다운 음악을 만들어내는 오케스트라다. 균형, 타이밍, 그

세계 종교의 역사

리고 하모니. 이것들이 도를 표현하는 말들인 것이다.

노자는 우리가 종종 균형을 잃게 되는 이유 중 하나가 다른 사람을 통제하려는 욕구 때문이라고 가르쳐주고 있다. 사람들은 다른 사람이 자기만의 리듬에 따라 살도록 내버려두지 않는다. 다른 사람의 삶의 방식에 대해 끊임없이 간섭하고 끼어든다. 세탁기에 세탁물을 넣는 방식에서부터 나라를 운영하는 방식에 이르기까지, 어떤 일에서든, 자기 방식이 최고라고 생각하고 남을 가르치려 드는 사람이 있다. 이런 사람들은 사실상 언제나 화가 난 상태로 살 수밖에 없게 된다. 왜냐하면 자신의 요구와 현실은 언제나 어긋나 있기 때문이다. 그러나 노자는 그런 사람들에게 이렇게 말해준다. 마음을 편안하게 가지고, 식물의 삶을 보고 배우는 것이 좋지 않겠는가. 아무리 잔소리를 하고 싶다고 해도, 식물더러 이러쿵저러쿵 잔소리를 할 수는 없지 않는가? 식물은 그저 자기의 본성에 따라 생장한다. 그렇다면, 인간은 왜 그렇게 하지 못하는가? 다른 사람의 인생을 교란시키기를 멈추고 그냥 흘러가도록 내버려둘 수 없다는 말인가? 노자는 인생사에 대한 자기만의 독특한 접근 방식을 '무위無爲'라고 불렀다. 그것은 그냥 아무것도 안 한다는 의미가 아니라 '아무것도 하지 않음으로써 하기', 세상을 그냥 그대로 두기, 일이 저절로 일어나도록 내버려두기라는 의미를 가진 말이다. 그는 규칙과 규제를 매우 싫어했다. 개인의 차별성을 존중하지 않고 모든 사람이 단 하나의 방식으로 인생을 살도록 몰아세우고 강제하는, 강력한 지배자의 운영 방식을 혐오했다.

이러한 인생 접근 방식을 채택하는 사람을 우리는 보통 *무정부주의자*anarchist라고 부른다. 그 말 역시 그리스어에서 온 단어로 정부에 반대하는 사람이라는 의미를 가지고 있다. 도교는 정부에 대해 절대적인 대립을 주장했던 것은 아니다. 그들은 다만 정부가 균형과 조화를 가지기를 원했을 뿐이다. 사회에서 법 제정자들의 주도적인 역할을 경계하고, 동시에 그들이 모든 사람을 하나의 틀에 맞추기 위해 강제를 행사하는 것을 싫어했던 것이다. 무정부주의자의 반대어는 법률주의자legalist다. 그들은 법이 인간의 본성을 통제하는 유일한 방법이라고 믿는 사람이다. 무언가 사회에 문제가 발생했다면, 그것을 못하게 하라ban! 그것을 금지하라forbid! 이것이 바로 법률주의자들이 항상 외치고 다니는 슬로건이다.

사회 전체의 안녕을 위해 인간의 본성을 어느 정도는 통제하는 것이 필요하다고 생각했던 공자와 달리, 노자는 개인에게 사회가 허용할 수 있는 한도 안에서 더 많은 자유를 주기를 원했다. 그러나 도가와 대립했던 인생에 대한 다른 접근법들, 나아가 음과 양에 대한 다른 접근법들은 그들 나름대로 주장하는 바가 있다. 그러나 법률주의자들은 역사의 위대한 조직자들이고, 거의 하루도 쉬는 날이 없는 사람들이기 때문에, 종교에서나 사회에서 더 우세한 지위를 가지면서 자기들의 의지를 다른 사람들에게 부과하는 데 착수한다. 그리고 그들은 필요하다면, 자신들의 뜻을 관철하기 위해 전쟁도 불사하는 사람들이었다. 그러나 노자는 전쟁이 인간의 조화를 파괴하는 것이라고 보았다. 따라서 그는 강렬한 반전주의를 주장했다. 만일 사람들이 노자의 이야기를 진지하게 받아들였다면, 이 세상은 즐거움은 더 많고 전쟁은 더 적은 곳이 되었을 것이다.

여러분은 도교의 종교적 아이디어들은 받아들이지 않아도 도교로부터 많은 것을 배울 수 있다. 하지만 그렇다고 해서 종교로서 도교의 존재를 무시하는 것은 잘못이다. 기원전 524년 노자가 죽은 이후에도 도교는 계속해서 발전했다. 도교는 도에 대한 가르침뿐 아니라 많은 신을 가진 종교이기도 하다. 천존天尊이라는 이름으로 알려진 도교의 최고신들은 세계가 만들어질 때에 자연적으로 창조되었다고 믿어졌다.(원시천존, 영보천존, 도덕천존 등이 대표적인 최고신들이다 - 옮긴이) 이들 최고신은 하늘에 궁전을 가지고 있으며, 그들보다 지위가 낮은 하위 신들로 구성된 친위 집단을 거느린다. 대부분의 도교 신들은 우주의 출현과 함께 등장했다. 하지만 본래는 인간이었으나 수련을 통해 신이나 불사의 존재가 될 수도 있다. 그런 불사의 존재를 신선immortals이라고 부른다. 불사의 존재인 신선이 되기 위해서는 욕망을 억제하는 명상 및 다양한 방식의 수련을 거쳐 자신의 불완전함을 제거해야 한다. 도교의 수련은 윤회의 바퀴로부터 풀려나야 한다고 주장했던 불교의 프로그램과 대단히 비슷하다. 그러나 불교와 달리 도교는 우주가 단순한 환상이 아니라 실제로 존재하는 것이라고 믿었다. 불교가 영혼의 최후 승리를 니르바나의 대양 안으로 빗방울처럼 사라지는 것이라고 가르쳤던 것과 달리, 도교 수행자들은 최고의 목표를 개인적 불사immortality를 획득하여 신과 같은 존재가 되는 것이라고 가르쳤다.

이런 가르침에 덧붙여, 도교가 여성에게 의미 있는 지위를 부여했다는 것은, 도교와 다른 종교를 구분해주는 중요한 특징 중하나라고 볼 수 있다. 도교에서는 수많은 여성 신이 존재한다. 그리고 역사적으로 중요한 역할을 담당했던 여도사나 여성학자의 존재도 무시할 수 없다. 도교는 남성 원리인 양Yang은 물론 여성 원리인 음Yin이 양 못지않게 중요하다고 주장하는 그들 특유의 철학적 전통에 충실했던 것이다.

유교와 도교는 중국 고유의 종교다. 그러나 불교는 인도에서 수입된 종교였지만 중국에서 큰 발전을 이루었다. 붓다가 보리수 아래에서 깨달음을 얻은 이후, 그의 가르침은 인도, 동남아시아, 중국, 한국, 일본, 그리고 그 이외의 지역으로 퍼져나갔다. 불교가 성장하면서, 붓다의 말씀에 대한 경쟁적인 해석이 이루어지면서 다양한 분파dominations가 등장했다. 그중에서 소위 테라바다Threravada 불교라고 불리는 전통은 초기 불교의 원형을 충실하게 유지하려는 엄격한 입장을 취했다. 그 전통에서 따르면, 구원에 도달하는 가장 빠른 길은 승려가 되는 것이다. 이 전통은 소위 '소승불교Hinayana'라고 불리기도 하는데, 그것은 탁월한 재능을 가진 인간을 위한 경주 마차라고 비유할 수 있을 것이다.(소승불교라는 명칭은 테라바다 불교 전통을 폄하하는 뉘앙스를 가진 표현이기 때문에 학문적으로 사용하기에는 부적절하다 - 옮긴이) 한편 마하야나Mahayana, 즉 '대승불교'라고 불리는 전통은 깨달음에 도달하기까지 많은 시간이 걸리는 일반인을 위한 버스에 해당한다고 비유할 수 있을 것이다.

그러나 그 두 분파의 차이를 단지 속도의 차이에서만 찾을 수는 없다. 우리는 앞에서, 종교에 있어서 이미지를 좋아하는 사람들과 이미지를 거부하는 사람들 사이에 존재하는 커다란 차이에 대해 주목했다. 붓다는 이미지를 거부하는 입장을 가지고 있었다. 그러나 대중은 무언가 감각적으로 느낄 수 있는 무엇을 원한다. 그들은 눈으로 볼 수 있는 것을 요구한다. 그들의 요구를 충족시키기 위해 붓다 자신의 이미지보다 더 효과적인 것이 있을까? 붓다의 이미지는 불교도들이 경배를 올릴 수 있는 대상이 되기에 아주 적합하다. 대승불교의 사원에서는 붓다의 이미지(불상)가 중심적인 경배의 대상이 되었다. 그리고 그 불상들은 놀라울 정도로 아름답다. 기원후 1~2세기에 실크로드를 통해 중국에 들어온 불교는 이렇게 이미지를 중시하는 형태의 불교, 즉 대승불교였다. 그리고 이런 형태의 불교가 중국에 뿌리를 내리면서 중국인의 종교 자체가 변화했다. 동시에 불교 역시, 이미 존재하고 있던 중국 종교들의 영향을 받아, 큰 변화를 받아들였다.

중국인들은 종교에 접근하는 방식에서도 변함없이 실용적이었다. 그들은 아무런 거리낌 없이 서로 다른 전통들이 가진 가장 좋은 점을 혼합했으며, 하나의 신앙에 엄격하게 매달리려고 하지도 않았다. 따라서 불교와 도교는 서로 만나자마자 영향을 주고받았고, 결과적으로 두 종교는 서로 상대방을 배우면서 변화했던 것이다. 선불교Zen Buddhism는 바로 그런 상호 변화의 결과 탄생한 새로운 형태의 불교였다. 도를 얻는 것이 얼마나 힘든지 기억하는가? 그렇게 얻기 어려운 도를 얻기 위해 선불교Zen는 마치 장난을 치는 것처럼 접근한다.

어떻게 하면 평화를 찾아 이 모든 갈망을 멈출 수 있을까요? 가르쳐주십시오. 저 신성한 책들은 제 상황을 어떻게 설명하며, 또 어떻게 거기서 벗어날 수 있다고 말하고 있는지요?

밖으로…… 안으로…… 밖으로…… 안으로.

네, 뭐라고요?

고요하게, 아주 고요히 앉아서…… 자신의 숨을 헤아려보라. 밖으로…… 안으로…… 밖으로…… 안으로.

저는 제 문제를 가지고 당신을 찾았는데, 제게 숨쉬기 연습만 시키시는군요! 저는 뭔가 다른 것, 제가 이해할 수 있는 무언가가 필요합니다.

좋다. 이 들꽃을 조용히 바라보거라.

네! 뭣이라고요?

선불교는 도교의 놀이하는 정신을 배웠다. 그리고 바로 그런 이유에서, 이성과 계산적 합리성에 의해 지배되는 문화는 선불교로부터 많은 것을 배울 수 있다.

불교에서 등장한 세 번째 분파인 밀교 Tantric Buddhism 는 지구상에서 가장 신비로운 나라인 티베트에 깊은 영향을 주었다. 특히 깨달음을 추구하던 한 승려가 그 가르침에 매혹되었다. 밀교가 뿌리내린 티베트는 히말라야 산맥의 반대편, 중국의 서남쪽에 위치한 나라로서, 지구상에서 가장 접근하기 어려운 지역 중 하나다. 거대한 산들과 광대한 고원으로 구성된 그 지역은 보통 세계의 지붕이라고 불린다. 티베트는 그런 지리적 특성 때문에 나라 전체가 광대한 수도원으로 변모할 수 있었다. '라마'라고 불리는 불교 승려의 지도력에 힘입어, 티베트는 불교 영성의 훈련이 중심이 되는 나라를 건설할 수 있었던 것이다.

티베트의 승려인 라마들은 불교의 가르침 중 하나를 특별하게 활용했다. 불교의 가르침에 따르면, 깨달음을 얻은 승려는 니르바나로 향할 수 있는 입장권을 얻게 된다. 그러나 그는 자기가 힘들여 얻은 그 입장권을 포기하고 다른 사람들이 구원받을 수 있도록 돕는 '살아 있는 부처'로서 이 땅에 다시 돌아올 수 있다. 티베트 전통에서는 정신적 수준이 높은 라마들은 자신의 환생을 선택하는 것을 인정했다. 따라서 그런 라마가 세상을 떠난 다음에는, 이 세상에서 태어나는 어린이 중에서 그의 환생을 찾아내야 한다. 라마가 죽고 난 다음, 그가 환생한 새로운 라마 후보자를 찾아서 확인하는 데 몇 년이 걸릴 수도 있다. 그리고 후계자로 선택된 인물이 수많은 시험을 통과한 후에 자격을 얻게 되면, 그는 죽은 라마의 환생으로 선포되고 여러 수도원 중 하나에 취임

한다. 이런 계승의 계보 중에서 오늘날 가장 잘 알려진 것이 현재의 달라이라마Dalai Lama가 속한 계보다. 환하게 웃는 얼굴로 서양에서 유명한 달라이라마는 1950년대에 중국이 티베트를 침공한 이후, 티베트를 탈출했다. 그는 첫 번째 달라이라마가 열세 번째로 환생한 인물로서, 어쩌면 그 계보 안에서의 마지막 환생이 될 가능성이 있다. 그러나 그렇다고 해서 이것이 티베트에서 불교의 시대가 끝났다는 것을 의미하지는 않는다. 종교는 대부분의 경우 그것을 박해하는 사람들보다 더 오래 살아남는 방법을 알고 있기 때문이다. 종교는 망치 여러 개를 닳아 없어지게 만든 모루를 닮았다. 그리고 중국에 도달했던 불교는 중국에서 멈추어버렸던 것은 아니다. 불교는 계속 동쪽으로 이동하여 일본에 도달했고, 그 일본에서 우리는 우리가 살펴볼 다음 종교인 신토Shinto를 만나게 될 것이다.

CHAPTER 16

진흙을 휘저어서

앞 챕터에서 티베트에 대해 이야기할 때, 나는 티베트가 멀리 떨어져 있어 접근하기 어려운 지역이라고 말했다. 그러나 그것은 정확한 표현은 아니다. 눈먼 사람과 코끼리의 비유는 우리에게 세상이 우리 눈에 보이는 그대로일 것이라 추측하지 말아야 한다고 경고했다. 나에게 티베트는 멀리 있다. 그러나 티베트 사람에게는 그곳이 가까운 집이며 스코틀랜드가 멀리 있다. 나는 일본에 대해서도 똑같은 실수를 범할 뻔했다. 일본은 중국으로부터는 바다 건너 멀리 떨어져 있다. 일본의 가까운 이웃인 중국인들조차 서기 6세기가 되어서야 그곳을 찾았다. 그래서 일본이 세계의 나머지로부터 분리된 것으로 생각하기 쉬웠다. 그러나 세계가 오히려 일본으로부터 분리되어 있었다고 생각하면 어떨까? 오랫동안 일본 사람들은 그들로부터 멀리 떨어져 있는 세계가 존재한다는 사실조차 몰랐다. 그들은 일본이 세계라고 생각했다. 그리고 일본은 그들의 세계일 뿐만 아니라 그들의 종교였으며, 그들은 자기들의 땅을 정말로 사랑했다! 그래서 일본의 종교를 이해하려면 일본인들이 자신들의 땅에 대해 어떻게 느꼈는지 이해하려고 노력해야 한다.

재팬Japan이라는 단어 자체는 우연히 만들어진 것이었다. 유럽인들이 한자어 일본日本을 발음하려고 시도하던 과정에서 만들어진 것이다. 그 땅의 주인들은 자기 땅을 닙뽄Nippon, 즉 해가 뜨는 땅이라고 불렀으며, 그것은 딱 들어맞는 이름이기도 했다. 일본에서 동쪽을 보면 보이는 것이라곤 반짝이는 망망대해인 태평양뿐이다. 그리고 바다 멀리서 매일 태양이 떠올라 6,852개에 달하는 일본의 군도 위로 햇빛을 쏟아붓는다. 그러므로 닙뽄의 창조 이야기에서 태양이 중요한 역할을 했던 것은 전혀 놀랍지 않다. 이제, 과거의 일본으로 돌아가기 전에, 세계의 여러 창조 이야기들 중 몇 개를 살펴보자.

인도에는 많은 창조 이야기가 있었다. 그 이야기들 중 하나는 다음과 같이 주장한다. 시간이 존재하기 전에, 세계가 형성되기 전에, 푸루샤Purusha라는 거대한 존재가 폭발하면서 그로부터 떨어져 나와 사방으로 흩어진 요소들로부터 모든 것이 존재하게 되었다. 그리고 그것으로부터 힌두의 카스트 제도의 구체적인 세부 사항까지도 만들어졌다.

그리고 아브라함이 탄생한 지역인 메소포타미아의 창조 이야기에 따르면, 태초에 '단물', 즉 압수Apsu와 '짠물', 즉 티아마트Tiamat라는 두 거인이 있었다고 한다. 그 둘이 짝을 이룬 다음 여러 신과 바다 괴물들이 태어나게 되었다. 그리고 바다가 때때로 마른 땅에 범람하면서, 여성 배우자인 티아마트는 모든 것에 대한 통제권을 가지길 원했다. 그러나 가족들의 반대로 티아마트는 자기 뜻을 이루지 못했고, 결국 죽임을 당하고 만다. 그들은 티아마트를 죽여서 몸을 두 동강 내고 그것을 각각 하늘과 땅으로 삼는다. 그 결과 하늘은 신들의 영역으로 고정되었다. 하늘에 사는 신들은 자기들에게 봉사할 하인으로서 인간을 만들었고, 땅이 인간의 영역으로 주어졌다.

이집트에서도 물이 중요한 역할을 하는 비슷한 창조 이야기들이 있었다. 태초에는 오로지 바다만 있었다. 그 이후에 언덕 하나가 물 위로 솟았다. 어떤 이야기에서는 태양신 라Ra가 다른 신들을 창조하고 땅을 만들기 위해 물에서 솟아난 것이라고 말하기도 한다. 또 다른 창조 이야기의 버전에 따르면, 먼저 땅의 신 프타Ptah가 나타났고 그 이후에 모든 것이 작동되었다고 한다.

스칸디나비아 쪽으로 방향을 돌려보면 거기서도 동일한 물의 주제를 발견할 수 있다. 태초에 '무nothingness'의 심연이 있었다. 그것은 물로 충만했다. 그러다 물이 얼어붙었다. 그리고 물이 녹기 시작했다. 녹는 물에서 이미르Ymir라는 거인이 나타났다. 그의 겨드랑이로부터 남자와 여자가 나왔다. 이 모든 일이 일어나는 동안, 암소 한 마리가 그 얼음을 핥아 얼음 두께가 얇아졌고, 그 얼음 안에서 또 다른 거인이 하나 튀어나왔다. 그리고 이 거인으로부터 오딘Odin 신이 태어난다. 이들 신의 탄생 결과 온통 난리가 일어났다. 오딘과 그의 형제들은 이미르Ymir를 죽이고, 그의 몸으로는 땅을 만들고 두개골로는 하늘을 만들었다. 그리고 그의 피로 바다를 만들었다. 그의 뼈는 산이 되었고, 그의 머리카락으로부터 나무가 흘러나왔다. 그 외에도 자세한 사항들이 있지만, 이것으로도 그 이야기의 윤곽을 파악하기에 충분하다.

이 모든 대혼란을 마치고 기원전 900년경으로 옮겨가면 다행스럽게도 우리가 잘 아는 유대교 성서의 창조 이야기로 돌아가게 된다. 창세기는 두 개의 버전이 있는데, 둘 다 확실하게 일신교적monotheistic이며, 그 두 이야기 모두에서 바다의 존재를 확인할 수 있다. 바이블의 신God은 골똘히 생각한 다음 '심연'으로부터 모든 것이 존재하라고 명령한다. 신은 엿새 동안 이런 창조와 관련된 일을 마치고, 일곱째 날에는 휴식을 취했다. 사실 일곱째 날에 아무것도 하지 않는 것 자체가 하나의 창조적 행위라고 말할 수 있다. 그리고 모든 사람이 휴식을 취하는 안식일 제도는 그런 신의 행위를 모델로 삼아 만들어진 것이다.

일본의 창조 이야기도 성서의 창세기와 거의 동일한 시대에 출현했다. 그리고 그 이야기에서도 바다가 큰 역할을 한다. 태초에는 오직 바다만 있었다. 그 후에 이자나기 신과 이자나미 여신이 기다란 창을 이용하여 바다 밑바닥의 진흙을 휘저어 일으키고, 그때 떠오른 진흙으로부터 일본의 그 많은 섬들이 만들어졌다고 한다. 그 후 그 부부 신은 세 명의 아이를 낳았다. 태양 여신과 그 여신의 두 남동생인 달 신과 폭풍우 신이었다. 태양 여신은 여러 자식을 두었고 그중의 한 인물이 닙뿐의 첫 황제가 되었다.

이 이야기들은 종교가 어떻게 작동하는지에 대해 많은 것을 말해준다. 여기서 그 문제에 대해 잠시 생각해보자. 이런 이야기들은 사실일까 거짓일까? 여러분이 이야기의 목적이 무엇이라고 생각하는지에 따라, 그것들은 진실일 수도 있고 거짓일 수도 있다. 예언자 나탄Nathan이 다윗 왕에게 들려준 이야기를 기억하는가? 그가 들려준 그 이야기는 진실인가 거짓인가? 사실적인 면에서 본다면 그것은 거짓false이다. 가난한 사람의 양을 훔친 부자는 실재하지 않는 인물이었다. 그러나 도덕적으로 보면 그 이야기는 진실true이라고 말할 수 있다. 그 이야기는 다윗으로 하여금 본인이 한 일에 대해 스스로 생각해보게 만드는 힘을 가지고 있다. 그런 목적을 가지고 만들어진 이야기인 것이다. 그리고 그 이야기는 목적을 달성했다. 그런 점에서 그 이야기는 과학적 진리가 아니라 예술적 진리truth of art를 간직하고 있다고 말할 수 있을 것이다. 과학은 사실facts과 사물things이 작동하는 방식에 관심을 가진다. 그러나 예술은 우리 자신의 삶의 진실truth을 우리에게 드러내는 일에 관심을 가진다. 바로 그것 때문에 이야기는, 그것을 읽는 사람으로 하여금, '그게 바로 내 이야기야!'라고 소리치며 깨달음을 가질 수 있게 만든다. 종교는 과학이 아니라 예술의 한 형태라고 말할 수 있다. 따라서 창조 이야기를 바르게 이해하기 위해서는, 그것이 진실인가 거짓인가가 아니라, 그것의 의미meaning는 무엇이며 우리에게 말하려는 바는 무엇인가라고 질문해야 한다. 이것은 많은 종교인들이 결코 쉽게 알아채기 어려운 과학과 종교의 차이이기도 하다. 앞으로 보게 되겠지만, 종교인들 중 일부는 기독교 성서의 창조 이야기를 예술 작품이 아니라 과학 작품이라고 증명하려는 노력을 기울이다가 스스로 다른 사람들의 놀림감이 되기도 했다.

우리가 살펴본 창조 이야기들 중에서 하나의 사실로서factually 참인 것은 하나도 없다. 하지만 이 이야기들은 모두 어떤 의미를 전달하고 있다. 성서의 이야기는, 설사 그 이야기의 주장에 동의하지 않는다 해도, 그것의 의미를 이해하기는 대단히 쉽다. 이 세계는 스스로 존재하게 된 것이 아니라 신God이 만들었기 때문에 존재하게 되었다는 것이다. 그리고 메소포타미아와 스칸디나비아 이야기들에 등장하는 태초의 투쟁은 세상에 존재하는 끊임없는 폭력과 잔인성을 반영하는 것이라고 볼 수 있다.

그러나 이런 이야기들은 모두 인간의 마음에서 나온 것이다. 그리고 그런 이야기는 신이 정말로 존재한다는 사실을 말해주는 것인가, 아니면 인간이 만들어낸 허구일 뿐인 것인가? 그것은 쉽게 답할 수 없는 문제다. 그러나 여러분이 그 문제에 어떤 답을 가지고 있든지, 그 이야기들은 그것 자체로 흥미롭다. 창조 이야기들은 머나먼 옛날부터 전해져온 기억의 조각들, 즉 모든 변화를 시작하게 만든 폭발과 모든 피조물을 탄생시킨 대양에 대한 기억을 간직하고 있다는 점에서 흥미롭다. 현대 과학의 창조 이야기에 따르면, 우주는 약 140억 년 전에 발생한 빅뱅에 의해 시작되었다고 한다. 그리고 약 35억 년 전에 우리 행성에서 생명이 시작되었다고 추측한다. 젊은 지구를 덮고 있던 바다들은 화산 폭발 때문에 생긴 화학물질로 만들어진 액체 상태의 수프soup였고, 그 화학물질들의 상호작용으로 최초의 생명 형태가 출현했다는 것이다. 그리고 다시 수십억 년이 지난 후에 인류는 지구 위를 걸어 다닐 수 있게 되었다. 시간을 뚫고 사물의 의미를 찾아보려는 예술가들의 마음속으로 지구 자체의 역사에 대한 지구의 기억들이 스며들었던 것일까? 그러나 내가 보기에 그것은 불가능한 일 같다. 우주 전체는 상당히 엉뚱해weird 보이고 또 거의 모든 일이 상상 가능하기 때문에 그런 이야기가 만들어진 것이라고 말할 수 있을 것이다.

닙뽄의 창조 이야기에서 재미있는 점은 신들이 바다 밑바닥의 진흙을 휘저어 만들어낸 것이 세계 전부가 아니라 일본이라는 사실이다! 그들은 단지 일본만으로 구성된 세계를 만든 것이다. 그것이 일본인들이 자신들의 아름다운 섬에 대해 느꼈던 사랑을 설명하는 방식이었다. 섬나라들은 자기 자신 안으로 몰입할 수밖에 없다. 그들은 땅의 경계를 넘어 흘러드는 사람들의 왕래에 대해 덜 개방되어 있다. 따라서 그들의 종교적 충동은 주변국의 신에 의해 거의 영향을 받지 않는다. 우리가 알고 있는 초기 일본의 종교가 그것을 확인시켜준다. 그리고 제2차 세계대전이 끝나는 1945년까지 일본은 단 한 번도 외부 세력에 의해 정복된 적이 없었다는 사실을 생각해보면, 일본인들이 열정적인 사랑으로 그들의 섬나라를 사랑했을 뿐만 아니라 그것이 유일하다고 믿었다는 것도 놀랍지 않다. 아마도 그들은 아주 먼 과거에는 자신들 외에는 아무것도 존재하지 않는다고 생각했을 것이다.

일본은 신들에 의해 창조되었을 뿐만 아니라 그 신들의 거주 장소로 선택된 거처였다. 다른 대부분의 종교들은, 신들이 땅을 찾아갈 수는 있지만, 적어도 신들의 주된 거주 장소는 우리들 머리 위에 펼쳐진 하늘나라 Heaven라고 불리는 특별한 영역이라고 생각한다. 그러나 일본인들은 그들의 아름다운 섬나라가 그런 특별한 영역이라고 생각했다. 그들에게 하늘과 땅은 하나였다. 하늘은 땅 위에 있고 땅은 하늘 안에 있었다. 또 몇몇 종교는 인간의 몸이 불사의 영혼이 머무는 물리적 장소라고 이해한다. 특히 일본인들은 자기 땅이 그런 곳이라고 생각했다. 일본의 섬들 자체는 자연 도처에 존재하는 카미 kami〔神〕라고 불리는 신성한 영혼이 물질적 형태로 드러난 것이었다. 그 영혼들은 동물 안에도 머물렀다. 일본의 산들, 그들이 가장 아름답고 신성한 산이라고 믿었던 후지산〔富士山〕에도 거주했다. 식물 안에서는 물론 강 안에서도 카미는 발견된다.

나는 이것이 그들의 종교라고 말했지만, 이 말은 그다지 정확하지 않다. 그것은 그들이 자기들의 삶과 분리된, 머릿속 안에만 존재하는, 믿음이라는 것이 있다는 말이 될 수 있기 때문이다. 그것은 마치 여러분 자신에 대한 생각이나 믿음, 즉 여러분 자신에 대한 느낌을 종교라고 말하는 것처럼 잘못된 것이다. 중요한 것은 여러분이 누구인지 그 자체다. 일본인들은 자신을 그들의 땅, 그들 자신, 그리고 모든 것에 생명을 부여하는 영혼으로 구성된 거대한 존재의 거미줄로 둘러싸여 있는 존재로서 경험했다. 그것은 그들이 '믿었던' 어떤 것이 아니었다. 그것은 그냥 그것들이

'존재'하는 방식이었다.

생명에 대한 이러한 태도를 지칭하는 전문용어가 애니미즘*animism*이다. 그리고 그것은 현대의 *가이아Gaia* 이론과 크게 다르지 않다. 가이아 이론은 우리 지구가 우리가 활용하고 착취해야 할 대상이 아니라 우리가 가족이나 친구에게 갖는 것과 동일한 애정으로 관심을 가져야 할 살아 있는 유기체라고 말한다. 그것은 자연이 인간과 마찬가지로 영혼과 의미를 가지고 살아 있다는 것을 의미한다. 일본인들은 이것을 그들의 마음으로 느꼈다. 그들은 이런 방식으로, 즉 하나의 종교적 명령으로서, 세계를 *사랑해야 한다*는 요구를 받은 적이 없었다. 또한 세계는 이렇다는 사실을 *믿으라*는 요구를 받은 적도 없었다. 그들은 지구의 본질을 발견한 것을 축하하는 특별한 날을 기념일로 삼지도 않았다. 그리고 그 사실에 대한 어떤 *신념*을 가진 적도 없다. 단지 그들은 땅의 영혼에 대한 사랑을 가지고 있었을 뿐이다. 그리고 그 아름다운 장소에 사원[神社]을 세우고, 그 사원을 표시하는 두 개의 기둥과 두 개의 가로장으로 만들었을 뿐이다. 오늘날 일본에는 이런 사원이 10만 개 이상 있는데, 여전히 일본인들의 사랑을 받고 있다.

그들이 세계에 반응하는 이런 방식은 600년경 중국인들이 일본에 온 이후에야 비로소 제대로 이름을 얻게 된다. 그 중국인들은 정복자나 포교자로서 온 것이 아니었다. 그들은 유교를 전파했을 뿐이다. 중국인들과 함께 도교와 불교 역시 일본에 들어왔고, 모두 일본에서 독자적으로 발전했다. 그것이 이름을 얻게 된 이유는 아마도 중국인들이 그들이 만난 신념과 관행들에 대한 분류와 이름 붙이기를 좋아했기 때문이었을 것이다. 또는 일본인들 가운데 새로운 종교들이 확립되자, 영혼으로 충만한 땅에 대해 자신들이 느꼈던 사랑을 담을 이름을 필요로 했기 때문일 수도 모른다. 그래서 그들은 그것을 신토shinto[神道]라고 불렀다. 신神은 신god을 의미하고 도道는 길way 또는 방법method을 의미하는 도교 용어로부터 왔다. 신神의 도道인 것이다. 신들의 길, 신토. '사랑'이라는 단어 역시 그렇게 만들어졌을 것이다.

신들이 원초적 진흙에서 닙뽄을 만들어냈다고 믿는 것이 신토를 존중하는 방식은 아니다. 닙뽄은 좀 더 깊은 차원에서 세계를 꿰뚫어본다. 그것은 때로 섬세하고 끊임없이 마음에 떠오르는 그림들 안에서 그것이 보는 것을 표현하기도 한다. 세계에 대한 그들의 사랑을 표현하기 위해 필요한 것은 대개 하이쿠라고 불리는 단 세 줄로 이루어진 시 한 편일 때가 많다.

여름 강을 건너는 것
얼마나 즐거운지
두 손에 샌들을 들고!

CHAPTER 17

종교, 개인으로 나아가다

종교는 인간의 역사에서 여러 가지 역할을 해왔다. 근대과학이 창조에 대해 나름의 설명을 해주기 전에는 종교의 예언자들이 그들의 답안을 제시했고, 앞에서 우리는 그중 일부를 간단히 살펴보기도 했다. 그러나 종교는 세계가 '어떻게' 창조되었는지를 기술하려고 애썼을 뿐만 아니라, 세계는 왜 '그런 모양'으로 만들어졌는지도 설명하려고 노력했다. 만일 왜 인간이 지구에서 지배적인 종이 되었는지, 그리고 왜 인간이 지구를 자기 마음대로 다루게 되었는지 묻는다면, 기독교의 성서는 신God이 그렇게 만들어놓았기 때문이라고 말할 것이다. 신은 인류에게 지구를 책임지고 정복하고 지배하라고 말했다. 왜 인간은 피부색에 따라 등급이 매겨진 그룹으로 나뉘었는지 묻는다면, 힌두의 경전들은 다음과 같이 대답할 것이다. 우주의 배후에 존재하는 어떤 지성intelligence이 정한 어떤 목적에 따라 그렇게 배열되었다고. 그것이 카르마karma였다.

이 대답들은 그것이 사물이 존재하는 방식이라고 말하는 데 그치지 않고 그런 방식에 익숙해져야 한다고 말해주었다. 세계가 구성된 방식에 대해 신이 인증 도장을 찍어주었다. 그것은 신God이 그렇게 이미 계획했던 방식이었다. 그것이 바로 사람들로 하여금 인생에서 자신의 몫을 받아들이라고 설득하는 데 효과가 있었던 이유이다. 특히, 이번 인생이 아무리 비참해도, 사람들은 다음 생이나 이번 생의 주기를 마치고 나면 더 나아질 것이라는 희망을 제공했기 때문이다.

또한, 종교는 사회가 부과하는 규칙과 규율들을 사람들이 잘 받아들이게 해주었다. 사람들이 서로 조화롭게 살기 위해서는 합의된 관습 체계, 즉 도덕률morality이 필요할 것이다. 거짓말을 하지 말라. 도둑질하지 말라. 살인하지 말라. 이와 같은 금지 조항들이 있어야 지성을 가진 모든 공동체는 유지될 수 있을 것이다. 종교는 그런 규칙들이 인간의 발명품이 아니라 신의 명령이라고 말함으로써, 그 규칙들에 무게를 더해주는 역할을 한다. 십계명을 만들어낸 자는 광야의 이스라엘 사람들이 아니었다. 그 규칙들은 신에 의해 그들에게 부과된 것이었다. 마찬가지로 역사상 종교의 가장 큰 역할 중 하나는 '도덕률의 수호자guardian of morality'로서 기능하는 것이었다.

이제 종교를 보다 개인적인 방향으로 이끈 발전에 대해 살펴볼 차례다. 종교는 인간 공동체를 통제하는 방법, 즉 집단적 활동이 될 뿐만 아니라 개별적이고 *개인적인* 구원salvation을 제공하기 시작했다. 구원salvation이라는 단어는 건강을 의미하는 라틴어에서 왔으며, 그 단어는 인간이 종종 병들고 불안해하는 존재라고 하는 사실을 암시한다. 인간은 이번 생에서 스스로 건강하거나 행복하거나 또는 편안하지 않다고 느낀다. 그리고 다음 생에 무엇이 기다리고 있는지에 대해 염려한다. 종교가 더욱더 개인적인 방향으로 선회하게 되자, 죽었다가 다시 태어나거나, 앞을 보지 못하던 자가 다시 앞을 보게 되거나, 마비되어 걷지 못하던 자가 다시 걷게 되는 식의 경험으로 묘사되는, 문제투성이 삶에 평화를 가져다주는 일이 가능하게 되었다. 서로 다른 종교들이 한 자리에서 만났던 것이 그런 발전이 가능했던 이유라고 생각할 수 있다.

언뜻 납득하기 어려울 수도 있지만, 이런 전환에 가장 큰 계기를 부여했던 것은 로마의 병사들이었다. 기원전 30년경 로마는 페르시아와 그리스 제국을 제압했다. 정치적으로는 로마가 승리자였다. 하지만 로마는 피정복 국가들의 문화를 너무 많이 흡수했기 때문에, 최종적으로는 누가 승리자였는지 말하기 어려운 상황에 빠져버렸다. 로마인들은 그리스와 페르시아 신화의 매력에 푹 빠져들었고, 그것을 폭넓게 수용했다. 그 결과 종교의 미래에 중대한 변화가 일어나게 된다.

마치 중국인들이 불교를 자기 방식으로 변용시켰던 것처럼, 로마인들은 그리스 신화를 자기 식으로 변화시켰다. 로마인들은 실용적이고 행동적인 사람들이었다. 그래서 그들은 옛 신화들을 수입하여 오늘날 소위 역할극이라 부를 수 있는 것으로 변화시켰다. 그리고 그 신화 이야기의 여러 역할들을 연기하면서 로마인들의 삶 자체가 변화되었다. 그렇다고 로마인들이 그리스 종교로부터 채택한 신화들을 굳게 믿었던 것은 아니다. 로마인들에게 중요한 것은 그리스 신화를 감정적 또는 심리적 경험으로 변화시키는 일이었다.

그러나 그리스인들이, 유대 민족이 유대교를 페르시아 사람들이 조로아스터교를 믿는 방식으로, 자기네 특유의 종교를 갖고 있었다고 생각한다면 그것은 잘못이다. 그리스인들에게 종교는, 유대교나 조로아스터교보다는, 일본인들이 자기네 종교인 신토Shinto에 대해 갖고 있던 관계와 더 비슷했다. 그리스인들은 분명히 다신교를 믿었지만 그들에게 신은 산이나 바다, 또는 그것을 비추어주는 태양과 같은 지형이나 자연의 신이었다. 그들의 신들이 하는 일은 날씨가 하는 역할과 비슷한 것이라고 말할 수 있다. 날씨처럼 신들은 은혜를 내릴 수도 있고 위협적일 수도 있었다. 그것은 그냥 그들이 존재하는 방식이었다. 제우스Zeus라고 불리는 최고신은 하늘의 신이며, 두 형제가 있었다. 그중 바다를 지배하는 신은 포세이돈이었으며, 죽은 자들이 가는 지하 세계의 신은 하데스였다. 그들 이외에도 수백 명의 신이 있었고, 어떤 신들은 자연의 계절적 리듬과 관련되어 있었다. 그러나 그들 신들의 모험을 기록한 방대한 책에 등장하는 여러 이야기들은 오랫동안 영향을 미쳤던 로마 제국의 중요한 제의cult의 기초가 되었다.

세계 종교의 역사

처음에 그런 이야기들은 자연신화의 하나로 시작되었지만, 로마인들이 그것을 수용하면서 우리가 '신비제의mystery cult'라고 부르는 일련의 비밀 의례와 관행들로 변화시켰다. 그런 제의는 참여자들에게 깊은 감정적 경험을 촉발하는 것을 목적으로 실행되었다. 그중 하나의 '신비제의'에 대해 간단히 살펴보자.

그리스 신화에서 지하 세계의 신 하데스Hades는 자신의 암울한 왕국을 함께 다스릴 배우자를 필사적으로 찾고 있었다. 그래서 그는 과일과 곡물, 그리고 식물을 관장하는 여신 데메테르Demeter의 딸 페르세포네Persephone를 납치했다. 딸을 잃은 데메테르는 크나큰 상심 때문에 깊은 슬픔에 빠지고 자연을 돌보는 자신의 의무를 방기했다. 그 결과 곡물은 익지 않고, 과일은 나무에서 다 사라지고, 사람들은 기근으로 인한 생명의 위협을 받기에 이르렀다. 제우스는 이런 상황을 구제하기 위해 중재에 나섰고, 양측의 요구를 서로 절반씩 양보하는 것을 조건으로 중재를 성사시켰다. 그 결과 페르세포네는 1년의 반은 땅 위에서, 그리고 나머지 반은 지하 세계에서 지내야 한다는 결정을 수용해야 했다. 페르세포네는 1년의 반을 따분하기 그지없는 남편과 함께 지하에서 지낸 다음, 봄이 되면 자기 어머니 데메테르 곁으로 돌아가는 것을 허락받았던 것이다. 여름이 끝나고 페르세포네가 하데스 곁으로 돌아가면, 그녀의 어머니 데메테르는 딸의 빈자리를 바라보며 깊은 슬픔에 빠졌고, 땅에는 겨울이 계속되고 생명을 가진 모든 것이 죽었다. 식물은 잎사귀를 떨어뜨렸고, 나무는 헐벗었으며, 들판은 텅 비게 되었다. 그러나 봄이 되어 페르세포네가 땅으로 다시 돌아오면, 그녀의 어머니는 딸이 다시 돌아온 것을 기뻐했고 모든 것은 다시 살아났다.

이것은 자연의 움직임을 설명하는 빼어난 신화가 인간 삶의 기쁨과 슬픔을 표현하는 데도 사용될 수 있다는 사실을 보여주는 아름다운 예다. 인간의 삶 안에도 상실과 회복, 실패와 성공, 죽음과 재탄생의 리듬이 있다. '죽었다가 다시 살아나는 신'에 대한 관념은 그런 인간 영혼의 깊은 요구를 표현하는 데 대단히 적절한 예를 제공해주었다. 그리고 그런 식으로 의미를 불러내도록 고안된 이야기들과 의례들은 로마 제국에 있어서 가장 중요한 역할을 했던 신비종교mystery religions로 발전했다. 신비Mystery라는 말은 '침묵하다', 혹은 입술을 굳게 닫고 있다는 의미를 가진 그리스어에서 나왔다. 그 제의들을 '신비'라고 부르는 이유는 그 제의cult의 구성원들은 자기들이 치르는 의례나 의식들에 대해 비밀을 지킨다는 맹세를 했기 때문이다.

이런 신비제의는 기원전 1400년경 아테네 근처의 엘레우시스Eleusis에서 시작되었다. 그 제의는 데메테르 여신이 지배하는 땅에서 수확한 과실을 축하하는 휴일에서 기원했다. 그러나 로마 제국에서 그것은 의례화된 형태의 엘레우시스 제의Eleusinian cult라고 불리게 되면서, 죽었다가 다시 살아나는 신의 신비에 참여하는 개인의 영적 경험을 강조하는 것으로 의미가 변화했다. 그 제의에 참여할 수 있도록 허락을 받은 사람들은 겨울의 죽음과 봄의 재생을 경험하면서 데메테르 여신과의 영적 일체감을 가질 수 있다고 믿었다. 그들은 암흑의 장소로 내려갔다가 새로운 인생

　　　　　세계 종교의 역사

의 밝은 빛 안으로 다시 돌아오는 경험을 모방한 의례를 통해 이런 일체감을 얻을 수 있었다. 의례는 감정에 호소하는 힘을 가지고 있었다. 그것은 그들이 *배울* 수 있는 것이 아니라 *느껴야* 하는 무엇이었다. 그리고 그들은 그 의례를 반복할 때마다 새로운 존재로 변화되었다. 여기서 기억하자. 이 모든 일이 인간의 마음mind 안에서 일어나는 일이라는 사실을. 그리고 우리는 마음이란 것이 얼마나 이상한 장소인지 잘 알고 있다. 마음은 천국과 지옥, 높이와 깊이, 암흑과 빛을 간직한다. 엘레우시스 제의를 담당했던 사제들은 인간의 마음을 다루는 전문가였다. 그들은 의례 참여자들이 몸을 돌리도록 만들 수도, 몸을 비틀리게 만들 수도 있었다. 그리고 햇빛이 비치는 구원의 초원 안으로 참여자들을 인도하는 방법도 터득하고 있었다.

그러나 그리스의 데메테르나 페르세포네 같은 신들만이 로마 제국의 비밀 제의를 통해 새로운 종교적 가능성을 찾아낸 것은 아니다. 페르시아의 고대 조로아스터교의 여러 신들 중 하나인 미트라 신Mithras 역시 로마 제의의 또 다른 중심이 되었다. 동굴에서 태어난 태양신 미트라는 대지와 생명의 신으로 여겨진 신성한 황소를 살해한 신이다. 그 황소의 피에서 대지와 생명이 만들어졌다. 로마 병사들은 동방으로 원정을 나갔을 때 미트라 신 이야기를 접하게 된다. 그리고 로마 병사들은 그 이야기에 등장하는 피와 칼이라는 주제에 마음이 끌렸다. 그리고 그들은 한 손으로 황소를 때려잡는 미트라의 용기를 존경하기 시작했다. 그들은, 군인들로서는 일상적인 것이라고 할 수 있는, 죽이고 피를 흘리는 행동이 마침내 다른 사람들에게 새로운 생명과 더 나은 인생의 출현을 가능하게 만든다고 하는 생각에 매혹되었다. 그래서 그들은 자기들의 목적을 달성하기 위해 그 신화를 채택했고, 그것을 그들이 가장 좋아하는 신비제의로 발전시켰다.

미트라 제의Mithraism는 엘레우시스 제의에 비해서는 더욱 잔인하고 유혈적이었지만 주제 자체는 그것과 크게 다르지 않았다. 그 두 제의는 모두 죽음을 새로운 인생으로 가는 관문으로서 기념했다. 강력한 정서적 흥분을 동반하는 미트라 제의는 지하에서 거행되었다. 미트라 제의 역시 *배우는* 것이 아니라 *느끼는* 것이었다. 동굴은, 작은 것이든 큰 것이든, 으스스한 장소임에 틀림없다. 따라서 그것은 제의를 거행하기 위해 동굴 아래로 이끌려 내려가는 자에게 무언가 불안감을 일으키는 효과를 가지고 있었을 것이다. 매일 죽음에 직면하는 로마 병사에게는 희생적 죽음과 그로부터 흘러나오는 새로운 생명을 극화한 제의가 거부할 수 없는 강력한 매력으로 다가갔을 것이다. 미트라 제의는 남성만 참여할 수 있는 행사였다. 그것이 바로 미트라 제의가 로마 군대처럼 마초macho 사회에서 호소력을 갖게 된 또 다른 이유였을 것이다. 비밀 의례와 그들만의 독자적인 언어를 가진 비밀 집단societies의 구성원들은 자기들이 다른 사람들보다 한 단계 높은 곳에 위치하는 특별한 존재라고 느꼈을 것이다. 그리고 특정한 종류의 남자들에게만 매력적인 그런 배타적인 그룹에 소속된다는 것은 무언가 특별한 느낌을 주었을 것이다. 미트라 제의는 확실히 그런 모든 요건을 갖추고 있었다.

로마 제국에서 이런 비밀 제의가 출현한 것은 종교의 역사에서 하나의 전환점이라고 말할 수 있다. 그 이전에 종교는 주로 공통의 정체성common identity과 연결된 집단적 활동이었다. 유대인들에게 종교는 출생하면서 주어진 것이었고 그들을 특별한 민족으로 불러낸 신이 선물로 준 것이었다. 그들의 도덕적 진지함 때문에 외부의 동조자들이 유대교에 매력을 느끼기도 했지만, 이교도나 외국인은 자신들의 출생 사건 그 자체를 바꿀 수는 없었다. 힌두교 역시 출생과 함께 주어진 것이었으며, 태어나면서부터 결정된 카스트를 벗어날 수는 없었다. 그러나 불교는 이런 카스트 규칙을 인정하지 않았다. 불교는 집단의 운명에 도전하면서 개인에게 구원의 다른 가능성을 제공했다. 그리고 불교는 그 시기에 아시아에서 언제든 어디서든 누구든 참여할 수 있는 종교, 곧 *보편적인*universal 종교가 되어가는 과정을 거치게 된다.

흥미로운 사실은 개인에게 개별적으로 위안을 제공하는 종교가 점차 성장하여 보편적인 종교가 되는 경향이 있다는 것이다. 그 이유는 이 세상에는 구원을 찾아 헤매는 개인들이 가득하기 때문이다. 신비제의들은 이런 경향이 유효하게 작동한다는 사실을 보여주었다. 개인들은 자발적으로 그런 제의에 참여했다. 그리고 이런 참여가 집단 정체성의 표현이었던 과거의 종교 개념을 변화시키기 시작했고, 이제 종교는 개인적인 개종conversion의 대상이 되었다. 또한 제의 참여자들에게 구원의 정서적 경험을 제공하는 데 이용되었던 의례적 방법들은 앞으로 탄생하게 될 미래의 종교들이 모방하게 되는 하나의 형식을 공급해주었다. '죽었다가 다시 살아나는 신'이라는 관념은 인간 본성 안에 존재하는 무엇인가에 호소하는 힘을 가지고 있었다. 특히 그것이 자기 무덤에서 다시 살아날 수 있는 방법을 제공하는 경우에는 말할 것도 없다.

개별적 구원을 제공하는 종교가 보편 종교로 발전해가는 이러한 경향이 종교의 역사에서 가장 높은 표현 단계에 도달하기까지 몇백 년이 걸릴 수도 있었다. 그러나 세상에서 가장 많은 신자 수를 가진 지배적인 종교의 출현을 위한 기반은 만들어지고 있었다. 기독교는 가장 성공적으로 발전했을 때 자기 자신을 *가톨릭* Catholic이라 불렀다. 이 말 역시 그리스어에서 온 것으로, '보편'이라는 의미를 가진다. 그리고 그것의 기반이 되는 믿음은 '신이 죽었다가 다시 살아난다'는 것이었다. 다음 챕터에서 우리는 1세기에 작은 유대교 종파sect에서 시작된 종교가 어떻게 해서 최초의 진정한 보편 종교, 즉 가톨릭교회로 변용되었으며, 또 어떻게 해서 그것이 그러한 호칭을 얻을 수 있게 되었는지를 살펴볼 것이다.

CHAPTER 18

개종자

개종자는 종교라는 드라마에 등장하는 또 하나의 진부한 인물이다. 회심, 혹은 개종Conversion은 되돌아서 반대 방향으로 가는 것을 의미한다. 사람들은 대부분 몇 년의 시간에 걸쳐 자신의 견해를 바꾸게 되며, 그것은 대개 점차적인 과정이며 느릿느릿한 이동이다. 그러나 종교적인 개종은 그런 경우가 거의 없다. 개종자들은 눈 깜짝할 사이에 변할 수 있다. 그들은 즉시 유턴을 한다. 그 전환이 어찌나 갑자기 일어나는지 그들은 마치 다시 태어나는 것과 같았다고 술회하기도 한다.

출산은 대단히 신속하게 이루어지는 과정이지만, 그럼에도 아이가 태어나기 위해서는 긴 시간이 필요하다. 그런 이유에서 개종을 설명하기 위해서 출산의 비유를 이용하는 것은 적절하다.

출산과 마찬가지로, 개종의 순간은 갑자기 다가온다. 그러나 그 것은 실제로는 대개 여러 해 동안 진행되어온 과정의 최고 절정에 해당한다고 보는 것이 옳다. 개종자는 분열된 영혼을 가지고 있다. 그들은 어떤 것에 매혹을 느끼면서도, 스스로는 그 사실을 인정할 수 없기 때문에 갈등한다. 만일 그가 항복한다면, 그것은 그의 인생을 그가 원하지 않는 방향으로 데려갈 것이다. 따라서 개종자는, 때때로 문자 그대로, 실제로는 복종하기를 원하는 바로 그것에 대항하여 싸운다.

기독교로 개종하면서 인생행로가 백팔십도 바뀐 사람들 중에서 가장 유명한 사람은 사울Saul이라는 이름을 가진 유대인일 것이다. 그는 기독교로 개종한 후에 바울Paul이 되었다. 그의 개종 사건은 너무 유명해서, 그 일이 일어났던 장소는 급격한 정신적 변화를 지칭하는 일반명사가 되기도 했다. 우리가 인생에서 반대 방향으로 돌아선 순간을 표현할 때 '다마스쿠스의 길damascus road' 경험에 대해 이야기한다. 그 이유는 사울 자신이 여러 해 동안 박해했던 기독교에 항복하게 된 사건이 다마스쿠스[다메섹]로 가는 길에서 일어났기 때문이다.

사울의 정확한 출생 연도는 모르지만, 기독교 캘린더가 막 시작된 기원후 2년 정도로 추정된다. 그의 정확한 사망 시기도 확실하지 않지만, 62년에서 65년 사이에 로마에서 순교했다고 믿을 만한 전승이 말해준다. 그는 현재 터키의 동남 지역에 있는 로마 속주 칠리치아Cilicia의 타르수스Tarsus[다소]에서 태어난 것으로 알려져 있다. 그는 유대인이었으며 아버지로부터 로마 시민권을 물려받았다고 한다. 바울은 아마도 그의 로마식 이름이었을 것이다. 그는 전문적인 텐트 제작자로서 그리스어를 유창하게 쓰고 말하는 지성인이었다. 그가 세운 교회들에 보낸 편지들은 지금 우리가 가지고 있는 가장 초기의 기독교 문서들이다. 그는 예루살렘에서 가말리엘Gamaliel이라는 중요한 선생 밑에서 교육을 받았던 것 같다. 그리고 바울은 그 선생이 바리새인Pharisee이었다고 전해준다.

모든 종교는, 말로는 일치를 강조하지만, 서로 다른 방식으로 때때로 대단히 다른 방식으로 자신들만의 신앙을 가진 다양한 그룹의 연합체다. 사울 시대의 유대교도 예외가 아니었다. 종교에 있어서 가장 흔한 분열은 보수주의자conservatives와 진보주의자progressives 사이의 분열이다. 보수주의자들은 자기들의 신앙이 신의 목소리를 들었던 예언자에서부터 시작되어, 인류에게 새로운 방향을 알려주었다고 믿는다. 그들은 자기네 신앙을 본래 계시의 최초 국면으로 한정한다. 그러나 진보주의자들은 새로운 발전과 후대에 발생한 계시들도 수용하기를 원한다. 1세기 유대교에서는 보수적 그룹인 사두개파Sadducees와 사울이 속했던 진보적 그룹인 바리새파Pharisees가 이런 대립적인 경향을 대표하고 있었다.

그들 사이의 가장 큰 차이는 사후의 삶에 대한 입장에서 찾을 수 있다. 그러나 그 주제는 초기 유대교에서는 등장하지 던 것이다. 아브라함의 발견은 오직 한 분의 신God이 존재한다는 것이었다. 모세의 발견은 유대인은 그 신에 의해 특별한 민족으로 선택되었기 때문에 그가 전해준 법을 지켜야 한다는 것이었다. 그것이 바로 사두개파가 엄격하게 고수하려고 하는 유대교의 원천적 핵심이었다. 그들은 유대인들이 바빌론 포로 시절에 채택했다고 알려진 몇 가지 아이디어들, 예를 들어, 죽은 자의 부활resurrection에 대한 믿음이나 부활한 자에게 주어지는 상rewards과 벌punishments의 배분과 같은 아이디어를 신뢰하지 않았다. 그들은 바빌론에서 가져온 또 다른 수입품인 천사angels에 대한 믿음 또한 거부했다고 알려지고 있다. 그 개념을 수용한 사람들은 천사가 신과 인간을 연결하는 중개자라고 주장했다. '육체 없는 지성bodiless intelligence', 즉 몸이 없는 정신으로 묘사되는 천사는 신이 땅 위의 자녀들에게 메시지를 전달할 때 활용한다. 그러나 사두개파에게 천사는 또 하나의 불필요한 수입품에 불과했다. 신은 말씀을 내보낼 때 중개자를 필요로 하지 않는다. 신은 어디에나 존재하고 있으며, 사람의 숨결보다 더 가까이 있는 존재라고 믿어졌던 것이다.

그런 사두개파의 입장은 바리새인들의 입장과 달랐다. 진보주의자인 바리새인들은 신이 자기 자녀들에게 그가 세상을 위해 준비한 의도를 포기했다는 사실, 또 신 존재의 신비에 대해 가르치기를 멈추었다는 사실을 받아들이려 하지 않았다. 왜 사두개인들은 신이 자기 백성들에게 주고 싶어 했던 지식을 수백 년 전에 모두 다 사용해버렸다고 믿는 것일까? 그는 자기 백성에게 새로운 진리를 가르쳐줄 새로운 예언자를 불러내는 살아 있는 신이 아니란 말인가? 예언자 다니엘이 그들에게 말하지 않았던가? 신은 이스라엘을 천사 미카엘에게 맡기고, 이스라엘인들이 전에는 경험하지 못했던 수많은 곤란을 겪고 나면, 그들을 구원하기 위해 다시 온다는 것이 다니엘의 예언이었다. 구원의 때가 되면 죽은 자들은 무덤에서 일어날 것이다. 그중 어떤 사람은 영원한 생명을 얻고 또 어떤 사람은 영원한 지옥으로 떨어질 것이다. 그리고 당시 로마의 통치하에서 그들이 겪는 고통은 다니엘의 예언과 정확하게 일치하지 않는가? 그들은 모두 다니엘이 약속한 종말과 그 종말을 이기게 해줄 메시아Messiah의 재림을 기대하고 있었던 것이다.

그 시절 이스라엘은 종교적·정치적 혼란을 겪고 있었다. 예루살렘은 메시아 시대를 가져다줄 인물을 찾고 있는 여러 그룹들로 붐비고 있었다. 그러나 장차 오기로 예정된 자라고 사람들이 기대하고 환호하던 메시아 후보자는 삼중의 위험에 직면했다. 반역을 나타내는 아주 작은 신호에도 민감했던 참을성 없는 로마의 관리들이 이스라엘을 지배하고 있었다. 그 로마인들이 관심을 가졌던 범위에서 말하자면, 메시아란 로마의 지배에 저항하여 반란을 일으키는 자를 지칭하는 개념에 불과했다. 그리고 그들은 반란을 어떻게 다루어야 하는지도 잘 알고 있었다.

신전Temple을 운영하던 사제들 역시 메시아 후보자를 위험인물로 보고 있었다. 로마인들이 그를 잠재적인 정치적 반역자라고 보았다면, 사제들은 그런 후보자를 신의 의지를 규정할 수 있는 배타적인 권위에 도전하는 신성모독자blasphemer라고 보았다. 그리고 그들은 신성모독자들을 어떻게 다루어야 하는지 잘 알고 있었다.

로마인들로부터 넷으로 분할된 이스라엘의 통치를 위임받은 헤로드Herod 왕실 역시 메시아 후보자를 위험 요소라고 여기고 있었다. 자기들에게 주어진 자투리 권력에 매달리고 있던 약소 왕실의 입장에서는 메시아 후보자들은 그들의 지위를 위협할 수 있는 존재였기 때문이다.

어느 유월절에 예수Jesus라고 불리는 메시아 후보자가 반역 혐의로 로마인들에 의해 처형당했다. 최고 사제는 예수를 신성모독자라고 판결했고, 갈릴리의 통치자였던 헤로드 안티파스Herod Antipas에게 예수는 성가신 골칫거리였다. 따라서 그는 예수를 처형하는 것에 동의했다. 그러나 예수 그리스도Jesus Christ, 또는 메시아 예수Jesus the Messiah라고 불리던 그 인물을 십자가에 처형하는 것으로 문제는 끝나지 않았다. 그리고 그 시점에 나중에 바울이라고 불리게 되는 사울이 우리들의 이야기 속으로 들어왔다.

예수가 죽은 이후에 그의 추종자들이 예수에 대해 말하기를 그친 것이 아니었다. 그들은 더 대담하게, 다가올 종말을 위해 그리고 이스라엘을 준비시키기 위해, 신이 보낸 메시아가 바로 예수 그 사람이라는 증거가 있다고 주장했다. 예수는 죽은 다음에, 다른 상황 다른 장소에서, 제자들에게 나타났고 함께 머물렀다. 그리고 자신이 최종적으로 다시 돌아올 것이며, 그날을 기다리라고 제자들에게 말해주었다. 예수 추종자들의 이런 주장은 위험한 골칫거리를 완전히 제거했다고 생각하고 있던 사제들을 분노하게 만들었다. 그래서 그들은 바리새인 사울을 사원 특수 경찰국에 채용했고, 예수를 메시아라고 주장하는 소위 '기독교인들Christians'을 체포하라고 명령했다. 자기가 맡은 일에 필사적으로 매달린 사울은 열성적으로 그 일을 해나갔다.

지금부터 사울에 대해 말해보자. 그는 작달막하고, 대머리였고, 휜 다리였다. 그는 자신이 육체적으로는 보잘것없는 사람이라고 인정했다. 그러나 그에게는 특별한 것이 있었다. 바로 그의 눈이다. 그는 열정적이고 강렬한 수색자의 눈빛을 가지고 있었다. 그는 쉴 줄 모르는 불타는 에너지를 가지고 있었다. 게다가 그는 논쟁에 뛰어났다! 그는 기독교인 사냥꾼Christian hunter이라는 직책을 가지고 있던 사람이었다. 그러나 기억할 점은, 그가 바리새인이었다는 사실이다. 사두개인들은 죽은 사람은 다시 살아날 수 없다고 믿었다. 그래서 그들은 기독교인들의 주장을 헛소리라고 치부했다. 그들의 논리는 간단했다. 죽었다가 살아날 수 있는 사람은 없다. 예수는 사람이었다. 따라서 예수는 죽음으로부터 살아날 수 없다.

그러나 바리새인들은 그런 방식으로 논쟁을 벌이지 않았다. 그들은 신이 언젠가 죽은 자들을 마지막 심판을 위해 다시 들어올릴 것이라고 믿었기 때문이다. 그들은 단지 신이 죽음으로부터 되살려낸 사람이 예수라는 사실을 믿지 않았을 뿐이다. 그리고 사울 역시 기독교인의 주장을 믿지 않았다. 그것이 바로 그가 예수의 부활을 믿는 신성모독자들을 추격했던 이유였다. 그런데 과연 그에게는 한 점의 의문도 없었을까? 그래서 그가 그렇게 맹렬하게 자기 일을 처리했던 것일까? 기독교인들을 추격하며 구석구석을 내달리면서, 그는 자기 자신으로부터 도망치고 있었던 것은 아닐까?

그리고 그는 정말로 달렸다. 그는 예루살렘에서 160킬로미터 이상 떨어진 북쪽의 도시 다마스쿠스에 예수의 추종자들이 존재한다는 소문을 들었다. 그들은 그다음에 어디로 갈 것인가? 그는 그들을 추격하라는 대제사장의 허락을 받았다. 그러나 그가 다마스쿠스로 향하는 도중에 거대한 빛이 그의 눈을 멀게 만들었다. 그리고 그는 땅바닥에 쓰러졌다. 그때 그는 한 목소리를 들었다. 그 목소리는 물었다. '왜 너는 나를 박해하느냐?' '당신은 누구입니까?' 사울이 소리쳐 되물었다. 그리고 다시 목소리가 들렸다. '나는 네가 박해하고 있는 예수다.' 이어서 그 목소리는 이렇게 말했다. '일어나서 다마스쿠스에 들어가라, 거기서 네가 해야 할 일을 듣게 될 것이다.' 그리고 사울은 일어났다. 그러나 앞이 보이지 않았다. 그가 눈이 멀었던 것을 미신이나 거짓말이라고 무시하지는 말자. 인간 정신이 무엇을 할 수 있는지 기억해보면 좋을 것이다. '보려고 하지 않는 사람만큼 앞을 보지 못하는 사람도 없다'는 속담이 있다. 사울이 보지 못했던 것은 이미 진실이라고 알고 있는 것을 오랫동안 인정하지 않았기 때문에 나타난 증상이었다. 그의 조수가 그를 다마스쿠스로 인도하고 방을 하나 찾아주었다. 앞을 보지 못한 채 혼돈에 빠진 사울은 그곳에서 사흘을 지냈으며, 먹지도 마시지도 못한 채, 다음에 무슨 일이 일어날 것인지 기다리고 있었다.

그 지역에서 활동하던 예수의 제자 아나니아스Ananias가 스트

　　　　　세계 종교의 역사

레이트 거리Straight Street에 있는 사울의 숙소로 찾아와 그를 돌봐주었다. 사울의 시력이 돌아왔고, 곧바로 위험한 행동을 시작했다. 사울은 그 지역의 시나고그synagogue[유대인 예배당]를 찾아갔다. 그리고 거기서 예배드리고 있던 사람들에게 말했다. 예수는 '신의 아들Son of God'이며 그들 모두가 기다리던 메시아라고. 예수가 자기에게 나타났기 때문에 이것을 알고 있으며 그들에게 전하는 것이라고.

사울의 이런 행동이 예수의 제자들에게 어떤 영향을 끼쳤을지 상상해보라. 그들을 박해하던 자가 이제는 예수의 제자라고 주장하고 있다. 이것은 책략이 아닐까? 사울은 첩자가 아닐까? 예수 추종자들의 정체를 밝히고 유죄를 더 쉽게 입증하기 위해 잠입한 것은 아닐까? 그들은 자기들 앞에 나타난 새로운 개종자에 대해 경계를 늦추지 않았다.

사울 자신은 그다음에 무슨 일을 해야 할지 확신을 갖지 못했다. 그래서 그가 결정한 것은 사울다운 일이었다. 사울은 교회 지도자들에게 돌아가 그들의 믿음이 어떤 것인지 탐구하고 자신을 받아달라고 요청하는 대신, 자신에게 일어난 일에 대해 생각하고 기도하기 위해 홀로 아라비아로 떠났다. 기독교의 믿음에 대해서 어느 누구의 가르침도 필요하지 않다. 그는 그렇게 생각했다. 다마스쿠스로 가는 길에 나타난 예수가 사울이 필요로 하던 모든 것을 주었다. 예수의 부활이 바로 메시지였던 것이다. 그것을 붙들기만 하면 모든 문제가 풀리게 된다.

이제는 바울이라 불리게 된 사울이 '예수운동Jesus movement'의

지도자들을 만나러 예루살렘으로 들어가기까지는 3년이라는 시간이 걸렸다. 또는, 바울의 방식대로 말하자면, 그들은 그 운동의 또 *다른* 지도자들이었다. 왜냐하면 바울 자신이 예수의 메시지를 전하는 *사도*apostle, 즉 예수가 *보낸* 자가 되었다고 주장했기 때문이다. 바울은 예루살렘의 그들이 그 사실을 받아들여야 한다고 주장한다.

그러나 다른 사도들이 보기에, 예수를 만난 적도 없고 지상에서의 예수의 삶에 대해 아무것도 모르는 아니꼬운 이 사람이 여기서 예수의 부활을 선포한다는 것은 어처구니없는 일이 아닐 수 없었다. 비록 예수가 우리를 당황하게 만들기는 하지만, 우리는 예수에 대해 알고 있다. 우리는 예수처럼 그렇게 말하는 사람을 본 적이 없다. 그가 메시아인가? 우리는 궁금했다. 그것을 알아내려고 그를 따라다녔다. 그러나 예수는 그들이 기대했던 것과 다른 방식으로 활동했다.

그렇다면 예수라고 불린 이 사람은 누구였을까? 그리고 그에게 정말로 어떤 일이 일어났는가?

CHAPTER 19

메시아

예수 그리스도Jesus Christ에 대해 무엇보다 먼저 알아두어야 할 것은 '그리스도Christ'가 성surname이 아니라는 사실이다. 그것은 직함이다. 크리스토스Christos는 히브리어의 메시아Messiah에 해당하는 그리스어 번역이다. 다르게 말하자면, 그는 메시아 예수Jesus the Messiah였다. 모든 사람이 동의하지는 않는다는 사실을 빼고는, 그의 이름조차 논쟁의 근원이었다. 그 논쟁은 그가 죽을 때까지 계속된다. 로마인들이 그를 십자가에 못 박을 때에도 그들은 그 놀이를 계속하고 있었다. 그들은, 예수를 조롱하기 위해, 십자가에 달린 그의 머리 위에 '유대인의 왕!'이라고 쓴 팻말을 붙였다. 그들에게 예수는 세상을 변화시키기 위해 애쓴 또 한 사람의 미친 유대인이요 농담거리에 불과했다.

처음부터 사람들은 그를 두고 논쟁했다. 그가 어디에서 왔으며, 그의 부모는 누구이며, 스스로는 자기가 누구라고 생각하며, 그가 죽은 후에는 어떤 일이 일어나는지. 그리고 아직도 사람들은 논쟁하고 있다. 그를 설명하기 위해 수십억 개의 단어가 동원되었다. 그중에서 가장 이른 시기에 써진 것이 기독교의 바이블, 즉 신약성서New Testament다. 이런 명칭은 유대교의 바이블, 즉 구약성서Old Testament와 구별하기 위해 사용된 것이다. 그리고 그런 구분은 예수의 초기 제자들이 그를 어떻게 보았는지를 알려주는 단서가 된다. 그들이 보기에, 예수는 새로운 종교를 시작하기 위해 오지 않았다. 그는 유대인들의 옛 종교를 완성하기 위해 왔다. 신은 아브라함과 모세를 불러 첫 언약 또는 첫 계약testament을 확립했다. 이제 그 신은 새로운 계약을 수립하고 메시아의 시대에 그것을 완성하기 위해 예수를 불렀던 것이다.

그의 인생에 대해 알아보려면 우리는 신약성서를 읽어야 한다. 하지만 불행하게도, 신약성서의 구성 자체가 오해를 불러일으키기 쉽다. 신약성서는 복음Gospels, 즉 '좋은 소식Good News'이라는 의미를 가진 네 권의 책으로 시작한다. 마태Matthew, 마가Mark, 누가Luke, 그리고 요한John에 의한 복음, 이런 순서다. 그다음에 사도행전Acts of the Apostles이라고 불리는 책이 뒤따른다. 그리고 그 뒤를 잇는 대부분의 편지들은 우리가 앞 챕터에서 만난 개종자 바울Paul이 쓴 것이다. 그렇다면 왜 우리는 기독교 성서의 첫 번째 책인 마태복음에서부터 기독교 이야기를 시작하지 않았을까?

왜냐하면 그것이 기록된 순서로는 첫 번째가 아니기 때문이다. 우리가 확신할 수 있는 첫 번째, 혹은 가장 일찍 써진 글은 예수 사후 25년경, 즉 기원후 55년경에 바울이 그리스 도시 코린트Corinth의 개종자들에게 쓴 편지 한 통이다. 바울은 그 편지에서 예수의 삶life 자체에 대해 전혀 관심을 보이지 않는다. 그가 관심을 가지는 것은 오직 예수 사후에 어떤 일이 일어났는지 하는 것뿐이다. 그 편지는 예수의 죽음이 그의 끝이 아니었다는 사실을 알려준다. 그 죽음은 예수에게 신God 안에서의 새로운 생명을 가져다주었다. 그리고 그는 그 새로운 생명을 가지고 지상에 남겨진 자들과 계속 접촉할 수 있었다. 바울은, 다마스쿠스로 가는 길에 예수를 만난 본인을 포함하여, 죽은 후에 다시 모습을 드러낸 예수를 본 사람이 수백 명이나 있다고 말해주고 있다.

그렇다면, 신약이 예수에 대해 우리에게 말해주는 첫 번째 사항은 그의 죽음이 그를 역사로부터 제거하지 않았다는 사실이다. 예수의 출현은 그의 죽음이 끝이 아니었음을 증명했다. 그것은 신이 약속한 새로운 시대의 시작이었으며, 세상에 새로운 질서를 확립하려는 신의 활동의 개막 사진이다. 그렇다면, 마찬가지로 예수의 제자들에게도 죽음은 끝이 아닐 것이다. 그들이 죽으면 그들 역시 사후의 생명을 얻게 될 것이었다. 그러나 그들은 죽을 필요가 없을지도 모른다. 예수의 부활은 신의 활동이 이미 시작되었다는 것을 알려주는 증거가 아닌가? 예수가 말한 완전한 왕국이 지상에 건설될 참이었다. 그리고 모든 것이 바뀔 것이었다. 죽음조차도!

55년에 바울이 고린도 사람들Corinthians에게 보낸 그 편지는 우리가 예수에 대해 얻은 첫 번째 스냅사진이었고, 예수 사후에 일어난 일만을 다루고 있다. 예수의 삶에 대해 알고 싶다면 복음서들을 참고해야 한다. 복음서들은 좀 더 나중에 등장했다. 가장 먼저 나온 복음서인 마가복음은 60년대 후기, 또는 70년대 초기에 써졌다. 그 뒤를 이어 마태복음과 누가복음이 80년과 90년 사이에 나왔다. 가장 늦게 나온 요한복음은 100년경에 써졌다. 복음서가 써진 연도들은 주목할 가치가 있다. 예언자의 삶에서 시간적으로 멀어질수록, 그 이야기는 더 꾸며지고 더 윤색된다. 그것이 바로 예수에게 일어난 일이었다. 나는 예수가 언제 어디서 태어났는지, 그리고 정확하게 어떻게 죽음에서 부활했는지, 그런 오래된 논쟁에 끼어들고 싶지는 않다. 그가 베들레헴에서 태어났을 때, 또는 그가 예루살렘에서 부활했을 때, 천사가 몇 명이나 나타났는지에 대한 논쟁에도 나는 관심이 없다. 나는 예수에 대해 가장 일반적으로 받아들여진 사실들에만 충실할 것이다.

마가복음은 곧바로 종말론 연극 appocalyptic theatre의 한 장면 안으로 우리를 몰아넣는다. 낙타털 옷을 입고 메뚜기와 석청으로 연명하는 한 사람이 사막에서 나와 광야에서 설교하기 시작한다. 세례자 요한 John the Baptiser이라 불리는 그 사람은 죄를 회개하고 새로운 출발을 하는 표시로 사람들을 요단 강에 밀어 넣는다. 물속에 들어가는 사람은 낡은 삶을 익사시키고 새로운 삶을 시작하는 것이다. 요한은 자신이 메시아라고 주장하지 않는다. 그러나 자신은 앞으로 올 메시아를 위한 길을 준비하러 왔다고 말한다. 이어서 마가 Mark는 우리에게 말해준다. 갈릴리의 나사렛 Nazareth in

Galilee 출신의 한 남자가 요한에게 세례받기 위해 요단 강으로 걸어 들어갔다고. 이것이 역사 속에서 우리가 예수를 처음으로 슬쩍 보게 되는 장면이다. 그는 이미 서른 살이었다. 그리고 그다음에 일어난 일이 예수 이야기의 진정한 출발점이다.

요한이 예수를 강물 속에 담근 후 다시 수면으로 끌어올렸을 때, 예수는 눈부시게 밝은 빛을 본다. 그리고 자신을 사랑하는 아들이라고 부르는 신의 목소리를 듣는다. 우리는 그 순간이 예수가 자신이 메시아라는 사실을 알게 된 순간인지는 알 수 없다. 하지만, 그것은 분명 그의 미션이 시작된 시점이었다. 예언자가 하는 일이 무엇인지 다시 기억해보자. 그들은 자기들에게 말하는 신의 목소리를 듣고, 자기들이 들은 것을 다른 사람들에게 말해주는 일을 한다. 그러나 새로운 메시지를 전하는 예언자와 신에 대해 알아야 할 것은 이미 다 알고 있다고 생각하는 사람들 사이에 충돌이 일어난다. 그들은 이미 종교 전문가들이기 때문이다. 그들은 갈릴리 출신의 시골 청년에게 가르침을 받을 이유가 없다고 생각한다. 예루살렘의 공식적인 종교 대표자들과 예수 사이에 발생한 충돌을 통해 우리는 예수를 죽음으로까지 몰고 간 힘에 대해 알 수 있다.

첫 번째의 충돌은 마가복음 안에 나온다. 마가는 예수가 세례를 받고 난 뒤에 가난한 자들과 고통받는 자들에게 사역을 시작했다고 말해준다. 예수는 고통을 죄에 대한 벌이라고 보는 공식적인 관점에 대해 분노했고, 고통 그 자체에 대해 분개했다. 고통은 신이 세상을 만든 질서 그 자체에서 나오는 것이 아니었다. 오히려 그것은 종교와 정치적 질서를 만든 권력자들이 야기한 것이 었다. 신은 그들이 만든 세상 꼴이 보기 싫어서 예수를 보냈다. 예 수를 통해 신의 나라가 이 땅에 실현되었을 때 어떤 모습인지를 보여주려고 했던 것이다. 그것은 가난한 사람들에게는 좋은 소식 이었다. 그것은 율법주의자들이 만든 삶의 속박으로부터 신의 자 녀들을 풀어줄 것이었다.

예수와 정치·종교 당국 사이의 최초의 공적인 충돌은 안식 일sabbath의 의미를 둘러싸고 발생했다. 안식일은 단순히 휴식해 야 하는 날인가? 예수는 제자들과 함께 밀밭을 통과하고 있었다. 그들은 걸어가면서 밀알을 씹어 먹기 위해 밀 이삭을 몇 개 땄다. 그러자 바리새인들은 그들이 안식일에 곡식 따는 일을 했다고 비 난을 퍼부었다. 이때 예수의 답변은 혁명적이다. 예수는 이렇게 말했다. '안식일이 사람을 위해 만들어진 것이지, 사람이 안식일 을 위해 만들어진 것이 아니다.' 사회생활을 하기 위해서는 반드 시 법과 규칙이 필요하다. 하지만, 그 법과 규칙은 인간을 위해 봉 사하는 것이지, 그 자체가 인간의 주인은 아니다. 만일 우리가 그 법과 규칙을 너무 엄격하게 요구한다면, 법과 규칙은 인간을 돕 는 도구가 아니라 그 자체가 목적이 되고 만다. 법과 규칙이 인간 보다 더 중요해지는 것이다. 중국에서 도가道家 사상가들이 600년 전에 이미 깨달았던 것처럼, 율법주의란 대단히 집요한 것이다. 이제 예수가 그런 율법주의에 도전하고 있다. 예수의 주장은 이 렇다. 법과 규칙은 인간에게 종속되는 것이며, 인간이 법에 종속 되어서는 안 된다. 율법주의자들이 예수를 미워했던 것은 당연하다. 이것이 예수에게 부과된 첫 번째 죄목이었다. 그리고 조서는 계속 이어진다.

두 번째 충돌은 마태복음의 산상수훈에서 보이는데, 이것이 더욱 위험하다. 예수는 권력자들이 세상을 운영하는 방식에 도전했다. 그들의 이론은 인간이란 계속 통제되어야 하는 무질서한 군중이라는 것이었다. 민중들에게 1센티미터를 내주면 그들은 결국 1킬로미터를 달라고 요구할 것이다. 그러니 그들을 강하게, 그리고 자주 때려라. 턱에는 주먹이, 목 뒤에는 장화가 그들에게 통하는 유일한 언어다. 그러나 마태복음에 나오는 예수는, 마치 십계명을 손에 든 모세처럼 산 위에 서서, 신의 왕국이 도래했을 때 어떤 일이 일어날 것인지를 알려준다.

만일 누군가가 당신의 뺨을 때리면, 다른 쪽 뺨을 내밀어, 그가 다시 때릴 수 있게 내어 줄 것이다. 누군가가 당신의 윗옷을 가져가면, 그에게 외투까지 내어 줄 것이다. 원수를 미워하지 않고 사랑할 것이다. 당신에게 악을 행하는 자들을 친절하게 대할 것이다. 그리고 용서하고, 또 용서하고, 또 용서하고…… 영원히 용서할 것이다. 그것은 하늘나라가 어떤 것인지를 보여주는 것이므로, 결국 이 땅 위에서도 어떻게 살아야 하는지를 보여준다. 여기서 예수가 설명하고 있는 위아래가 뒤집힌 왕국의 핵심은, 그가 세례를 받은 직후 들었던 말, '너는 나의 사랑하는 아들이라'라는 말에서 드러난다. 신은 지배자도, 상사도, 감옥의 교도관도, 노예몰이꾼도 아닌 우리의 *아버지father*다! 그리고 인류는 한 가족이다. 혁명적인 가르침이 아닌가! 당시의 지배자들이 예수를 주시했다는 것은 전혀 놀랍지 않다. 이것이 예수에게 부과된 두 번째 죄목이었다. 그리고 조서는 계속해서 이어진다.

세 번째 충돌은 누가복음에 설명되어 있다. 예수는 사람들이 무엇을 생각해야 할 것인지를 알려주는 강연을 한 적이 없었다. 그는, 이스라엘의 다른 예언자들처럼, 사람들이 스스로 생각하게 만드는 이야기를 들려주었을 뿐이다. 유대 율법 중에서 가장 중요한 것이 무엇인지 이야기해달라고 어떤 우호적인 사람이 예수에게 요청했다. 예수는 그 질문에 대해, 온 마음과 영혼과 온 힘을 다해 신을 사랑하는 것이라고 대답했다. 그것이 첫 번째 계명이었다. 두 번째 계명은 당신의 이웃을 자신을 사랑하는 것처럼 사랑하라는 것이었다. 그 말을 듣던 사람이 대답했다. 그렇습니다. 그런데 나의 이웃은 누구입니까? 그 물음에 대한 답으로 예수가 들려준 이야기가 착한 사마리아인Good Samaritan 비유였다.

어떤 사람이 도둑을 만나 옷을 빼앗기고 의식을 잃은 채 위험한 외딴길에 버려졌다. 한 제사장이 시종과 함께 그곳을 지나가게 되었다. 그들은 위험에 빠진 사람을 돕고자 하는 마음을 가진 착한 사람들이었지만, 그들의 종교가 그들의 행동을 막았다. 길 저편의 저 남자는 아마 이미 죽었을 것이다. 그들의 종교에 따르면, 죽은 자의 몸을 만지는 것은 자신을 더럽히는 일이다. 그리고 저 사람은 유대인이 사귀면 안 되는 민족일 수 있다. 그를 만졌다가는 자신들이 불결해질 수 있다. 그래서 그들은 그를 거기에 버려둔 채 반대편 길로 지나갔다. 그다음에 온 사람은 사마리아인이었고, 그들은 유대인들과의 사귐이 금지된 사람들 중 하나였다. 그의 종교에도 유대인들의 것과 동일한 금지 조항이 있었지만, 곤경에 처한 다른 사람을 보고 느낀 동정심이 그의 종교적 율법을 능가했다. 그는 그 사람을 도와서 생명을 구해주었다. 예수에 따르면, 이웃이란 여러분과 같은 종교를 믿는 누군가가 아니다. 이웃은 여러분의 도움을 필요로 하는 모든 사람이다. 신이 우리의 아버지이고, 우리가 그의 자녀라면, 누구든지 나의 이웃이요 나의 형제자매인 것이다.

이 비유의 표적을 놓치기가 쉽다. 마가복음에서, 안식일 이야기의 표적은 율법이었다. 마태복음에서, 산상수훈의 표적은 권력정치였다. 그리고 착한 사마리아인 이야기에서는, 종교가 표적이다. 예수가 말하고 있는 핵심은 이렇다. 신을 대표represent한다고 주장하는 제도는 너무나 쉽게 신의 가장 큰 적enemy이 될 수 있다. 왜냐하면, 그것은 자신이 정한 규칙을 신의 사랑보다 더 높게 평가하기 때문이다. 성직자들이 예수를 미워하고, 그를 고발하는 사건을 만들어내기 시작했다는 것은 전혀 놀랍지 않다. 예수를 심문하는 조서는 계속 이어졌다. 이제 그들이 예수를 체포하러 오는 것은 단지 시간문제였다.

예수는 제자들에게 기도 하나를 가르쳐주었다. 그 기도는 매우 짧았지만 그가 제자들에게 가르쳤던 모든 것을 담고 있었다. '하늘에 계신 우리 아버지여, 그 뜻이 하늘에서 이루어진 것과 같이 땅에서도 이루어지게 하소서'로 시작한다. 이 기도는 너무 오랫동안 사용된 것이라서, 지금도 여전히 그 기도를 올리는 기독교인들에게조차 효력을 잃고 있다. 그러나 만일 여러분이 자신을 이 땅에서 이미 신을 모시고 있다고 생각하는 제사장이라면, 또는 여러분이 통제하기 힘든 식민지를 지배하려고 노력 중인 정치 지도자라고 생각한다면, 그 기도의 충격이 어떠할 것인지 충분히 상상할 수 있을 것이다. 그것은 도발적인 말이었다. 그것 때문에 살해당할 수 있을 만큼!

CHAPTER 20

예수, 로마로 가다

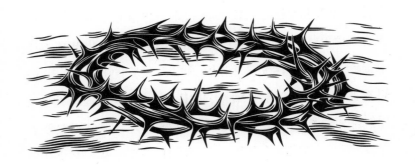

　그들은 한밤중에 예수를 잡으러 왔다. 비밀경찰은 항상 그 시간에 온다. 도시가 잠잠하고 사람의 활동성이 가장 낮아져 있을 때, 그들은 공격한다. 예수 제자들 중 한 사람이 그들을 인도하여, 한 개인의 집에서 예수를 체포했다.

　예수는 상징적 몸짓의 달인이었다. 예수가 정신의 해방운동을 시작했을 때, 그는 유대인들의 가나안 입성을 충실히 모방했다. 성서가 전해주는 것에 따르면, 이집트를 탈출하여 약속의 땅으로 가기 위해 분투했던 유대인들은 '이스라엘의 12부족'으로 알려진 12개 지파로 나뉘어 있었다. 그래서 예수는 자신이 이끌어갈 특별한 활동을 도와줄 제자로 열두 명을 선택했다. 예수는 그들을 사도apostles라고 불렀으며, 그것은 그리스어로 메신저를 의미한다. 그들이 전할 메시지는 평화의 하느님 나라가 가까웠다는 복음good news이었다.

그러나 그 사도들은 그다지 인상적인 무리가 아니었다. 그중 가장 유명한 베드로와 유다가 실패자로 판명되었다. 베드로는 따뜻한 사람이지만 정신력이 약했다. 그래서 그는 예수가 체포된 후 그를 버렸다. 그리고 경찰을 예수가 숨어 있던 곳으로 인도한 자는 유다였다. 그가 왜 그런 짓을 했는지는 분명하지 않다. 제사장들은 그에게 배신의 대가로 은 30냥을 지불했다고 하지만, 유다가 돈 때문에 그런 일을 한 것 같지는 않다. 아마도 그는 예수가 자신이 기대했던 종류의 메시아가 아니라는 사실에 실망했을 것이다. 예수는 이스라엘의 가난하고 억압받는 사람들 사이에서 엄청난 추종자를 획득했다. 그러나 그는 로마에 대항하여 칼을 들지 않았다. 하지만, 어떤 자극이 있다면, 예수는 약속된 왕국을 실현하기 위해 그의 추종자들이 무기를 들도록 촉구하지 않을까? 그것이 유다의 동기였을까? 우리는 모른다. 아마 유다 자신도 몰랐을 것이다. 겟세마네 동산에서 예수가 체포된 후 예수에게 일어난 일로 인해 유다는 절망하여 스스로 목을 매달았다고 마태는 전해준다. 자신의 행동을 돌이키기에는 너무 늦었던 것이다. 그때 예수는 로마 병사들의 손안에 있었다.

로마 병사들 역시 상징적 몸짓의 달인이었다. 당국이 예수에게 십자가 처형을 선고한 후, 병사들은 예수의 머리에 가시 왕관을 눌러 씌우고 낡은 황제의 자색 외투를 입혔다. 처형 장소로 끌고 갈 때는, '만세, 유대의 왕이여!'라며 그를 조롱했다. 죄인을 십자가에 매달고 천천히 찔러 죽이는 십자가 처형은 로마에서 가장 잔혹한 벌이었다. 그 희생자들은 죽음에 이르기까지 며칠간 매달려 있기도 했다. 기원전 73년에 스파르타쿠스가 로마에 대항하여 노예들의 반란을 주도했을 때, 그 반란은 무자비하게 진압되었다. 진압이 끝나자, 로마 장군 크라수스Crassus는 반역자 6,000명을 십자가에 처형하고 로마로 들어가는 대로 중 하나에 그들을 몇 달동안 매달아두었다. 예수의 경우는 훨씬 빨랐다. 그는 십자가 위에서 여섯 시간 만에 죽음에 이르렀다. 아마도 예수를 체포한 후 너무 심하게 채찍질해서 나무에 못 박을 때에는 이미 거의 반은 죽어 있었기 때문일 것이다.

거기에 매달려 있는 동안 그는 무슨 생각을 하고 있었을까? 그는 신이 그에게 들려준 말에 속은 것이었을까? 아니면 그는 자신의 죽음을 신의 계획의 일부로 받아들였을까? 두 가지 제안이 모두 제기되었다. 하나의 제안에 따르면, 예수는 당국에 대한 자신의 도전이 최고의 위험에 이른 순간 신이 행동할 것으로 확신하고 있었다고 한다. 그것은 유다가 예수가 행동하도록 억지로 밀어붙여보려 했던 것과 다르지 않다. 예수는 신이 행동하도록 억지로 밀어붙여보려 했던 것일까? 그는 이 땅 어디에서도 존재한 적이 없었던 왕국을 선포하고, 그것 때문에 죽을 준비를 하고 있었던 것일까? 신이 불쑥 역사 안으로 밀고 들어와 이 세상 지배자들의 판을 뒤집어버릴까? 만약 그것이 예수가 기대했던 것이라면, 그런 일은 일어나지 않았다. 로마로부터의 구출 사건은 없었다. 신이 불쑥 역사 속으로 들어와서 그 고통에 종말을 가져오는 일은 결코 일어나지 않았다. 단지 십자가와 그 위에서의 죽음만이 확실한 일이었다. 그는 무엇을 얻은 것일까? 아무것도 얻지 못했다! 마가는 우리에게 전해준다. 예수는 마지막 숨을 거두기 전에 절망 속에서 '나의 하나님, 나의 하나님, 어찌하여 나를 버리셨습니까[엘리 엘리 라마 사박다니]?'라고 외쳤다고 한다.

다른 복음서 저자들은 예수의 십자가 처형에 대해 다르게 말했다. 예수는 언제나 자신을 통제하고 있었다고 한다. 그의 죽음은 처음부터 신의 계획의 일부였다. 예수는 그것이 신과의 거래의 일부였음을 알고 있었다. 그리고 요한복음이 기록될 즈음 이것은 정설이 되어 있었다. 요한복음에 나오는 예수의 마지막 말은 마가복음에 보이는 절망에 찬 외침이 아니라 승리의 함성이다. '다 이루었다!'

예수를 따르는 사람들 중에서, 그다음에 일어날 일을 예상한 사람은 아무도 없었던 것 같다. 충성스런 작은 무리의 여성들 외에는, 그들 모두 경찰이 예수를 잡으러 왔을 때 예수를 버렸다. 그들은 자신들이 다음 차례가 될까봐 두려웠다. 그리고 그들은, 동이 틀 때까지 절망 속에서, 문을 두드리는 소리가 나기를 기다렸다. 그러나 문을 두드리는 소리는 들리지 않았다. 하지만 무엇인가가 와서 그들을 놀라게 했다. 그들을 찾아온 사람은 예수였다. 그러나 그들은 자기들이 어떻게 그것을 알게 되었는지 정확하게 말할 수 없었다. '고린도 사람들에게 보낸 편지'에서 바울은 그것에 관한 놀라움을 모두 묘사했다. 그리고 그는 모습을 나타낸 예수를 보았던 사람들의 이름을 목록에 담았다. 그리고 가장 마지막으로 나에게 나타났다고 바울은 말한다. 여기서 우리는 다마스쿠스로 향하던 바울에게 일어났던 일로 돌아가게 된다. 그것은 사도들을 놀라게 한 다음에 일어난 두 번째의 놀라운 사건이었다.

예수의 출현은 베드로와 다른 사도들을 대담하게 만들었다. 그들은 예수가 체포된 이후 흩어졌지만, 이제는 다시 돌아와 함께 있게 되었고 베드로는 더욱 큰 용기를 보여주었다. 비록 미래가 어떻게 전개될지 확신하지 못했지만, 그들은 친한 유대인들에게 자신들에게 일어난 일을 알리기 시작했다. 그 대담함은 더욱 커져, 비록 예수는 성서에 기록된 것처럼 비참한 죽음을 당했지만, 그가 바로 약속된 메시아였다는 자신들의 믿음을 반복해서 전했다. 예수가 거듭 출현한 사건들이 그 증거였다.

그럼 이제 진행되고 있다고 그들이 믿었던 새로운 왕국의 시간표는 어떤 것이었을까? 그것은 더 이상 지체될 수 없다고 그들은 생각했다. 그들은 살아서 그날을 보게 될 것이다. 그리고 이번에는 실수가 없을 것이다. 예수가 최종적으로 돌아올 때에는, 그가 사후에 몇 번 출현했던 것처럼, 그렇게 비밀스럽게 나타나지 않을 것이다. 다음에 나타날 때 그의 왕국은 완벽한 장엄함을 보여줄 것이다. 바울은 그것을 표현할 최고의 방법을 찾아냈다. 그는 죽은 예수 부활은 곧 거두게 될 거대한 추수의 첫 번째 다발이라고 시적으로 표현했다.

예수의 원래 제자들은 바울을 어떻게 판단해야 할지 여전히 확신하지 못하고 있었다. 최대의 박해자였던 사울이, 지금은 바울로 이름을 바꾸고, 이제는 누구보다 그들을 화나게 만드는 성가신 존재가 되어 있었다. 그들은 바울의 개종이 던져준 충격을 극복한 후, 자신이 '사도apostle'라고 불려야 한다는 바울의 주장을 받아들였다. 다마스쿠스로 가는 길에 예수가 그를 그렇게 '불렀다'고 바울이 주장했기 때문이다. 그러나 바울은 여전히 다루기 힘든 사람이었다. 예수와 마찬가지로 제자들은 유대인이었고, 그들은 그렇게 가기를 원했다. 예수의 재림이 어떤 형태든, 또 그것이 언제 일어나든, 신성한 도시 예루살렘에서 그 일이 일어날 것이라고 확신했다. 그래서 그들은 그 자리에 앉아서 예수를 기다리고 싶어 했다. 그들은 예루살렘에 남아서 예수가 메시아로서 곧 다시 돌아올 것이라는 소식을 오직 자기 민족인 유대인들을 상대로 전하려고 했던 것이다.

그러나 바울은 '아니다!'라고 우레처럼 소리쳤다. 여러분은 신이 옛 계약을 파기하고 새로운 계약을 체결했다는 사실을 깨닫지 못하는가? 옛것은 영광스러운 목적을 가지고 있었다. 그러나 그것은 끝났다. 그것은 마치 어린이가 학교에 가야 하는 것과 같다. 어린이가 학교에 가는 것은 대단히 중요한 일이다. 그러나 어른이 되면 학교에 가는 일이 끝난다. 이제 다른 일이 기다리고 있다. 그리고 새로운 계약은 단지 유대인만을 위한 것이 아니라 모든 사람을 위한 것이다. 그것은 세계 전체를 위한 것이다.

단지 수동적으로 예루살렘에 옹기종기 모여 예수의 재림을 기다려서는 안 된다. 바울은 그렇게 주장했다. 세상을 향해 바깥으로 나가야 한다. 유대인만이 예수를 따라야 하는 것이 아니다. 세상 사람들에게 그 사실을 알려주어야 한다. 물론 유대인으로서 지켜야 할 것들은 진실하게 지켜나가야 한다. 그것은 유대인의 유산이기 때문이다. 그러나 이방인들gentiles이 예수를 따르길 원한다면, 유대인이 신의 자녀임을 표하기 위해 실행해온 할례circumcision를 그들도 받아야 한다고 말할 것인가? 그것은 그때의 일이었다. 그러나 현재의 일은 다르다. 필요한 것은 표피의 할례가 아니라 마음의 할례circumcision of the heart다. *정신적spiritual* 할례! 이방인들은 자신들의 옛 생활 방식으로부터 벗어나 예수의 정신 안에서 살기 시작해야 한다. 그리고 우리에게는 그 메시지를 알릴 시간이 그다지 많지 않다. 그분은 우리가 생각하는 것보다 일찍 돌아올 것이다. 그 메시지를 아직 듣지 못한 사람들이 벌써 죽어가고 있다. 지체할 시간이 없으니, 서둘러야 한다.

계속해서 바울은 그들에게 열정적으로 다가갔고, 그들의 방어를 누그러뜨렸다. 그러나 그들은 바울에게 완전히 항복하지 않았다. 그들은 하나의 타협점을 찾아 매듭을 지었다. 예수의 본래 추종자들은 예루살렘에 남기로 했다. 그들은 그곳에서 예수의 재림을 기다리기로 했다. 그리고 그들은 유대의 모든 관습과 전통을 성실하게 지키고자 했다. 그들은 모든 것을 빠짐없이 일체로 지키고자 했다. 그러나 바울은 이방인들에게로 가서 예수에 대해 전할 수 있다. 바울이 개종시킨 자는 누구라도 유대교의 전통을 지키라고 요구받지 않을 것이었다. 그리고 바울은 정말로 떠나갔다. 바울은 지중해의 동쪽 끝에 있는 로마의 여러 지방을 돌며 많은 이교도들을 예수의 신앙으로 개종시키고, 가는 곳마다 교회를 세우는 일에 온 힘을 쏟았다.

그것이 바로 기독교의 진짜 창설자는 예수가 아니라 바울이라고 말하는 이유다. 바울이 없었다면 예수운동은 유대교 안에서 생겼던 또 하나의 메시아 분파로 끝나고 말았을지 모른다. 예수운동을 역사 속으로 가져온 사람은 바울이었다. 실제로, 그는 언제나 예수와 함께 다녔다. 그는 예수를 설교했다. 다마스쿠스로 가는 길에서 그가 만났던 그 예수! 세상에 대한 신의 사랑이라는 복음good news을 드러내 보여주었던 그 예수! 곧 다시 돌아올 그 예수! 그래서 허비할 시간이 없다. 그러나 예수는 돌아오지 않았다. 예수는 아직도 돌아오지 않고 있다. 그러나 그가 언젠가 돌아올 것이라는 기대는 결코 사라진 적이 없다. 오늘날까지도 '그는 영광 가운데 다시 돌아와, 산 자와 죽은 자를 모두 심판할 것이다'라는 것이 기독교의 공식 신조 중 일부로 자리 잡고 있다.

바울은 다른 사도들로부터 마지못해 하는 존경을 얻었고 이방인들에게 전도하여 교회를 세우라는 격려를 받았다. 그것은 유대교에 대한 당국이 명령한 일과는 다른 것이었다. 유대교 당국은 가장 강력한 기독교 박해자를 잃었다. 그들이 바울을 임명한 이유는 그들의 적을 없애기 위해서였는데, 바울은 임명자를 배신하고 적들과 내통했던 것이다. 그리고 이제는 바울이 적이 되었다. 그래서 그들은 바울을 다마스쿠스 길로 내몰았을 때와 동일한 강도로 바울을 추격했다. 그는 거듭해서 체포되고 벌을 받았다. 채찍으로 39회를 때리는 공식 형벌을 다섯 차례나 받았다. 곤장을 맞는 일이 세 번 있었다. 돌로 치는 형벌도 한 차례 받았다. 마침내, 그는 더 이상 참을 수 없어서 로마 당국에 호소했다. 바울은 어쨌든 로마의 시민이었고, 예수의 복음을 전파하는 자신에게 가해진 부당한 공격에 대해 정당한 재판을 요구했다.

로마 당국은 마침내 로마 시민으로서의 바울의 요구가 합법적임을 인정했고, 재판을 위해 그를 로마로 데려갔다. 그들은 바울이 로마에 도착하자, 그를 연금 상태에 두었다. 그러나 바울은 예수에 대한 자신의 신앙을 사람들에게 전하는 일을 멈추지 않았다. 바울은 비록 감옥에 갇혀 있었지만, 그럼에도 자기의 신념에 따라 신앙을 전하는 일을 멈출 사람이 아니었다. 이제 기독교가 로마에 도착했다. 그 일은 감시망을 피해 조용히 이루어졌다. 작은 몸집에 휜 다리를 가진 강렬한 눈빛의 사나이가 로마 제국의 수도에 거주지를 잡게 되면서.

까치발로 살금살금 이루어진 사건들이 종종 세상을 바꾸어 놓는다. 이 사건은 그런 일들 중 하나였다. 그리고 이 일은 역사의 진로를 바꾸게 된다.

CHAPTER 21

교회, 권력을 획득하다

아마도 로마에는 바울이 도착하기 전에도 기독교인이 존재하고 있었을 것이다. 제국으로 이어진 도로와 바닷길은 군대뿐 아니라 사상 혹은 이념ideas의 통행을 자극했고, 그래서 기독교인들은 이미 로마 세계의 수도에서 자리를 잡고 있었던 것으로 보인다. 그러나 그들은 그다지 주목받지는 않았을 것이다. 바울은 초기 기독교인들이 멸시받고 주목받지 못하는 사람들, 이스라엘에서 예수를 추종하여 박해받던 사람들 정도로 묘사했다. 그리고 그들 중에는 노예도 있었을 것이다. 노예는 말이나 말을 기르는 마구간처럼 주인이 소유하는 인간 재산이었다. 노예제는 삶의 보편적인 현실이었다. 성서조차도 그것을 당연시했다. 그것은 물의 축축함과 모래의 건조함처럼 사물이 존재하는 방식이었다. 바울이 로마에서 감금 중에 개종시켰던 사람들 중 한 사람인 오네시무스Onesimus는 주인에게 강도질하고 도시로 도망친 노예였다. 바울은 그를 사랑하면서도 그를 노예 신분에서 구하려고 하지는 않았다. 바울은 그를 마치 분실된 지갑을 주인에게 돌려주듯 그의 주인 빌레몬Philemon에게 돌려보냈다. 그리고 이제는 그가 기독교인이 되었으니 친절하게 대해주라고 간곡한 부탁을 덧붙일 뿐이었다.

왜 바울은 보편적 사랑을 전하는 기독교의 메시지와 모순되는 노예제에 도전하지 않았을까? 노예를 되찾았으니 그에게 친절하게 대해달라고 빌레몬에게 부탁하는 대신에, 그 노예를 자유롭게 놓아주라고 왜 설득하지 않았을까? 아마도 세상이 그대로 오래가지는 않을 것이라고 기대했기 때문일 것이다. 예수가 곧 돌아와 정의와 사랑의 하느님 나라를 불러올 것인데, 왜 곧 사라지게 될 구조에 어설프게 손을 대겠는가? 곧 집을 허물려 하고 있는 사람은 하수구를 고치는 데 시간을 쓰지 않는 것과 같다. 이것은 초기 그리스도인들이 이 세상에서의 삶을 완전히 편하게 느끼지 않았던 것 같다는 말이다. 그리고 세상이 곧 끝날 것이라는 그들의 희망 때문에, 로마인들은 그들을 수상쩍게 보게 되었다. 그것은 기독교인들이 인간을 혐오한다는 인상을 주었다. 그러나 로마 당국은 기독교인들에게서 무언가 다른 것이 있다는 사실을 알아챈 후, 그들을 분노의 표적으로 삼기 시작했다.

향은 나무의 수지樹脂에 향기로운 약초를 섞은 것으로, 태우면 달콤한 냄새의 연기를 뿜는다. 고대 종교에서는 신에게 향을 태우는 것이 일반적인 봉헌devotion의 방식이었다. 아마도 그들은 금속 화로에서 연기가 올라가면 그 향긋함이 천상의 신을 기쁘게 하여 신의 인정을 얻게 된다고 생각했을 것이다. 로마인들은 자기 백성들이, 신에게 경배할 때와 똑같이, 황제의 초상 밑에 놓인 화로에 향 몇 알을 떨어뜨려줄 것을 요구했다. 국기 앞에서 경례를 드리고 국가가 울려 퍼질 때 일어서는 것처럼, 그 행동은 충성심을 테스트하는 방법이었다. 그들이 실제로 왕을 신이라고 믿었는지는 의심스럽지만, 그 관행은 확실히 그런 믿음을 함축하고 있었다. 그것은 기독교인들에게는 지나친 요구였다. 그들은 물론 황제의 충성스러운 백성이었지만 신에게 봉헌하듯 그에게 향을 태울 수는 없다고 저항했다.

로마 당국은 권력 유지를 위해 그것을 요구했다. 기독교인들은 황제에게 바치는 향불을 고집스럽게 거부하는데다가 세상에 종말을 불러올 음모를 기도한다는 소문에 시달렸다. 그리고 다음 몇 세기 후에 종지부를 찍게 될 길고 긴 기독교 박해가 시작되었다. 첫 번째 박해는 네로Nero가 황제가 된 64년에 시작되었다. 끔찍한 화재가 로마에서 발생했다. 황제가 자기 궁전으로 가는 길을 확장하기 위해 그 불을 놓았다는 소문이 떠돌았다. 그리고 네로는 발코니 위에 서서 발아래로 도시가 불타고 있는 가운데 현악기를 켜며 서 있었다는 말도 들렸다.

그러나 그런 행동이 자신을 위험에 빠뜨리고 있다는 사실에 놀란 네로는 모든 책임을 기독교인들에게 뒤집어씌웠다. 기독교인들이 얼마나 황제를 증오하며 세상의 종말을 원하는지 모든 사람이 알고 있었다. 따라서 그들은 유죄였다. 그리고 추악한 박해가 일어났다. 네로는 기독교인 몇 사람을 기름으로 덮어씌우고 마치 궁전 정원의 양초를 태우듯 태웠다는 보고가 있다. 확신할 수는 없지만, 바울은 교회에 대한 이 최초의 공식적인 박해 동안에 참수되었던 것 같다. 그리고 베드로 사도가 그 당시 로마에 있었고, 그 역시 그때 처형당했다는 전승이 있다. 전설에 따르면, 베드로는 로마 당국이 예수를 체포했을 때, 자기가 예수를 버렸기 때문에, 자기도 십자가에 거꾸로 매달아 처형해달라고 요청했다고 한다.

이런 반복되는 박해가 기독교의 확장을 결코 늦추지는 못했다. 상황은 오히려 반대로 흘러갔다. 권력이 승인하지 않는 어떤 일을 막으려고 할 때면 종종 그런 사태가 발생하는 것이다. 기독교인들은 순교자들의 피가 교회의 씨앗이 된다고 주장했다. 그리고 다음 2세기 반에 걸쳐 교회는 제국 전역으로 확대되었다. 이야기를 더 해나가기 전에, 교회Church라는 단어가 갖는 두 가지 의미에 주목할 필요가 있다. 이것은 '집회' 또는 사람들의 '모임'을 의미하는 그리스어 단어의 번역어다. 따라서 기독교 교회Christian Church는 그리스도를 따르는 사람들의 모임을 의미한다. 나중에는 기독교인들이 모였던 건물을 교회라고 부르게 된다. 그런 의미의 차이를 표시하는 최선의 방법은 사람들의 모임 또는 집회에는 대문자 'C'를 사용하여 Church라고 쓰는 것이다. 소문자 'c'를 쓴 church는 그들이 만나는 건물을 의미한다.[우리말에서는 그 두 경우 모두 '교회'라고 옮긴다. 필요에 따라 Church는 기독교인(들)이라고 하거나 뒤에 'Church'

박해자를 피해 다니지 않게 되면서, 기독교인들은 자신들의 신앙을 두고 서로 논쟁하면서 많은 시간을 보냈다. 우리가 이미 살펴본 것처럼, 교회Church의 첫 번째 논쟁은 기독교로 개종한 이방인들에게 유대교 율법 준수를 요구할 것인가를 둘러싸고 일어났다. 바울이 그 논쟁에서 승리하면서, 교회는 유대교의 범위를 벗어나 확장될 수 있는 기반을 마련했다. 그것은 앞으로 발생할 보다 더 복잡한 논쟁의 전초전에 불과했다. 그다음에 발생한 큰 논쟁은 예수가 누구였냐는 문제를 둘러싼 것이었다. 그들은 예수가 인간이었다는 사실을 알고 있었다. 그는 나사렛 출신이라는 사실도 알고 있었다. 그가 예루살렘에서 죽었다는 사실도 알고 있었다. 그리고 그는 신의 사랑하는 아들이라고 불렸다는 사실도 알고 있었다. 그러나 어떻게 '인간man'이 동시에 '신의 아들God's son'일 수 있는가? 바울은 이 문제를 신이 예수를 '신의 아들로' 입양했다adopted는 말로 정리했다. 그렇다면 그가 신의 아들이 아니었던 적이 있었다는 것을 의미하는가? 다른 사람들은 바울의 해결 방식이 마음에 들지 않았다. 그래서 그들은 다른 방식의 해결을 추구했다. 예수는 언제나 '신의 아들Son of God'이었지만, 기원전 4년경에 신의 자녀들을 구원하기 위해 은밀하게 세상 안으로 들어왔던 것이다. 그리고 예수는 다시 신성Godhead으로 되돌아가기 전에 33년 동안 '인간으로서의 삶as human life'을 살았던 것이다. 따라서 예수는 '완전한 신fully God'인 동시에 '완전한 인간fully man'이었다. 그러나 그 모든 일이 정확하게 어떻게 가능했을까?

그들은 이 문제에 대해 여러 세기에 걸쳐 논쟁했고, 경쟁 진영과 분파를 만들어냈다.

물론 그들이 예수의 신성에 대한 논쟁만 벌였던 것은 아니다. 그들은 가난한 사람들을 돌보았다. 로마 제국의 행정 시스템을 모방하여 자신들의 구조를 효율적으로 조직했다. 그들은 신자 집단 전부를 지역 단위로 쪼개어 교구dioceses라고 부르고, 각 교구에는 관리자에 해당하는 주교bishops를 임명했다. 주교 아래에는 지역 신도들을 돌보는 사제들priests이 있었다. 그리고 그 아래에는, 세 번째 연결 고리로서, 가난하고 빈궁한 사람들을 돌보는 부제deacons라고 불리는 복지 담당관을 두었다. 그것은 효율적인 조직이었고 순조롭게 굴러갔다. 로마와 같은 대도시의 주교는 곧 중요한 인물이 되었고, 제국 당국의 눈에조차 그렇게 비쳤다. 박해는 수시로 계속되었지만, 그로 인해 기독교인들은 더욱 강해졌다. 그리고 마침내 최후의 박해는 새롭고 놀라운 아침을 맞는 전야로 변했다.

기독교 교회가 경이적으로 통일된 조직으로 자신을 세워가는 동안, 로마 제국은 반대 방향으로 가고 있었다. 스스로를 분열시켜가고 있었던 것이다. 군대는 변경을 공격하는 침입자들로부터 제국을 지키는 대신에 내부 싸움에 더 많은 시간을 보냈다. 그러나 때로는 강한 지도자가 나타나 제국의 몰락을 막아보려고 애썼다. 가장 강력한 지도자 중에 디오클레티아누스Diocletianus가 있었다. 그는 284년에 황제가 되었다. 제국을 통합하려는 시도로 기독교 교회에 대한 최후이자 가장 잔혹한 박해를 시작했다. 자신의 목적을 이룬다는 관점에서 보면, 교회는 동맹자가 아니라 경쟁자였기 때문이다. 본격적인 공포는 303년에 시작되었고, 그것이 지속되는 동안 끔찍한 일이 계속 일어났다. 그러나 그것은 이전의 그 어떤 박해보다 성공적이지 못했다. 그리고 10년이 채 지나지 않아 상황은 역전되었고, 교회와 제국은 하나가 되었다.

305년에 디오클레티아누스는 병이 들어 황제 자리에서 물러났다. 곧이어 제국의 황제 자리를 놓고 유력한 경쟁자들이 전쟁에 돌입했다. 그들 중 가장 계산에 밝고 능력 있는 인물이 콘스탄티누스Constantinus였다. 312년, 누가 황제가 될지를 결정하게 될 로마의 외곽 전투 전날 밤, 천막 안에서 자고 있던 콘스탄티누스는 아주 생생한 꿈을 하나 꾸었다. 꿈속에서 그는 기독교의 상징인 십자가가 자기 앞에서 불타고 있는 것을 보았으며 '이 표식을 가지고 정복하라!'라고 명령하는 목소리를 들었다.

다음 날 아침 그는 십자가로 장식된 휘장을 만들고, 그 휘장을 앞세워 전투에 나섰다. 그리고 경쟁자를 무찔렀다. 그다음 해인 313년, 그는 기독교인을 박해하는 칙령을 폐지하고 제국 전역에 걸쳐 무한한 종교의 자유를 허락했다. 315년에는 기독교인들이 그렇게 혐오했던 십자가 처형을 철폐했다. 그리고 324년까지는, 다른 종교들도 여전히 인정한 가운데, 기독교를 제국의 '공식적인 종교official religion'로 확정했다. 기독교는 20년 만에 박해받는 떠돌이 종교에서 황제가 선호하는 종교로 놀라운 역전승을 거둔 것이다.

그러나 콘스탄티누스의 입장 변화를 예수에 대한 믿음에 의해 발생한 정신적 개종이라고 본다면, 그것은 순진한 판단이다. 그는 기독교가 자신의 제국을 하나로 묶어주는 접착제glue가 될 수 있다고 판단한 계산에 밝은 정치가였다. 그는 기독교가 '보편 제국에 각인되어 있는 보편교회'가 될 수 있을 것이라고 계산했던 것이다. 그러나 콘스탄티누스는 예수 그리스도의 본성이 신인가 인간인가를 둘러싸고 교회 자체가 경쟁적인 당파로 나뉘어 경쟁한다는 사실 때문에 골머리를 앓았다. 그 논쟁의 해결은 아주 사소한 세부 사항이라고 할 수 있는, 실제로는 그리스어의 철자 'i', 즉 'iota' 문제를 두고 논쟁하는 단계로까지 나아가 있었다. 콘스탄티누스는 본인이 직접 나서서 이런 논쟁과 갈등을 해결하기로 결심했다. 그리고 그는 주교와 신학자들을 오늘날 터키에 있는 도시 니케아Nicaea로 소환했다. 황제는 그들을 방 하나에 몰아넣어 문을 잠그고 그 문제를 해결하지 못하면 풀어주지 않겠다고 협박했다. 'iota'는 받아들여졌을까, 아니면 거부되었을까? 이 모임에서는 'iota'에 반대하는 것으로 결정이 나면서 논쟁의 중심에 있던 그 철자를 단어에서 삭제했다.(homoi → homo) 그리고 논쟁은 끝이 났다. 마침내 예수 그리스도는 '완전한 신'이자 '완전한 인간'이라는 '이중 본성double nature'을 가진 것으로 결정되었다.

이런 결과에 대해 대단히 만족한 콘스탄티누스는 본인이 주관하는 황실 연회에 주교들을 초청했다. 그는 경비병들에게 문밖에서 궁전 입구까지 칼을 뽑아들고 정렬하라고 명령했다. 주교들은 황제의 호화로운 방으로 근엄하게 줄지어 행진해 들어갔다. 그리고 연회장을 둘러싸고 멋지게 배치된 안락의자에 앉아서 화려한 만찬을 대접받았다. 어느 주교는 기쁨에 몸을 떨면서, 이날은 이 땅에 그리스도의 왕국이 실현된 날이라고 기록했다. 그러나 예수가 그 자리에 있었다면, 그것이 자신의 왕국이라는 사실을 알아보지 못했을 것이다. 예수를 십자가에 매달아 처형했던 바로 그 권력이 이제는 자기들의 목적을 이루기 위해 예수를 다시 채용하기로 결정했던 것이다.

역사가들은 이 사건을 교회 박해자들에 대한 교회의 최후 승리이자 유럽 역사에 있어서 교회의 오랜 지배의 기점이라고 평가했다. 그때 교회는 자신을 스스로 가톨릭교회Catholic Church(보편교회)라고 불렀다. 왜냐하면 교회가 로마 제국 전역에 퍼져 있었기 때문이다. 제국의 힘이 기울어지면서 교회의 힘은 오히려 증대되었다. 교회 권력의 상승은 교회가 지상에서 가장 강력한 기구가 되어 지상의 왕들이 그 권위 앞에서 아첨하는 단계에 이를 때까지 계속되었다. 교회와 정치권력 세계의 협력은 기독교 왕국Christendom, 또는 그리스도 제국Christ's Realm이라는 명칭으로 알려지게 된다. 그리고 전성기의 기독교 왕국은 너무나 강력해졌다. 그 결과, 그 왕국을 뒤덮고 있던 영광의 구름을 뚫고, 원래 그 모든 것의 출발점이 되었던 피 흘리는 갈릴리 시골뜨기를 찾는 것은 '거의' 불가능해졌다. 그러나 완전히 불가능해진 것은 아니었다. 이제 예수의 머리 위에 놓이게 된 것은 진짜 왕관이었다. 그리고 그의 몸을 감싸고 있는 것은 진짜 황제의 자색 망토였다. 그러나 그럼에도 불구하고, 신약성서에 기록된 또 다른 모습을 가진 예수는 예배에 참석하는 기독교인들의 귀에 대고 속삭였다. 예수는 다시 돌아오겠다는 약속을 지키지 않았다. 그러나 예수가 한 번도 우리 곁을 떠난 적이 없기 때문이라고 생각하는 사람들이 교회Church에는 항상 있었던 것이다.

기독교 이야기는 여기서 끝이 나지 않는다. 기독교의 위대한 시대가 앞으로 오기로 되어 있었다. 그러나 그 이야기는 잠시 내려놓고, 다음 몇 챕터에서는 자신의 선조를 아브라함이라고 주장하는 또 하나의 종교인 이슬람의 발흥에 대해 살펴보기로 하자.

CHAPTER 22

마지막 예언자

아브라함을 자기들의 조상이라고 주장하는 종교는 셋이 있다. 그리고 그런 주장을 이해하는 데에는 두 가지 길이 있을 수 있다. 하나는 그것을 정신적 계보의 한 형태라고 이해하는 것이다. 아브라함은 자신이 믿던 일신교Monotheism를 유대인들에게 전했고, 그것은 유대인을 통해 다시 기독교인들에게 전해졌다. 그리고 7세기에 이슬람이 등장했다. 이슬람은, 앞의 두 종교가 일신교의 정신을 희미하게 만들었기 때문에, 일신교를 재생해야 한다고 주장했다. 다른 하나는 아브라함에게서 전해진 계보를 물리적인 의미로 이해하는 것이다. 아브라함의 큰아들인 이삭Isaac은 이스라엘의 조상이며, 유대인과 기독교인은 거기에서 자신들의 혈통이 시작되었다고 생각한다. 그러나 아브라함에게는 또 다른 아들이 있었다. 그리고 거기서부터 하나의 이야기가 시작된다.

아브라함에게는 두 명의 아내가 있었다. 사라Sarah와 사라의 이집트인 하녀 하갈Hagar이다. 사라는 하갈을 질투했다. 사라는 아브라함이 하갈의 아들 이스마엘Ishmael을 자신의 상속자로 지정할까봐 두려워했던 것이다. 결국 사라는 아브라함을 설득하여 그 두 사람을 내쫓았다. 어린 아들을 데리고 사막을 방황하던 하갈은 홍해에서 멀지 않은 어느 바위에 앉아 흐느껴 울었다. 하갈은 너무나 슬펐고 불행하다고 느꼈다. 그러나 이스마엘은 슬프지도 않았고 불행하다고 느끼지도 않았다. 그는 화가 나 있었다. 너무도 화가 나 있었다. 화가 난 이스마엘은, 이슬람 전통에 따라, 모래를 걷어차기 시작했다. 어찌나 세게 찼던지 사막 안의 녹색 지점, 즉 오아시스에서 발견되곤 하는 샘물이 발밑에서 드러났다. 아브라함은 이스마엘이 발로 걷어차서 오아시스의 샘물을 발견했다는 말을 듣고, 자기가 버린 아내와 아들을 찾아갔다. 그리고 그들의 목숨을 구해준 그 샘물 가까이에 사원을 세우고 거기에 신성한 검은 돌을 놓았다. 그리고 거기서부터 또 다른 이야기가 시작된다.

유대인의 성경 첫머리의 창세기Genesis는 최초의 남자인 아담Adam에게 이브Eve라는 이름을 가진 아내가 있었다고 말해준다. 아담과 이브는 아무런 부족함도 없는 멋진 장소인 에덴동산에서 살았다. 그러나 신God은 그들이 모든 과일나무 중에 단 하나, 선악에 대한 지식을 알려주는 나무의 열매를 따 먹는 것을 금지했다. 아담과 이브는 변함없는 순수한 삶을 살았으며, 그들이 필요한 모든 것은 신이 채워주었다. 부모들은 때로 자기 아이들이 영원한 어린이로 남았으면 하고 생각한다. 그러나 아이들은 그렇게 생각하지 않는다. 얼른 빨리 자라서 스스로 선과 악을 구분하는 지식을 갖게 되기를 간절히 바란다. 아담과 이브 역시 그런 바람 때문에 금지된 나무의 과일을 먹고 만다. 그리고 그 순간 그들은 인생이 그렇게 단순하지 않다는 사실을 절실하게 알게 된다.

이렇게 아담과 이브는 순수함을 잃게 된다. 그리고 신은 그들을 세상으로 내보내 어른으로서의 복잡한 삶을 살아가도록 해주었다. 그러나 이 이야기에 대해 이슬람은 약간 다른 설명을 덧붙인다. 신은 그들이 에덴을 떠날 때 기념으로 무엇인가를 가져가도록 허락했다. 그것은 그들이 영원히 떠나게 될 장소, 그리고 그들이 영원히 함께하게 될 어떤 존재를 떠올리게 해주는 것이었다. 그들은 에덴은 잃었지만 신을 잃지는 않았다. 에덴의 문이 닫힌 후에도 신은 여전히 그들과 함께하게 될 것이었다. 그들이 가져간 것은 하늘에서 내려왔다고 하는 검은 돌이었다. 그 돌은 아브라함에게 유산으로 전해졌고, 아브라함은 그것을 이스마엘이 발견했던 오아시스에 세운 사원 카바Kaaba 안에 놓았다. 그 전설 속의 검은 돌Black Stone과 함께 카바 사원 주변에는 도시가 형성되었다. 그 도시의 이름은 메카Mecca였다.

메카(현재 사우디아라비아 소재)는 홍해 동쪽 아라비아의 중간 부분에 위치하고 있으며, 지구에서 가장 신비스럽고 매력적인 지역 중 하나였다. 아라비아는 길이가 약 1,900킬로미터, 폭은 약 2,100킬로미터, 서쪽으로는 홍해, 남쪽으로는 아라비아 해, 그리고 동쪽으로는 페르시아 만이 둘러싸고 있다. 아라비아 내부의 광대한 사막에는 유목 민족들 또는 호전적이고 독립적인 전사들이었던 베두인족이 살고 있었다. 창세기는 이스마엘을 '야생 당나귀, 그의 손은 모든 사람을 대항하고 모든 사람의 손은 그의 손을 대적하는 야생 당나귀'라고 묘사하면서, 그의 성격을 잘 보여주고 있다. 베두인족과 경쟁하는 사막의 부족들은 샘물과 오아시스의 지배권을 놓고 싸우고 부딪혔다. 그러나 그들 모두는 성지 메카를 경외하며 아담이 물려준 검은 돌에 입을 맞추고 이스마엘이 발견한 샘물의 물을 마시기 위해 카바로 성지 순례를 떠났다. 그들의 조상 아브라함은 열정적인 일신론자monotheist였지만, 그들 역시나 일신론자였다고는 말할 수 없다. 그들은 비록 알라Allah를 그들의 최고신High God으로 경배했지만 동시에 그들의 우상들을 사랑했고, 1년 내내 매일 다른 우상에게 제물을 바쳤다. 검은 돌에 입을 맞추고 성스러운 샘물의 물을 마시기 위해 카바를 찾아온 순례자들은 카바 주변에 늘어선 상점에서 우상을 구입했다. 그리고 그런 순례자들로부터 수입을 올리면서 풍족한 삶을 살았던 상인들의 상황도 다르지 않았다.

아브라함 역시 종교를 이용해서 사업을 하는 것이 얼마나 쉬운 일인지 알고 있었다. 아브라함은 우상을 만들어서 파는 가족 사업을 지켜보았고, 가난한 사람들로부터 마지막 한 푼까지 긁어내는 그 우상들을 사기라고 비난했다. 아브라함이 메카에서 벌어지고 있던 일을 목격했다면, 크게 실망하고 분노했을 것이다. 메카의 상인들은 영혼의 위안을 얻기 위해 메카를 찾아온 순례자들의 절박함을 이용하여 착취하고 있었다. 이런 일은 시대나 종교를 막론하고 성지라고 불리는 곳에서 항상 일어나게 마련이다. 절박한 사람에게 영혼의 위안을 파는 일은 언제나 쉬운 돈벌이가 된다. 예수는 예루살렘의 성직자들이 가난한 사람들을 이용하여 큰돈을 벌어들이는 것을 보고 분노했다. 예수가 예루살렘 신전에서 환전상의 판매대를 뒤집고, 그들이 신의 집House of God을 강도의 소굴로 만들어놓았다고 비난한 이유가 바로 그것이다. 570년 메카에서 태어난 한 남자 역시, 자신이 태어난 도시의 상인들이 아브라함의 일신교를 타락시키는 것을 보면서, 예수만큼이나 화를 냈다. 그의 이름은 무함마드Muhammad였다.

무함마드는 평탄치 않은 삶을 살았다. 그의 아버지는 무함마드가 태어나기도 전에 죽었고, 어머니는 그가 여섯 살 때 죽었다. 고아가 된 무함마드는 할아버지 손에서 자랐다. 그리고 성공한 사업가였던 삼촌 아부 탈립Abu Talib에게 입양되어, 그의 일을 돕는 낙타 몰이꾼이 되었다. 상품을 실은 낙타로 카라반 무역을 하는 것이 당시 아라비아 경제의 모습이었다. 그들은 북쪽으로는 시리아, 서쪽은 이집트와 팔레스타인, 그리고 동쪽으로는 페르시아까지 향수와 향신료를 실어 날랐고, 돌아오는 길에는 비단과 리넨을 싣고 집으로 돌아왔다. 예언자 이사야도 아라비아 남부의 셰바Sheba에서 예루살렘까지 금과 유향을 실어 나르는 낙타 무리에 대해 말해준 적이 있다. 무함마드는 예비 상인으로서 낙타 몰이꾼이 되었던 것이다.

그는 그 일을 빨리 배워나갔다. 그리고 그의 상인으로서의 능력과 신용이 널리 알려지게 되면서, 카디자Khadija라는 부유한 미망인에게 발탁되었고, 그녀가 운영하는 시리아행 카라반 하나를 책임지게 되었다. 그리고 595년 무함마드는 카디자와 결혼했다. 무함마드는 25세, 카디자는 40세 때였다. 그들은 여섯 자녀를 출산했다. 딸 넷과 아기 때 죽은 두 아들이었다. 그들 중에서 파티마Fatima가 가장 유명하다. 파티마는 나중에 알리Ali와 결혼했다. 그리고 무함마드의 손자인 하산Hasan과 후세인Husayn을 낳았다. 무함마드는 성공한 무역상이면서 정직함과 공정한 거래로 명성을 얻었다. 그리고 나중에는 일종의 공동체 지도자가 되었고, 공동체 안에서 일어난 분쟁이나 가족 간의 다툼을 해결하는 조정자역할을 했다. 하지만 그것이 무함마드가 가진 능력의 전부가 아니었다.

무함마드는 특별한 부류에 속하는 사람이었다. 그는 이 세상 안에서 혹은 세상 너머에서 끊임없이 의미와 목적을 찾으려고 노력하는 사람이었다. 그런 부류의 사람들은 인간 사회의 특징인 추악함과 불공정 때문에 고통을 겪는다. 그들은 힘든 인생을 살아가는 사람들이 현실 너머의 정신적 실재와 교감할 수 있도록 도와주는 종교적인 방식을 존중한다. 그러나 동시에 그들은 권력을 가진 자들이 자신들의 목적을 달성하기 위해 얼마나 교묘하게 종교를 이용하는지, 나아가 그것이 종교의 본래 목표인 인간의 행복과 얼마나 대립하는지도 잘 알고 있었다.

무함마드는 카바에서 발생하는 여러 종류의 종교적 소동을 경험하면서 혐오감을 느끼고 있었다. 그러던 그는 마흔 살쯤이 되면서 혼자서 기도하거나 명상하기 위해 메카 교외에 있는 동굴을 찾아다니기 시작했다. 그리고 그곳에서 최초의 환상을 보았고, 최초의 목소리를 들었다. 그리고 그는 죽을 때까지 그 환상과 목소리를 계속 만나게 된다. 무함마드는 그 환상과 목소리가 신God으로부터 직접 나온 것이 아니라는 사실을 알고 있었다. 그것은 천사 가브리엘Gabriel의 중개로 전달된 것이었다. 가브리엘이 그에게 전해준 최초의 말은 '모태로부터 사람을 창조한 너의 주님, 창조주의 이름으로 찬양하라!'라는 것이었다. 무함마드는 그것을 어떻게 받아들여야 할지 알 수 없었다. 그를 유혹하는 악령의 목소리를 들었던 것일까? 아니면 그는 미쳐가고 있는 것인가? 이것이 환상을 보고 목소리를 듣는 사람들에게 항상 일어난다는 바로 그것인가? 무함마드는 혼동과 불확실성으로 고민했다. 그러나 그 목소리는 대단히 아름답고 매혹적인 말로 계속해서 말했다. 마침내 그는 자신이 예언자로서 소명을 받았다는 사실을 확신하게 되었다.

예언자들의 일반적인 특징은 자신들이 들은 것을 자기만의 것으로 간직하지 않는다는 사실이다. 그들은 자신들을 보낸 신의 말에 귀를 기울이라고 세상에 경고하고 설득하려고 했다. 그래서 무함마드는 몇 년 동안 가브리엘 천사의 계시를 받았고, 그 계시들을 기억하고 외울 수 있게 되었다. 613년 무함마드는, 아내 카디자의 따뜻한 후원과 격려를 받으며, 메카의 남녀 시민들에게 설교하기 시작했다. 그의 메시지에는 전혀 새로운 것이 없었다. 무함마드 역시 본인이 새로운 메시지를 전달하고 있다고 주장한 적은 한 번도 없었다. 그것은 그들이 망각한 것을 다시 기억하게 하는 것이었다. 그것은 예언자 아브라함의 메시지, 즉 우상은 하수인에 불과하고 '신[알라] 이외의 다른 신은 없다no God but God'는 것이었다.

무함마드의 메시지는 특히 가난한 사람들을 매혹했다. 왜냐하면 그들은 사원을 운영하면서 우상을 팔아먹는 상인들에 의해 착취당하는 사람들이었기 때문이다. 그는 메카에서 무슬림Muslim, 즉 '신God에게 항복한 사람들'이라는 의미를 가진 추종자 집단을 획득하게 된다. 그가 '알라[Allah] 이외에는 어떤 신도 없고, 무함마드는 그의 예언자'라는 메시지를 고수하는 동안에는 모든 일이 잘 풀렸다. 종교란 열두 개로 이루어진 동전 꾸러미에 불과하기 때문에, 언제나 새로운 것이 나타날 여지가 있다. 정신적인 것을 파는 시장에서는 더 말할 필요도 없다. 그리고 새로 등장한 가르침이 기득권자의 이익이나 특권을 위협하면 게임의 상황은 변하게 마련이다. 바로 여기서 그런 변화가 발생했다. 무함마드는 카바 바깥에 있는 시장에서 우상을 팔아 큰돈을 거머쥐게 된 상인들, 그리고 신성한 샘물을 마시려는 순례자들에게 돈을 요구하는 장사치들을 비난했다. 그 결과 불가피한 일들이 일어났다. 곧이어 메카에서 무슬림에 대한 박해가 시작되었다.

다행히도 무함마드의 설교를 듣기 위해 도시 야스리브Yathrib에서 찾아온 대표단이 무함마드와 그의 추종자 집단을 자기네 도시로 불러들였다. 야스리브 사람들은 자기네 도시가 기다리던 지도자가 바로 이 사람, 무함마드라고 생각했던 것이다. 메카에서 320킬로미터 남짓 떨어진 야스리브로의 이주는 비밀리에 이루어졌다. 무함마드와 그의 사촌 알리Ali, 그리고 친구 아부바크르Abu Bakr가 가장 나중에 메카를 떠났다. 그들의 탈출이 있었던 밤은 622년 9월이었다. 그것은 나중에 헤지라Hegira라고 불리게 된다. 이것이 나중에 만들어지는 무슬림 달력의 원년이 되었다. 그들이 이주한 야스리브는 나중에 예언자의 도시라는 의미의 메디나Medina라는 이름을 가지게 된다.

그러나 그 탈출로 문제가 전부 해결된 것은 아니었다. 그리고 다음 10년 동안 메카와 메디나 사이에는 전투가 벌어졌다. 630년 무함마드는 대규모 군대를 이끌고 고향 도시 메카를 향해 진격했다. 그러자 모든 것이 끝났다고 깨달은 메카 사람들은 항복했고, 예언자는 입성했다. 메카 주민에 대한 보복은 일어나지 않았지만, 무함마드는 카바에서 우상을 제거했고 메카 시민들에게도 무슬림이 되기를 권유했다. 그 후 그는 다시 메디나로 돌아갔다.

그러나 그에게 죽음이 임박했다. 632년 메카로 길을 떠난 무함마드는 거기서 최후의 설교를 했다. 검은 돌과 성스러운 샘물이 있는 메카의 카바를 향한 무함마드의 방문은 나중에 진정한 무슬림의 삶을 완성하는 무슬림의 5대 의무[이슬람의 다섯 기둥] 중 하나인 하지Hajj, 즉 순례로 확립되었다. 예언자는 하지 이후 그리 오래 버티지 못했다. 예언자는 열병으로 쓰러져 632년 6월 8일 숨을 거두었다. 그러나 그는 오늘날 세계에서 두 번째로 큰 종교가 된 신앙을 남겨주었고, 계속해서 역사에 그 흔적을 만들고 있다. 이어지는 몇 개의 챕터에서 그 신학과 실천의 풍성함에 대해 탐색해볼 것이다.

CHAPTER 23

복종

이슬람Islam은 무슬림Muslim이라는 단어에 뿌리를 둔 아랍어로, '신God의 의지에 대한 복종'이라고 옮기는 것이 가장 적절하다. 앞으로 이슬람의 신념 체계와 실천을 살펴보기 전에, 먼저 그것과 가까운 친척이라고 할 수 있는 유대교와 기독교 사이의 차이를 파악하는 것이 필요할 것이다. 유일신 종교의 제1원칙은 신의 실재성이다. 더 분명하게 말하자면, 일신교Monotheism에서 유일한 실재reality는 신God이다.

우주에 대해 생각해보자. 우주에는 수도 없이 많은 은하와, 우리 눈으로 볼 수 없는 수도 없이 많은 우주가 존재할 것이다. 그러나 그것들이 존재하지 않았던 때가 있었다. 일신교에 따르면, 그때 거기에 존재했던 것이 신God이다. 존재하는 모든 것은 신에게서 나왔다. 소설 속의 등장인물이 작가의 마음에서 나와 존재하는 것과 비슷하다. 나는 힌두교를 이야기하면서 인간을 소설 속의 등장인물로 비유했다. 일신교에 대해 생각하는 이곳에서도 다시 그 비유를 사용할 것인데, 이번에는 조금 다른 방식으로 돌려서 말해보려고 한다. 힌두교에서 소설 속의 등장인물들은 자신들이 전혀 실재적인 존재가 아니라는 사실을 발견한다. 자신들은 환상에 불과한 존재라는 사실을 발견했던 것이다. 그러나 아브라함 계통의 종교에서 등장인물들의 존재는 부정할 수 없을 정도로 확실하다. 그러나 그들은 자기들을 창조한 존재, 즉 그들의 삶을 가능하게 만든 저자에 대해서 더 많은 것을 알고 싶어 한다.

여러분은 이런 생각들 중 하나를 믿거나 받아들일 필요는 없다. 하지만 *종교를 이해하기 위해서는 그런 사고방식 안으로 들어가야 한다.* 최소한 이번 챕터를 읽는 동안만이라도 그렇게 해야 한다는 사실을 기억해주기 바란다. 유일신 종교는 저자와 만나기를 원하는 책 속의 등장인물과 유사하다. 그것에 대해 생각해보는 것만으로도 머리가 어지러워질 정도다. 우주라는 그 책 속의 등장인물 중 누군가는 말한다. 그가 누구든, 우리를 창조한 그를 만나고 싶어 하는 것은 자연스럽지 않은가, 라고. 그러나 다른 등장인물들은 '바보 같은 소리 하지 마!'라고 소리친다. 저자란 없다. 우주, 또는 그것을 무엇이라고 부르든, 그것 자체만이 존재할 뿐이다. 그냥 우연히 그것이 생겼다. 그냥 저절로 그렇게 기록되었을 뿐이다. 그러니 당신이 상상한 그 저자와 만나겠다는 생각은 버려라.

그러나 저자와 만나기를 주장하는 사람에게 그 과정은 다른 창조 활동과 다를 바가 없다. 예언자 또는 현자는 기다리고, 귀 기울이고, 멀리서 바라본다. 그들은 자신을 열어놓기 때문에, 그들 존재의 근원이 스스로를 드러낼 것이다. 그리고 그 실재는, 마치 등장인물이 저자의 마음속에서 자신의 존재를 깨닫듯이, 그들의 마음속에 형성된다. 다만, 그 두 경우는 서로 방향이 반대다. 후자의 경우에는 자기를 만든 저자를 깨닫는 등장인물이다. 마치 암실에서 현상되는 사진처럼, 신의 이미지는 천천히 떠오른다. 신학자들은 이런 활동을 떠오르는 계시emerging revelation라고 부른다. 그리고 그들의 신앙에 의해 활성화된 그 신의 이미지는 인화 과정에서 그 이전의 다른 이미지보다 더 뚜렷해진다. 유대교가 다신교보다 더 나은 이미지를 제시한다. 기독교는 유대교보다 더 뚜렷한 윤곽을 보여준다. 그러나 이슬람은 과거의 모든 것을 능가하는 완벽한 초상화를 가졌다고 주장한다. 이제부터 쿠란Qur'an을 근거로 이슬람에 대한 우리의 탐구를 계속해보자. 왜냐하면, 쿠란이야말로 이슬람을 유대교 및 기독교와 아주 다른 것으로 만들어주는 근거이기 때문이다.

쿠란을 이슬람의 바이블[성서]이라고 생각해서는 안 된다. 그 둘 사이에는 세 가지 점에서 커다란 차이가 있다. 첫째, 기독교 성서는 여러 세기에 걸쳐 다수의 저자와 편집자들에 의해 부가된 것이다. 둘째, 기독교 성서는 하나의 책이 아니라 여러 종류의 책을 수합한 것이다. 그리고 셋째, 성서는 신의 계시들을 담고 있기는 하지만 인간의 손으로 만들어진 *인간의* 창조물이다. 이슬람은 이 세 가지 중에서 그 어느 것도 쿠란을 설명하는 말로 받아들이지 않는다. 쿠란은 한 사람에게, 그가 살아 있는 동안, 연속적으로 주어진 계시의 결과물이다. 그리고 그것은 한 사람에 의해 매개된 것이기는 하지만 인간의 창조물이 아니다. 건물에 전기를 끌어다주는 케이블처럼, 무함마드는 쿠란을 전하는 전선관이었을 뿐, 에너지 자체는 신에게서 온 것이다. 쿠란은 세상에 드러난 초기 형태의 신의 마음이며, 지상에서의 신의 현존이다. 사실, 쿠란과 무슬림의 관계는 예수 그리스도와 기독교인의 관계와 같다. 기독교인들은 예수를 지상에서의 신의 육화incarnation, 즉 신이 인간의 형상으로 세상에 나타난 것이라고 믿는다. 무슬림은 바로 쿠란이 그런 것이라고 믿는다. 쿠란은 그들에게 신이다. 쿠란이라는 말은 암송이라는 뜻이다. 그것은 가브리엘 천사에 의해 예언자의 귓속에 불어넣어진 것이었다. 그것은 그 예언자에 의해 그를 따르는 자들에게 암송되었고, 그의 사후에 기록된 형태를 가지게 되었다. 그리고 독실한 무슬림들은 아직도 쿠란의 114개장, 즉 수라suras 전체를 처음부터 끝까지 암송한다.

무함마드는 유대인이 시작했고 기독교인들이 발전시킨 신의 계시가 자신의 활동으로 인해 완성되었다고 믿었다. 쿠란은 그를 '예언자들의 봉인Seal of the Prophets'이라고 표현했다. 앞으로 더 이상 예언자는 나타나지 않을 것이다. 예언자의 등장이 마무리되었다. 봉인된 것이다. 그리고 이슬람은 예언의 완벽한 완성 형태였다. 무함마드는 유대인과 기독교인이 사물을 그런 식으로 보지 않은 것에 대해 실망했다. 하지만, 그들의 반응 역시 전혀 이상한 것은 아니었다. 오래된 종교의 수호자들은 언제나 자신들의 시대가 끝나고 새로운 것에 자리를 내주어야 한다는 사실을 인정하기를 꺼리게 마련이다. 무함마드는 메디나의 유대인들과 기독교인들에게 자신은 그들의 적이 아니라 그들의 완성, 즉 그들이 기다려온 목표라고 설득하려고 했다. 쿠란에서 말하는 대로, '그분은 진리의 책을 이제 그대들에게 보내신다. 먼저 온 것을 확고하게 만들기 위해서. 이전에 보내신 토라Torah와 복음서를 확고하게 만들기 위해서.' 바로 이런 이유에서, 무함마드는 그의 추종자들이 기도할 때는 예루살렘을 향해 기도하라고 가르쳤던 것이다. 그가 추종자들에게 예루살렘 대신 메카 방향으로 기도하라고 가르친 것은 유대인들과 기독교인들이 그를 예언자라고 인정하기를 거부한 이후의 일이다.

무함마드는 그들이 자신을 예언자로 인정하지 않은 것은 불행한 일이지만 당연한 일이기도 하다고 생각했다. 유대인들은 항상 신이 그들에게 보낸 예언자를 거부했다. 그들이 가장 최근에 거부한 예언자가 바로 예수였다. 그리고 심지어 기독교인들조차 예수를 하나의 신god으로 만들면서 그를 거부했다. 신과 일체가 된 열정적인 믿음의 소유자였던 무함마드는 기독교인들이 신이 아들을 가졌다고 생각했던 것에 대해, 그리고 하늘에 신과 나란히 앉은 다른 두 신two other deities을 만들어낸 것에 대해 분노했다. 기독교인들은 신을 삼위일체라고 보는 새로운 신 이론을 발전시켰던 것이다. 삼위일체 신론은 하나의 신One God이 세 가지 다른 방식으로 표현된다는 입장이다. 처음에 세상을 만든 아버지, 지상에서의 삶을 산 예수 그리스도인 아들, 그리고 시간의 끝까지 역사를 통해 인간을 안내하는 성령. 예언자 무함마드는 이런 정교한 신학적 체계를 비판하며 우레처럼 소리쳤다. '알라 이외의 신은 없고, 무함마드는 알라의 예언자다La ilaha illa Allah wa-Muhammad rasul Allah.'

이슬람의 추종자라면 '이슬람의 다섯 기둥Five Pillars of Islam'이라고 불리는 다섯 가지 주된 의무를 신앙의 일부로서 성실히 지켜야 한다. 그 첫째 의무가 샤하다Shahada를 성실히 암송하는 것이다. 샤하다는 아랍어로 된 신앙고백이며, 위 단락의 마지막 문장이다. '신[알라] 이외의 신은 없고, 무함마드는 알라의 예언자다.' 유일신의 존재를 인정하는 이런 고백은 무슬림이 자신의 신앙을 확인할 때, 나아가 이슬람으로의 개종자들이 신앙을 고백할 때 사용된다.

두 번째 기둥은 하루에 다섯 번, 유일한 신에게 기도하는 의무이다. 이 기도는 살라트salat라고 불리는데, 동틀 녘, 정오, 오후의 한가운데, 일몰, 그리고 일몰과 자정 사이에 메카 방향으로 올린다. 이 세상에서 가장 처절한 소리 중 하나가 무에찐muezzin이다. 무에찐은 기도해야 할 시간이 되면 이슬람 사원[mosque]의 첨탑 [minaret] 발코니에서 신자들에게 기도를 촉구하는 소리를 울리는 포고자다. 그는 차례로 네 방향을 향하여 소리친다. '알라는 가장 위대하시다. 나는 알라 이외에는 어떤 신도 없음을 증언한다. 무함마드가 알라의 예언자임을 증언한다. 기도하러 오라. 구원받으러 오라. 알라는 가장 위대하시다.' 오늘날에는 그 기도를 촉구하는 목소리가 현대 도시의 어수선함 위에 울려 퍼지는, 고르지 않게 탁탁거리는 녹음기 소리처럼 들리기도 한다. 그러나 동이 틀 무렵, 고요한 아프리카 마을에 쏟아지는 무에찐의 외침 소리를 들으면, 간절함이 가슴을 파고드는 느낌이 든다.

세 번째 기둥은 희사라고 번역되는 자카트zakat다. 모든 재물은 신의 관용 때문에 얻게 된 것이므로, 이미 신의 것인 재물을 신에게 되돌려주는 것이 자카트다. 그것은 이슬람의 사명에 기여하는 것인 동시에 가난하고 빈곤한 자를 돕는 것이기도 하다. 이슬람은 선교하는 종교로서, 그들의 목표는 세계를 단일한 공동체, 즉 움마umma로 전환시키는 것이다. 움마 안에서는 신앙과 생활이 어떤 단절도 없이 하나의 전체로 통합된다. 움마 안에는 어디서 종교가 끝나고 어디서 사회가 시작되는지, 또 어디서 사회가 끝나고 종교가 시작되는지, 하는 구분점이 존재하지 않는다. 그것은 하나이기 때문이다.

네 번째 기둥은 이슬람 달력으로 아홉 번째 달인 라마단Ramadan에 행하는 금식이다. 이때 무슬림은 40일 동안 해가 뜰 때부터 해가 질 때까지 금식한다. 어떤 음식이나 음료도 허용되지 않는다. 그러나 이것은 단순히 먹고 마시는 것을 포기하는 문제가 아니다. 라마단이 막바지에 이르면 모스크에서는 신앙심 깊은 자들의 지식과 영성을 고양시키는 것을 목표로 개발된 특별한 프로그램이 가동된다. 그리고 라마단의 스물일곱 번째 날에는 '힘의 밤Night of Power'이라는 특별한 축하 의식을 통해, 무함마드가 메카 외곽의 동굴에서 처음으로 신의 계시를 받은 밤을 기념한다.

라마단은 금식의 종결을 축하하는 에이드 울피트르Eid ul-Fitr에서 절정에 이른다. 에이드Eid는 가족들이 서로를 방문하여 선물을 교환하는 즐거운 시간이다.

다섯 번째 의무는 우리가 이미 살펴본 바 있는 메카로의 순례, 즉 하지Hajj다. 메카에 가는 일은 하루 다섯 번의 기도나 라마단 단식보다 훨씬 더 큰 일이라서, 보통의 무슬림은 평생에 한 번 메카 순례를 기대할 정도다. 순례자들은 메카의 그랜드 모스크 내부에 있는 대규모 정육면체 건물인 아브라함의 카바Kaaba를 찾는다. 순례자들은 시계 반대 방향으로 움직이면서 카바 주위를 일곱 바퀴 돈다. 그것이 끝난 뒤에 사파Safa와 마르웨Marweh라고 불리는 작은 언덕으로 이동한 순례자들은 두 언덕 사이를 빠른 속도로 걷거나 달리면서 뜨거운 사막에서 하갈이 아들을 위해 물을 구하러 다닐 때 받았던 고통, 화가 난 이스마엘이 발로 흙을 차다가 찾게 된 샘물을 경험한다. 하지의 또 하나의 극적인 요소는 세상의 모든 악을 상징하는 세 개의 기둥에 순례자들이 돌을 던지는 것이다. 무슬림에게 하지의 경험은 너무나 강렬하고 의미심장해서, 하지를 완수한 남자는 하지이Hajji, 여자는 하지아Hajjah라는 칭호를 자기 이름에 덧붙이는 것이 허용될 정도다.

이 다섯 가지 의무의 명료함 덕분에 이슬람은 복잡하지 않고 명쾌한 종교가 된다. 그러나 그것의 실천은 두 가지의 강력한 정서적인 특징을 가지고 있다. 첫째, 선지자 무함마드에 대한 존경은 실제적인 예배에 가깝기는 하지만 정말로 예배가 되는 경우는 없다는 사실이다. 신God 외에는 어떤 신god도 없다. 그러나 어떤 경우든 *무함마드*는 *알라의 예언자*이지, 신이 아니다. 따라서 무함마드는 예배의 대상이 되어서는 안 된다. 그러나 그는 너무나 존경스러운 존재라서 그의 이름이 사용될 때면 언제나 '그에게 평화가 있으라'라는 말이 습관적으로 따라붙는다. 이것이 바로 무함마드가 비신자들로부터 조롱을 당하거나 비방을 당할 때 무슬림들이 충격을 받고 분노하는 이유다.

그러나 알라를 향한 무슬림의 헌신은 모든 면에서 알라의 예언자에 대한 존경보다 훨씬 더 강렬하다. 이슬람의 유일신 숭배는 강력하고 열정적이다. 그러나 알라의 유일성을 변함없이 강조하는 쿠란은 알라의 아름다움을 칭송할 때에는 더할 나위 없이 서정적이다. 쿠란에서 가장 감동적인 부분은 수라Sura 13장으로, 가장 아름다운 알라의 명칭 99개를 알려준다. 그중 몇 개를 여기에 소개한다.

알라, 모든 이름 위에 있는 이름……

자비를 베푸는 모든 이 중에서 가장 자애롭고, 자비로운 분……

동정심으로 가득한 너그럽고, 인정 많은 분……

자기 창조물을 언제나 지켜보는, 보호자……

언제라도 사과를 받아주고 용서할 준비가 되어 있는, 용서하시는 분……

쿠란에는 아름다움과 위안이 있다. 그러나 그것이 우리가 쿠란에서 발견할 수 있는 모든 것은 아니다. 앞에서 말한 수라 13장에서조차, 알라와 세상의 관계에는 위안뿐 아니라 위험도 있다는 경고가 들어 있다. 여기서 알라의 아름다운 이름들 중에서 두 가지를 더 소개한다.

그는 축복뿐 아니라 고통을 전하는 공격자…….
그는 죄인에게 복수를 가하는 복수자…….

쿠란은 알라의 아름다움을 노래한다. 그러나 알라는 죄인과 비신자에게 우레처럼 화를 내기도 한다. 지금부터 알라의 그런 측면과 그것이 사람들에게 미칠 결과에 대해 살펴볼 것이다.

CHAPTER 24

투쟁

무함마드는 예언자였을 뿐 아니라 이슬람의 적대자들과 투쟁하는 전투에서 추종자들을 이끄는 전사였다. 그에게 그 두 가지 역할은 전혀 모순되는 것이 아니었다. 그가 벌인 전쟁은 전투의 흥분이나 약탈의 기쁨을 맛보기 위한 것이 아니었다. 물론 그의 추종자들 중에서 그런 흥분과 기쁨을 즐기는 사람이 적지 않았을 것은 의심할 여지가 없지만, 무함마드에게 전쟁은 정신적 목적을 이루는 도구였다. 만약 우리가 무함마드를 비롯하여 역사상 자신의 목적을 성취하기 위해 폭력을 사용했던 다른 종교 지도자들을 이해하려고 한다면, 그의 마음 안으로 들어가려는 노력을 기울여야 한다.

여기서 무엇보다 먼저 이해해야 할 점은, 예언자들처럼 비전을 가진 사람들에게 지상에서의 삶은 그 자체가 목적이 아니며, 그 자체가 목적이 되고 즐겨야 하는 대상이 되는 '무엇인가'가 있다는 사실이다. 그것은 무에찐의 목소리만큼이나 날카롭고 가슴을 찌르는 것이었다. 그것은 하나의 오프닝 팡파르이며, 진짜 쇼가 시작되는 장소인 '죽음'을 넘어서 우리를 기다리는 본격적인 무대를 위한 서곡에 불과하다. 우리가 지상에 머무르는 목적은 세상 너머에서 우리를 기다리고 있는 끝없는 인생을 어떻게 보낼지를 결정하기 위해서다.

만약 여러분이 몇 분간의 고통스런 시련을 참기만 하면 여러분의 은행 계좌에 이체된 10억 달러를 받을 수 있다는 확고한 보장을 얻게 된다고 상상해보자. 여러분은 어떻게 반응하겠는가? 버티기만 하면 얻게 될 거대한 재산을 위해 몇 분간의 고통을 견디겠는가? 아마 여러분은 그런 거래를 받아들일 것이다.

그러나 그것은 종종 종교를 특징짓는 폭력의 배후에 존재하는 논리로 작동한다. 그것은 우리를 해치기 위해서가 아니라 생명을 구하기 위해 신체에 칼을 대는 의사의 무정함과 통하는 것이다. 어떤 신자들은 저 너머에서 그들을 기다리고 있는 지복을 얻기 위해 순교자로서 생명을 내던진다. 또는, 자기 신앙을 지키기 위해, 자신을 공격하는 친구나 이방인의 신체에 상해를 가하거나 그들을 죽이는 것이 의무가 되는 경우도 있다. 좋든 싫든, 그것은 '성스러운 전쟁holy wars' 및 종교사를 장식하는 특징인 잔인한 '숙청purges(정화)' 뒤에 놓인 논리다.

그 점에 대해서는 무슬림만큼 성전holy warfare에 숙달된 전문가를 찾기는 쉽지 않다. 이슬람은 그들의 신앙을 확립하고 난 직후에 지구의 끝까지 확대해나가기 위해 자기 이웃들과의 전투를 시작했다. 무함마드의 사후 100년이 지났을 때, 이슬람은 북쪽으로는 시리아까지, 서쪽으로는 이집트까지 확대되었다. 이슬람은 이집트에서 시작하여 북아프리카로 퍼져나갔다. 그리고 얼마 지나지 않아 팔레스타인과 페르시아의 대규모 지역을 지배하게 되었다. 이슬람은 인도와 중국에도 도착했다. 그리고 스페인을 정복했고, 비록 한정적이기는 하지만, 기독교도와 유대교도의 활동을 묵인했다. 그때 이슬람은 현재 가톨릭을 수용한 유럽 지역 전부를 제압하는 것처럼 보였다. 그러나 나는 이슬람이 획득한 영토나 그들의 전투를 칭송하는 일에는 그다지 관심이 없고, 그것을 가능하게 했던 신학적 정당화에 더 큰 관심을 가지고 있다. 그런 이론 중 하나가 오늘날의 세계를 뒤흔들고 있다. 지하드jihad, 즉 투쟁의 신학이 그것이다.

　　일부 무슬림 신학자는 '지하드'를 이슬람의 비공식적인 '여섯 번째 기둥Sixth Pillar of Islam'이라고 보기도 한다. 실제로, 앞에서 본 이슬람의 다섯 가지 의무를 지키겠다는 확고한 노력, 그 자체가 '지하드'라고 여겨진다. 지하드라는 말 자체가 분투, 또는 노력이라는 의미다. 정의로운 사회를 만들기 위해 신앙을 지키려는 분투, 또는 이슬람을 방위하기 위해 적에 대항하는 투쟁이 모두 지하드라고 볼 수 있다. 지하드는 오랫동안 그 두 가지 의미로 실천되었으며, 폭력을 사용한다는 측면에서, 무슬림에 대항하여 무슬림이 그 말을 사용하는 경우도 없지 않았다. 역사적으로 동일한 종교를 지지하는 자들 사이에서 폭력적 불일치가 일어나는 경우는 드물지 않다. 무함마드가 죽은 다음, 막 태어난 이슬람 공동체 안에서도 그런 불일치가 발생했다. 그런 불일치가 발생하는 형식을 보면 종교가 어떻게 자신을 조직하고, 또 어떻게 그런 형태에 빠져드는지 알 수 있다.

누가 예언자를 계승해야 하며, 또 어떤 원칙하에서 후계자가 임명되어야 하는가? 무함마드 사후에 발생한 후계자 계승 문제가 이슬람의 불일치의 원인이 된다. 먼저 무함마드의 친구이자 충실한 동료였던 아부바크르Abu Bakr가 제1대 칼리프caliph, 즉 예언자의 계승자로 지명되었다. 그러나 알리Ali가 제4대 칼리프로 지명되면서 문제가 불거진다. 무함마드의 사촌이었던 알리는 예언자의 딸 파티마Fatima의 남편이기도 했다. 알리가 예언자의 제4대 계승자로 지명된 것에 대해 모든 사람이 호의적이었던 것은 아니었다. 그것이 이슬람의 분열을 초래했고, 그 분열은 오늘날까지 이어지고 있다. 예언자의 친척인 알리가 아니라, 제3대 칼리프의 사촌인 무아위야Muawiya가 제4대 칼리프가 되어야 한다고 주장했던 사람들은 분파를 만들었다. 그 이후에 이어진 투쟁 중에 알리는 암살당했고, 무아위야가 그의 자리를 차지했다. 그러자 알리를 옹립한 자들은 알리의 아들 후세인Husayn을 지지했다. 그러나 680년 후세인 역시 암살당하고 만다.

이런 갈등이 이슬람의 분열을 가져왔다. 종교학적 용어로 그것은 *분열* 혹은 *분리[schism]*라고 부르는데, 종교의 역사를 공부하는 사람이라면 반드시 익숙해질 필요가 있는 쓸모가 많은 단어다. 다른 많은 유용한 개념들처럼, 그 단어 역시 그리스어 단어에서 유래했으며, '자르다' 또는 '싹둑 잘라낸다'는 뜻을 가지고 있다. 하나의 분파schism는 자신을 주된 몸통에서 잘라내어 그들만의 종파 또는 당파를 확립하려고 한다. 이와 같은 분열 뒤에는 대개 종교적 불일치가 자리 잡고 있다. 가장 일반적인 불일치 중 하나는 정신적인 지도자를 지명하는 방식과 관련되어 있다. 기독교 안에서는 누가 열두 사도의 진정한 계승자인지를 놓고 일어난 불화가 교회의 분열을 초래했고, 그 분열은 이슬람의 분열과 마찬가지로 오늘날까지 이어지고 있다.

이슬람의 분열은 나중에 순니파Sunnis와 시아파Shias라고 알려지게 되는 두 개의 그룹을 만들어냈다. 순니파가 더 큰 집단이었다. 따라서 분리적 관점을 가진 시아파는 큰 집단에서 스스로를 잘라내어 자기들의 분파denomination를 확립했다. '순니'라는 말 자체는 예언자의 삶의 방식을 따르는 사람들이라는 의미다. 그리고 시아파는 곧 알리의 당파party of Ali를 의미했다. 그들은 예언자의 계승자는 무함마드의 후손, 즉 이맘imam이어야 한다고 주장했다. 그리고 이들 원래의 두 분파divisions 안에서 다시 수많은 분파가 발생했다. 이런 사실은 대부분 종교가 얼마나 깨지기 쉬운 것인지를 우리에게 상기시켜준다. 특히 누가 책임자가 되어야 하느냐는 문제에 이를 때 그런 경향이 가속화된다.

지도자의 지위를 놓고 발생하는 종교 공동체 내부의 투쟁은 다른 사람들 위에 군림하기를 원하는 인간의 약점을 보여주는 예라고 간단히 비판할 수도 있다. 그러한 투쟁들은 종교의 세속적인 측면을 두드러지게 보여준다. 그것은 슬픈 일이지만 어쩔 수 없다. 한편, 계시종교는 우리를 곧바로 신의 마음과 천국의 삶으로 데려간다고 주장했다. 따라서 이 땅에서와 다름없이 분리하고 나누려는 충동은 그 하늘나라에서도 똑같이 존재할 수 있다는 사실을 발견하게 되는 것은 대단히 혼란스럽다. 죽음 이후의 삶이 죽음 이전의 삶과 대단히 비슷해 보인다. 쿠란이 우리가 지상에서의 경주를 끝내고 도달하는 저 반대편 세상이 어떤 모습인지 보여주고 있다는 사실을 기억해보자. 그때 우리에게 제공되는 두 가지 전망은 우리를 불안감으로 숨 막히게 만들기에 충분한 것이 아닌가?

쿠란에 따르면, 모든 사람의 저 너머 세상에서의 최후 운명은 이미 정해져 있다. 승차권은 이미 발급되었다. 사실, 그것은 우리가 태어나기도 전에 이미 발급되어 있다. 신학적으로는 이것을 *예정설doctrine of predestination*이라고 부른다. 이런 교리는 기독교를 포함하여 여러 종교 전통에서 발견된다. 그리고 그런 교리가 존재하는 곳에서는, 그 교리가 내포한 명백한 불공정과 잔인함 때문에 분쟁이 일어난다. 그러나 그 말의 원래적 의미를 살펴보면 조금 달라질 수 있다. 대부분의 종교는 지상에서의 삶을 죽음 후에 오는 삶의 준비라고 본다. 이론적으로만 보면, 만일 우리가 훌륭한 삶을 살았고 또 신앙의 가르침들을 따랐다면, 예를 들어 이슬람의 다섯 기둥을 제대로 실천했다면, 우리는 신으로부터 상을 받고 낙원에 들어갈 수 있을 것이다. 그러나 예정설 교리를 해석하는 하나의 방식에 따르면, 신은 모든 사람이 시험을 보기 위해 자리에 앉기도 전에 시험 점수를 이미 부여해놓았다고 한다. 그렇다면 신은 왜 번거롭게 예언자를 보내서 우리의 삶을 바꾸고 더 노력하라고 알려주는가? 우리의 운명이 이미 정해져 있다면, 왜 투쟁하고, 왜 지하드의 희생을 치르는가? 여기서 우리는 다시 우리의 옛 친구인 그 저자, 등장인물들의 운명을 제멋대로 써내려가서 누구는 기쁨과 성공을 누리고 누구는 비극과 실패를 겪을 것인지를 분명히 알고 있는 그 저자에게로 돌아온다.

쿠란 안에는, 이 문제에 대해, 그 목소리가 무함마드에게 어떻게 말했는지를 보여주는 구절이 있다. '우리가 그들의 목에 턱까지 닿는 족쇄를 채워놓았습니다. …… 우리는 그들 앞에도 장벽을 세웠고, 그들 뒤에도 장벽을 세웠습니다. …… 당신이 그들에게 경고를 내려주었든 아니든 결과는 마찬가지일 것입니다. 그들은 믿지 않을 것입니다.' 계약 전체가 이미 정해져 있다는 사실을 아주 명확하게 보여주는, 또 다른 이슬람의 성스러운 문헌을 인용해보자.

무슬림은 쿠란과 더불어 순나Sunnah, 즉 길way이라는 의미를 가진 일련의 문서를 가지고 있다. 쿠란이 가브리엘 천사를 매개로 무함마드에게 전달된 것이라면, 순나는 무함마드의 친한 친구들과 가족이 무함마드로부터 직접 들은 것을 기록한 것이다. 그것은 하디스Hadiths, 즉 무함마드의 가르침과 그가 나눈 대화에 대한 기록이다. 그리고 예정에 대한 가장 분명한 언급은 하디스 안에서 발견된다. '너희들 중에는 아무도 없다. 지금까지 태어난 그 어떤 영혼 중에도 없다. 천국 또는 지옥에 이미 그를 위해 주어진 자리는 이미 정해져 있는 것이다. 다르게 말하자면, 인간의 불행하고 행복한 운명은 이미 각자에게 주어져 있는 것이다.' 아뿔싸! 이런 이론이 어떻게 알라에게 주어진 그 아름다운 이름과 어울리는가? 가장 자비롭고, 가장 동정심 깊고, 또 언제나 준비가 된 용서하는 자인 알라의 이름과 어울리는가?

사실, 전혀 어울리지 않는다. 따라서 그 가르침은 그것이 기록된 7세기에 이후 줄곧 이슬람 신학자들 사이에서 논쟁거리가 되어왔다. 이슬람 신학자들은 만일 알라가 정의롭다면 이런 예정설 교리는 알라의 본성과 모순된다고 선언한다. 이슬람의 다섯 기둥을 실천하는 것과 같은 종교적 분투의 논리는 인간이 자유의지[free will]를 가지고 있다는 사실을 전제한다. 그들에게 귀를 가지고 들을 자유가 없다면, 알라가 예언자를 보내어 회개하고 구원의 길을 따르라고 가르친 이유는 무엇인가? 따라서 논쟁은 그치지 않고 계속되었다.

이런 논쟁을 보면, 쿠란의 해석은 첫눈에 보이는 것처럼 직선적이지도 않고 단순하지도 않다는 사실을 알려준다. 그것은 종교 연구자들에게 또 다른 고민거리를 제공한다. 모든 종교에는, 쿠란 같은 신성한 문서를 액면 그대로 받아들여야 한다고 주장하는 문자주의자literalists 그룹이 존재한다. 그러나 다른 한편, 종교학자 그룹이 있는데, 이들은 일반적으로 문자주의자들보다는 문헌에 대해 더 많은 지식을 가지고 있으며 조금 더 신중하고 섬세하게 문서를 읽으려고 한다. 종교학자 그룹은 문자주의자들이 사실이라고 통째로 받아들이는 것을 하나의 은유로 읽는 경우가 많다.

종교적 문헌의 역사는 이런 경쟁적인 그룹 사이에서 벌어지는 길고 긴 논쟁의 이야기라고 볼 수 있다. 그러나 그들이 벌이는 논쟁 중 대부분은, 우리의 삶을 직접 건드리는 것이 아니기 때문에, 아무런 문제가 되지는 않는다. 하지만 때로 그것이 보통 사람들의 삶에서 거대한 두려움과 불안을 일으키는 것이 될 때는, 교리 논쟁이 큰 문제가 되기도 한다. 만일 예정설이 염려할 만한 문제라고 하더라도, 그것은 그 교리와 연관된 다른 교리, 즉 천국과 지옥의 존재에 대한 교리와 비교하면 거의 문제가 되지 않을 정도다.

쿠란의 수라suras에는 천국과 지옥에 관한 언급이 자주 등장한다. 가장 유명한 몇 개를 예로 들어보자. '심판의 날에'라는 제목을 가진 수라 56장에서, 천국은 기쁨의 동산으로 묘사되고 있다. 그리고 그곳에서의 기쁨은 인간 남자들만이 누리는 것으로 그려진다. 그 동산에는 중독성도 없고 또 숙취도 없는 술을 영원히 제공하는 샘이 있다. 그리고 동산에는 새로 그곳에 도착한 남자들이 지상에서 겪은 고통을 달래주기 위해 준비된 큰 눈을 가진 아름다운 젊은 여성들이 기다리고 있다. 게다가 그 천국에는 쓸데없는 말은 존재하지 않고 오직 '평화, 평화!'라는 말만 있다. 이런 천국은 쿠란에서 '오른쪽 친구'라고 부르는 사람들을 기다리고 있는 것이다. 그러나 '왼쪽 친구'라고 부르는 사람들을 기다리고 있는 것은 대단히 다른 것이다. 그들을 기다리는 것은 '불꽃의 바람과 끓는 물, 그리고 연기가 피어오르는 불길의 그림자……'로 채워진 지옥이다.

천국과 지옥은 선에 대한 보상과 악의 결과를 말해주는 하나의 방법, 즉 은유라고 해석될 수 있다. 나아가 그것은 문자적 사실이라고 받아들여질 수도 있다. 만약 지옥이 정말로 존재한다면, 그것은 신이 그의 자녀들 중 일부를 견딜 수 없는 영원한 고통 안으로 빠뜨린다는 것을 의미한다. 우리는 이미 지옥을 이야기하는 다른 종교에 대해 살펴본 적이 있다. 따라서 쿠란에 대한 이야기도 이 정도에서 그치고, 이어지는 챕터에서는 인간의 발명품 중 가장 우울하고 냉혹한 장소에 대해 생각해보기 위해 끓는 물과 숨 막히는 불꽃과 연기로 가득한 지옥을 잠시 방문할 것이다.

CHAPTER 25

지옥

지옥이란 무엇인가? 지옥은 영원한 고통의 장소이며, 회개하지 않은 죄인이 죽은 이후에 가는 곳이다. 기독교와 이슬람에 나오는 지옥을 잘 살펴보면 알겠지만, 그곳에는 탈출구가 전혀 없다. 만일 죽은 후에 그곳으로 가는 것으로 결정된다면, 영원히 거기서 머물러야 한다. 그것이 지옥의 핵심이다.

그렇다면 그것은 어디에 있는가? 그것은 인간의 마음 안에서 찾을 수 있다. 인간의 마음, 바로 그것이 종교의 다양한 세계를 창조한다. 그 사실을 이해하기 위해서는 종교적 상상력이 어떻게 작동하는지 기억해야 한다. 인간의 종교적 상상력은 두 가지 수준에서 작동한다. 하나는 사고의 영역이고, 다른 하나는 궁금증의 영역이다. 인간은 언제나 삶에 대해 생각하고, 또 그것의 의미에 대해 궁금증을 가져왔다. 인류의 역사 초기에서부터 인간은 죽은 사람들에게 어떤 일이 일어날 것인지에 대해 궁금증을 느꼈다. 그리고 사후의 삶에 대해 추측했다. 또한 사람들 사이에 존재하는 끔찍한 불공평에 대해 의문을 가졌고, 그것이 이 생애에서는 거의 해결될 기미가 보이지 않기 때문에 만약 우주에 정의justice가 있다면 다음 세상에서 그 문제가 해결되어야 한다고 생각했다. 물론, 그들이 이 모든 것을 결정했을 때, 내세에 대한 생각을 계속해나갈 진짜 정보를 가지고 있었던 것은 아니다. 그것은 단순한 추측이거나 소망을 담은 생각에 불과했다. 그러나 그것은 인간의 마음속에서 자연스럽게 나온 것이다. 그렇기 때문에 신학자들은 그것을 '자연종교natural religion'라고 불렀다.

그리고 나중에는 수용receiving 영역이 그것을 대체했다. 이것은 환상을 보고 목소리를 듣는 인간 마음의 능력이다. 그리고 그들은 그 능력으로 내세에 대한 직접적인 정보를 얻었다고 주장했다. 신학자들은 그것을 '계시종교revealed religion'라고 불렀다. 자연종교는 죽음의 베일 너머에 무엇이 있는지 궁금증을 가졌지만, 계시종교는 죽음 너머를 보았다고 주장했다. 질문은 어디서나 동일했지만, 답이 지역마다 달랐다는 사실에 주목하는 것은 흥미롭다. 인도 종교와 기독교, 이슬람은 그런 답의 차이를 가장 두드러지게 보여준다.

인도의 현자들은 사후에 영혼이 영원한 상태에 머물러 있다고 보지 않았다. 영혼은 다른 생명 안에서 다시 태어나는데, 그 생명의 지위는 그가 막 떠나온 생에서 쌓은 공덕에 의해 결정되었다. 우리는 살면서 공덕을 증가시킬 수도 있고 축소시킬 수도 있다. 힌두 전통에서도 지옥과 천국을 볼 수 있지만, 그것은 최종 목적지가 아니라 거쳐가는 캠프였다. 이 시스템에서 벗어나려면 수백만 번의 생이 필요하지만, 누구든 최종적으로 그것에서 벗어날 수 있을 것이라는 희망은 가질 수 있었다. 궁극적인 목표는 니르바나nirvana 속으로 사라지는 것이었다.

유럽의 서쪽 끝에 살았던 사람들의 경우에는 전혀 다른 전망을 가지고 살았다. 그들은 최종적으로는 존재의 바퀴로부터 사라질 것이라는 희망이 아니라, 죽음 이후에 계속되는 삶이라는 또 다른 내세의 버전에 근거한 전망을 가지고 있었다. 헬Hell이라는 단어가 아주 이른 시기에 출현했다는 사실은 그 말이 어떤 의미를 가졌을 것인지 이해하는 데 단서를 제공한다. 잉글랜드의 고대 언어인 앵글로색슨어에서 헬Hell은 지하 세계Underworld에 해당하는 말로, 세상을 떠난 영혼들이 머무는 장소를 의미했다. 구약성서에서는 그런 장소를 셰올Sheol이라 불렀다. 그러나 그곳은 반드시 무서운 곳은 아니었다. 요즘 우리가 하는 말로 '지옥처럼 우울하다'는 정도의 의미였을 것이다. 마치 심한 질병에서 완전하게 회복되지 않는 사람처럼, 죽어서 지하 세계에 머무는 사람들은 결코 오지 않는 무엇인가를 기다리는 유령처럼 돌아다녔다.

그러나 종교의 역사 안에서 정지해 있는 것은 아무것도 없으니, 내세에 대해서조차 변화가 발생했다. 이스라엘 민족이 바빌론에 포로로 잡혀가 있던 동안 페르시아의 관념들이 유대교 안으로 슬쩍 들어왔다. 그중 하나가 사후에 영혼은 지하 세계라는 음울한 환자 병동에서 영구적인 거주자로 끝나지 않는다는 것이었다. 영혼은 지복의 천국으로 향하는 문 안으로 들어가거나 지옥의 고통을 겪으라는 판결을 받게 된다는 것이었다. 사후의 삶에 대한 이런 관점은 유대교에서는 결코 전적으로 수용되지 않았지만 기원후 1세기가 되면 지지자들이 나타난다. 예수Jesus는 그런 지지자들 중 한 사람이었다. 예수는 지옥에 대해 많은 말을 하지는 않았다. 그러나 그는 지옥의 존재를 당연하게 생각했다. 그리고 그가 지옥을 말할 때 사용한 단어는 새롭게 무시무시한 의미 전환을 보여준다.

예수는 경멸받고 결함이 많은 자녀들은 게헨나Gehenna, 즉 '결코 꺼지지 않는 불' 속으로 던져질 것이라고 말했다. 히브리의 옛날 기록들에서 게헨나는 죄인들이 심판의 날 이후에 벌을 받는 장소였다. 후대의 전승에 따르면, 게헨나는 예루살렘의 쓰레기를 끊임없이 태워 없애는 장소였다. 예수가 그것을 끝없이 계속되는 벌에 대한 비유로 사용한 의도는 정확히 알기 어렵다. 하지만 그 이후 꺼지지 않는 불을 담은 화로는 지옥이 갖추어야 할 표준 장치가 되었다. 그로부터 6세기 후에 쿠란이 기록될 때가 되면, 영원히 지속되는 벌을 선고받은 자들이 화로에 접근하면 그들을 단숨에 빨아들이는 소리를 냈다고 한다. 그리고 그들이 불길 속으로 던져질 때 화로를 지키는 사람이 그들에게 물었다. '경고를 주는 자가 너희에게 오지 않았는가?'라고.

쿠란은 기독교에 비해 지옥에 대해 훨씬 더 세부적이고 정밀한 묘사를 보여준다. 그리고 그들은 지옥에 대한 그래픽적인 세부 묘사가 무엇을 의미하는지 정확하게 알고 있었다. 만약 사람들이 예언자의 경고를 무시한다면 지옥의 불길 속으로 끌려들어갈 뿐만 아니라 끓는 물이 머리 위로 쏟아지는 고통이 더해질 것이라는 메시지였다. 예언자의 시대가 되면, 지옥Inferno의 관리자는 정말로 자신들이 어떻게 효율적이고 무서운 효과를 주는 시스템을 운영하는지 알고 있었다. 종교 안에 사람들을 겁주는 장면을 넣는 것은 언제나 효과적인 전략이었다. 기독교가 이슬람이라는 경쟁자를 만나면서 드러난 약점은 신약성서가 쿠란에 비해 덜 무서운 내용을 가지고 있다는 것이었다. 그래서 기독교는 그 시합을 더 극적으로 만들어야 한다고 생각했다. 아마도 교회의 성스러운 책은 공포라는 점에서 쿠란을 이길 수는 없었지만, 무슬림이 접근할 수 없는 무기고 안에 자기들만의 무기를 가지고 있었다.

이슬람과는 달리, 가톨릭교회는 형상images을 금지하는 두 번째 계명으로 인해 큰 상처를 입은 적은 없었다. 가톨릭은 모든 형태의 예술이 신의 영광을 위해 사용될 수 있고, 기독교의 메시지를 더 잘 이해시킨다고 생각했다. 그래서 가톨릭교회는 예술가들의 최대 후원자가 되었다. 교회는 신앙을 기념하고 선포하기 위해 음악과 건축물을 이용했다. 그러나 그들은 다른 어떤 예술 양식보다도 이미지를 만드는 일을 특별히 좋아했다. 무슬림은 지옥을 오직 말로만 표현할 수 있었지만, 기독교도는 그것을 그림으로 그릴 수 있었던 것이다. 한 장의 그림이 천 마디의 말보다 더 가치가 있다는 사실을 모르는 사람은 없다. 따라서 지옥의 메시지를 더 크고 선명하게 전달되도록 만들기 위해, 그들은 속이 메슥거릴 정도로 세부를 자세하게 보여주는 지옥 그림을 교회 벽에 그렸다. 그런 예를 하나 들어보자.

영국의 도시 솔즈베리Salisbury에는 토마스 베케트Thomas Becket의 이름을 딴 15세기의 교회가 하나 있다. 캔터베리의 대주교였던 베케트는 헨리 2세의 명령에 따라 1170년 12월 29일에 자기의 대성당에서 살해당했다. 그를 추모하여 성 토마스 성당이라고 불리는 그 교회는 건물 안으로 부드러운 빛이 흘러 들어가도록 설계된 우아한 옛날 건물로 유명하다. 그러나 중앙 통로를 걸어 들어갈 때 성단소 아치의 벽에서 중세의 '둠Doom' 벽화가 기분 나쁘게 불쑥 드러난다. 앵글로색슨의 둠Doom은 심판의 날, 즉 '최후 심판의 날Doomsday'을 의미했으며, 무덤 속에 누워 있던 죽은 자가 자기가 살았던 인생에 대한 신God의 심판을 받으러 소환되는 날이기도 했다. 최후의 심판 그림은 사람들에게 겁을 주기 위해 고안된 것이었다. 그리고 그것은 분명히 대단히 큰 효과를 가지고 있었다.

1475년에 그려진 이 둠 그림에는 그리스도가 심판관의 자리에 앉아 있다. 그의 오른쪽에는 이생에서 공덕을 쌓은 사람들이 천사의 환영을 받으며 천국으로 올라가고 있다. 그러나 왼쪽에는 악마들이 죄인들을 지옥으로 내려 보내고 있다. 거기에는 불길이 솟아오르는 구덩이가 있고, 구덩이 안에서 입을 벌리고 있는 용 아가리 속으로 죄인들을 끌고 내려가고 있는 모습이 보인다. 처음 그 그림을 바라보는 사람들은 분명히 그것을 문자적으로 받아들이게 될 것이다. 그 그림에서 우주는 3단 케이크 같은 형태를 가지고 있다. 윗부분에는 천국, 가운데는 지구, 아래에는 지옥이 있는 3층 구조다. 따라서 사람은 죽으면 천국으로 '올라'가거나 지옥으로 '내려'간다. 지옥은 지구 자체의 중심에 있다고 생각되었다. 화산에서 솟아오르는 용암은 지옥의 맛을 보여주기 위한 맛보기라고 믿었던 것이다.

기독교는 교회 벽에 지옥 그림을 그렸으며, 설교자들은 지옥의 공포를 묘사하기 위해 자신의 상상력을 십분 활용했다. 아일랜드의 소설가 제임스 조이스James Joyce는 자전적 소설『젊은 예술가의 초상The Portrait of the Artist as a Young Man』에서, 지옥의 유황불이 게헨나의 불길처럼 영원히 불타오르도록 만들어진 것이라고 말하는 설교를 들었던 적이 있다고 적고 있다. 지상의 불은 타면서 사라진다. 열기가 강하면 강할수록 불의 지속 시간은 더 짧아진다. 그러나 그 설교자는 소리치면서 말했다. 지옥불은 불타는 사람들의 고통이 중단되는 일이 없도록 계속해서 타오른다고!

설사 지옥의 존재를 믿지 않는다고 해도, 끝이 나지 않는 지옥의 고통에 대한 생각만으로도 목에 가시가 걸린 것 같은 느낌을 받을 수 있다. 도대체 어떻게 그런 생각을 꾸며낼 수 있었던 것일까? 인간은 오랜 세월 동안 서로를 향해 끔찍한 짓을 해왔다. 그러나 가장 처참한 형벌조차도 어느 시점에서는 끝이 나야 한다. 희생자의 죽음이 바로 그 지점이다. 그러나 그 고통이 영원히 끝나지 않는다는 데서 지옥 관념의 사악한 천재성을 발견할 수 있다. 지옥의 수감자는 현재now 안에서 다음then을 기약할 수 없는 영원을 보내야 한다. 솔즈베리의 최후의 심판 그림에서 화가는 '구원은 없다Nulla in redemptio'라는 라틴어 문구를 두루마리에 써넣었다. 무명의 화가가 솔즈베리의 성 토마스 성당 벽에 그 구절을 써넣기 100년 전에, 단테Dante라는 이름을 가진 이탈리아의 위대한 시인은 자신이 지옥Inferno이라고 부른 장소에 대한 유명한 시 한 편을 썼다. 그리고 그는 '이곳으로 들어가는 모든 자여, 희망을 포기하라'라는 경고를 지옥문에 새겨 넣었다.

그것은 동일한 메시지였다. 지옥에는 끝도 희망도 없다. 거기에는 한 인간이 대면할 수 있는 가장 우울한 전망만이 있다. 가톨릭교회의 위대한 신학자이자, 친절한 사람이기도 했던 성 토마스 아퀴나스의 말은 주목할 가치가 있다. 천국의 시민들은 저 아래에서 저주받고 고문을 받고 있는 사람들의 고통을 내려다볼 수 있는 멋진 발코니를 가지고 있다는 것이 천국이 가진 또 하나의 매력이라는 말이다. '성자들saints이 누리는 즐거움이 더 큰 기쁨이 될 수 있도록…… 그것[=발코니]은 저주받은 자들이 받는 형벌을 완벽하게 바라볼 수 있도록 그들에게 주어진 것이다.' 기독교에서 지옥은 저주받은 자들에게는 고통이며 구원받은 자들에게는 환희였던 것이다.

지금까지의 이야기는 너무도 무섭다. 그러나 종교는 지나치게 극단적인 가르침을 인정하고 또 수정하는 데 능숙하다. 앞에서 본 것처럼, 무슬림 학자들은 쿠란의 예정설이 알라의 자비와 병행할 수 없다는 사실을 알고 그것을 수정하려고 했다. 이런 비슷한 일이 가톨릭교회의 지옥 관념에서도 발생했다. 천국에 들어갈 수 있을 만큼 착하지 않지만, 그렇다고 지옥불 속에 던져질 만큼 나쁘지도 않은 사람들을 위한 '중간적인 길middle way'은 없을까? 죄인들이 천국으로 향하는 재시험을 보기 위해 집중적으로 준비하는 훈련 센터를 세울 수 있다면 정말 멋지지 않겠는가?

그런 필요성이 인정되면서 12세기에는 그런 장소가 공식적으로 설립되었다. 그곳은 '연옥Purgatory'이라고 불렸다. 연옥에는 출구exit가 있다는 것이 지옥과 연옥의 커다란 차이점이다. 성 토마스 아퀴나스는 그것이 어떻게 작동하는지에 대해서 잘 아는 권위자였다. 만약 사람들이 자신의 죄에 대한 벌금을 치르기 전에 죽는다면 연옥에서 두 번째 기회를 얻게 될 것이라고 그는 설명했다. '연옥'은 희망의 장소였다. 그것이 바로 연옥 관념의 위대함이다. 물론, 그곳은 고통의 장소이기도 했지만, 그 고통을 견디는 자는 그것이 영원히 계속되지 않는다는 사실, 그리고 그 고통의 시간을 견디고 나면 자신들에게도 천국의 문이 열릴 수 있다는 사실을 알고 있었기 때문이다.

연옥의 설립은 죽음의 두려움을 약간은 덜어주는 자비의 행동이었다. 그러나 교회는 그 자신의 친절함마저도 부패시키는 방법을 가지고 있었다. 그것은 바로 역사 속에서 발생한 일이다. 교회는 연옥을 가지고 돈 버는 방법을 발견했고, 그것은 너무 엄청난 사건이라서 결국 그것이 가톨릭교회를 갈라놓게 된다. 다음 챕터에서는 그런 일이 어떻게 일어났는지 탐색해나갈 것이다.

CHAPTER 26

그리스도의 대리인

    4세기 콘스탄티누스 황제에 의해 기독교가 로마 제국의 공식 종교로서 인정받은 이후, 1,000년이 흐르는 동안, 그리스도의 재림을 기다리는 박해받는 종파였던 기독교는 지구에서 가장 크고 강력한 제도를 확립했다. 정신적인 권력뿐 아니라 세속적인 권력에 있어서도 막강한 힘을 발휘하게 된 기독교는 하늘과 땅이 단절 없는 통합체가 되어야 한다고 주장했다. 눈부신 웅장한 제도와 방법을 가지게 된 교회는 세속의 왕국들을 꺾고 세속의 군대를 지휘하면서 지상 세계를 지배했다. 교회는, 자기들의 주장과 달리, 십자가에 매달려 처형된 예언자의 가르침으로부터 몇 광년이나 멀리 떨어져 있었다. 그러나 그럼에도 불구하고, 예언자 예수는 교회에 대한 영향력을 결코 잃지 않는 골치 아픈 존재로서 교회의 배경 속에 남아 있었다.

13세기와 14세기에 권력의 극점에 도달했던 가톨릭교회는 종교가 역사라는 험난한 바다에서 계속 항해하기 위해서는 반드시 알아야 하는 아주 중요한 것이 있다는 사실을 깨달았다. 우리가 지금까지 살펴본 것처럼, 종교는 타고난 속성상 분열되기 쉽다. 종교를 산산이 부수는 것은 그다지 힘든 일이 아니다. 한 사람의 죽음만으로도 종교는 분열될 수 있다. 하나의 단어에 들어 있는 모음 하나를 놓고 벌이는 논쟁만으로도 종교는 분열될 수 있다. 가톨릭교회는 이러한 분열을 피하는 최선의 방법은 단 한 사람의 개인에게 권력을 집중시키고 그를 중심으로 구조를 세워 그의 권위를 견고하게 하는 것이라고 결정했다.

교회는 광대한 조직의 하부 차원을 운영하는 헌신적인 사제 질서를 만들어냄으로써 이런 구조를 완성했다. 가톨릭의 사제들은, 결혼은 물론이고, 그들에게 주어진 정신적 역할과 경쟁할 가능성이 있는 어떤 종류의 인간적 애착을 갖는 것도 허락되지 않는다. 교회가 사제 자신들의 가족이어야 했다. 그러한 개인적인 희생에 대한 대가로 그들은 막대한 권력과 특별하고 성스러운 신분을 획득할 수 있었다. 그런 신분은 사제 서품apostolic succession이라는 정신적인 시스템을 통해 주어졌다. 마치 이슬람의 시아파 버전에서 볼 수 있는 이맘imams처럼, 가톨릭 성직자들은 다른 사람으로부터가 아니라 신적인 원천으로부터 그들의 권위를 부여받았다. 이것이 교회라는 거대한 구조가 작동하는 방식이다.

예수는 그의 사역을 도와줄 열두 명의 제자를 불렀다. 그리고 그들의 머리 위에 자신의 손을 얹고, 각자 자신에게 주어진 사명을 다하라고 제자직에 임명했다. 동일한 방법으로 사도들은 자기들을 따르는 사람들에게 자신의 권위를 전달했다. 가톨릭교회는 이렇게 머리 위에 손을 얹고 이루어지는 계승의 사슬이 한 번도 끊어진 적이 없다고 주장했다. 그것은 역사를 통해 끊임없이 이어져 내려간 대단한 파이프라인이었다. 만일 이 계승 라인이 끊어진다거나 다른 공급원으로 새어나간다면 예수의 권위는 사라지는 것이었다. 교회가 그렇게 임명한 가톨릭 주교들과 사제, 그리고 부제들은 특별한 계급[카스트]이 되었고, 그들은 보통 사람들과 결별하게 된다. 사제를 해치거나 사제에게 모욕을 주는 것은 특별한 종류의 공격이라고 여겨졌다. 그것은 신성모독, 즉 신에 대항하는 범죄였다. 그리고 그것에 어울리는 벌이 내려졌다.

이러한 엘리트 계급만큼이나 중요한 것은 가톨릭교회의 통합이었다. 그 시스템에 있어서 정말 중요한 결정타는 어떻게 한 사람의 인간인 '로마 주교Bishop of Rome'에게 절대적 힘을 집중시키는가 하는 것이었다. 그런 집중화 과정이 완성되었을 무렵, 로마 주교는 지상에서 가장 강한 힘을 가진 사람이 되었다. 그의 말은 지상에서의 삶뿐 아니라 죽은 다음의 삶에 대해서도 권위를 가졌다. 그는 사람들을 지상의 감방에 처넣을 수도 있었고, 또 사람들이 천국으로 가지 못하도록 방해하는 일도 손쉽게 할 수 있었다. 그의 권력이 정점에 도달했을 때, 로마 주교는 막강한 힘을 가졌다. 그러나 거기에 도달하기까지 몇 세기가 필요했다. 어떻게 그런 권력을 가질 수 있게 되었는지를 이해하기 위해서는 4세기 콘

세계 종교의 역사

스탄티누스 황제 시절로 거슬러 올라가야 한다.

도시 로마가 언제나 로마 제국을 작동시키는 중심이었다고 추정하는 것은 잘못이다. 콘스탄티누스 황제가 로마 제국의 동쪽 끝에 제국의 수도를 세우기로 결정한 330년 이전에만 로마는 로마 제국의 중심이었다. 그는 자신의 이름을 따서 콘스탄티노플이라는 멋진 도시를 완성했다. 오늘날 그 도시는 터키의 이스탄불이 되었다. 그러나 도시의 기초가 만들어지면서 몇 가지 변화가 일어났다. 콘스탄티노플은 로마 제국에서 가장 중요한 도시가 되었고, 제국의 존엄성이 대부분 그 지역의 주교들에게 분배되었다. 로마나 콘스탄티노플 같은 대도시의 주교는 덜 중요한 도시의 주교들에게 권력을 행사하는 강력한 인물이 되었다.

동방 제국의 도시에서 최고위 주교들은 자기 자신을 파트리아크patriarchs[대교부]라고 불렀다. 그 말은 아버지라는 의미를 가진 그리스어에서 온 것이다. 한편 서방 제국에서는 주교 자신을 포프popes[교황]라고 불렀다. 역시 아버지라는 의미를 가진 라틴어 단어였다. 그러나 그들이 사용한 언어의 차이 뒤에서, 훨씬 더 심오한 불일치가 확대되어갔다. 그들은 이론적으로는 여전히 하나의 교회였지만 벌써 사이가 벌어지기 시작했다. 역사상 발생한 수많은 다툼과 마찬가지로, 누가 지배권을 가질 것인가 하는 문제를 둘러싸고 결별이 일어났다. 예수는 제자들을 크게 꾸짖은 적이 있다. 제자들은 예수의 왕국이 지상에 성취되고 나면 자기들중 누가 가장 크게 될 것인지를 놓고 언쟁했기 때문이다. 유사한 논쟁이 콘스탄티노플 주교와 로마 주교 사이에서 일어났다. 어느 쪽이 더 위대한가, 동방의 대교부인가, 아니면 서방의 교황인가? 그런데 심판을 봐야 할 예수는 거기에 없었다.

실제로 정신적인 권력이 로마로 흘러가고 있었다. 황제가 더 이상 로마에 거주하지 않는다. 그 사실은 교황이 옛 수도 안에서 대적할 자가 없는 권력과 권위의 원천이 되어가고 있다는 것을 의미했다. 반면, 콘스탄티노플의 대교부는 자기보다 더 빛나면서 더 끈질기게 자신을 감시하는 황제라는 존재를 곁에 두고 있었다. 1054년, 이렇게 불꽃을 튀기던 양측의 경쟁은 대분열Great Schism이라고 불리는 사태로 돌입하게 된다. 확연하게 다른 기독교의 두 버전이 탄생했다. 하나는 동쪽의 정교회Orthodox Church였으며, 다른 하나는 로마의 교황을 정점으로 삼는 서쪽의 가톨릭교회Catholic Church였다. 그 이후, 양쪽 모두 자신만의 스타일과 문화를 가진 두 개의 기독교가 오늘날까지 이어지고 있다. 정교회의 성직자들은 대개 턱수염을 기르고, 가톨릭 성직자들은 그렇지 않다. 정교회 신부는 결혼할 수 있고, 가톨릭 신부는 그렇지 않다. 그러나 이런 표면적인 차이들 뒤에는 로마의 교황이 가지고 있다고 하는 최고 권위의 원천을 둘러싼 깊은 의견 대립이 여전히 존재한다.

표면적으로만 보면, 이것은 통상적인 권력 장악의 한 양상으로 보일 수도 있을 것이다. 그러나 어쨌든 권력은 가장 중독성이 강한 약물이라고 알려져 있으며, 사람들은 그것을 얻고 지키기 위해 엄청난 노력을 기울인다. 그러나 종교권력을 둘러싼 투쟁에 참가하는 논쟁자들은 자신들의 야심을 신성한 외투로 덮기 위해 항상 조심한다. 그것은 결코 인간의 정치에 관한 것이 아니라 신에 대한 복종에 관한 것이라는 식으로 은폐하는 것이다. 우리는 이슬람의 시아파와 순니파의 투쟁에서 그것을 확인한 바 있다. 시아파는 예언자의 후손과 관련된 정신적 이론으로 자신들의 권력 장악 의도를 은폐했다. 로마의 교황도 유사한 패를 준비해 놓았다. 로마의 우선권에 대한 그의 요구는 단지 로마가 제국에서 역사적으로 가장 중요한 도시라는 것만을 주장하기 위해서가 아니었다. 그의 우선권 요구에는 그것 이상이 있었다. 예수 자신이 이미 그것을 그런 방식으로 계획했다! 우선권을 둘러싼 논쟁이 어떻게 진행되었는지 살펴보자.

예수는 12사도를 불러 베드로Peter에게 꼭대기 자리를 주었다. 그리고 다른 사도들이 베드로의 위치에 대해 어떤 의심도 품지 않도록 베드로에게 별명을 붙여주기까지 했다. 그의 진짜 이름, 즉 그의 유대 이름은 시몬이었다. 그러나 예수는 베드로를 자신의 바위[반석], 즉 그리스어로는 페트로스Petros, 라틴어로는 페트라Petra라고 불렀다. '너는 시몬으로 불렸으나 이제부터는 시몬 베드로, 시몬 반석이라 불릴 것이다. 네 위에 나의 공동체를 세울 것이다' 라고 예수는 말했다. 그리고 그것이 전부가 아니었다.

여러분은 베드로가 어디서 죽었는지 기억하는가? 베드로는 기독교인에 대한 박해가 최고조에 달했던 65년에 로마에서 죽었다. 베드로는 처형당하기 전에 로마에서 활동했기 때문에, 초대 로마 주교가 베드로라고 말하는 것은 틀림이 없다. 그가 사도들 중 우두머리였기 때문에, 그를 로마의 주교라고 보고 따랐던 사람들이 그의 지위를 이어갔다고 주장할 수도 있다. 따라서 로마 주교, 즉 베드로의 후임자는 모든 주교들의 대장, 즉 지상에서 그리스도의 대리자, 또는 대표가 되는 것이 당연하다. 동방교회는 그런 로마의 주장을 받아들이지 않았다. 베드로가 초대 로마 주교라고 말하는 것은 그 의미를 확장한 것에 불과하다. 그 시대의 기독교인들은 자신들이 오래 거기에 있을 것이라 기대하지 않았다. 예수 그리스도가 곧 돌아올 것이라고 배웠기 때문이다. 그들이 어째서 다른 모든 것처럼 조만간 사라지게 될 조직을 세우느라 신경을 썼겠는가?

동방교회는 이 논쟁에 대해 자기들만의 역사를 갖고 있었다. 교회가 조직된 방식은 예수 그리스도보다는 콘스탄티누스 황제에게 더 많은 빚을 지고 있었다. 그들은 로마 교황의 권위가 자신들 위로 미치는 것을 받아들이지 않았고 스스로 이탈했다. 이로써 로마의 교황은 서방교회 안에서만 최고위자로 남게 되었다. 그러나 그의 권력 축적은 그것으로 끝나지 않았다. 다음 단계의 발전을 이해하려면 '연옥'에서 무거운 발걸음을 내딛고 있는 저들 죽은 자의 영혼들에게로 다시 돌아가야 한다.

당시의 종교적 관점에서 보자면, 이 생애는 다가올 영원한 삶을 준비하기 위한 과도기에 불과했다는 것을 잊지 말아야 한다. 지상에서 사는 동안 어떻게 살았는지가 영원한 삶을 어떻게 보내게 될 것인지를 결정한다. 죄는 우리를 지옥으로 데려갈 것이다. 만일 휴식기를 얻게 된다면, 연옥으로 가게 될 것이다. 바로 우리가 죽기 전에 지은 죄에 대한 용서를 받는 것이 그렇게 중요한 문제가 되었던 이유다. 어떤 사람들은 그 게임을 오래 끌어보려고 노력했다. 그들은 죄를 씻어내는 세례를 받는 것을 임종 직전까지 미뤘다. 그렇게 함으로써, 그들은 이곳 아래 세상에서는 즐기면서 지낼 수 있었고, 큰 무리 없이 다가올 세상에서 편하게 사는 것이 보장될 수 있다고 생각했던 것이다. 바로 콘스탄티누스 황제 자신이 그렇게 했다. 그는 자신의 죽음이 임박한 다음에야 세례를 받았다. 그는 섬세하게 판단하고 너무 늦지 않게 그 일을 치렀다.

여러분이 다른 사람들의 죄를 용서하고 천국에서의 자리를 보장해줄 수 있는 능력을 가지고 있다면, 그것 때문에 여러분은 어마어마한 힘을 가지게 될 것이라는 사실은 잠시만 생각해봐도 충분히 깨달을 수 있다. 교황은 자신이 그런 권위를 가지고 있다고 믿었다. 예수가 베드로에게 그것을 주었고, 교황은 베드로의 후임자였기 때문이다. 12세기가 되면, 교황들은 그들이 가진 힘을 장차 궁극적으로 가톨릭이라는 바위를 쪼개버리게 되는 방식으로 사용하기 시작한다. 그리고 비난은 무슬림에게 돌아갔다.

우리는 이슬람 역사를 살펴보면서 예언자 무함마드 사후에 이슬람은 로마 제국의 남부와 동부에서 극적으로 전파되었다는 사실에 주목했다. 팔레스타인은 이슬람이 정복했던 지역 중 하나였다. 따라서 유대인과 기독교인에게 성스러운 도시였던 예루살렘은 무슬림의 손에 들어갔다. 물론, 무슬림 역시 예루살렘을 경외했다. 그곳은 그들의 성지이기도 했기 때문이다. 그들의 예언자 역시, 모세나 예수처럼, 신에 의해 아브라함의 계승자로 지명되지 않았던가?

　그러나 교황은 그렇게 생각하지 않았다. 그는 무슬림이 기독교의 성지를 소유한다는 것을 모욕이라고 받아들였다. 그래서 그는 그것을 되찾기로 결심한다. 그는 가톨릭교회를 위해 예루살렘을 무슬림으로부터 되찾아야 한다고 유럽의 기독교 전사들을 설득하는 캠페인을 벌이기 시작했다. 그들은 무슬림의 도전에 대응하여 전투에 나갔던 사람들을 십자군Crusaders이라고 불렀다. 그 말은 십자가로 표식을 했다는 의미였다. 십자가 휘장을 앞세우고 로마 근처 밀비안 다리Milvian Bridge에서 경쟁자와 싸웠던 콘스탄티누스처럼, 십자군은 십자가에서 처형된 예수의 상징을 앞세우고 팔레스타인을 지배하던 무슬림과 싸우는 전투에 돌입했다.

　교황 우르반 2세Pope Urban II는 1095년에 제1차 십자군을 파견했다. 그 이후 2세기 동안 일곱 차례 더 십자군 원정이 일어났다. 예루살렘은 잠시 탈환된 적이 있기는 했지만, 십자군 원정은 무슬림이 입었던 손실만큼이나 큰 손실을 동방교회의 기독교인들에게도 안겨주었다. 십자군 원정은 가톨릭 역사에 씻지 못할 오점으로 남았다. 그러나 여기에서 운명을 결정하는 발전development이 일어났다. 사람들을 십자군 원정에 내보내기 위해 교황이 제공한 유인책은 그들이 지은 모든 죄를 용서하는 것이었다. 그런 거래를 표현하는 전문용어가 라틴어로는 '인둘겐스indulgence', 즉 '면죄부'였다. 그 말은 본래 '특권'을 의미하는 말이었다. 그런 제안에는 영적인 논리가 있었다. 어쨌든, 집을 떠나 수천 킬로미터를 말을 타거나 걸으면서 전투의 위험을 참아내는 것은 악행에 대한 구제, 즉 오늘날 사법부에서 부과하는 벌금이나 공동체 복무와 같은 것으로 여겨졌을 것이다.

그러나 그 이후의 교황이 건축을 위한 자금 확보 수단으로 이런 면죄부indulgences를 이용하는 것이 유용하겠다고 결정을 내리면서, 그것은 본격적으로 문제가 되기 시작한다. 우리는 다음 몇 챕터에서 그 문제를 살펴볼 것이다.

CHAPTER 27

저항

1517년 봄날 아침에 한 설교자가 독일 위테르보크Jüterbog의 광장에 세워진 가두 연설대에서 그의 말을 듣기 위해 모인 청중을 향해 소리치기 시작했다. 그의 말은 기독교 세계 전체를 폭파시켜버릴 다이너마이트의 기폭제가 되었다.

모이시오! 모이시오! 친구들이여, 오늘은 은총의 날입니다. 오늘은 여러분이 감옥에서 나오는 날입니다. 여러분에게 필요한 건 오직 이 작은 편지뿐입니다. 제 손에 들린 이 작은 편지는 단돈 1실링짜리이지만 여러분을 몇 년 동안 비참한 연옥으로부터 구원해줄 것입니다.

여러분은 모두 신앙심 깊은 가톨릭 신자입니다. 죄는 벌을 받아야 한다는 것을 여러분은 알고 있습니다. 죄는 구제되어야 합니다! 여러분이 좋아하는 모든 것을 고백하십시오. 그래도 달라지는 것은 없습니다. 그 죄들은 연옥에서 용서받아야 합니다! 죽을죄 하나마다 7년입니다.

여러분은 1년 동안 죽을죄를 몇 번이나 짓습니까? 평생에 죽을죄를 몇 번이나 짓습니까? 모두 다 더해보십시오. 여러분이 알아내기 전에 이미 여러분은 연옥에 수백 년을 달아놓았습니다. 그것에 대해 생각해보십시오!

그러나 이 작은 편지 중 하나가 여러분을 풀어줄 겁니다. 이 상자에 1실링을 넣으면 여러분은 그 고통에서 풀려날 것입니다. 그리고 이 말을 들어보십시오. 이 편지는 여러분이 이미 지은 죄에 대해 치러야 할 연옥의 시간뿐만 아니라 아직 여러분을 찾아오지 않은 미래의 죄들까지도 면제해줄 것입니다! 얼마나 이득입니까!

편지 안에 든 것이 무엇일까요? 이것은 면죄부입니다. 그리고 이것은 우리의 성부 교황께서 보내신 것입니다. 교황께서는 여러분에게 알리려고 나를 보냈습니다. 만약 지금 면죄부를 사면, 여러분이 죽었을 때, 지옥문에는 빗장이 굳게 닫히고 천국의 문은 여러분을 위해 활짝 열릴 것입니다.

그리고 이 제안은 단지 살아 있는 사람들만을 위한 것이 아닙니다. 이것은 또한 이미 죽은 자들을 위한 것이기도 합니다! 연옥에 붙잡혀 있는 친척과 친구들에 대해 생각해보십시오. 그들 앞에 아직 길게 남아 있는 세월에 대해 생각해보십시오. 그 시간은 앞으로도 계속될 것입니다. 고통스런 세월, 벌 받는 세월! 그러나 이 면죄부 중 하나를 사면, 여러분의 친척은 연옥에서 들려서 눈 깜짝할 사이에 천국에 가게 될 것입니다!

그리고 여기에 또 다른 것이 있습니다. 이 면죄부는 여러분과 여러분이 사랑하는 사람들에게 좋은 일을 할 뿐만 아니라, 성스러운 가톨릭교회에도 좋은 일을 할 것입니다. 성 베드로와 성 바울의 육체가 묻혀 있는 로마의 위대한 교회가 열악한 상태에 있습니다. 우리의 신성한 아버지 레오 교황께서는 교회를 세워 그 아름다움과 위용으로 세상의 기를 꺾기를 원합니다. 여러분은 그것을 돕는 데 기여할 수 있습니다! 여러분의 1실링이 돌 하나를 사는 데 쓰일 것이며, 돌이 쌓이고 쌓여 그 영광으로 세상을 놀라게 할 것입니다.

모이세요! 모이세요! 면죄부가 하나에 1실링이요!

이 설교자의 이름은 요한 테첼Johann Tetzel이었으며, 그는 설교자회, 또는 도미니칸Dominicans이라고 불리는 특별한 조직의 일파에 속했다. 그는 52세였고, 황소와 같은 몸집을 가진 거친 사람이었다. 당시 그는 교회를 위해 거친 일을 했다.

테첼이 위테르보크 광장에서 설교를 하기 200년 전에 교황 그레고리 9세는 종교재판소Inquisition라는 행동대를 설치했다. 그 대원들 또는 심문관들은 고문을 포함한 모든 수단을 동원해서 교회 안의 잘못된 가르침을 발본색원하라는 임무를 받았다. 그들이 사용한 가장 효과적인 도구는 밑은 두 개의 밧줄로 고정하고 다른 두 밧줄로 꼭대기의 핸들에 묶는 나무 형틀이었다. 피고자의 두 팔과 두 다리는 밧줄에 묶이고, 고문을 가하는 자는 고문대 위의 사람의 뼈가 부서질 때까지 핸들을 돌렸다. 만약 그래도 원하는 자백을 얻어내지 못하면, 희생자의 두 팔이 몸에서 찢겨져나갈 때까지 계속 핸들을 돌렸다. 그것은 원수를 사랑하라거나, 너희를 저주하는 자에게 축복하라는 것과는 완전히 동떨어진 세계였다. 그것은 오히려 사후의 삶을 선점하려는 종교적 노력이 어떻게 그렇게도 자주 죽음 이전의 삶 안에서 적을 만들어내게 되었는지를 보여주는 사례라고 말할 수 있다.

테첼은 종교재판소의 일원이었다. 그는 마인츠의 대주교를 설득하여 면죄부 판매 총책이 되었는데, 그것은 그가 성공적인 설교자였다는 사실을 말해준다. 그때 대주교는 곤란에 처해 있었다. 그의 커다란 교구 중 하나가 빚에 허덕이고 있었던 것이다. 게다가 교황은 로마의 성 베드로 성당의 재건을 위한 캠페인에 기부금을 내라고 그를 독촉하고 있었다. 그런 그에게 갑자기 묘안이 떠오른 것이다. 로마와 거래를 해보는 것이 어떨까? 모아진 돈의 반은 마인츠의 대교구로, 나머지 반은 로마로 간다는 조건으로 설교자 테첼에게 면죄부 공식 판매 총책의 면허를 내주자고 교황에게 제안한 것이다. 그것은 궁지에 몰린 대주교는 물론 그를 압박하던 교황 모두에게 이익이 되는 윈윈 게임이었다. 거래는 성사되었다. 그래서 1517년 4월의 그날 아침 테첼과 그의 일당은 위테르보크에 나타났다. 그리고 얼마 지나지 않아 돈이 굴러들어오기 시작했다.

그러나 테첼의 면죄부 판매는 위테르보크에서 정점을 찍은 몇 달 후, 또 한 사람의 뚱보 신부가 그들의 거래를 망쳐놓았다. 기독교인이 돈으로 천국행 티켓을 살 수 있다는 발상 그 자체에 분노한 그 신부는 이웃 도시 비텐베르크Wittenberg의 교회 문 앞에 면죄부 판매는 비기독교적이라고 비판하는 고발장을 내걸었다. 라틴어로 된 그 고발장은 몇 주일 내에 독일어뿐 아니라 다른 유럽 언어들로 번역되었다. 1517년 11월 말 무렵, 그것은 유럽 전역에서 화제가 되었다. 로마에 있던 교황 레오는 그의 비판이 단지 농담에 불과하다고 묵살했다. 또 한 사람의 술주정뱅이 독일인이 하는 말이니, 술이 깨면 마음이 바뀔 거라며 웃어넘겼던 것이다.

그 '술주정뱅이 독일인'은 헌신적인 수도사 마르틴 루터Martin Luther였다. 그러나 루터는 결코 마음을 바꾸지 않았다. 교황 자신이 마음을 바꾸었어야 했다. 루터의 고발장 때문에 면죄부 판매가 줄어들고 판매 대금이 거의 들어오지 않는다는 보고가 교황에게 들어왔다. 그러자 교황의 농담은 분노로 변했다. 성 베드로 성당의 재건 계획이 위험에 처했다. 그래서 교황 레오는 마르틴 루터를 성직에서 쫓아내고, 그의 모든 저술 활동을 금지하는 교황 대칙서를 공표했다. 그러나 그 칙서의 사본을 받은 루터는 대중 앞에서 그것을 불태웠다. 그날 루터가 불태운 것은 교황의 대칙서만이 아니었다. 그는 자신을 가톨릭교회에 묶어두고 있던 서약서도 불태웠다. 여기서 루터는 나중에 역사가들이 종교개혁Reformation이라고 부르는 국제적인 반란을 시작한 것이다. 그리고 그런 개혁의 과정은 기독교적 유럽이 여러 조각으로 나뉘고

난 다음에야 비로소 끝이 났다.

마르틴 루터는 1483년 11월 10일 아이슬레벤Eisleben에서 한스와 마르가레테의 아들로 태어났다. 일곱 자녀를 둔 마르틴의 부모는 가난했지만 똑똑한 아들에게 좋은 교육을 시키겠다고 굳게 결심했다. 마르틴은 에어푸르트Erfurt 대학에 다녔고 1505년에는 유명한 아우구스티누스 수도회의 수도사가 되었다. 2년 후 마르틴은 신부 서품을 받았고, 1512년에는 비텐베르크 대학에서 가르치기 시작했다. 그는 일찍이 승진 후보자로 올랐고, 1510년 선임자들은 그를 수도회 대표로서 로마에 파견하기도 했다. 그러나 비텐베르크에서의 고요한 삶에 익숙해 있던 루터는 영원한 도시Eternal City 로마에서 경험한 천박함과 부패 때문에 치를 떨었다. 그리고 그는 위대한 로마가톨릭교회에 대한 큰 걱정을 안고 비텐베르크로 돌아왔다. 그는 자신의 영혼에 대해서, 나아가 교회가 그 영혼을 지옥에서 구해낼 수 없는 것이 아닐까 하는 걱정을 하기 시작했다. 면죄부 판매 및 교회의 부패들은 영혼 구제에 도움이 되지 않는다. 그러나 그가 느낀 불안감의 주요 원천은 교회가 아니었다. 그것은 성서에 대한 그의 새로운 발견이었다.

그가 발견하기 전에는 성서가 분실되었다는 말이 아니다. 매일 드리는 미사에서 성서 일부가 라틴어로 낭독되었다. 그러나 그 시대에 가톨릭교회는 자신들의 권위를 유지하는 목적을 위해서 성서를 사용하고 있었을 뿐이었다. 교회는 오래전에 성스러운 땅에 살았던 예수 그리스도에 대해 말하지만, 이제는 교황이 예수의 지상의 대리자로서 군림하고 있다. 성서에서 말하는 중요한 것은 무엇이든, 교황이 권한을 가지고 있었다. 천국이나 지옥의 열쇠를 가진 사람은 교황뿐이었다. 그것을 기록한 오래된 책은 라틴어로 쓰여 있었기 때문에 그 책을 읽을 수 있는 사람이 거의 없었다. 그리고 미사에서 그 책의 내용을 이해하면서 읽는 신부도 거의 없었다. 그것은 이해하지 못해도 강력한 힘을 가지고 있다고 믿어지는 쿠란 낭독과 다를 바 없는 것이었다.

그러나 루터의 시대에도 성서를 읽고 이해할 수 있는 사람들이 있었다. 그리고 성서는 오직 라틴어 버전만 존재하고 있는 것은 아니었다. 루터 같은 학자들은 구약성서를 히브리어 원전으로 읽었고, 신약성서는 그리스어 원전으로 읽었다. 그리고 그 성서의 메시지는 그들을 두려움에 떨게 만들기 시작했다. 성서의 말이 바로 신의 말이다. 그것은 교황의 입에서 나오는 말이 아니라는 사실을 그들을 알고 있었다. *성서는 제대로 받아들여지면 좋은 소식이지만, 잘못 받아들이면 대단히 나쁜 소식이 될 수도 있다.* 가톨릭교회가 그것을 잘못된 방식으로, 끔찍하게 잘못된 방식으로 받아들이고 있다는 사실에 대해 루터는 두려움을 갖기 시작했다.

성서는 신God에 의해 선택된 어느 민족에 대한 이야기다. 그 선택은 결혼이었다. 신은 스스로 이스라엘의 신랑이 되었다. 불행하게도, 신부는 충실하지 않았다. 예수의 시대가 되면 신은 부정한 신부인 이스라엘과 이혼하고, 기독교인의 교회를 새 신부로 맞이했다. 역사는 되풀이되는 것일까? 가톨릭교회는 더 이상 그리스도의 순수한 신부가 아니게 되었는가? 또는 그 신부는 세속적인 성공과 기쁨을 추구하는 부정한 아내가 되어버린 것인가?

이스라엘과 신 사이의 깨어진 계약 이야기가 종교개혁의 의미를 푸는 열쇠다. 그것의 힘을 느끼기 위해서 우리는 기독교 교회가 자신들을 위해 내놓은 획기적인 주장을 기억해야 할 필요가 있다. 교회는 남녀를 불문하고 모든 사람들에게 영원한 행복이라는 좋은 소식과 영원한 고통이라는 나쁜 소식을 제공했다. 만일 그들이 신과의 계약에 충실하다면 천국의 영광스런 미래가 그들을 기다리고 있을 것이다. 그러나 불신의 대가는 솔즈베리의 성 토마스 성당의 최후의 날 그림에서 생생하게 묘사된 영원한 고통이다.

어떻게 구원을 받을 수 있을 것인가? 그것은 마르틴 루터의 마음속에서 불타고 있던 강박관념이었다. 루터는 자신과 마찬가지로 강박관념에 빠져 있던 사람인 성 바울의 편지들을 읽으면서 신에 대한 통찰의 순간, 즉 계시revelation를 경험했다. 사람은 끊임없는 기도나 순례로 구원을 받을 수는 없을 것이다. 또는 교황이 직접 서명한 면죄부도 소용이 없을 것이다. 그런 것들은 신과 인간의 관계를 비즈니스적인 거래, 즉 돈으로 살 수 있는 어떤 것으로 변질시킬 뿐이다. 루터는 돈으로 신의 사랑을 사는 것은 불가능하다는 것을 알았다. 그리고 그는 그때 번쩍 깨달았다. 신의 사랑은 살 수도 없지만, 그럴 필요도 없다는 깨달음이다. 왜냐하면 *신은 대가 없이 자기 사랑을 주기 때문이다!* 사람을 구원하는 것은 교회가 중개하는 싸구려 거래가 아니라 신의 *사랑*이다. 우리는 교회나 교황이나 다른 어떤 인간 대리인이 아니라 오직 그의 사랑, 오직 신의 사랑을 믿어야 한다.

　루터는 자기 행동이 미래에 던져줄 충격을 깨닫지 못했다. 그러나 루터의 마음속에서 일어났던 사건은 인류의 역사에서 하나의 전환점이었다. 그것은 역사를 영원히 바꾸게 될 두 개의 힘을 속박에서 풀어주었다. 하나는 성서Bible, 다른 하나는 신 앞에 얼굴을 맞대고 서는 자유로운 개인free individual이다. 종교개혁의 즉각적인 효과는 난공불락이었던 교회라는 단일체를 해체시켰다는 것이다. 프로테스탄트 종교개혁은 시작되었고 계속 작동했다. 다음 챕터들에서 우리는 그 결과에 대해 점검해볼 것이다.

CHAPTER 28

종교개혁과 기독교의 분열

마르틴 루터가 받은 계시, 즉 구원은 종교적 의무를 실행하거나 면죄부 구입으로 얻을 수 있는 것이 아니라 오직 신의 사랑에 의해서만 주어진다고 하는 그 계시는 기독교가 충분하게 발전시켰던 아이디어는 아니었다. 루터 본인도 그 아이디어의 혁명성을 인식하지 못했다. 또한 그는, 다른 사람들과의 관계에서, 항상 그런 이념에 따라서 살았던 것도 아니다. 그러나 그 계시는 그에게 다가왔다. 그리고 지금도 여전히 거기에 있다.

루터의 통찰력을 개념화하기 위해 학자들이 만들어낸 '믿음에 의한 의인 justification by faith'이라는 표현은 많은 것을 이야기해준다. 핵심은 '정당화, 인정 justification'이라는 단어 안에 들어 있다. 물론 그 단어가 오늘날 사용되고 있는 용법, 즉 어떤 사람이 수치스

럽거나 도전을 받을 때 그 상황에서 빠져나가기 위해 자기를 정당화한다는 의미는, 이 경우에는 잊어버리는 것이 좋다. 그 대신, 어떤 범죄를 저지르고 재판정에 서 있는 사람을 생각해보자. 그는 유죄이며 자신도 그 사실을 알고 있다. 또한 재판관도 그 사실을 알고 있다. 그러나 놀랍게도 재판관은 그의 행위가 '정당하다'고 '인정'하고 무죄를 선고한다.

루터는 신과 인간의 관계를 이해하는 또 다른 방식을 어렴풋하게나마 알아챘다. 과거에 종교는 신이 사람들을 벌하기 위해 존재한다는 인상을 주었다. 사람들은 자신들이 알지도 못하는 문제에 대해 시험을 치르고 평가를 받고 있는 것이나 마찬가지였다. 여러 다른 종교들이 서로 상호 경쟁적인 이유가 바로 그것이다. 문제를 미리 알 수만 있다면 얼마나 좋을까? 아무것도 모르는 채로 태어나, 전혀 모르는 문제를 놓고 시험을 치를 때, 그것에 대비하여 우리를 지도해줄 수만 있다면 얼마나 좋을까? 그러나 루터는 신을 바라보는 또 다른 방식을 알려준다. 루터가 본 것은 사랑이다. 아무런 조건이나 아무런 요구 없이, 신이 이 세상에 주는 사랑이다. 그것이 사실이라면, 우리는 인간을 벌주러 온 복수의 신을 어깨 너머로 끊임없이 바라보지 않으면서 자유롭게 행복하게 살 수 있다는 것을 의미한다.

루터의 섬광 같은 통찰이 얼마나 근본적인 것이었는지를 이해하려면 종교들이 전통적으로 어떻게 작동되어왔는지를 떠올려보면 좋을 것이다. 종교들 사이에 차이가 있기는 하지만, '의무'라는 단어에서 공통점을 포착할 수 있다. 종교는 비참한 운명으로부터 사람들을 구원하기 위해 출현했다. 그러나 구원받기 위해서는 특정한 교리를 믿고 특정한 임무를 이행해야 할 의무가 있었다. 종교란, 로마인들이 말했던 것처럼, '*a quid pro quo*', 즉 '하나를 위해 다른 하나를 내놓는 것'이었다. 이것을 믿고 저것을 행하라, 그러면 그 결과는 이렇게 될 것이다. 때로는 그 의무는 부정적으로 표현되었다. 이것을 믿지 말라! 저것을 하지 말라! 종교가 근거를 두고 있고, 또 종교가 요구하는 신에 대한 관념을 받아들인다면 그것은 분명 일리가 있는 요구일 수도 있다. 종교는 일종의 교환, 거래, 보험 정책이었다. 면죄부는 분명히 그런 것이었다. 그것을 사라, 그러면 너의 미래는 보호받을 것이다. 그리고 그것은 단지 종교만이 아니라 인간들 사이에 상호작용이 일어나는 방식이었다. 무언가를 얻기 위해서는 반드시 무언가를 내놓아야 했다. 그것은 비즈니스였다.

그것은 신과 인간의 관계에 대해 예수가 이해했던 방식이 아니었다. 그러나 그가 말한 것은 너무 수수께끼 같아서 교회를 운영했던 사람들은 결코 그의 말을 있는 그대로 따르려고 하지 않았다. 예수가 포도 농장 주인에 대한 이야기를 들려주었다. 그 주인은 하루를 마칠 때 일한 사람들이 얼마 동안 일했든 상관없이 동일한 품삯을 지불했다. 신과 인간의 관계는 근로기준법에 근거를 두는 것이 아니라고 예수는 말했다. 그것은 각자의 필요에 따라 맞추어 제작되는 옷과 같은 것이었다. 훨씬 더 놀라운 비유도 있었다. 한 젊은이가 자기 아버지에게 유산을 요구하고 방탕한 생활로 그것을 탕진해버렸다. 그리고 그 아들이 돌아왔을 때, 아버지는 한마디 비난도 없이 아들을 환대했다. 신은 그런 아버지와 같다고 예수는 말했다. 우리가 어떻게 행동하든, 그는 우리를 사랑하기를 멈추지 않을 것이다. 여러분 자신도 그렇게 사랑하기를 힘쓰라!

그것은 미친 짓이다! 세계를 그렇게 운영한다면 종교를 포함한 세계의 모든 시스템과 조직들이 무질서에 빠져들고 말 것이다. 그럼에도, 그것이 바로 루터가 비텐베르크의 그의 서재에서 언뜻 보았던 교회의 모습, 즉 사랑에 의해 움직이는 교회의 가능성이었다. 그의 영웅 바울Paul이 썼던 것처럼, 사랑은 모든 것을 참으며 모든 것을 이겨낸다. 자기 자녀에 대한 신의 사랑은 어떤 것에 의해서도 무너지지 않는다. 그들의 무법적인 행동도 그것을 무너뜨릴 수 없다. 그의 자녀가 아무리 많은 죄를 지어도 신은 그들을 계속 사랑하신다. 그들을 구원해주는 것은 두려움이나 거래가 아니라 사랑이다.

그러나 교회는 신의 친절divine kindness에 근거한 종교를 인간의 잔인human cruelty에 근거한 종교로 바꾸어놓고 말았다. 그것은 예수 십자가의 깃발을 휘날리며 적을 살육했던 콘스탄티누스의 방식이었다. 그것은 십자군이 무슬림을 죽이러 성지로 진격했을 때 한 일이었다. 그리고 그것은 심문관이 이단의 팔을 형틀 위에서 부스러뜨리며 한 일이었다. 그들은 모두 자신들이 아는 신의 버전을 사람들에게 강요하고 복종시키는 것이 멋진 일이라고 생각했다. 그리고 그것은 그들의 신에 대한 버전이 사실은 단지 자신들만의 버전에 불과했기 때문에 일어난 일이었다.

그 모든 것이 얼마나 잘못된 것인지 루터는 순간적으로 알았다. 그리고 그런 통찰은 가톨릭교회의 권력과 탐욕에 대항하며 무언가 새로운 것을 요구할 용기를 주었다. 그렇게 해서 개혁 종교, 즉 프로테스탄트 종교Protestant religion가 탄생했다. 이름 그 자체가 알려주듯이 개혁교회Protestantism는 자신을 정의할 때 무엇을 목표로 삼는지보다는 무엇에 저항하는지를 더 강조했다. 그러나 권력의 잔인함에 대한 저항은 유럽 역사에 소중한 것을 가져다주었다. 그것은 나중에 종교적 독재뿐 아니라 정치적 독재에 도전하는 에너지를 제공했다.

당시의 사회질서가 구축되는 방식 때문에, 프로테스탄트 운동은 지역 지배자들의 승인과 후원 없이는 그다지 멀리 나갈 수 없었다. 그 당시 유럽은 민주주의가 아니었다. 그래서 개혁교회들이 확고하게 서기 위해서는 왕이나 군주들의 후원이 필요했다. 지배자들과의 연합이 형성되고 난 이후에 새로운 교회가 등장했다. 그러나 그들 모두가 루터의 교의를 동일한 방식으로 이해하거나 동일한 것을 믿지는 않았다. 따라서 로마와의 결별 이후에, 새롭게 정화된 교회의 모습이 어떤 것이어야 하는가의 문제를 놓고 의견을 달리했던 프로테스탄트들 사이에서 작은 분열들이 이어졌다. 개신교의 장점은 동시에 그것의 최대 약점이기도 했다. 그들은 인정하지 않았겠지만 타협할 줄 모르는 것이 바로 그들의 약점이었다.

로마교회의 장점은 분열을 막아준다는 점에서 찾을 수 있었다. 단일성에 대한 로마교회의 신념은 다른 지역에 사는 다른 민족들을 하나로 묶어주는 접착제 역할을 했다. 미사에서 라틴어를 사용하는 것도 교회에 통일성을 부여해주었다. 심지어 성직자들 중에서도 교육받은 소수만이 라틴어를 이해했고, 그 숫자는 결코 많지 않았다. 따라서 유럽 전역에서 미사에 참여했던 사람들은 제단에서 사용되는 말의 의미를 모른 채 의식을 따라했다. 그리고 그런 점에서도 가톨릭은 하나였다. 그러나 종교개혁Reformation 을 통해 그런 통일성이 영원히 사라졌다.

종교개혁의 격동 이후 가톨릭교회는 반종교개혁Counter Reformation 이라고 알려진 개혁 운동을 일으켰다. 교황 바오로 3세Pope Paul III는 1545~1563년 사이에 이탈리아의 트렌트Trent에서 공의회council를 소집했다. 예상대로, 그 회의에서 마르틴 루터가 쓴 문서들은 파기되었지만 그것을 촉발시켰던 교회의 남용은 비판을 받았다. 최초의 교황이라고 불렀던 사도 성 베드로의 배Barque of Saint Peter를 자처했던 교회는 교회를 전복시키려는 폭풍에서 살아남았다. 교회는, 가끔씩 바람에 흔들리면서도, 심각한 위협을 당하지는 않은 채 역사의 바다에서 항해를 계속해나갔다.

개혁교회에 대해서는 동일하게 말할 수 없다. 잠시 항해 비유를 계속 사용해서 말해보자. 처음에 개혁교회는 국가의 깃발을 펄럭이며 항해하던 몇 대의 범선에서 시작했다. 그리고 점차 경쟁하는 선박들로 이루어진 함대로 커졌고, 그중에는 카누 수준에도 미치지 못하는 작은 배들도 있었다. 주로 두 가지 요인에 의해 배의 숫자가 늘어났다. 무엇보다 큰 요인은 성서였다. 단일한 권위의 통제에서 벗어나게 되면, 책은 다양한 해석의 대상이 된다.

세계 종교의 역사

특히 그 해석이 신의 가르침에 의거한다고 믿게 되면 더욱 그렇다. 루터는 성경에서 '믿음에 의한 의인'이라는 가르침을 발견했다. 그러나 성서에는 발견될 수 있는 것이 많이 남아 있었다. 그리고 그들 가르침 중 많은 것이 서로 모순을 일으켰다. 무엇보다, 성서는 여러 세기에 걸쳐 수많은 무명 작자들이 쓰고 또다시 쓴 책들을 수집한 것이다. 자신들의 필요와 두려움이 이끄는 방향에 따라서, 모든 사람이 그 안에서 무언가를 찾을 수 있었다. 일부 개혁교회는 구약성서보다 신약성서에서 더 큰 영감을 얻을 수 있다고 주장했다. 우리는 이제 개혁이 여러 다른 나라들에서 어떤 방식으로 이루어졌는지에 대해 살펴볼 것이다. 또한 종교에서 절대적 권위를 찾고자 하는 오래된 소망이 어떻게 무오無誤의 교황에서 무오의 성서로 이동하게 되었는지 살펴볼 것이다.

프로테스탄트교회의 분열을 일으킨 또 다른 요인은 종교개혁이 개인을 해방시켰던 바로 그 방식에서 찾을 수 있다. 그때까지만 해도, 전통적인 종교는 일반 신자들의 선택의 자유를 그다지 허용하지 않았다. 신자들은 교회를 운영하는 신부나 주교가 말하는 것을 따라야만 했다. 개혁교회는 개인의 양심과 하느님과의 개인적인 관계에 대한 자유를 보장함으로써 권위주의를 파괴했다. 사람들은 공식적인 전문가를 통해 신에게 다가가야 한다는 생각을 거부했다. 사도직의 전승에 따라 사제로 임명된 사람들만이 아니라, 모든 신자들이 사제직을 맡을 수 있다고 생각했다. 그것이 바로 개혁교회가 하나의 단일한 조직으로 존재하기 어려운 이유였다. 책임을 맡은 사람들에게 도전하는 반항아는 항상 존재한다. 자기들의 말이 통하지 않으면 그들은 곧장 떨어져나가 자기들만의 교회를 열었다.

그러나 프로테스탄트교회의 가장 큰 실패는, 적에게 폭력을 사용함으로써 기독교를 타락시켰던 콘스탄티누스의 방식에, 도전하지 않았다는 사실에서 찾을 수 있다. 루터는 자신의 통찰을 사랑으로 변화시켰지만, 하늘은 다시 그 문을 닫았다. 그 결과 루터는 적을 상대할 때 그 누구보다도 잔인했다. 자신의 권위가 도전받을 때 그는 결코 주저하지 않고 맹렬한 공격을 퍼부었다.

가톨릭교회의 권력에 대한 종교개혁의 도전에 자극을 받은 독일 농민들이 영주들의 권력으로부터 벗어나려고 했다. 그러나 루터는 농민들에게 가차 없는 공격을 퍼부었다. 그들은 노예는 아니었지만 거의 노예라고 말할 수 있었다. 그들은 자신들을 가난으로부터 구해낼 수도 없고, 또 그렇게 할 권리도 없는 농노였다. 그들은 거대한 집과 궁전에 사는 귀족들을 위해 죽도록 일하기 위해 거기에 존재했다. 교회는 그러한 체제를 신이 정한 것이라고 축복했다. '부자는 성에서, 빈자는 부자의 대문에서. 신은 그들을 높게 또는 낮게 만드셨고, 그들의 신분을 정하셨다.' 대중의 찬송가는 그렇게 노래했다. 그러나 농부들은 그렇게 생각하지 않았다. 그리고 종교개혁은 그들에게 희망을 주었다. 교회가 변할 수 있다면, 사회는 왜 변할 수 없는 것인가? 마르틴 루터가 로마교회의 권력을 뒤집을 수 있다면, 그들은 왜 독일 지주의 권력을 뒤집을 수는 없겠는가?

농민혁명Peasants' Revolt이라고 불리는 그들의 반란은 1524년에서 1525년까지 겨우 1년 동안만 이어졌을 뿐이다. 화가 난 루터의 열정적인 후원을 받은 봉건 당국은 농민들을 잔혹하게 탄압했고, 그 기간 동안에 10만 명이 살해되었다. 농민혁명이 진압된 뒤에도, 자경당원들은 남아 있는 농부들을 기습하여 그들의 오두막집을 불태우며 농촌을 돌아다녔다. 그것은 천국을 약속하는 종교적 강박관념이 지상에서 더 나은 삶을 가능하게 만드는 방법을 찾아내는 노력을 방해했던 대표적인 사례 중 하나였다. 농민반란을 탄압하는 데 관여한 루터는 최초의 프로테스탄트 십자군으로 묘사되기도 했다. 그리고 프로테스탄트에 대항하는 프로테스탄트가 등장했다. 모든 것이 변했다. 그러나 모든 것이 그대로였다.

16세기 말이 되면, 아일랜드를 제외하고, 북유럽은 거의 완전히 프로테스탄트 세상이 되었다. 새로운 교회들은 서로 다른 형태를 취하면서 종종 폭력적인 불일치에 빠져들었다. 그러나 유럽만이 종교적인 위기를 통과하는 유일한 대륙은 아니었다. 인도 역시 위기를 겪고 있었다. 종교개혁이 영국과 스코틀랜드를 강타하면서 무슨 일이 있었는지 알기 위해 영국 해협을 건너야 할 것이다. 그러나 그전에, 인도에서 진행되고 있던 일을 보기 위해, 다시 한 번 지그재그를 그려보려고 한다.

CHAPTER 29

나나크의 종교개혁

아마도 마르틴 루터가 나나크를 알았다면 그를 좋아하지 않았을 것이다. 감정은 상호적인 것이지만, 루터는 시크교Sikh religion의 창시자인 구루 나나크Guru Nanak와 많은 공통점을 갖고 있다. 그들은 비슷한 격동기를 살았다. 나나크는 1469년에, 그리고 루터는 1483년에 태어났다. 나나크는 1539년에, 그리고 루터는 7년 뒤인 1546년에 죽었다. 그들은 서로에 대해 결코 들었던 적도 없었다. 나나크는 인도에서, 그리고 루터는 6,500킬로미터나 떨어진 독일에서 활동했다. 그러나 그들은 둘 다 자신들이 태어나면서 가졌던 종교를 개혁한 사람이다. 그들이 살았던 방식과 믿었던 세계는 멀리 떨어져 있었지만, 그들을 통해 우리는 종교가 진리와 순수성을 찾아가는 과정에서 어떻게 분열하는 경향이 있는지 떠올리게 된다.

시크교도는 구루 나나크와 그를 계승한 아홉 명의 구루를 추종하는 사람들이다. 나나크는 시크교의 창시자다. 하지만, 그가 제시한 신앙은 제10대의 구루가 죽은 1708년에야 비로소 최종적인 형태를 완성한다. 구루guru란 말은 신의 의미를 명확하게 만들고, 신의 존재를 진정하게 만들어주는 교사teacher라는 의미다. 구루 나나크는 죽기 전에 구루 앙가드Guru Angad를 후계자로 지명했다. 그리고 구루 앙가드는 1552년에 죽기 전에 구루 아마르 다스Guru Amar Das를 후계자로 지명했다. 이런 식으로 시크교의 구루 계승은 1676년에 제10대 구루 고빈드 싱Gobind Singh에 이르렀다.

그러다 흥미로운 일이 발생했다. 구루 고빈드 싱은 후계자를 지명하지 않기로 결정했다. 그는 이제부터는 시크 공동체 내에서 신을 대신하는 구루는 두 가지 다르지만 연관된 방식으로 존재하게 될 것이라고 천명했다. 먼저, 구루가 시크의 성서가 될 것이다. 구루 그란트 사히브Guru Granth Sahib라고 불리는 시크의 성서는 신의 존재에 대한 상징으로서 시크 사원, 즉 구르드와라gurdwara(구루로의 통로)에서 중심적인 자리를 차지하게 될 것이다.

구루Guru의 두 번째 존재 방식은 구루 칼사 판트Guru Khalsa Panth, 즉 순전한 방식의 구루라고 불리는 신도들의 공동체가 될 것이다. 마치 기독교의 종교개혁으로 등장한 새로운 교회들처럼, 시크교도들 역시 자신들의 믿음을 감독하기 위한 사제들의 연합체가 필요하다고 생각하지 않았다. 신앙심이 깊은 자들은 그들과 신 사이의 중개자를 필요로 하지 않는다. 신의 눈에는 모든 신도가 평등했다. 따라서 시크교는 인도 종교의 개신교라고 말할 수 있다. 나아가 순수한 방식의 구루는 기독교 개혁자들이 가장 소중하게 생각했던 만인 사제라고 볼 수도 있을 것이다. 시크교를 인도적인 개신교의 한 형태라고 볼 수 있는 다른 이유들도 있지만, 여기서는 일단 시크교의 초대 구루 나나크를 통해, 그것이 어떻게 시작되었는지 살펴보자.

나나크는 인도 서북부의 펀자브Punjab 지방에서 상인 카스트 부모에게서 태어났다. 그가 태어났을 때, 힌두교는 이미 오래전부터 인도의 지배적인 종교가 되어 있었다. 그러나 그 지역에서는 이슬람이 점차 우세해지고 있었다. 무슬림 상인들은 8세기에 처음 인도에 도착했고, 그들의 신앙을 인도에 가져왔다. 항상 그랬던 것처럼, 인도는 어떤 형태의 종교에도 관용적이었다. 무슬림은 다른 종교 시스템들 사이에서 인도 아대륙에 뿌리를 내렸다. 그 후, 10세기가 되자 이웃 아프가니스탄의 무슬림이 펀자브 지방으로 침입해 들어오기 시작했다. 그 당시 그들은 자신들의 신앙을 부과하는 일보다는 전리품을 실어 나르는 데 더 관심을 가졌던 것 같다. 하지만, 그들은 자기들이 만난 다신교에 질렸던 것이 분명하다.

그 이후에도 무슬림의 침입은 계속되었고, 나나크가 태어나던 15세기 무렵에는 무갈 제국Mughal Empire이 인도를 지배하기 시작했다. 무갈 민족은 원래 중앙아시아의 몽골리아에서 유래했다. 그들이 인도에 처음 도착했을 무렵에는 이미 이슬람으로 개종한 뒤였다. 나나크가 소년이었을 때, 인도의 황제는 무슬림이었다.

세계 종교의 역사

그러나 힌두의 보편주의의 기운이 새로운 통치자들에게 영향을 미쳤고, 무갈 제국은 다양한 여러 종교들에 대해 관대했다. 정신적인 추구에 전념했던 나나크는 선택을 해야 했다. 힌두교인가, 이슬람인가?

그는 영감을 얻기 위해, 두 종교의 성지를 모두 순례하기로 결정했다. 그는 서쪽으로 아라비아의 메카까지 갔다고 한다. 그가 순례를 마치고 펀자브 지방으로 돌아올 즈음, 자신이 찾고 있던 길은 힌두교도 아니고 이슬람도 아니라고 생각했다. 신비하게 이루어진 신과의 만남 이후 그는 다른 길을 선포했다. 그러나 그의 가르침은, 나름의 특성을 가지고 있지만, 기본적으로는 두 종교의 요소를 모두 담고 있는 것이었다. 예언자 무함마드나 종교개혁의 지도자들과 마찬가지로, 나나크는 겉으로 보여주기만 좋아하는 종교를 혐오했다. 그는 우상숭배를 권하는 상인들을 대단히 경멸하는 일신론자였다. 종교가 얼마나 쉽게 신을 팔아먹는 장사꾼이 될 수 있고, 또 영적인 사기꾼들을 동반한 부정한 돈벌이가 될 수 있는지, 그는 이미 간파하고 있었다. 그는 보통 사람들의 마음속에 이미 신이 들어와 있음을 잘 알고 있었다. 그것이 바로 나나크가 직업적인 성직자가 주도하는 예배를 싫어했던 이유다.

그런 점에서 그는 힌두교보다는 이슬람에 더 가까웠다. 그러나 하나의 생명에서 또 다른 생명으로 계속 떠돌며 구제를 기다리는 영혼의 갈구에 대해 동정심을 느낀다는 점에서 그는 여전히 힌두교도였다. 나나크는 힌두교의 중심이라고 할 수 있는 카르마와 환생에 대한 교리를 받아들였다. 나나크에게 나타난 신은 자신이 이미 재생의 순환에서 풀려났다고 말했다. 그리고 신은 나나크를 사람들에게 보내겠다고 말했다. 나나크의 임무는 재생의 순환으로부터 구원을 얻는 방법을 사람들에게 알려주는 것이었다. 그의 정신적 경험에 대해 말해주는 이야기들 안에서 나나크의 사명은 이렇게 설명되고 있다. 전능자가 그에게 말했다.

나는 탄생, 죽음, 그리고 재탄생의 순환으로부터 너를 해방시킨다. 믿음을 가지고 너에게 눈을 고정하는 자는 구원을 얻게 될 것이다. 확신을 가지고 너의 말을 듣는 자는 구원을 얻을 것이다. …… 내가 너를 구원한다. 나나크여, 사악한 세상으로 돌아가, 기도하고 자비를 베풀고 정결하게 살라고 사람들을 가르쳐라. 세상에 선을 행하고 죄의 시대에 선을 회복하라.

이 정도만을 보면, 우리는 나나크가 행한 모든 것이 힌두교와 이슬람의 파편들을 모아서 그것을 재포장한 것이라고 결론을 내릴 수도 있다. 그러나 그다음에 그가 한 일을 보면, 그것은 근본적이며 특별한 것이고, 지금도 여전히 그렇다는 사실을 알 수 있다. 그는 사람들이 함께 먹는 것을 중시했다. 그것은 그다지 새롭다거나 중요하다고 보이지 않을 수도 있지만, 종교의 역사 안에서는 혁명적인 가르침이었다. 종교 공동체 안에서 신자들은 어떤 사람들과는 함께 먹는 것이 허락되고, 어떤 사람들과의 식사는 금지되는지 배워야 했다. 심지어 같은 테이블에 앉는 것이 허용되는 사람들을 지칭하는 '식사공동체commensality'라는 전문용어가 있을 정도다. 그리고 대부분의 에너지는 누구와 식사할 수 없는지를 구별하는 데 사용되었다. 종교적 정신 안에는 불결한 음식과 불결한 사람이 있다는 믿음이 강하게 흐르고 있기 때문이다. 먹을 수 없는 음식이나 같이 먹어서는 안 되는 사람과 접촉하게 되면, 그 사람은 신을 불쾌하게 만들기 때문에 정화purification가 필요해진다. 그런 믿음은 특권적 카스트나 인종 분리가 행해지는 지역에서 특히 강하게 나타난다. 심지어 불가촉민untouchable의 그림자가 스치기만 해도 불결한 음식이라고 버려야 했던 힌두교의 카스트 제도 안에도 그것은 남아 있다.

힌두교는 이런 종류의 차별을 시행했던 유일한 종교는 아니었다. 그것은 유대교 안에서도 발견된다. 유대교는 음식을 구별할 뿐 아니라 인간도 차별했다. 예수에게 씌워진 혐의 중 하나는 이런 금기들을 무시했다는 것이었다. 예수는 죄인들에게 말을 걸었을 뿐 아니라 그들과 함께 음식을 먹기도 했다! 그의 길을 따른다고 주장했던 교회조차도 얼마 지나지 않아 예수의 본보기를 따르지 않아야 할 이유들을 발견했다. 식사 금기는 아직도 기독교 안에서 지켜지고 있다. 기독교 예배에서 가장 중요한 것 중 하나는 주님의 만찬, 또는 성찬, 혹은 미사라고 불리는 의례화된 식사다. 그것은 예수가 죽기 전날 밤 제자들과 함께한 식사에서 유래한다. 그때 예수는 제자들에게 자신을 기억하며 계속 그런 식사를 하라고 말한다. 그 이후, 기독교도들은 그것을 실행했다. 그러나 그들은 모든 사람과 함께 먹으려고 하지는 않는다. 로마가톨릭 신자들은 개신교도와 함께 먹으려 하지 않는다. 개신교도들 중에는 다른 종파에 속하지 않는 사람과는 함께 먹지 않으려는 사람들도 있다. 그리고 많은 기독교도들은 죄를 지은 자는 성찬을 함께하지 못하게 해야 한다고 믿는다. 그것은 마치 잘못 행동한 벌로 저녁을 먹이지 않고 아이를 잠자리로 보내는 것과 같다.

나나크는 이런 모든 금기를 혐오했다. 그는 사람들이 어떻게 신의 이름으로 사람과 사람을 분리하는 담을 세웠는지를 똑똑히 보았다. 신은 모든 사람을 평등하게 사랑하고 있는데도 말이다. 그의 반응은 아주 간단했다. 그는 랑가르langar, 즉 공동 식사의 관습을 시크 공동체 안에 도입했다. 그것은 모든 카스트에 개방되어 있었다. 그리고 그것에는 성직자들이 좋아하는 의례적 윤색이 전혀 들어가 있지 않았다. 그것은 그저 보통의 식사였다! 그들은 마치 한 가족처럼 같이 밥을 먹었다. 시크교 사원gurdwara에는 부엌이 건물의 다른 부분들만큼이나 신성하다. 그곳에서는 음식이 만들어지고, 카스트나 신조, 나아가 인종이나 성별의 차이가 사라진다. 모든 사람은 평등하고, 모든 것을 공유한다. 구드와라[사원]에는 나침반의 네 방향에 맞추어 네 개의 문이 나 있다. 사원이 모든 방문자에게 열려 있음을 표현하기 위해서다. 나나크를 따르는 모든 구루들이 랑가르의 중요성을 강조했다. 제3대 구루 아마르 다스는 자기를 만나고자 하는 모든 사람은, 가장 신분이 낮은 농부에서부터 인도의 황제에 이르기까지, 먼저 랑가르에서 그와 함께 밥을 먹어야 한다고 주장했다.

나나크를 이은 아홉 명의 구루는 각자 자기 시대의 필요에 적응하는 비전을 확정했지만, 오늘날까지도 시크교의 특성을 규정하는 드라마틱한 정체성을 확정한 사람은 제10대 구루 고빈드 싱(1666~1708)이었다. 무갈 제국의 인도는 상대적으로 관용적이기는 했지만, 결코 개방된 사회라고 말할 수는 없었기 때문에, 시크교도들은 이슬람에 대항하여 스스로를 지켜야만 했다. 제6대 구루 하르고빈드Hargobind(1595~1644)는 그들 공동체를 보호하기 위해 시크 군대를 창립했다. 그러나 시크교에 군대적 특징을 부여한 사람은 제10대 구루 고빈드 싱이었다. 고빈드는 신자들이 요새가 있는 도시를 세우고 군사훈련을 받기를 권유했다. 이것은 자기들을 박해하는 기존의 그룹으로부터 자신들을 보호하기 위한 조처였다. 시크교도들은 전설적인 병사가 되었고, 그들의 특징이 된 군사적인 스타일을 채택하게 된다.

시크교는 5K로 표현되는 주요한 다섯 가지 특징을 가지고 있다. 케시Kesh는 머리카락을 자르지 않는다는 뜻이다. 시크교도들은 믿음의 표시로 머리가 자라도록 내버려둔다. 시크교 남성은 머리카락을 통제하기 위해 터번을 착용한다. 여성은 터번이나 스카프를 착용할 수 있다. 칸가Khanga는 긴 머리카락을 고정하는 머리빗이며 순수를 상징한다. 카라Kara는 신의 무한성을 상징하는 금속 팔찌다. 키르판Kirpan은 어깨끈에 매달아 허리에 차는 칼이다. 이것은 시크교도들에게 자신들의 군사적 역사뿐만 아니라 정의를 위해 싸워야 하는 의무를 기억하게 만든다. 카차Kaccha는 병사들이 입는 아랫도리 속옷인데, 자기 규율의 필요성을 기억하게 하는 역할을 한다.

기독교나 이슬람과 달리, 시크교는 포교 지향성을 가진 종교가 아니다. 그것은 신앙만큼이나 인종적 정체성을 중시한다는 점에서, 유대교와 비슷하다. 그리고 그들의 종교에 합류하기를 원하는 개종자를 기쁘게 맞아들이기는 하지만, 개종자를 찾기 위해 바다를 건너가지는 않는다. 그 이유는, 자기들의 믿음만이 유일한 구원의 길이라고 주장하는 종교들과 달리, 시크교도는 신에게 다가가는 길이 여럿 있다고 믿기 때문이다. 그 점에서 그들은 인도적인 영성의 특징이라 할 수 있는 관대함을 보여준다. 서양에서 기독교의 특징으로 알려진 불관용intolerance과 대조된다. 그리고 그것은, 16세기를 거치면서 종교개혁의 전투가 얼마나 맹렬하게 진행되었는지를 보기 위해, 인도를 떠나 영국으로 향하라는 신호가 된다.

CHAPTER 30

영국국교회

내가 학생이었을 때, 화려한 언변을 가진 아버딘 출신의 교회사 강사 한 분이 있었다. 그는 내가 아직도 기억하고 있는 재미난 비유를 사용하여, 종교개혁에 대해 강의했다. 그의 비유는 우리 학생들이 16세기의 투쟁 상황에서 등장한 다양한 교회들의 스타일에 대해 어떻게 생각하는 것이 좋은지를 깨우쳐주는 것이었다.

그는 이렇게 말했다. '여러분에게 꼬맹이 아들이 하나 있습니다. 아이가 친구들과 밖에서 놀다 왔습니다. 잠들 시간에 집에 돌아온 아이의 얼굴은 온종일 들판을 헤매다 묻은 진흙으로 더럽혀져 있습니다. 아이의 상태를 본 여러분은 어떻게 해야 할까요? 여러분에게는 세 개의 선택지가 있습니다. 아이를 그대로 이부자리에 들게 하고, 더러워진 머리통을 여러분의 깨끗한 베개 위에

눕히는 것입니다. 두 번째로 여러분은 아이의 머리통을 잘라낼 수도 있습니다. 그렇게 되면 물론 진흙은 확실하게 제거하겠지만, 그 과정에서 아이는 죽게 될 것이고 여러분에게 아들은 더 이상 존재하지 않게 됩니다. 마지막으로 여러분은 아이를 목욕시켜 깔끔하게 만든 뒤에 잠을 잘 잘 수 있도록 침대에 들일 수도 있습니다.'

여기서 그는 무엇을 말하려고 했던 것일까? 그는 종교개혁 이후 등장한 교회들 안에서 과거와의 연속성이라는 것을 찾아내려 하고 있었던 것이다. 전혀 변화가 없는 연속성, 연속성이 전혀 없는 변화, 또는 얼마간의 변화와 함께하는 연속성이라는 세 개의 모델이 나와 있다고 그는 말했다. 가톨릭교회는 초기의 사도들에게로 거슬러 올라가는 기독교와 연속되어 있었다. 16세기에 이르면 그것은 마치 아이의 더러운 얼굴과 같은 모습을 하게 되지만, 그 더러움 아래에는 처음부터 갖고 있던 무엇인가가 깔려 있다. 그것은 개혁되지 않은 기독교였다.

그러나 극단적인 개혁가들은 가톨릭이 더 이상 기독교가 아니라고 주장했다. 교황은 단지 더러운 얼굴을 하고 있었을 뿐 아니라 반기독교적인 존재였으며, 사실은 그리스도의 제자를 가장한 그리스도의 적이었다. 그것은 한 국가를 내부에서 파괴하기 위해, 외국의 스파이가 그 국가의 대통령이 되는 것과 같은 일이다. 가톨릭 정신Catholicism은 더러운 얼굴만을 드러내고 있었다. 그래서 그들은 사악한 머리를 잘라 내버려야 한다고 생각했다.

중간 지점에는 자신들이 하는 일은 단지 교회의 얼굴을 씻어주는 것일 뿐이라고 말하는 개혁가들도 있었다. 그들은 교회를 제거하고 있는 것이 아니라 단지 얼굴을 더럽히는 진흙을 씻어 없애는 중이라고 말한다. 그리고 종교개혁에서 등장한 모든 교회들 가운데서, 중간 영역을 가장 잘 평가하고 그것이 자신의 기반이라고 주장했던 것이 영국국교회Church in England였다. 그들은 자신들의 논쟁은 가톨릭교회와 전혀 연관이 없다고 말했다. 그것은 그들 주교 중 하나인 로마 주교와 관련되어 있을 뿐이다. 무슨 권리로 여러 주교들 중 하나에 불과한 이탈리아 주교가 다른 나라의 일에 간섭하는가? 자신의 권위가 전 세계에 미친다는 그의 주장은 교회의 원래적인 정체성의 일부가 아니다. 그의 권력 장악은 이미 동방교회와 서방 가톨릭교회 사이의 대분열을 야기했다. 그는 자신의 낡은 수법에 매달리고 있을 뿐이다. 여기서 조심하지 않으면 또 다른 대분열이 발생할 수도 있다.

그러나 그 이야기에는 또 다른 면이 있었다. 그리고 그것은 로마 주교의 야심보다는 잉글랜드 왕의 결혼에 얽힌 골치 아픈 문제와 관련되어 있다. 왕의 이름은 헨리 8세Henry VIII였다. 그는 모두 여섯 명의 아내를 가졌던 것으로 유명했고, 그런 모든 골칫거리를 이해하려면 그가 태어나기 40년 전으로 되돌아가야 한다.

헨리는 1491년 6월 28일에 태어났다. 그해는 37년 동안 잉글랜드를 갈라놓은 일련의 전쟁이 끝난 지 4년이 지난 때였다. 1455년에 시작된 전쟁은 맹렬하게 계속되다가 1485년 헨리 튜더Henry Tudor가 보스워드 전투Battle of Bosworth에서 승리하면서 끝이 났다. 그는 헨리 7세Henry VII로서 왕위에 올랐다. 마침내 평화가 왔다!

그러나 중세의 왕들은 결코 평화를 당연한 것으로 받아들일 수 없었다. '왕관을 쓴 머리는 불편하게 눕는다'라고 영국의 위대한 극작가 윌리엄 셰익스피어는 말한 바 있다.

장래의 헨리 8세는 그의 아버지를 영국의 왕위로 이끌어주었던 전쟁 이야기들을 들으며 성장했을 것이다. 그는 아마도 왕위를 위협하는 것이라면 아무리 사소한 것이라도 경계를 게을리해서는 안 된다는 사실을 배웠을 것이다. 그러나 다행히도 왕위는 그에게 거의 중요하지 않았다. 그에게는 헨리 7세가 죽은 다음에 왕이 될 예정이었던 아더Arthur라는 형이 있었다. 영리하고 운동을 좋아하는 어린 헨리는 공부도 열심히 했고 놀기도 열심히 했다. 그러나 그가 열 살 때에 모든 것이 바뀌었다. 그의 형 아더는 아라곤의 스페인 공주 캐더린을 미망인으로 남기고 갑자기 죽었다. 이제는 헨리가 아버지가 그토록 공들여 얻고 지켜온 왕위의 상속인이 되었다. 그리고 1509년 헨리 7세가 죽자, 17세의 아들은 헨리 8세로서 왕위에 오른다. 그리고 헨리 8세는 38년 동안 집권했다.

우리의 이야기는 헨리 8세가 잉글랜드의 국왕이 되고 자기보다 다섯 살 위이자 형 아더의 미망인인 형수 아라곤의 캐더린과 결혼하기로 결정한 때부터 시작된다. 그것은 일반적인 사건은 아니었다. 왜냐하면 성서가 그런 결혼을 금지하고 있다고 보였기 때문이다. 구약성서의 레위기에는 형의 미망인과 결혼하는 것을 분명하게 금지하고 있다. '형제의 부인을 취하면, 그것은 불결한 일이다. 그는 형의 발가벗은 몸을 들춘 것이다.' 그리고 여기에서 정말 나쁜 소식이 나온다. '그들은 자손이 없게 될 것이다.' 그 결혼을 진행시키기 위해 헨리는 교황으로부터 특별한 허락을 받아야만 했다. 그래서 그는 교황의 허락을 받고 캐더린과 결혼했다. 그때 헨리는, 너무 기쁜 나머지, 교황이 잉글랜드 안에서 권위를 가진다는 사실을 받아들이고 말았다.

그러나 캐더린이 왕위를 계승할 아들을 낳지 못하면서 문제가 시작되었다. 이것은 헨리에게 진정한 고민거리였다. 사실 중세의 어느 왕이든 동일한 고민을 했을 것이다. 그 당시에는 남자 상속자를 생산하는 것이 왕비들에게 주어진 당연한 임무처럼 기대되었다. 캐더린은 그 임무를 완수하는 데 실패했다. 그녀는 헨리에게 메리Mary라는 딸은 안겨주었지만 아들은 남겨주지 못했다. 중요한 것은 아들이었다. 헨리는 성서를 알고 있었다. 그는 어느 정도 신학자로서의 자질을 가지고 있었다. 그는 라틴어와 그리스어를 읽을 수 있었다. 그리고 그는 확고한 가톨릭교도였다. 그는 유럽에서 일어나고 있던 모든 개혁 논의를 혐오했다. 그가 루터의 신학을 공격하며 쓴 소논문에 대해, 교황 레오 10세는 '신앙의 수호자Defender of the Faith'라는 특별한 칭호를 하사할 정도였다. 그리고 그것은 오늘날까지 영국 왕실의 공식 칭호로 남아 있다. 파운드 주화를 보면 여왕 이름 뒤에 'FD'라는 글자가 있는 것을 볼 수 있는데, 그것은 'Fidei Defensor', 즉 '신앙의 수호자'라는 의미를 가진 라틴어 약어다.

따라서, 헨리 8세는 다른 종파에 속할 수는 있어도 결코 프로테스탄트는 아니었다. 그는 잉글랜드에 새로운 교회가 수립되는 것을 원하지 않았다. 그는 자기에게 아들을 낳아줄 아내를 원했을 뿐이다. 해결 방법은 간단했다. 성서의 경고에도 불구하고 교황은 그에게 특별 허락을 내렸고, 헨리 8세는 캐더린과 결혼했다. 그녀가 아들을 낳지 못했다는 사실은, 교황의 허락이 처음부터 잘못된 것이었음을 증명하는 것이 되어버렸다. 레위기의 문장이 뭐라고 말했던가? 그들에게 *자식이 없을 것*이라고 하지 않았던가? 딸은 자식으로 인정되지 않았기 때문에, 헨리는 자기에게 자식이 없다고 생각했던 것이다. 그렇다면 교황이 그 결혼은 유효한 것이 아니었다고 선언하는 것이 하나의 가능성이었다.

그러나 그것은 교황이 받아들이기 어려운 요구였다. 만일 그런 무효화를 선언하면, 교황은 캐더린의 친척인 스페인 황제를 공격하는 셈이 된다. 만약 헨리의 요구를 받아들이지 않으면, 잉글랜드 왕은 격노할 것이다. 그래서 교황은, 다른 일이 일어나 자신을 곤경에서 구해주기를 희망하면서, 아무 일도 하지 않고 버텼다.

그때 헨리의 인생에 또 다른 여성 앤 볼린Anne Boleyn이 나타났다. 그녀는 원래 캐더린 왕비의 시녀였다. 자식이 없는 것이 형의 아내와 결혼한 것에 대한 저주라고 확신한 헨리는 이번에는 앤Anne과 사랑에 빠졌다. 1533년 헨리는 비밀리에 앤 볼린과 결혼했다. 그리고 1534년 헨리는 학자들을 동원하여 역사의 전례를 찾아내고 자신이 '잉글랜드 교회의 최고 수장Supreme Governor of the Church of England'이라고 선언했다. 헨리가 교회에 대한 새로운 권위로서 처음 한 일은 캐더린과의 결혼을 무효화하는 것이었다. 이로써 로마로부터의 분리가 완성된 것이다.

세계 종교의 역사

여기서 주목할 점은, 로마로부터의 분리가 새로운 교회를 요구하는 프로테스탄트들의 요구에 의해 일어난 것이 아니라 새로운 왕비를 요구하는 잉글랜드 왕의 요구에 의해 일어났다는 것이다. 물론 잉글랜드 안에도 개신교도들이 있었다. 그들 중 한 사람이 왕의 직속 호국경fixer이었던 토마스 크롬웰Thomas Cromwell이었다. 크롬웰은 헨리를 동정했다. 그러나 헨리가 그의 동정심에 대해 알고 있었던 것 같지는 않다. 이렇게 얽히고설킨 상황에서, 가톨릭이면서 동시에 개혁적인, 같으면서도 다른, 영국국교회Church of England가 등장하게 된다. 영국국교회는 주교, 사제, 부제의 옛 제도를 간직하면서 여전히 사도적 전승 안에 있다고 주장했다. 옛 교회력에서 정해진 축일과 금식일 등, 거의 대부분이 아름다운 영어로 써진 공동기도서Book of Common Prayer 안에 간직되었다. 그것은 새로운 교회가 아니며, 더구나 다른 종류의 교회도 아니었다. 그것은 밝고 깨끗한 얼굴을 가진 오래된 가톨릭교회였다.

이것이, 어쨌든, 영국국교회가 좋아하는 설명 방식이다. 그러나 그것의 기원은 밝고 깨끗한 것과는 거리가 멀다. 개혁적 신학reformed theology이 아니라 왕실 정치royal politics 때문에 영국국교회가 분리되었다. 그러나 잉글랜드의 종교개혁은 우리가 기억해야 할 종교의 또 다른 측면을 드러내고 있다. 즉 종교는 필연적으로 인간 세계의 정치와 얽혀 있다는 사실이다. 도시를 의미하는 그리스어에서 온 '정치politics'라는 말은 인간이 그들의 공적인 삶을 조직화하는 방식을 가리키는 아주 편리한 단어다. 그리고 그 공적인 삶은 필연적으로 모든 긴장과 불일치를 본질로서 가지고 있다. 정치는 학교 운동장에서 벌어지는 사소한 말다툼에서부터 국제연합UN에서 벌어지는 거대한 논쟁에 이르기까지 모든 것 속에 스며들어 있다.

그리고 애초부터 종교는 정치적 혼합물의 일부였다. 어쩌면 신과 인간의 관계, 그 자체가 일종의 정치라고 말할 수 있다. 왜냐하면 그것은 한 사람이 다른 사람과 맺는 관계를 이해하는 것과 관련된 일이기 때문이다. 종교는 처음부터 지금까지 세속적인 정치의 일부였다. 종교 안에는 분명하게 정치가 존재한다. 누가 종교를 운영하고 또 그런 일을 하는 사람을 어떻게 선택해야 하는지에 대한 불일치 같은 것이다.

그러나 정말로 위험한 일은, 내용과 상관없이, 신이 자기편이라고 주장하는 경쟁적인 정치권력 사이의 논쟁에서 종교가 무기로 사용될 때 발생한다. 바로 그런 이유에서, 우리는 종교개혁을 종교와 정치가 분리되지 않는 하나의 운동으로 보아야 한다. 특히 잉글랜드의 종교개혁은 더욱 그렇다. 자기 왕국의 안전을 지키기 위해 헨리는 이혼을 요구했다. 그리고 교황이 그것을 자기에게 주지 않거나 주지 못한다면, 그 일을 해줄 다른 누군가가 필요해진다. 그래서 그는 로마와 갈라서기로 결심했다. 그리고 영국국교회가 탄생했다. 그것의 기원은 비록 타협적인 것이었지만, 그들은 자신들이 두 극단 사이의 중도middle way라고 생각했다. 그것은 여전히 가톨릭교회였다. 더 깨끗한 얼굴을 가진.

헨리는 이혼을 했다. 그러나 그것이 그를 행복하게 만들지는 않았다. 앤 볼린 역시 딸을 낳았지만 아들을 안겨주지는 않았다.

성서에서 말한 저주가 계속되었다. 헨리는 간통죄를 뒤집어씌워 앤 볼린을 사형에 처했다. 그리고 제인 세이머Jane Seymour와 결혼하고, 그가 원하던 아들을 얻었다. 1547년 헨리 8세가 죽자, 아홉 살의 에드워드Edward가 왕위를 계승했다.

에드워드가 통치한 짧은 기간 동안 잉글랜드 교회는 공고해졌다. 그러나 1553년에 그가 죽고, 아라곤의 캐더린이 낳은 딸 메리Mary가 왕위를 계승하면서 잉글랜드의 종교정치는 다른 방향으로 선회했다. 가톨릭교회가 회복되었고, 메리는 자기 어머니를 비참에 빠뜨린 자들에게 복수했다. 메리는 프로테스탄트를 철저하게 박해했으며, 이단의 낙인을 찍어 불태워 죽였다. 그래서 그녀에게는 피의 메리Bloody Mary라는 별명이 붙여졌다.

1558년 메리가 죽자, 시계추는 다시 움직였다. 그녀의 왕위는 앤 볼린의 딸 엘리자베스Elizabeth에게 전해졌고, 그녀의 통치는 1601년에 끝이 난다. 그사이 잉글랜드는 평화와 안정을 누렸다. 아이러니한 것은 헨리 8세가 자식으로 생각하지 않았던 딸이 잉글랜드 왕정의 역사에서 가장 현명한 군주로 판명되었다는 사실이다. 엘리자베스는 정치를 안정시켰고 교회의 개혁을 완성했다. 그러나 그녀 역시 아버지 못지않게 냉혹한 군주였다. 1587년 엘리자베스는 사촌인 스코틀랜드 여왕 메리Mary Queen of Scots를 반역죄로 참수했다. 도끼를 몇 번 내리치자 메리의 머리가 떨어졌고 불행한 인생이 참혹하게 끝났다. 왜 그런 일이 일어났는지 이해하기 위해서, 우리는 종교개혁이 대단히 다른 방향으로 전개되었던 스코틀랜드를 향해 북쪽으로 올라갈 것이다.

CHAPTER 31

짐승의 머리를 자르다

　중세 유럽에서 왕비가 된다는 것은 위험한 일이었다. 왕비의
역할은 국가들 사이의 동맹을 체결하게 하는 것, 그리고 아마도
자신을 사랑하지 않는 남자의 아이를 낳는 것이었다. 그것이 바
로 헨리 8세의 첫 부인, 아라곤의 캐더린의 인생 이야기다. 그래
도 캐더린은 최소한 자기 침대 위에서 죽었다. 헨리의 종손녀 메
리Mary Queen of Scots는 형틀 위에서 그 시대에 발생한 종교 갈등의
희생자로서 처형되었다. 그녀는 1542년에 스코틀랜드에서 제임
스 5세와 프랑스인 아내 귀즈의 메리Mary of Guise 사이에서 태어났
다. 메리의 상실은 일찍부터 시작되었다. 아버지는 메리가 태어
나고 몇 주 후에 죽었고, 메리는 법적으로 스코틀랜드의 여왕이
되었지만, 다섯 살 때 프랑스로 보내졌다. 그리고 15세 때, 왕위

상속자인 14세의 프란시스와 파리에서 결혼했다.

그녀의 시아버지인 프랑스의 앙리 2세Henry II of France가 그녀의 아버지가 되었다. 그녀 자신은 전혀 모르는 일이었다. 그녀는 열심히 공부했고, 동물을 사랑했고, 특히 개를 좋아했다. 그리고 그녀는 편안하고 보호받는 삶을 살았다. 그러다 상실은 다시 시작되었다. 시아버지가 1559년에 사망했다. 그녀의 남편은 프란시스 2세King Francis II로 프랑스 왕으로 즉위했고, 메리는 콘소르 왕비Queen Consort가 되었다. 1년 후, 그녀의 어머니인 스코틀랜드의 섭정 여왕Queen Regent of Scotland이 죽었다. 6개월 후에 남편 프란시스도 죽었다. 나이 열여덟에 그녀는 고아이자 과부가 되었다. 슬픔 속에서 그녀를 지탱해준 힘은 그녀가 어려서부터 가진 가톨릭 신앙이었다. 그리고 그녀가 스코틀랜드로 불려가 여왕이 되었을 때, 그 신앙도 함께 갔다. 그러나 그녀가 떠나 있던 몇 년 동안에 스코틀랜드는 프로테스탄트를 받아들였다. 그들이 가톨릭 신자인 여왕에게 어떻게 반응했겠는가?

1561년 8월 19일, 메리는 자신이 태어난 땅에 도착했다. 에딘버러의 로열마일Royal Mile 아래쪽에 있던 궁전에서의 첫날 밤, 그녀는 창밖에서 들려오는 노랫소리에 귀를 기울였다. 그것은 그녀에게 보내는 환영의 세레나데가 아니었다. 그 노래를 부르는 사람들은 새로운 스코틀랜드의 찬송가를 부르면서 그녀에게 경고를 보내는 저항자 무리였다. 발길을 조심하세요, 그런 메시지였다. 스코틀랜드의 동맹국 프랑스는 여전히 가톨릭이었지만, 스코틀랜드는 이제 프로테스탄트다. 그러니 교황의 여왕이여, 조심하시오! 그것은 나쁜 전조였다. 이 젊은 여왕은 곤경에 처하게 될 것이었다. 그 가수들의 리더는 긴 턱수염을 기른 키 작은 남자, 그의 이름은 존 녹스John Knox였다.

스코틀랜드에는 종교개혁이 늦게 들어왔다. 패트릭 해밀턴Patrick Hamilton이라는 젊은이가 유럽에서 돌아올 때 프로테스탄트의 신념을 가지고 오면서 그것이 시작되었다. 세인트앤드류St Andrews에는 1528년 가톨릭교회가 패트릭을 화형에 처한 장소가 남아 있다. 어설픈 처형 방식 때문에, 그는 장장 여섯 시간 동안 고통을 받았다. 그러나 가톨릭교회를 소멸시키게 될 불을 밝힌 사람은 세인트앤드류에서 패트릭 다음으로 순교한 조지 위샤트George Wishart였다. 위샤트는 케임브리지의 학생 시절 자신의 침대보를 가난한 사람들에게 주기도 했던 인정이 넘치는 사람이었다. 그러나 교회는 프로테스탄트를 받아들였다는 것을 이유로 그를 체포했다. 그리고 1546년, 위샤트 역시 화형에 처해졌다. 스코틀랜드 교회의 수장이었던 비톤 추기경Cardinal Beaton은 세인트앤드류 성의 창문에서 화형 장면을 지켜보았다. 아마도 그것의 효과를 확인하고 있었을 것이다. 그는 이번에는 확신했다. 위샤트의 주머니를 화약으로 채워 시체가 더 빨리 타들어가도록 만들어 놓았던 것이다.

위샤트가 죽고 몇 달이 지난 후, 몇몇 프로테스탄트교도가 성으로 몰려가 비톤 추기경을 찔러 죽였다. 위샤트의 죽음에 대한 복수였다. 그 복수에 가담한 사람들은 인간 방책을 만들면서 망을 보았다. 그들 중에 존 녹스가 있었다. 그가 바로 메리 여왕의 궁전 창밖에서 노래를 부른 무리의 지도자였다. 그는 조지 위샤트의 개신교 사상에 큰 감화를 받은 가톨릭 사제였다.

녹스는 뒤늦게 성서를 발견했다. 성서의 두 책, 구약성서의 다니엘서와 신약성서의 마지막 책 요한계시록이 마치 오늘 신문의 머리기사처럼 그를 향해 외쳤다. 다니엘서는 안티오쿠스 왕이 이스라엘을 박해하던 시기인 기원전 167년에 기록되었고, 요한계시록은 서기 1세기 말에 도미티아누스 황제가 신생 기독교 교회를 박해하던 시기에 기록되었다. 두 책 모두 박해를 경험한 사람들만이 이해할 수 있는 암호로 써졌고, 저항하는 사람들의 결속을 강화시켰다. 현재 상황은 나쁘지만 이것은 새벽이 오기 전의 어둠이며, 앞으로 승리하게 될 전쟁의 마지막 전투다. 신은 자기 자녀들을 잡아먹으려는 야수의 세상을 끝내기 위해 오고 있다. 녹스는 흥분되어 있었다. 이 책들은 과거의 이야기가 아니었다. 지금 스코틀랜드에서 일어나고 있는 일에 대해 말하고 있는 것이다! 가톨릭교회가 다름 아닌 안티오쿠스 왕이고, 도미티아누스 황제였다! 자신의 임무는 가톨릭교회를 개혁하는 것이 아니라 파괴하는 것이다. 완전히 다른 어떤 것으로 가톨릭교회를 대체하는 것이다.

녹스는 세인트앤드류에서 행한 설교에서 다니엘서의 암호화된 말을 인용했다.

이 왕국에 난 열 개의 뿔은 앞으로 일어날 열 명의 왕이고, 그들 이후에 또 하나가 나타날 것이다. …… 그리고 그 왕은 지극히 높은 분을 말로 대적할 것이며, 지극히 높은 분의 성인들을 괴롭힐 것이며…… 그들은 그의 손에 잡히고 한 때와 두 때와 반 때를 지나게 될 것이다.

그가 말하는 바로 그 순간에조차 그 일이 벌어지고 있지 않았는가?

그런 다음 그는 계시록의 야수로 이야기를 옮겨간다.

나는 보았다. 야수와 지상의 왕들, 그리고 그들의 군대를…… 그리고 야수는 그 앞에 기적을 가져왔던 거짓 예언자와 함께 붙잡혔다. …… 그 둘은 모두 유황이 불타는 불의 호수 안으로 산 채로 던져졌다…….

녹스는 여기서 말하고 있는 것이 단지 이스라엘의 오래된 과거사가 아니라고 생각했다. 그것은 세인트앤드류의 현재에 대한 이야기였다. 스코틀랜드 위로 심판이 내려오고 있었다. 사람들은 어느 한쪽에 서야 했다. 어떤 타협도 있을 수 없었다. 신의 편에 서거나 신에 맞서는 가톨릭 야수의 편에 서거나, 둘 중 하나여야 했다. 중도란 없었다. '나 미디스na middis'라고 녹스는 스코틀랜드 억양으로 강조했다. 우리가 녹스의 목소리를 듣는 것은 이번이 처음이다. 그리고 그것이 마지막일 수도 있다.

이런 모든 일이 벌어지고 있던 1547년에 스코틀랜드는 공식적으로는 여전히 가톨릭 국가였다. 스코틀랜드는 메리 스튜어트의 어머니인 귀즈의 메리, 즉 섭정 여왕이 통치하고 있었다. 그녀는 프로테스탄트가 딸의 왕위 즉위를 위협한다고 보았다. 그래서 필요한 순간에 프랑스의 도움을 청했다. 프랑스인들은 순식간에 세인트앤드류의 포위 공격을 끝냈다. 존 녹스는 체포되었고, 갤리선에서 2년을 보내라는 선고를 받았다. 갤리선은 45미터 길이에 9미터 폭이었다. 그것은 돛을 갖추고 있었지만, 바람이 없을 때는 배 한편에 족쇄를 채운 노예 여섯 명이 노를 저어 움직였다. 녹스는 갤리선에서 거의 2년을 보낸 후 풀려났다. 그러나 그는 이제 프랑스가 좌지우지하는 스코틀랜드로 돌아가지 않기로 결심했다. 그는 잉글랜드에서 프로테스탄트 개혁이라는 목표를 위해 몇 년의 시간을 보냈다. 그리고 피의 메리가 통치하는 동안 상황이 악화되자, 프로테스탄트가 장악하고 있던 제네바로 탈출했다.

1559년 5월 녹스는 다시 스코틀랜드로 돌아왔다. 프로테스탄트 혁명이 거의 성공에 다가가고 있을 때였다. 그때 행한 녹스의 설교는 투쟁의 마지막 단계에서 방향을 정해주는 역할을 했다. 섭정 여왕은, 여전히 딸 메리를 위해, 스코틀랜드의 가톨릭을 지키고자 분투하고 있었다. 그녀가 프로테스탄트 설교자들에게 족쇄를 채우려고 할 때, 녹스는 설교하기 위해 퍼스Perth로 왔다. 녹스는 가톨릭교회의 초상과 조각들을 순결한 예술이라고 생각하지 않았다. 그는 그것들이 오히려 신에 대한 모욕, 신성모독이라고 주장했다. 그것은 가톨릭이 야수에게 항복했다는 증거였던 것이다. 녹스는 예언자 무함마드 이상으로 우상 문제에 몰두하고 있었다. 그것은 두 번째 계명에 드러난 유일하고 참인 신의 분노를 촉발했던 가짜 이미지에 불과한 것이었다.

녹스의 설교는 반란의 도화선이 되었다. 그들은 교회로부터 초상을 벗겨내고, 제단을 무너뜨리고, 조각을 파괴했다. 그것은 파괴의 난장판의 시작이었고, 가톨릭의 영향하에 만들어진 예술품은 거의 대부분 사라졌다. 스코틀랜드의 프로테스탄트들은, 그들이 믿는 유일한 정신적 자극의 원천인 성서에 기록된 신의 말씀을 듣는 것을 방해하는 어떤 이미지도 그려지지 않은, 하얗게 칠해진 단순한 건물에서 예배를 드리게 된다.

가톨릭과 프로테스탄트 사이의 투쟁은 스코틀랜드에서 계속 이어질 것처럼 보였다. 그런데 갑자기 그 투쟁은 끝이 났다. 섭정 여왕이 죽고 스코틀랜드 귀족들은 거래를 했다. 스코틀랜드는 녹스가 원했던 엄격한 형태의 개신교 국가가 되기로 했다. 그러나 섭정 여왕의 딸 메리가 스코틀랜드의 여왕으로 즉위하여 가톨릭 신앙을 지키는 것은 가능했다. 메리는 개인적으로 미사를 드릴 수 있었지만, 공식적으로는 스코틀랜드를 프로테스탄트 국가로 통치해야 한다. 이것은 정치적 타협안이었다. 그리고 우리가 본 것처럼, 녹스는 타협하지 않는 사람이었다. 홀리루드 궁전Holyrood Palace에서 약 1킬로미터 떨어진 언덕 위에 위치한 세인트자일스St Giles 대성당의 목사Minister였던 녹스는 메리가 스코틀랜드의 여왕으로 귀국하는 것을 원하지 않았다. 그래서 그와 무리를 이끌고 메리의 창문 밖에서 경고를 보내는 찬송가를 불렀던 것이다.

그러나 이것은 그들 양측 모두에게 이미 끝난 일이었다. 녹스는 스코틀랜드 귀족들과 메리 여왕이 맺은 타협안을 반대하는 설교를 계속했다. 그는 여왕이 스코틀랜드의 프로테스탄트 성전 안으로 교황이라는 야수를 밀반입하는 방법을 찾아낼까봐 염려했다. 메리는 가톨릭 신앙을 실천하면서 위안을 받았지만, 자신에게 폭언을 가하는 녹스로 인한 증오 때문에 큰 고통을 받았다. 존 녹스와 메리 여왕의 만남은, 본래 선량하고 동정심 많은 사람들이라도, 종교 문제 때문에 큰 갈등을 일으킬 수 있음을 잘 보여준다. 녹스는 결코 나쁜 사람이 아니었다. 그 역시 자기 종교 때문에 고통을 받았다. 그러나 그는 모든 것을 흑과 백으로 나누었다. 회색은 없다. 그에게 중도는 없었다. '나 미디스Na middis!'였던 것이다.

왕실에서 발생한 피의 사건들은 사랑에 농락당하고 또 사랑에 굶주린 메리를 종교와 만나게 했다. 그러나 그 종교는 그녀를 지치게 만들 뿐 어떤 정신적 위안도 가져다주지 않았다. 사랑을 받고 싶은 마음을 채우기 위해, 그녀는 아주 나쁜 선택을 했다. 1565년, 스물두 살의 메리는 성질 더럽고 술주정뱅이로 악명 높은 사촌이자 가톨릭 신자인 단리 경Lord Darnley과 결혼한다. 녹스는 그 결혼을 반대하는 설교를 했다. 1566년, 그녀는 단리의 아들 제임스를 출산했다. 제임스는 훗날 스코틀랜드의 제임스 6세이자 잉글랜드의 제임스 1세로서 두 왕국을 통일하게 된다. 그리고 메리의 첫 남편 단리는 1567년에 살해된다. 메리의 두 번째 남편 보스웰 경Lord Bothwell 역시 또 다른 난봉꾼이었다. 그는 처음에는 메리를 납치했고 나중에는 그녀를 버렸다. 계속된 결혼의 재앙은 스코틀랜드 귀족으로서는 감당하기 어려운 것이었다. 여왕이 나라의 안정을 위협하고 있었다. 결국 그녀는 체포되었고 아들 제임스를 위해 퇴위를 강요받았다.

그리고 비극의 마지막 장의 막이 올랐다. 메리는 사촌 엘리자베스 여왕이 자기를 도와줄 것이라고 확신하고 스코틀랜드를 탈출하여 잉글랜드로 갔다. 그러나 그것 역시 메리의 오판이었다. 엘리자베스 여왕에게 메리의 출현은 또 다른 위협이었다. 엘리자베스는 잉글랜드에서 상당한 수준의 종교적 안정을 달성한 상태였다. 그녀는 종교개혁의 정치적 부산물들을 매우 조심스럽게 잘 관리하고 있었다. 엘리자베스는 자기 언니인 피의 메리Bloody Mary가 프로테스탄트를 박해했던 식으로 가톨릭을 대하지 않았다. 그러나 가톨릭과 프로테스탄트의 균형은 항상 위태로운 상태에 있었다. 그런 상황에서 스코틀랜드의 메리 여왕은 그런 균형을 위협할 수도 있었다. 그녀는 가톨릭의 야심과 불만의 초점이 될 수도 있었기 때문이다. 잉글랜드가 다시 가톨릭으로 복귀한다면, 그런 잉글랜드에서 메리가 왕위에 오르지 못할 이유가 있겠는가? 메리는 진짜 여왕이었던 것이다. 그러나 엘리자베스는 앤 볼린의 딸이며, 헨리와 앤의 결혼이 유효하지 않다고 믿는 사람들은 여전히 존재하고 있다. 엘리자베스를 반대하고, 메리를 정통적인 잉글랜드 여왕으로 만드는 것도 가능한 일이었다.

그래서 엘리자베스는 19년에 걸쳐 잉글랜드의 시골집에 경호원을 붙여 메리를 감금했다. 그러나 엘리자베스는 메리가 왕위에 오르는 음모를 꾸밀지도 모른다는 이야기를 듣고, 행동에 들어갔다. 그리고 메리는 1587년에 참수되었다. 처형장에서 메리는 가톨릭 순교자의 색깔인 빨간색 옷을 입겠다고 주장했다. 사형집행자가 몇 번 도끼를 내리치자 몸에서 머리가 떨어져나갔다. 그는 메리의 죽음을 증명하기 위해 관례적인 몸짓으로 그녀의 머리를 들어 올렸다.

유럽에서 일어난 종교전쟁은, 때로는 가톨릭과 개신교가 맞서서, 또 때로는 개신교와 개신교가 맞서서, 몇 세기에 걸쳐 요란스럽게 계속되었다. 그러나 때때로, 전쟁의 안개를 뚫고, 종교개혁이 만들어낸 증오와 종교적 갈등을 넘어서고자 하는 사람들이 등장했다. 그들 중 하나가 나중에 유명세를 타게 되는 퀘이커Quakers라는 별명을 가진 그룹이다. 다음 챕터에서 우리는 그들을 만나기 위해 대서양을 건너 아메리카로 갈 것이다.

CHAPTER 32

친구들

    신의 목소리가 사람의 마음속에서 말을 할 때, 그 결과가 반드시 이집트에서 탈출하는 이스라엘 사람들을 그린 할리우드 서사극 「엑소더스」 같은 스케일, 메카에서 탈출하는 예언자 무함마드가 보여준 스케일, 혹은 마르틴 루터가 비텐베르크에서 면죄부를 비판했던 것과 같은 스케일을 가진 것이라고 추측하는 것은 잘못이다. 때로 그 목소리는 너무나 개인적인 사항에 대한 명령이라서 그런 목소리를 기억하는 사람이 있다는 사실 자체가 놀라울 정도다. 그러나 그것이 역사를 바꿀 수도 있다.

    종교의 역사 안에서 가장 매력적인 인물 중 한 사람인 조지 폭스_{George Fox}에게 일어났던 사건이 바로 그런 것이다. 사건은 17세기 잉글랜드에서 발생했다. 그때는 힘깨나 쓰는 사람들은 교회와 사회에서 한껏 점잔 빼는 태도를 자랑하는 것이 당연하게 여겨졌다. 그들은 자기들을 따라다니는 호칭과 그것에 어울리는 예복을 사랑했다. 그들은, 지위가 낮은 사람이 무릎을 굽히고 모자를 벗어 인사함으로써, 자기들에게 존경을 표시하는 것이 당연하다고 주장했다. 그들이 스스로에게 붙인 타이틀을 보면, 자기들이 스스로 얼마나 우월한 존재라고 생각하는지가 금방 드러난다. 성하Your Holiness, 각하Your Excellency, 예하Your Grace, 폐하Your Majesty. 이런 호칭들은 자신들이 개미처럼 뛰어다니는 보통 사람들 위에 있다는 사실을 강조하기 위해 만든 것이었다. 기독교인들 사이에서 보이는 이런 태도는 놀랍기도 하고 놀랍지 않기도 했다. 일단 그런 태도는 놀랍다. 왜냐하면, 거만함은 자기 제자들 사이에서 들어설 곳이 없다고 하는 예수의 가르침과 분명히 반대되기 때문이다. 그러나 한편 놀랍지 않기도 하다. 왜냐하면, 그것은 세상의 방식이고, 성스러운 옷을 아무리 여러 겹 걸쳐서 숨긴다고 해도, 종교는 결국 세상의 방식대로 움직이기 때문이다.

15세기와 16세기에 유럽을 강타했던 종교개혁은 처음에는 이런 모든 거만함에 도전하는 것처럼 보였다. 그리고 어느 정도까지는 그랬다. 그러나 로마의 권위주의를 거부했던 교회들은 곧바로 자신들의 우월성을 주장하는 또 다른 방법을 발견했다. 바로 그런 이유 때문에, 퓨리턴Puritan이라는 별명을 얻게 된 종파들이 등장했다. 그들은 자신들만이 진정한 기독교도, 즉 순수한 기독교인이라고 믿었다. 인간의 허영심 때문에 빚어진 모든 형태의 우월 의식 중에서, 종교적 우월 의식은 가장 견딜 수 없는 것이다.

조지 폭스는 모든 정신적 혹은 사회적 우월성 주장을 무시했다. 신의 목소리가 그에게 말했다. 높거나 낮거나, 누구에게도 모자를 벗고 인사하지 말 것이며, 누구에게도 특별한 형태의 호칭을 사용하지 말라고. 그는 부자든 가난한 사람이든, 대단한 사람이든 그렇지 않은 사람이든, 모든 사람에게 '그대thee' 또는 '당신thou'이라고 말하라고 했다. 그는 그들에게 무릎을 굽히거나 한 발을 빼고 인사하지 않았다. 그리고 자기들의 우월성을 인정하지 않았다는 이유로 화가 난 그들은 반복해서 폭스를 감방에 가두었다. 오만함이 문제가 되어 법정에 불려갔을 때, 폭스는 자신이 유일하게 몸을 떨면서 겁내는 권위를 가진 분은 오직 신 한 분이라고 밝히기도 했다. 그래서 판사는 그를 몸을 떠는 사람이라는 의미로 '퀘이커quaker'라고 부르면서 그를 방면했다. 폭스의 추종자들은 자신들의 모임을 '친우회Society of Friends'라고 불렀지만, 그 판사가 던진 모욕적 야유가 그들을 따라다니다가, 이제는 그들 자신이 그 명칭을 사용하게 된다.

조지 폭스는 1624년에 잉글랜드의 레스터셔Leicestershire에서 태어났다. 그의 아버지는 직물을 짜는 사람이었으며, 폭스 자신은 구두 제작자의 도제가 되었다. 과거의 많은 예언자들처럼, 폭스 역시 젊은 시절 깨달음을 찾아 집을 떠났다. 당시는 종교적 회오리의 시대였다. 영혼의 시장터는 자신들이 가지고 온 신앙 상표의 독자성을 외치는 종교 판매원들의 외침으로 시끄러웠다. 그리고 그들은 서로 대립했지만, 한 가지 공통점을 가지고 있었다. 각기 자신들의 기독교 버전이 신과의 접속을 유일하게 보장한다고 주장했다. 그 말은 신을 찾기 위해서는 심판장에서 여러분을 소개할 친구, 즉 중개자가 필요하다는 것이었다.

폭스는 스물네 살에 하나의 계시를 받았다. 지금까지 신의 현존으로 들어가는 문을 통과시켜줄 사람을 찾느라 시간을 낭비했다고 알려주는 계시였다. 그 답이 자신의 숨결보다 더 가까이 자신에게 다가왔을 때, 그는 자기 바깥을 바라보고 있었다. 그는 신의 공식 문지기를 자처하는 중개인을 거칠 필요가 없었다. 그를 신 앞으로 데려다줄 신부나 설교자도 필요하지 않았다. 문은 이미 열려 있었다. 그가 해야 일은 그냥 걸어 들어가는 것뿐이었다.

폭스의 표현대로 말한다면, 교회라는 '뾰족한 집'은 전혀 필요하지 않았다. 목사의 검정 가운, 신부의 화려한 예복, 또는 가톨릭의 정교한 의례, 개신교의 엄격하고 소박한 비품 등등, 그런 종교적인 물품은 방해물 distraction에 불과했다. 믿어야 할 것의 목록이나 신조도 필요하지 않았다. 그리고 무엇보다 분명한 것은, 그들에게 신앙을 강요하는 종교 경찰이 불필요하다는 사실이다. 그들이 해야 할 일은 조용히 앉아서 성령 Holy Spirit이 그들의 마음속에서 말을 걸기를 기다리는 것뿐이다. 신의 빛은 이미 그들 각자 안에서 불타고 있었다.

그 모든 것이 충분히 혁명적이었다. 여기서 조금만 더 인기를 얻었다면, 조직된 종교를 쓸어내버렸을 수도 있다. 그러나 폭스의 주장은 거기서 좀 더 나아갔다. 그는 여자와 남자, 노예와 자유인을 막론하고 모든 인간은 동등하다는 놀라운 주장을 한다. 그러나 교회나 국가는 조지 폭스의 계시를 받아들일 준비가 되어 있지 않았다. 하지만 그의 퀘이커 친구들은 자신들의 삶 속에서 그 계시를 실천하기 시작했다. 그리고 그것 때문에 그들은 값비싼 대가를 치러야 했다. 수천 명이 그런 믿음 때문에 감옥에 갇혔고, 그들 중 많은 사람이 감옥 안에서 죽었다. 그럼에도 그들은 가난한 사람들의 삶을 개선하기 위해 싸웠다. 힘든 시절에도 그들은 죄인들과 정신적으로 병든 사람들의 처우를 개선하는 운동을 벌였다. 그 무엇보다 노예제도 반대가 그들이 역사에 남긴 최대의 공적이었다. 그리고 그것은 미국에서 시작되었다.

17세기 초가 되면, 북아메리카는 유럽에서의 박해를 피해 새로운 약속의 땅을 찾아나선 종교인들의 피난처가 되어 있었다. 유럽의 신세계 침공이 시작되었고 영국의 퀘이커교도들은 최초 이민자들 중 하나였다. 그들 중에서 가장 눈에 띄는 사람이 1682년 나중에 펜실베이니아Pennsylvania라고 불리게 된 땅에 식민지를 세운 윌리엄 펜William Penn이었다.

그러나 유럽인 이민자들은 북아메리카에 기독교 이상의 것을 가져왔다. 그들은 인간의 가장 거대한 악 중 하나인 노예제slavery도 함께 가져왔다. 노예제는 오래된 보편적 악이었지만, 남북아메리카에 대한 유럽의 식민화는 거기에 새로운 추진력을 더해주었다. 그들이 획득했던 거친 땅을 경작하기 위해서는 죽을 때까지 몰아붙일 수 있는 힘센 야수 같은 노동자가 필요했다. 노예가 그런 노동을 위한 해결책이었고, 노예는 얼마든지 구할 수 있었다.

소위 중간 항로Middle Passage를 정기적으로 왕래하는 배들이 수백만 명의 노예를 싣고 아프리카 서쪽 해안에서 서인도제도의 사탕수수 밭으로, 그리고 미국 남부의 플랜테이션 농장으로 향해했다. 족쇄가 채워지고 공기가 통하지 않는 선창에 가두어진 채, 수천 명의 아프리카인 포로가 대서양을 건너오는 동안 죽었다. 그리고 선장이 기상 상황이 위험하다고 판단했을 때에는, 짐 무게를 줄이기 위해 족쇄에 채워진 노예들을 배 밖으로 던지기도 했을 것이다. 배가 위험에 빠지기를 기다리기보다는 노예들을 버리는 편을 선택했다. 물론 그것은 최후의 수단이었다. 노예는 소중한 상품이었다. 그들을 카리브 해나 캐롤라이나로 데려가면 사탕수수나 면화 같은 상품과 교역할 수 있었다. 18세기가 되면, 영국이 그 무역을 지배했다. 그것은 스코틀랜드나 잉글랜드의 기독교인 노예주에게 거대한 재산을 만들어주었다. 그리고 그들이 마침내 은퇴하여 고향으로 돌아갈 때가 되면 노년을 보낼 궁전 같은 집을 지었고, 그 일부가 오늘날까지 영국의 시골을 우아하게 장식하고 있다. 기독교인들이 그런 사악한 사업에 뛰어드는 것이 어떻게 정당화될 수 있었을까?

우리가 이미 살펴본 것처럼, 노예제는 성서 안에서 당연한 일로 여겨진다. 그것은 세상사가 존재하는 방식에 불과했다. 그것이 예수의 메시지와 일치하지는 않았지만, 최초의 기독교인들은 그 문제에 대해 유용한 핑계를 가지고 있었다. 그들은 이 세상이 그다지 오래 지속되지 않을 것이라고 생각했다는 것이다. 예수가 신의 왕국을 만들기 위해 곧 돌아올 것이다. 그때가 되면 천국이 땅 위에 실현될 것이었다. 기독교인은 그날이 올 때까지 순수한 삶을 살면서 종말을 위해 준비해야 한다. 우리는 앞에서 바울이 노예 오네시무스Onesimus를 주인 빌레몬에게 되돌려 보냈던 일에 주목한 바 있다. 바울은 주인에게 그를 친절하게 대해달라고 청원했다. 그는 이제 예수를 믿는 동료 신자이기 때문이다. 그러나 그를 자유인으로 풀어달라는 제안은 하지 않았다. 모든 것에 종말이 가까워졌는데, 그것이 무슨 큰 의미를 가지겠는가?

1688년 무렵, 예수는 아직 돌아오지 않았다. 그리고 일부 기독교인들은 예수가 조만간 돌아올 것 같지도 않다는 생각을 가졌을 것이다. 신이 세상의 악을 바로잡아줄 때를 기다리는 것 대신에 직접 악에 맞서 싸워야 할 때가 온 것이 분명해졌다. 노예제를 제외하고, 라는 단서가 붙기는 했지만. 성서는 그 주제에 대해 신의 목소리가 모세에게 말해준 것을 기록하고 있다.

너희가 히브리 노예를 사게 된다면 6년을 일하게 하라. 그리고 7년째에는 대가 없이 자유롭게 풀어주어라. 만약 그가 혼자 왔다면 혼자 가게 하라. 만약 그가 결혼했다면 그의 아내도 함께 가게 하라. 그 주인이 그에게 아내를 주었고 그녀가 그의 아들이나 딸을 낳았다면, 그 아내와 아이들은 그 주인의 것이 되게 하라.

그리고 바울은 에베소Ephesus 교회에 보내는 편지에서 기독교인 노예들에게 이 땅에서의 주인들에게 '마치 그리스도에게 하듯이' 복종하라고 썼다.

그것으로 충분히 명백했다. 그들이 그 문제를 가지고 누구에게 도전하겠는가? 그런데, 1688년에 펜실베이니아의 퀘이커들이 그 문제를 가지고 도전했다. 그리고 그들의 방식은 기독교인이 앞으로 성경을 어떻게 읽어야 하는가에 대해, 혁명적인 영향을 주었다. 퀘이커들은, 아마도 우리가 양심이라고 부를, 내부의 빛이 가지는 권위를 믿었다. 그리고 노예제가 명백하게 잘못되었다는 사실을 그들은 그 빛을 통해 알고 있었다. 만약 모든 사람이 동일한 가치를 가진다면 그들 중 어떤 사람을 인간 이하의 존재로 대하는 것, 그리고 그들을 신의 자녀가 아니라 단순한 재산으로 대하는 것은 잘못된 일이다. 그리고 만약 성서가 그와 다른 것을 말한다면 *성서가 잘못된 것이다!*

퀘이커들은 성서의 노예제도 정당화에 맞서 저항하는 것 이상의 일을 했다. 그들은 노예제도 자체를 뒤집기 위해 할 수 있는 모든 일을 했다. 그들은 펜실베이니아에서 그 일을 완수했다. 그리고 남부에서 북부나 캐나다로 자유를 찾아 도망가는 노예들을 돕는 단체인 언더그라운드 레일로드Underground Railroad를 조직하는 일을 도왔다. 소위 기독교 사회라고 불리는 곳에서조차 노예제도의 존재에 대한 퀘이커들의 분노를 이해하는 데 긴 시간이 필요했다. 대영제국에서는 1833년이 되어서야 노예제도가 불법으로 인정되었다. 그리고 또 30년이 지난 다음, 남북전쟁Civil War이 끝난 1865년이 되어서야 미국에서 노예제도가 금지되었다.

그러나 퀘이커들이 한 일은 노예제를 끝장내는 것에 그치지 않았다. 그들은 성서를 유치한 어린애처럼 읽는 방식까지도 끝장내려고 했다. 성서의 가르침과 어긋나는 자신들의 양심을 주장함으로써, 그들은 성서를 초월적인 우상을 대하는 방식이 아니라 다른 책을 연구하는 방식으로 연구할 수 있도록 만들었다. 그들의 양심에 있어서 '올바른 것'과 '성서가 올바르다고 말하는 것'의 차이를 알고 있었다. 그리고 그들은 신God이 그런 차이를 인식하도록 일깨워주었다고 믿었다. 그 결과 그들은 성서에 대해서조차 그런 인식이 가능할 것이라는 생각을 가질 수 있었다. 노예제도에 대해 성서가 잘못된 입장을 가지고 있다면, 여섯 날 동안 창조가 진행되었다고 하는 설명 역시 잘못일 가능성이 있는 것이 아닐까? 어쩌면 우리는 오랫동안 잘못된 방식으로 성서를 읽어왔는지도 모른다. 아마도 성서는 해석되어야 하고, 조금 더 지성적으로 읽혀야 하는 것이 아닐까? 그리고 성서의 입장과 대립되는 우리의 양심의 목소리를 두려움 없이 주장해야 하는 것이 아닌가?

이런 방식으로 퀘이커교도들은 오늘날 역사적·비판적 성서 연구라고 알려진 방향으로 밀고 나갔다. 그것은 성서에 끼친 신의 영향력을 반드시 배제하는 것은 아니지만, 신적인 것으로부터 인간적인 요소들을 분리시키려고 노력한다. 노예제도는 인간의 발명품이었다. 그러나 너의 이웃을 너 자신을 사랑하듯 하라는 것은 신의 명령이었다. 말이 되지 않는가?

친우회The Society of Friends는 아마도 세상에서 규모가 가장 작은 종파 중 하나이지만, 그것의 영향력은 막강하다. 그것은 기독교의 양심으로 남아 있다. 그것은 아메리카에 기독교의 새롭고 도전적인 버전을 가져다주었다. 아메리카는 기독교가 도착하기 이전에 이미 독자적인 영성spirituality을 가지고 있었다. 이제 그것에 대해 살펴볼 시간이다.

CHAPTER 33

인디언과 흑인의 영성

1492년 크리스토퍼 콜럼버스Christopher Columbus는 아메리카를 '발견했다'. 그 말은 그가 아메리카에 도착할 때까지는 그 누구도 그것의 존재를 몰랐다는 의미다. 유럽인들은 분명히 그것이 거기에 있다는 사실을 몰랐다. 콜럼버스가 그 역사적인 항해에 나설 당시 그는 인도로 가는 길을 찾으려고 노력하는 중이었다. 그는 아프리카의 남쪽 꼭지를 돌아서 항해하면 유럽의 동쪽에 있는 인도India에 닿을 수 있다는 것을 알고 있었다. 그러나 만약 서쪽으로 충분히 항해해간다면 인도에 더 쉽게 도달할 수 있지 않을까? 그는 그렇게 되기를 바라고 출발했다. 그래서 신세계New World에 상륙했을 때 그는 자신이 인도에 도착했다고 생각했다. 그리고 그곳 주민들을 인디언Indian이라 불렀고, 그 꼬리표는 그렇게 굳어버렸다.

이미 그곳에 살고 있던 '인디언들', 즉 아메리카 원주민들로 서는 그 '발견'은 재앙이었다. 그 이후 400년에 걸쳐 백인 정착민 들은 원주민의 땅을 차지했고, 기독교의 여러 형태를 가지고 와서 그 땅을 뒤덮어버렸다. 종교는 많은 목적을 위해 봉사할 수 있다. 때로는 선한 목적을 위해, 또 때로는 잔인한 목적을 위해. 그중 에서도 가장 잔인한 것은 원주민을 고향에서 밀어내고 그 자리에 다른 민족을 이식하는 것을 합리화한 것이었다. 마치 팔레스타인 의 약속된 땅을 정복한 이스라엘 민족처럼, 북아메리카를 가로질 러 달려갔던 그들은 그것이 신이 정해준 운명이라고 믿었다. 그들이 가져갔던 프로테스탄티즘은 불안정한restless 종교였으며, 그런 성격이 미국 그 자체의 특성으로 각인되어 있다. *그것은 영원히 만족하지 못하고, 또 끊임없이 무언가를 만들어내려는 욕망에 의해 추동되는 문화를 만들어냈다.* 그리고 정복해야 할 새로운 프런티어는 언제나 존재했다.

그러나 침략자들이 차지하려 했던 그 땅은 종교적 진공상태 가 아니었다. 그곳에 살던 원주민들은 자신들의 정신적 전통을 가지고 있었으며, 그들을 공격했던 역동적인 프로테스탄티즘과 는 정반대의 특성을 가진 것이었다. 아메리카 원주민들은 자연 의 본성에 합치하는 삶을 살았으며, 그것을 거역하지 않았다. 그 들은 자신들을 지켜주는 대지와 성스러운 결합을 유지했다. 그들 은 '위대한 영혼Great Spirit'이 자연에 생명을 부여한다고 믿었다. 그 말은 신God에 해당하는 인디언의 표현 방식이다. 이것은 특히 대륙 중앙의 광활한 대평원에 살던 기마 부족들에게는 변치 않는 진실이었다. 길이가 5,000킬로미터, 폭이 1,100킬로미터에 달하는 이 광대한 평원은 북쪽으로는 캐나다에서부터 남쪽으로는 멕시코에 걸쳐 펼쳐져 있다. 그리고 그 방대한 공간에는 사람들의 필요를 거의 모두 충족시켜준 버펄로buffalo 떼가 돌아다니고 있었다. 그들은 버펄로와의 공생 관계를 일종의 영적 교감이라고 생각했던 유목민이었다. 그들은 땅에서 나온 것으로 손쉽게 먹고살 수 있었다. 그들은 '위대한 영혼'을 규정하거나 통제하려는 욕망은 거의 가지고 있지 않았다. 반면, 그들은 '위대한 영혼'이 촉발하는 엑스터시ecstasy의 경험과 그것의 신비에 자신들을 열어두기를 좋아했다. 그들에게는 의식의 상실을 통해 영적 세계의 지식을 알려주는 예언자들이 있었고, '위대한 영혼'의 힘 앞에 자신을 드러내기 위해 약물이나 자신의 몸에 상처를 내는 의례를 이용하기도 했다. 그리고 그들은 다시 사람들 사이로 돌아와 '위대한 영혼'과의 교류에서 얻은 것들을 노래와 춤으로 표현했다.

그러나 이런 활동을 단순히 '종교religion'라고 평가하는 것은 옳지 않다. 또는 그것을 '신앙faith'이라는 꼬리표의 영역 안에 가두고, 삶의 다른 시간과 분리된 무엇인가로 판단하는 것은 잘못이다. 그들은 그런 의미에서의 '종교'를 가지고 있지 않았다. 그들은 대지와 버펄로와 고원의 풀, 그리고 그 풀을 휘날리는 바람을 포함하여, 모든 살아 있는 것의 신비에 둘러싸인 자신을 느꼈다. 그리고 그것은 포착하기 어려운 만큼이나 깨지기 쉬운 것이었다. 그것은 정착민들의 침략, 체계적인 버펄로 살육, 그리고 그들을 굶주리게 하여 보호구역 안으로 몰아가려는 계획으로 인해 사라지고 말았다. 인디언들은 청교도들과는 달랐다. 청교도들은 영국에서 자신들의 신앙 때문에 박해받았다. 하지만 그들은 자기 신앙을 대서양을 가로질러 아메리카로 가져올 수 있었다. 그러나 인디언들은 자기 땅에서 내몰렸고 무차별적인 사냥 때문에 버펄로들이 멸종에 이르는 것을 목격했다. 그리고 그들은 모든 것을 잃었다.

그들의 비극은 기억하는 것만으로도 가슴이 찢어지는 종말론적 열기의 폭발을 자극했다. 종말론 운동은 항상 억압받던 사람들 사이에서 일어난다. 그들은 신God이 더 이상 자기들이 겪는 고통을 무시하지는 않을 것이라고 믿는다. 그들은 회복이 이제 진행되고 있다는 꿈을 꾼다. 1889년, 땅을 빼앗긴 평원의 인디언들 사이에서 하나의 운동이 폭발했다. 고스트 댄싱Ghost Dancing이라 불리는 그 운동을 선포한 예언자는 다음과 같이 말했다. '만약 우리가 아주 길게, 그리고 강하게 춤을 추면 모든 백인은 새로운 흙 아래에 영원히 묻혀버릴 것이다. 그들이 모두 사라질 것이다! 침략자들의 흔적이 없어질 것이다! 그리고 그때에는 야생마와 버펄로 떼가 평원으로 다시 돌아와 속삭이는 풀잎 사이를 돌아다니게 될 것이다. 그리고 죽은 모든 인디언들이 다시 살아나 천국Paradise에서 함께 살게 될 것이다.'

여기서 말하는 천국이 어떤 것인지에 주목해보자. 상상할 수도 없는 기쁨을 누리게 될 저 위의 하늘나라가 아니다. 백인들에 의해 파괴당하기 전에 그들이 누렸던 삶이 다름 아닌 천국이다. 그래서 그들은 춤추었다. 그러나 천국은 오지 않았다. 그들은 더 열심히, 더 열심히 춤을 추었다. 어떤 사람들은 춤추다가 지쳐서 죽었다. 그러나 백인들과 백인들의 잔인함을 묻어버릴 흙은 쏟아지지 않았다. 야생마들이 햇빛 받은 갈기를 번득이며 사랑스런 산마루 위를 쓸고 지나가지도 않았다. 그들이 사냥의 오싹함을 느끼면서 교감할 버펄로 떼가 북쪽에서 천둥소리를 내며 나타나지도 않았다. 아이러니하게도, 최근에 보호 정책의 결과 버펄로 떼가 대평원으로 돌아왔다. 그러나 인디언들은 영원히 사라지고 없다.

'고스트 댄싱'[유령의 춤] 같은 종말론적 운동은 고통을 끝내고 싶다는 외침이다. 종말은 결코 오지 않는다는 사실이 그들의 소망을 파괴하지는 않는다. 우리는 그런 종말론적 소망을 십자가에서 희생된 또 다른 미국의 거주자인 아프리카계 미국인의 종교에서 발견한다. 그들은 족쇄가 채워진 채 억지로 고향을 떠났다. 그리고 대서양을 건너는 수천 마일의 항해 끝에 기독교 신자인 노예 주인들의 착취 아래 들어왔다. 그들 노예는 자기의 주인에게서 기독교를 배웠다. 하지만 노예들의 신앙은 기독교를 가르쳐준 주인들의 신앙보다 훨씬 더 원본에 충실하다. 그것은 종교사의 아이러니 중 하나다.

유대교는 노예들의 종교로 시작했다. 불타는 덤불에서 모세에게 말을 건 그 목소리는 그에게 자기 자녀들을 이집트에서 해방시켜 약속의 땅으로 이끌고 가라고 말했다. 어떻게 노예 소유자가 그것에 동정적으로 응답할 수 있겠는가? 여러분이 그 이야기를 처음 듣고 있는 노예라고 상상해보라. 그렇다면 그것은 여러분 자신의 이야기가 된다! 여러분에게 채찍을 휘두르는 감독은 백인 교회에서 일요일마다 찬송가를 부른다. 그러나 아무리 많은 찬송가를 불러도 그들은 그 노래의 진정한 의미를 이해하지 못한다. 하지만 여러분은 그들이 결코 이해할 수 없는 방식으로 그 노래의 의미를 알아챈다. 유대교는 속박으로부터의 해방을 희구하던 사람들의 신앙이었던 것이다. 아프리카계 미국 노예들 역시 그랬다. 그들은 기독교를 자기들의 것으로 만들었다. 그리고 그것에 대해 노래 불렀다.

> 내려가요, 모세,
> 이집트 땅 깊숙이,
> 옛날 파라오에게 말해요,
> 우리 백성들이 떠날 수 있게.

기독교 역시 해방운동으로 시작되었다. 예수는 지금까지 역사상 본 적이 없는 왕국을 지상에 가져올 신의 대리인이었다. 그곳에서는 힘 있는 자들은 자기 자리에서 내려오고, 겸손하고 미약한 사람들이 높아질 것이다. 정의의 길이 억압의 길을 대체할 것이다. 병든 자가 낫고 포로로 잡힌 자는 풀려날 것이다. 그것은 채찍질과 조롱을 받으며 갈보리Calvary 언덕을 향해 십자가를 지고 간 메시아에 의해 건설될 나라다.

이런 이야기를 들을 때, 노예들은 어떻게 그것이 자기들의 상황을 묘사한 것이라고 듣지 않을 수 있겠는가? 그들의 주인들은 그 말이 담긴 책을 소유했을 뿐이다. 그러나 노예들은 그 말의 '의미'를 소유했다. 기독교는 노예를 위한 종교였다! 그러니 노예 소유자가 기독교를 제대로 살아내는 것은 고사하고, 그것을 제대로 이해할 수가 있었겠는가? 노예 주인들은 특권적인 삶 속에서 그것을 스스로 부정한 것이다. 그러나 노예들은 매일매일 그 가르침대로 살았다! 그들은 그것이 자기들에 관한 이야기라는 사실을 알고 있었다. 그들은 어쩌면 성서를 읽지 못했을 수도 있다. 그러나 그들은 성서가 가르쳐주는 그대로 사는 방법을 알고 있었다. 성서가 말하는 해방의 소망은 노예들의 소망이었던 것이다.

그때 그들에게 성서를 사용하는 방식에 있어서의 어떤 커다란 변화가 발생한다. 성서는 분명히 자유를 갈망하는 그들의 소망에 대해 노래했다. 그것은 그들이 지금까지 갖지 못했고 앞으로도 영원히 갖지 못할 수도 있는 어떤 것에 대한 소망을 메아리처럼 들려주었다. 그러나 그들은, 비록 자신들을 옥죄고 있는 체제 자체를 바꿀 수는 없었지만, 성서를 그들에게 자유를 줄 수 있는 방식으로 사용했다. 설교자들은 단순히 성서의 이야기를 소개하는 데 그치지 않았다. 설교자들은 그 이야기들이 현존할 수 있도록, 즉 청중들이 그 이야기 안으로 들어가고 또 느낄 수 있도록, 그것을 살아 있는 것으로 만들었다. 그렇게 하는 과정에서, 그들은 미국의 가장 위대한 예술 형태를 만들어냈다. 고통에 대한 노래를 통해 그것이 노래하는 고통 자체를 제거할 수 있었던 것이다. 그런 예술 활동은 일요일 저녁 플랜테이션의 오두막에서 한두 시간 안에 완성할 수 있는 것이었다. 그것을 통해 그들은 채찍과 조롱에서 벗어나 자신들을 다른 곳으로 옮겨주는 황홀경을 경험했던 것이다.

> 몰래, 몰래, 몰래 빠져나가 예수께로!
> 몰래, 몰래 빠져나가 고향으로,
> 난 여기에 오래 붙잡혀 있지 않을 거야.

그들은 종교가 가진 여러 목표 중 하나라고 할 수 있는, 견디기 힘든 슬픔을 위로하고 완화시키는 기능을 실행하고 있었다. 19세기의 철학자이자 가장 위대한 사회비판가였던 칼 마르크스Karl Marx는 종교의 이러한 측면을 강조한 바 있다. 그는 종교가 고통을 근본적으로 제거하는 것이 아니라 단지 고통을 완화시키는 것에 불과하다고 생각했다. 그의 목표는 고통을 일으키는 불의injustice를 근본적으로 제거하는 것이었다. 따라서 그는 종교를 '인민의 아편'이라고 불렀다. 결국 종교는 마취제에 불과하다는 것이었다. 그러나 우리에게는 때때로 마취제가 필요할 때가 있다. 수술을 받아야 하는 사람이라면 절개하기 전에 자기를 잠재워주는 의사를 필요로 할 것이다. 종교는 삶의 고통을 달래주는 약물이 될 수도 있다. 삶의 비참함을 이런 식으로밖에 달랠 수 없는 사람들을 동정하지 못하는 사람이라면, 그는 또 얼마나 인색한 사람일 것인가? 돌처럼 차가운 심장을 가진 사람이 아니라면, 누구든 그 노예들이 예배 장소에 모여 자신들을 고향으로 데려다 줄 것이라고 약속하는 예수의 말에서 위안을 찾는 광경을 보면서 큰 감동을 받지 않겠는가?

그러나 아프리카계 미국인들이 유대·기독교 및 성서의 이야기들을 사용한 방식은 그것에 그치지 않았다. 그들은 좀 더 직접적으로 정치적인 활동을 벌였다. 성서의 메시지를 이용하여 20세기 미국의 인종주의racism와 부정의injustice에 대항하는 운동을 벌였던 것이다. 그들에게 아메리카는 여전히 또 하나의 이집트였고, 그들은 아직도 붙잡혀 있었다. 그들의 새로운 모세는 옛날 파라오에게 그의 백성을 놓아달라고 요구한 마틴 루터 킹Martin Luther King 목사였다.

킹 목사는 1929년 배타주의가 강했던 미국 남부 지역의 중심지 중 하나인 조지아 주 애틀랜타에서 태어났다. 그는 1954년에 앨라바마 주 몽고메리에서 침례교회 목사가 되었고, 이곳에서 아프리카계 미국인들의 온전한 시민권 획득을 위해 싸우는 운동을 시작했다. 1968년 암살되기 전날 밤, 킹 목사는 자기 자신을 멀리서 약속의 땅을 보았지만 그것에 들어가기 전에 죽은 모세Moses에 비유하는 설교를 했다. 1865년에 노예제가 폐지되었을 때, 아프리카계 미국인들은 이집트에서 탈출에 성공했다. 그러나 그 후 100년이 지나서도 온전한 평등이 실현되는 약속의 땅에 들어가지는 못했다. 그리고 킹 목사가 죽은 후 반세기가 지난 지금도 그것은 온전히 이루어지지 않고 있다.

우리가 이 책에서 여러 차례 살펴본 것처럼, 처음에 종교는 불가사의한 경험에서 시작되지만 항상 정치로 나아간다. 종교는 선택된 도구인 예언자들에게 들리는 목소리에 의해 시작된다. 그리고 그들이 들은 것은 언제나 사람들이 살아가는 방식, 즉 정치에 영향을 주는 행동들로 이어진다. 때로는 나쁜 정치가 있다. 나쁜 정치는 그릇된 믿음을 따른다는 이유로, 또는 그릇된 목소리에 귀를 기울인다는 이유로 사람들은 박해한다. 또는 최후의 열정적인 예언자가 선포하는 메시지를 받아들이라고 강요하기도 한다. 그래서 *종교사는 다양한 형태의 탄압에 대한 연구가 되기도 하는 것이다.*

그러나 때로는 좋은 정치가 있다. 좋은 정치는 탄압하는 것이 아니라 해방을 주는 것이다. 우리는 1688년 펜실베이니아의 퀘이커교도가 노예제도에 저항하는 입장을 취했던 것에서 좋은 정치의 예를 보았다. 그리고 현재 미국의 아프리카계 교회가 벌이는 기독교 정치 역시 해방을 추구한다. 모세의 전략이나 예수의 약속은 세상을 더 나은 곳으로 만들고자 하는 것이었다. 여기서 종교는 부정의injustice와 불평등inequality의 고통을 완화시키는 아편으로 사용되고 있지 않다. 종교는 그것을 극복하기 위한 자극제로 사용되고 있다. 그것이 바로 많은 사람들이 종교라는 경기에 계속해서 참여하게 만드는 이유일 것이다.

그리고 그것은 미국인들이 정말로 좋아하는 경기이기도 하다. 19세기와 20세기의 미국에서는 많은 신흥종교가 출현했다. 다음에 이어지는 몇 챕터에서는 그런 종교들에 대해 고찰할 것이다.

CHAPTER 34

미국에서 태어난 종교

나는 에딘버러에서 살고 있고 걷기를 좋아한다. 도시 밖에 펼쳐진 언덕을 향해 걷는 것을 좋아하지만, 그럴 만한 시간이 없어서 주로 집 근처의 도로를 산책한다. 그리고 한 달에 몇 번 정도는 대화를 청하고 다가오는 젊은이들을 만난다. 그들은 항상 말쑥한 정장에 셔츠와 타이를 매고, 두 명씩 짝을 지어 다닌다. 그들은 언제나 공손하다. 항상 미국식 억양의 영어를 사용한다. 그리고 그들은 언제나 똑같은 질문을 한다. 예수 그리스도에 대해 알고 싶으신가요? 성서에 대해 좀 더 알고 싶으신가요? 나는 대개 점잖게 거절하고 가던 길을 계속 간다. 그러나 동네 주변을 산책할 때면 계속해서 나에게 다가와 말을 거는 그들을 만나게 될 것이라는 사실을 알고 있다. 그렇다고 화가 나지는 않는다. 그들이 선교

사로서 스코틀랜드에 와 있다는 것을 알고 있다. 그들은 나를 구원하고 싶어 한다는 것을 나는 알고 있기 때문이다.

그들은 나에 대해 아는 바가 전혀 없지만, 나는 그들에 대해 어느 정도는 알고 있다. 그들은 '말일성도 예수 그리스도 교회 Church of Jesus Christ of the Latter-Day Saints'에서 파견된 모르몬교도Mormons 라는 것을 알고 있다. 그들의 기반은 미국의 서부 유타 주의 솔트 레이크시티Salt Lake City에 있다. 그리고 그 교회의 모든 남성 교인은 국내 또는 국외에서 2년 동안 선교 활동을 해야 한다는 것도 안다. 나를 개종시키려고 애쓰는 그 젊은이들을 내가 친절하게 대하는 이유이다. 그들은 고향에서 멀리 떨어져, 추운 날씨 속에서, 거의 아는 바 없는 나라에서, 예수가 돌아올 것이라고 나를 설득하려고 노력하고 있다. 물론 나는 그런 이야기를 이미 들어서 알고 있지만, 그들이 말하는 방식으로 알고 있지는 않다. 그들이 나에게 전하는 바에 따르면, 예수가 이번에 돌아올 장소는 예루살렘이 아니라 미국이라고 한다. 그리고 그것은 예수의 첫 방문이 아니다. 예수는 전에도 미국에 왔던 적이 있다고 한다.

그들은 어떻게 그것을 알고 있는가? 그들은 어디서 이런 정보를 얻은 것일까? 그들은 모든 종교적 아이디어가 세계에 들어온 것과 동일한 방식으로 그런 정보를 얻었다. 환상을 보고 목소리를 듣고, 그에게 드러났던 것을 적어놓았던 예언자로부터. 그리고 다른 사람들에게 그런 자기의 말을 믿으라고 설득했던 사람, 그는 미국인 조셉 스미스Joseph Smith였다. 그는 1805년 버몬트의 샤론에서 소농의 아들로 태어났다. 그의 가족은 나중에 뉴욕 주로 이사를 간다. 어린 시절 그가 살던 지역은 프로테스탄트교회들 사이의 분열과 경쟁이 치열한 곳이었다. 그 교회들 가운데서 무엇을 어떻게 선택해야 하는가?

그 이전에 왔던 예언자들처럼, 그는 자신의 문제를 놓고 집을 떠나 기도하러 갔고, 기도할 때 환상을 보았다. 한 천사가 나타나 그 지역의 교회들을 깨끗하게 만들라고 말했다. 그 교회들은 예수의 비전과 동떨어져 있었다. 첫 사도들이 죽은 이후에, 타락한 생각들이 기독교 안으로 들어왔고, 기독교는 길을 잃었다. 그러나 회복이 다가오고 있으며 그가 그것을 위한 도구가 될 것이다. 그는 스스로 준비되어 있어야 한다. 때가 무르익으면 그가 교회를 본래의 순수성으로 회복시켜 다시 참된 길로 나아가게 만들 것이다.

그래서 그는 기다렸다. 그리고 스물다섯 살이 되었을 때 결정적인 계시가 다가왔다. 천사가 그에게 나타났다. 그러고는 고대 아메리카의 예언자들이 남긴 기록 집성이 존재한다는 사실을 알려주었다. 4세기의 어느 시점에, 모르몬Mormon이라는 사람이 경전을 새긴 황금판을 뉴욕 주의 팔미라Palmyra 산에 묻었다는 것이다. 그 안에는 예수 이전으로 거슬러 올라가는 물질이 포함되어 있다고도 했다. 고대에 아메리카로 탈출한 중동의 네피족Nephites과 다른 부족들의 이야기도 들려주었다. 조셉 스미스에게 이런 정보를 전해준 그 천사의 이름은 모로니Moroni였다. 나중에 스미스는 자기가 발견한 책 안에서 모로니의 존재에 대한 기록을 발견하게 된다. 모로니는 전투에서 사망한 후에, 부활하여 천사의 신분으로 승격했다. 그리고 그가 천사로서 담당한 역할은 황금판에 새긴 모르몬경Book of Mormon이 존재한다는 사실을 스미스에게 알려주는 것이었다.

스미스는 4년 후 그 황금판을 파내어 영어로 번역하기 시작했다고 한다. 3개월 후 스미스는 '모르몬경'이라고 불리게 될 500페이지가 넘는 책을 완성했다. 311년에서 385년 사이에 집성되었다는 그 책에 대한 스미스의 번역본은, 1611년에 번역된 킹 제임스 성서King James Bible처럼, 모르몬교도들 사이에서 널리 읽힌다. 프로테스탄트교회의 사랑을 받았던 킹 제임스 성서는 스미스에게도 친숙한 책이었을 것이다. '모르몬경'의 다음 구절들은 분명히 킹 제임스 성서의 분위기를 보여준다.

왜냐하면, 오 이스라엘의 집이여, 너희의 아버지께서 이르시기를, 그날에 회개하지 않고 나의 사랑하는 아들 앞에 나오는 자는 누구든지, 나의 백성들로부터 가려내 잘라냄을 당하게 될 것이기 때문이다. 그리고 나는 그들에게 심지어 이교도들에게서조차 들어보지 못한 복수와 분노를 집행할 것이다.

모르몬경은, 예수 그리스도의 귀환을 선포하고 그의 통치하에서 일어날 모든 것을 모았다고 주장하는, 여러 종말론적 텍스트들 중 하나다. 모르몬경의 특징은 이번에 올 새로운 시온Zion은 미국에서 이루어질 것이라고 말한다는 점에서 찾을 수 있다. 일단 모르몬경을 통해 신이 자기 계획을 중동에서부터 아메리카 서부로 옮겼다는 것을 알게 된다면, 그 점에 대해 놀라울 것은 전혀 없다. 그것은 아메리카가 새로운 성지로서의 지위를 획득했음을 확인하는 것이었다. 그들에 따르면, 예수는 부활한 지 몇 달 후, 즉 34년에 아메리카 대륙을 직접 방문했다고 한다. '예수 그리스도는 아낌없이 베푸는 땅에서 모여 살던 네피족에게 직접 나타나서 그들을 보살피셨다⋯⋯'라고 모르몬경은 우리에게 말하고 있다. 이것은 강력한 메시지다. 그렇기 때문에 그 소식은 세상에 전해져야 한다. 따라서 조셉 스미스는 1830년 4월 6일 뉴욕 주의 파예트Fayette에서 자신의 복음을 전하기 시작했다. 그는 자신의 운동을 새로운 교회가 아니라 옛 교회의 정화purification라고 이해했다. 최초의 기독교인들은 스스로 성인saints이라고 불렀다. 그의 교도들 역시 성인, 현대적인 성인이었다. 그렇게 '말일성도 예수 그리스도 교회'가 태어났다. 그리고 모르몬경은 그들의 성스러운 책이 되었다.

이 책 전체를 통해서 살펴보았던 것처럼, 새로운 종교운동을 시작하는 것은 건강에 나쁘다. 사람들은 자신의 종교가 틀렸다는 말을 듣는 것을 좋아하지 않는다. 성서에서 예수는 예언자가 자기 이웃 사람들에게서는 존경을 받지 못할 것이라고 말한 바 있다. 사람들은 자기가 평생 알고 지낸 어떤 사람이 신의 계시를 받는 예언자가 되었다는 사실을 믿으려고 하지 않는다. 스미스도 그런 불신 규칙의 예외가 아니었다. 누가 그를 그런 사람이라고 생각했겠는가? 다른 교회의 지도자들은 그의 주장에 격분했다. 그와 그의 추종자들은 감옥에 던져지고 이 마을에서 저 마을로 도망 다녔다. 그러나 계시는 계속해서 출현했다. 모르몬의 경전 목록에는 더 많은 책이 추가되었다. 그러나 그의 주장에 담긴 성sex 문제 때문에, 그는 다른 기독교도들로부터 완전히 부정당하게 된다. 그를 끝장낸 것은 결국 성 문제였던 것이다. 천사가 새로운 경전을 계시해주었다고 말하는 것은 커다란 하나의 사건이다. 그러나 그 천사가 다른 사람의 아내를 빼앗아도 좋다고 가르쳐주었다면, 그것은 전혀 다른 문제로 비화된다.

스미스의 천사는 말일성도 교회의 존재 이유가 고대 이스라엘의 진정한 믿음의 회복이라고 말해주었다. 그렇다면, 아브라함과 다른 조상들에게는 여러 명의 아내가 있었기 때문에, 모르몬교도 역시 그 조상들의 삶을 본받아 한 남자가 동시에 여러 명의 아내를 갖는 일부다처polygamy의 성서적 관습을 회복해야 한다. 스미스는 그 명령에 복종했고 마흔 명에 이르는 아내를 얻었으며, 그들 중 어떤 사람은 이미 교회의 다른 남자와 결혼한 여성이었다.

그것이 스미스에게 반대하는 사람들이 붙잡을 수 있는 마지막 지푸라기였다. 동부에서의 박해로부터 탈출하기 위해 스미스는 그의 무리를 이끌고 서쪽의 일리노이와 오하이오로 근거지를 옮겼다. 그리고 1836년 그곳에서 최초의 모르몬 사원을 건설했다. 그를 추격하는 사람들보다 계속 앞서는 것이 힘들다는 사실을 발견한 그는 계속 옮겨야만 했다. 마침내 1844년에 스미스는 일리노이의 카시지Carthage에서 빈번한 감옥살이를 같이했던 그의 형제 하이럼Hyrum과 함께 감옥 안에서 살해당했다. 그러나 그것은 결코 그가 시작한 교회의 끝이 아니었다. 순교자의 피는 언제나 교회의 씨앗이 된다. 1847년 모르몬교도들은 브리검 영Brigham Young을 새로운 지도자로 선택했다. 스미스가 모르몬교의 예언자였다면, 브리검 영은 모르몬교에 영원한 생명을 부여하는 구조를 세우고 그것을 통합·정리한 사람이었다.

브리검 영은 1801년 버몬트에서 열한 명의 자녀 중 아홉째로 태어났다. 그는 손으로 무엇이든 만들어내는 대단히 실천적인 사람이었다. 그리고 1832년에 그가 '말일성도 예수 그리스도 교회'에서 세례를 받은 이후, 경이로운 자신의 재능을 새로운 운동을 확립하는 데 바쳤다. 스미스는 교회의 회복 작업의 일환으로 열두 명의 사도를 두어 통치 그룹을 조직했다. 영은 1835년에 사도의 한 사람으로 임명되었다. 그의 능력을 알아본 스미스는 그에게 교회 사업 운영의 책임을 맡겼다. 모르몬교와 관련하여, 흥미를 자아내는 일 중 하나는 처음 시작할 때부터 그들은 세상사를 관리하는 빈틈없는 사업적인 접근 방식을 가지고 있었다는 점이다.

스미스가 살해당한 후, 브리검 영이 그 자리를 물려받고 직면한 도전은 어떻게 교회의 안전성을 확보할 수 있는가, 하는 문제였다. 그의 해결책은 교회를 훨씬 더 서쪽의 유타로 옮겨, 교회를 멕시코의 통제 아래에 두는 것이었다. 유타는 모르몬교도에게는 약속된 땅일지는 몰라도, 그곳에는 이미 유테Ute 인디언들이 자리 잡고 있었다. 그러나 그렇게 시작하는 것이 스미스에게는 문제가 되지 않았다. 모르몬경이 그에게 일러준 바로는, 그리스도보다

수백 년 전에 아메리카에 온 이스라엘의 후손이 인디언들이었던 것이다. 따라서 유테족은 예수 그리스도가 부활한 후에 찾아와 이야기를 나누었던 사람들의 후손이었다. 이것은 아메리카 서부를 침략한 다른 정착민들과 달리 모르몬교도는 그들이 만난 인디언들에게 적대적이지 않았다는 것을 의미한다. 인디언들은 이미 자신들의 종교적 이야기의 일부였던 것이다. 모르몬교도는 그들을 개종시켜 1,800년 전에 예수가 시작한 미션을 완성하려고 계획했다.

그래서 브리검 영은 수천 명의 모르몬교도를 태운 대탈출의 마차 대열을 이끌고 그들의 새로운 시온Zion으로 이주하여 저들 고대 이스라엘인들을 만나기를 열렬히 소망했다. 그러나 모르몬교도가 유테족에게 원하는 것과 유테족이 스스로 원하는 것이 서로 다르다는 사실이 곧 분명해졌다. 모르몬교도는 대륙 전역에서 아메리카 원주민들에게 재난을 가져다준 사람들과 다를 바 없는 존재가 되어버린 것이다. 영은 본인이 '문명의 습관habits of civilization'이라고 부르는 것이 유테족의 생활 방식과 양립할 수 없다는 사실을 금세 알아차렸다. 그는 지배권을 잡아야 하는 쪽은 '문명의 습관'이라고 생각했다. 결국 유테족은 보존지구로 내몰리고 유타는 모르몬의 성지가 되었다.

미국이 멕시코와의 전쟁을 끝내고 유타를 차지하게 되었을 때, 브리검 영은 그곳의 초대 주지사가 되었다. '말일성도 교회'는 마침내 자신들의 고향을 안전하게 확보했다. 그러나 지불해야 할 대가가 있었다. 영은 이전의 스미스와 마찬가지로 일부다처주의자polygamist였다. 그에게는 열두 명의 아내가 있었고, 그들이 출산한 마흔일곱 명의 아이들이 있었다. 유타의 모르몬교도가 평화 속에서 신앙 활동을 계속하기를 원한다면 일부다처제를 실을 트럭이 전혀 없어 보이는 연방 정부와 타협해야 했다. 비록 그런 유혹이 결코 완전히 사라지지는 않지만, 그들은 다처제를 폐지했다. 모르몬교의 역사를 통해 보면, 조셉 스미스가 보았던 본래 비전의 일부로서, 일부다처제를 교회 안에 회복하려고 시도했던 사람들이 항상 있었다. 대개는 실패했지만, 위안이 없지는 않다. 일부다처제는 하늘나라에서 여전히 실행되고 있기 때문이다. 어떤 사람의 부인이 지상에서 죽어서 다시 결혼을 하게 되면, 그는 사후에 두 아내를 가질 수 있다고 믿었던 것이다.

말일성도 교회의 출발은 화려했지만 오늘날에는 상당히 절제된 모습을 가지고 있다. 모르몬교도는 담배를 피우지 않으며, 어떤 종류의 약물도 사용하지 않는다. 술, 차, 커피도 마시지 않는다. 문신이나 피어싱piercings도 허락되지 않는다. 도박을 하지 않는다. 결혼 전에는 성관계를 갖지 않는다. 가족생활에 높은 가치를 두며 결혼하면 여러 자녀를 둔다. 그들은 열심히 일하기 때문에, 모르몬교도 중에는 상당한 부를 이룬 사람이 많다. 그리고 젊은 남자는 2년간 반드시 미국의 집에서 혹은 해외의 다른 나라에서 선교사로 지내야 한다. 여러분은 아마도 여러분과 가까운 곳에서 그들과 마주치게 될 것이다.

CHAPTER 35

대실망

    19세기 뉴욕 주에는 조셉 스미스 외에도 다양한 예언자가 출현했다. 그리고 말일성도 교회 이외에도 여러 신종교가 등장했다. 여기저기에 여러 종류의 열정적인 종교운동이 일어났지만 그런 사람들이 항상 동일한 방향을 바라보았던 것은 아니다. 스미스가 과거에 대한 하나의 새로운 버전을 펴 올렸다고 한다면, 다른 예언자들 중에는 과거가 아니라 미래를 보았던 사람들이 있었다. 그런 사람들은 과거에는 관심을 갖지 않았다. 그들이 집중했던 것은 미래였다. 왜냐하면, 성서 속에 나오는 그리스도의 재림에 관한 그 모든 약속들이 이제 막 완성될 것이었기 때문이다! 그들은 예수가 돌아오고 있는 중이라고 주장했다. 그것도 곧바로!

    예수의 재림에 대해 가장 확고한 신념을 가졌던 사람이 바로

332   세계 종교의 역사

로우 햄프턴Low Hampton의 윌리엄 밀러William Miller였다. 윌리엄 밀러는 성경을 강박적으로 읽는 사람이었다. 구약성서와 신약성서 모두에서 나타나는 예수에 대한 예언적 흐름이 그를 사로잡았다. 예수는 곧 죽은 자와 산 자를 심판하기 위해 재림할 것이었다. 그는 예수 재림Second Coming의 구체적인 날짜를 알려줄 숨겨진 암호가 성경 안에 들어 있을 것이라고 굳게 믿었다. 문제는 그것을 어떻게 정확하게 해석하느냐는 것이다. 우리는 앞에서 이런 게임을 할 때 가장 먼저 읽어야 할 책이 다니엘서라는 사실을 살펴본 바있다. 그리고 밀러 역시 바로 그 책에서 자기가 찾고 있던 단서를 발견한다.

다니엘서 제8장에서 예언자는 이렇게 적고 있다. '2천 3백날까지라, 그때에 성소가 정결하게 되리라.' 밀러는 그것이 자신이 찾고 있던 암호라고 확신했다. 그리고 그는 그것은 2,300년을 의미한다고 확신했다! 그렇다면 앞으로 도래할 예수 재림의 날은 1844년 3월 21일이었다. 그는 그날을 맞이할 준비를 했다. 그러나 그 일은 일어나지 않았다. 그는 자신의 계산이 약간 어긋났던 것에 불과하다고 생각하고 다시 날짜를 계산했다. 새로운 계산을 통해 그가 얻은 답은 1844년 10월 22일이었다. 그리고 그날이 왔지만 아무 일도 일어나지 않았다. 그 실패를 밀러와 그의 추종자들은 대실망Great Disappointment이라고 불렀다. 그리고 밀러는, 현명하게, 그 예측 게임에서 은퇴했다.

그러나 다른 사람들이 그 게임을 계속해나갔고, 1860년에 그들은 자신들의 예언자를 가진 새로운 종파를 형성했다. 그들은 스스로를 '제칠일 예수재림파Seventh Day Adventists'라고 불렀다. 비록 정확한 날짜는 확신할 수 없었지만, 그들은 예수가 곧 돌아올 것이라고 굳게 믿었다. 따라서 그들은 '예수재림파'라는 이름이 어울린다. 또 그들은 일요일이 아니라 토요일을 안식일로 지켰기 때문에 '제칠일파'라고 명명했다. 그들은 가톨릭교회가 본래는 한 주의 마지막 날인 안식일[토요일]을 한 주의 첫째 날인 일요일로 바꾸어놓았다고 비난했다. 그러나 안식일을 일요일로 바꾼 일은 그들이 로마교회에 던진 여러 비난 중에서 아주 가벼운 것에 속했다. 그들은 로마가톨릭교회가 안티 그리스도라고 적대시했던 스코틀랜드의 개혁가 존 녹스와 비슷한 의견을 가지고 있었다.

'예수재림파'의 예언자는 엘런 화이트Ellen White였다. 그녀는 1827년에 태어나 1915년에 죽었으며, 그녀가 남긴 글들은 '제칠일 예수재림파' 사이에서 경전적인 권위를 가지고 있다. 많은 다른 종말론 종파들과 마찬가지로, 그들은 엄격한 도덕적 규정을 준수한다. 담배는 물론이고 술, 춤, 그리고 대부분의 유흥을 금지한다. 그리고 엄격한 채식주의를 요구한다. 그들은 삼위일체 교리와 그리스도의 신성에 대한 교리를 받아들인다. 그리고 그들은 그리스도가 힘과 위대한 영광 안에서 다시 오기를 염원한다. 그런 점에서 그들은 로마교회와 차이가 거의 없다. 그러나 그들은 죽은 다음에 일어날 일에 대한 믿음에 있어서는 대단히 비정통적이었다.

심판의 날에 인간은 두 부류로 구별되어진다는 것이 기독교의 공식 교리였다. 한 부류는 그들의 사악함 때문에 지옥에서 영원히 머물 것이다. 반면 정의로운 자들에 속하는 또 다른 부류는 천국에서 영원한 기쁨을 누릴 것이다. 엘런 화이트는 이런 공식 교리를 거부했다. 그녀는 다음과 같이 썼다.

> 사악한 자가 죽은 후 영원히 불타는 지옥에서 불과 유황으로 고통을 받을 것이라는 교리는, 사랑과 자비의 모든 감정, 심지어 정의라는 우리의 인식과 얼마나 모순되는 것인가. 잠깐의 세상살이에서 지은 죄 때문에 신이 살아 있는 영원한 시간 동안 고문에 시달려야 한다는 것인가.

죄인들을 영원한 고통의 장소로 보내는 대신, 신은 그들을 영원한 망각에 맡겨야 한다고 화이트는 말했다. 영원한 고통이 아니라 영혼의 소멸이 죄인들의 운명이었다. '그렇게 되면 결코 끝나지 않는 고통으로 몸부림치면서 신을 모독하는 영혼이 하나도 없게 될 것이며, 지옥의 비참한 존재들이 구원받은 자들의 노랫소리에 비명 소리를 섞어 넣지도 않을 것이다.' 이런 주장은 성 토마스 아퀴나스라면 결코 인정하지 않았을 것이다.

지옥을 폐지한 화이트의 생각은 세상의 종말을 찾고 있던 또 다른 19세기의 미국인에 의해 채택되었다. 찰스 테이즈 러셀Charles Taze Russell이 그 사람이다. 러셀은 윌리엄 밀러의 예언에 영향을 받았던 피츠버그의 한 가게 주인이었다. 그러나 그는, 밀러와 달리, 재림Second Coming이 일어나지 않았다고 해서 패배감을 느끼거나 실망감에 빠질 필요가 없다고 생각했다. 러셀은 그리스도는 정말 돌아왔다고 주장했다. 그러나 그리스도는 자신의 존재를 보이지 않는 망토 뒤에 숨겼을 뿐이다. 그렇게 주장함으로써 러셀은 그 문제를 해결했다. 따라서 현재 우리가 사는 세상이 바로 마지막 날들Last Days의 연장이며 종말의 시간End Time는 이미 시작되었다.

스코틀랜드의 개혁가 존 녹스처럼 러셀 역시 구약성서의 예언자 다니엘과 요한계시록의 저자이자 요한복음의 예언자인 요한을 하나로 합쳤다. 요한은 로마 황제 도미티아누스가 일으킨 교회 박해 기간 동안 밧모Patmos[파트모스] 섬에 유배되어 있었다. 요한의 책은 이렇게 시작한다. '예수 그리스도의 계시라. 이는 신이 그에게 보내어 반드시 속히 일어날 일들을 그 종들에게 보이시려고…….' 그리고 요한은 자신이 주님의 날Lord's Day에 최면 상태에 들어 있었는데, 한 목소리가 말하는 것을 들었다고 말한다. '보라, 내가 도둑같이 오리니, 누구든지 깨어 있는 자는 복이 있을 것이다…….' 그 목소리는 최후의 전투가 히브리어로 '아마겟돈Armageddon'이라는 곳에서 있을 것이라고 선포했다. 아마겟돈은 예루살렘 북쪽에 있는 벌판으로서, 이스라엘 역사에서 여러 차례 전투가 벌어진 현장이었다.

그것이 러셀이 필요로 했던 전부였다. 1879년에 그는 재림Second Coming과 그를 이어줄 아마겟돈이 도래하는 것을 기다리기 위해 '파수대Watchtower'라는 운동을 시작했다. 비록 구원받게 될 사람은 단지 14만 4,000명뿐이지만, 재림이 다가오고 있다는 사실을 가능한 한 많은 사람들에게 경고해주려고 했다. 구원받을 사람들을 제외한 모든 다른 사람들은 엘런 화이트가 예언한 것처럼 소멸될 운명을 가지고 있었다. 러셀은 예수재림파로부터 많은 것을 가져왔지만 선택적으로 골라냈다. 그는 지옥이 없어진 것이 기뻤지만, 로마의 공식적인 이론에서 더 많은 것을 제거하고 싶어 했다. 삼위일체 교리도 없어져야 할 것이라고 생각했다. 그가 '여호와'라고 부르기를 선호했던 유일한 신God이 그에게 필요한 전부였던 것이다.

제1차 세계대전이 시작된 1914년에 유럽을 강타한 것은 '아마겟돈'의 전투 바로 그것이었다. 그러나 그것은 러셀이 기대했던 것은 아니었다. 그리고 그는 1916년에 죽을 때까지도 여전히 진짜 아마겟돈을 기다리고 있었다. 그를 이어 '파수대'의 지도자가 된 사람은 조셉 R. 러더포드Joseph R. Rutherford라는 억척스러운 사업가였다. 그는 러셀의 추종자들을 모아 새로운 활동 조직을 만들었다. 1931년에 그는 그 조직을 '여호와의 증인Jehovah's witnesses'이라고 부르기 시작했다. 그리고 그 조직에 엄격한 규율을 부과하여 그들을 둘러싼 사회로부터 자신들을 분리시켰다. 자신들을 세계로부터 멀리 분리시켜 고립시켰다.

현대사회에 등을 돌리고 의료 행위를 포함한 모든 사회적 가치를 부정하려면 커다란 용기가 필요하다. 여호와의 증인은 수혈을 받지 않으려고 한다. 피는 그들에게 생명이며 오직 신만이 줄 수 있는 것이기 때문이다. 그래서 그들은 때로 자기 자녀들이 수혈 받는 것을 거부했다는 이유로 기소되기도 한다. 이런 식으로, 세계에 저항하며 버티는 것은 그 집단에 강한 정체성 의식을 줄 수도 있다. 박해는 헌신을 강화할 수 있기 때문이다. 또한 그 신앙에 대해 마음을 바꾸었다 할지라도 그 집단과 결별하는 것을 어렵게 만들기도 한다.

러더포드는 1942년에 죽었다. 그 당시 불타오르던 제2차 세계대전이 아마겟돈과 비슷하기는 했지만, 진짜 아마겟돈은 아직 오지 않았다. 여호와의 증인들은 다시 한 번 실망을 극복했다. 새로운 지도자들은 그들에게 역사라는 먼 길을 보면서 꾸준히 나아가자고 조언했다. 그리스도는 돌아올 것이다. 그러므로 계속해서 살펴보라! 여호와의 증인들은 모르몬교도들처럼 집집마다 찾아가는 전도 활동을 열성적으로 벌인다. 그리고 그들은 자신들의 원칙에 따라 계속해서 개종자를 만들어낸다. 그들의 예배 장소는 교회Church가 아니라 '왕국회관Kingdom Halls'라고 불린다. 세계 전역에 그들이 발간하는 책자 〈파수대The Watchtower〉를 계속해서 배포하고 있다. 그들은 한밤중에 도둑과도 같이 오게 될 그분을 맞이하기 위해 지평선을 살펴보며 계속해서 경비를 서고 있는 것이다.

'제칠일 예수재림파'와 '여호와의 증인'은 성서의 가장 당혹스러운 점들 중 하나를 상기시킨다. 2,000년 동안 기다리고 지켜보았지만, 그리스도는 아직 돌아오지 않았다는 그 사실 말이다. 진보적인 기독교인들은 이 문제를 정밀하게 다룬다. 그들은 재림을 부인하지 않는다. 어떻게 그것을 부인할 수 있겠는가? 그것은 성서Bible 안에 분명하게 기록되어 있다. 그리고 그들의 '사도신경creed' 안에서도 반복되고 있다. 그리고 그 의미에 대해 묵상하도록 성탄절 한 달 전을 강림절Advent로 기억한다.

그들은 도래할 신의 왕국God's coming kingdom은 이미 여기에서 이루어졌다고 주장함으로써 그 문제를 해결하려고 한다. 기독교인이 해야 할 일은 그것이 이미 현존presence하고 있는 것의 증거를 찾는 것이다. 가난한 자들이 도움을 받고, 불의가 도전받는 곳에서, 그 증거를 찾을 수 있다. 올바른 사람들이 세상을 더 나은 곳으로 만들기 위해 노력하는 곳에서, 예수가 말한 왕국에 더 흡사한 곳으로 만들기 위해 일하는 곳에서, 그것이 발견된다. 그리고 이러한 해석을 뒷받침할 수 있는 예수의 말도 찾을 수 있다. 물론, 그것은 예수의 말을 담고는 있지만, 신약성서 안에는 들어가지는 않은 책에서도 전해지고 있다. 그 책은 보통 '도마복음Gospel of Thomas'이라고 불린다. 그 책에서 제자들이 예수에게 이렇게 묻는다. '왕국은 언제 오는지요?' 예수가 대답한다. '그것은 기다린다고 오는 것이 아니다. 그것은 여기에 있다, 또는 저기에 있다, 라고 말할 문제가 아니다. 오히려, 아버지의 왕국은 이 땅 위에 널리 펼쳐져 있다. 그러나 사람들은 그것을 보지 못한다.'

재림을 정말로 믿는 사람들은 그런 접근법이 미약하다고 생각할 것이다. 그들은 뭔가 더 확고한 것을 원한다. 그들은 아마겟돈을 원한다. 그리고 미국의 기독교는 그것을 잘 공급해왔다. 아마도 그것은 미국인들이 스스로를 신이 규정하는 운명을 지닌 '예외적인 사람들exceptional people', 즉 '선택된 나라chosen nation'라고 믿기 때문이다. 어떻게 설명하든, 미국의 기독교 역사는 그리스도의 재림과 '세상의 종말end of the world'을 기다리는 종파로 가득 차 있었다. 그리고 그들은 지금도 여전히 그것에 매달려 있다. 지금도 미국에서는 새로운 예언자들이 빈번하게 나타나서 가까이 다가온 종말을 선언한다. 그리고 새롭고 다른 방법을 찾아서, 자신들의 메시지를 전파한다. 그중 가장 성공적인 한 종파는 그들의 말이 널리 알려질 수 있도록 지역의 슈퍼마켓에서도 구입할 수 있는 시리즈물 소설을 이용하기도 한다.

　미국의 복음주의 목사Evangelical minister 팀 라헤이Tim LaHaye는 지난 40년간 가장 영향력 있는 미국 기독교 목사 중 한 사람으로 알려져 있다. 그가 한 일은 재림의 때에 새로운 전기를 충전해주는 것이었다. 그가 쓴 '남겨진 자들Left Behind'이라는 시리즈 소설에는 열여섯 편의 작품이 들어 있다. 그 작품은 이 시대를 배경으로 삼는다. 고대 이스라엘이 배경이 아닌 것이다. 바로 지금 현재, 이 문제 많고 폭력적인 세상에서 일어나는 일을 다루고 있는 것이다. 그들 책에서는 랩처Rapture(무아지경)라는 말로 알려진 것이 이미 발생했다. 종말은 이미 시작되었다. 그리고 진실한 신자라면, 그것이 시작된 순간에 지상에서 그가 하고 있던 일이 무엇이었든 상관없이, 바로 천국으로 불려 올라간다. 만약 자동차를 운전하거나 비행기를 조종하고 있었다면, 마치 블록버스터 영화처럼, 자기가 타고 있던 자동차를 길바닥에 남겨둔 채 앉아 있던 좌석에서 바로 낚아채이듯 하늘로 올라가서 순식간에 영생으로 옮겨진다. 그러나 '남겨진 자들'의 세상은 혼란에 빠지고 사람들은 공포로부터 그들을 구해줄 지도자를 찾아 아우성치기 시작한다. 그리고 한 사람이 나타난다. 사람들은 그가 이 행성에 질서를 가져다줄 사람처럼 보이기 때문에 그를 유엔 사무총장으로 추대한다. 하지만, 세상 사람들은 그가 바로 성경에서 예언된 '안티 그리스도Anti-Christ'라는 사실을 모르고 있다. 그는 전 세계를 혼란에 빠뜨리기로 작정한 대단한 사기꾼, 야수다! 종교개혁의 시대였다면, 사람들은 그를 교황으로 추대했을 것이다. 그러나 오늘날 복음주의 미국인들Evangelical Americans의 증오 대상은 더 이상 교황이 아니다. 그들이 증오하는 것은 유엔이다. 그의 소설에서 비행기 조종사와 그의 친구들은 세상에서 무슨 일이 벌어지고 있는지 곧 깨닫는다. 그리고 그들은 '안티 그리스도'를 상대로 반격을 시작하고, 길 잃은 자들을 구한 다음 '최후의 날Last Days'의 서곡인 '거대한 고난Great Tribulation'을 준비하게 한다. 팀 라헤이의 소설은 지금까지 6,500만 부 이상 팔렸다. 그런 사실을 보면 미국에는 아직도 종말 종교가 이용할 수 있는 마일리지가 많이 남아 있다는 것을 알 수 있다.

그러나 그것만이 미국에서 지난 100년간 유지되어온 유일한 종교적 형태는 아니다.

CHAPTER 36

신비가와 영화배우

종교 연구가들은 교회church와 종파sect를 구분한다. 교회는 종파보다 더 복잡하다. 교회에는 넓은 범위의 신앙이 존재하고 일종의 균형 속에서 그것을 지키려고 노력한다. 종파는 종교의 어느 일면에 몰두하고 그것을 주된 관심사로 삼는다. 앞 챕터에서 우리는 성경의 일부에 집중하여 세상을 심판하고 종말의 때에 세상으로 돌아올 그리스도를 예언하는 '제칠일 예수재림파'와 '여호와의 증인'에 대해 살펴보았다. 그런 이유에서 연구자들은 그 두 그룹을 교회라기보다는 종파sect로 분류한다. 1879년에 미국 보스턴에서 설립된 '기독교 과학자 교회Church of Christ, Scientist' 역시 하나의 종파로 분류된다. 그들은 예수 그리스도의 사역 중 한 측면을 선택하고, 그것을 그들의 주요 주제로 탐구했다.

'기독교 과학Christian Science'은 치료자로서의 예수에 초점을 맞추고, 그것을 선교의 목표로 삼았다. 이 운동을 설립한 예언자 메리 베이커Mary Baker는 1821년에 뉴햄프셔New Hampshire에서 태어났다. 메리는 병약한 아이였으며 성인이 될 때까지 질병이 계속 그녀를 따라다녔다. 마가복음에 나오는 병 걸린 여인처럼, 메리는 치료를 위해 많은 시간을 바쳤다. 병을 고치기 위해 메리는 전통적인 의학은 물론 최면술이나 대체의학에도 관심을 가졌다. 그러나 그 어떤 치료 방법도 효과가 없었다. 그러던 중, 1866년 메리는 얼음길에서 미끄러져 척추를 다쳤다. 이번에 그녀는 다른 방법을 시도했다. 의사를 찾아간 것이 아니라 신약성서를 찾은 것이다. 그녀는 예수가 다리가 마비된 남자에게 일어나 걸으라고 명령했던 마태복음의 구절에 대해 명상하던 중 자신도 치유를 받는 경험을 한다. 그녀는 상처받은 척추가 나았을 뿐 아니라 예수의 치료 사역 배후에 놓인 치유의 과학을 발견했다고 믿었다.

그녀에게 나타난 계시는 병이 환상illusion 때문에 생기는 것이라고 가르쳐주었다. 그리고 그녀는 그 환상이 독립적인 존재성을 가지는 물질이라고 주장했다. 그것은 신의 마음mind에 의해 창조된 것이었다. 마음이 모든 것의 원인이었다. 물질은 그것의 결과effect에 불과했다. 따라서 치유의 길은 물질을 지배하는 마음에서 찾아야 한다. 이것이 그녀가 자신의 책 『과학과 건강』에서 밝히고 있는 내용이다. '인간의 지식은 그것을 물질의 힘forces of matter이라고 부른다. 그러나 신성한 과학divine Science은 그것들이 전적으로 신성한 마음divine Mind에 속한다고 선언한다. …… 그리고 그것은 마음속에 내재되어 있다.' 물질을 지배하는 마음의 원리를 인간의 고통에 적용한다는 것은, 우리를 괴롭히는 병이 실제로는 아무런 실체가 없다는 것을 인식하는 것을 의미한다. 질병은 마음을 지배하는 물질에 의해서 만들어진 속임수이고, 환상이고, 게임이다. 그렇다면, 치료라는 것 역시 동일한 게임, 즉 물질적 게임을 하는 의사를 통해서 이루어지지 않는다. 신의 사랑의 힘을 향해 우리 자신을 열어둠으로써 질병의 환상을 제거하고 건강과 실체를 회복할 때, 진정한 치료가 이루어진다. 기독교 과학은 우리의 병을 치료한 것이 아니다. 그것은 우리가 처음부터 가지고 있던 환상으로부터 우리를 치유한 것이다.

그러나 그런 교의doctrine는 뉴잉글랜드의 주류 교회들이 받아들일 준비가 되어 있는 것이 아니었다. 그들은 고통이 원하는 대로 쉽게 사라진다고는 믿지 않았다. 고통은 실제로 존재하는 것이며 환상이 아니기 때문이다. 그들은 메리 베이커가 죄와 심판, 천국과 지옥의 실재성을 믿지 않는다고 의심했다. 당연히 그녀는 그런 것을 믿지 않았다. 그녀의 책에 따르면, 누구도 구원 너머에 있지 않았다. 그리고 마음이 물질을 지배한다는 원리가 이해되기만 한다면, 해결되지 못할 문제는 없다고 주장한다. 1877년, 세 번째 남편 아사 길버트 에디Asa Gillbert Eddy와 결혼한 메리는 자신이 받은 계시를 반대하는 무리들로 인해 좌절한다. 그리고 1879년, 그녀는 보스턴에서 '기독교 과학자 교회'를 설립했다. 그녀가 1908년에 창립한 신문 〈크리스천 사이언스 모니터Christian Science Monitor〉는 지금도 발행되고 있으며 폭넓은 지지도를 가지고 있다. 보스턴

백 베이Back Bay의 14에이커(5.5헥타르) 땅 위에 건립된 '마더 처치 오브 크리스천 사이언스Mother Chuch of Christian Science' 역시 유명하다.

'기독교 과학Christian Science'의 예배는 성서 구절 및 메리 베이커 자신의 저작인 『과학과 건강』의 몇 구절을 읽는 것으로 이루어진다. 찬송과 묵도가 있지만, 유일하게 사용되는 기도 형태는 주기도문이다. '기독교 과학'은 대중운동이 된 적은 없지만 전 세계에 널리 퍼져 있다. 대부분의 도시에서 여러분은 메리 베이커 에디Mary Baker Eddy의 글이 전시되어 있는 독서방을 발견하게 될 것이다. 또 여러분은 물질을 지배하는 마음의 원리를 어떻게 자신을 괴롭히는 질병을 치유하는 데 적용할 수 있는지 발견할 수 있을 것이다. 메리 베이커는 보스턴 외곽에 있는 자기 집에서 1910년 사망했다.

그로부터 40년이 지난 후, 1952년에 '기독교 과학Christian Science'보다 훨씬 더 현대 의학을 거부하는 또 다른 미국 종교가 탄생했다. 그들은 자기 종교를 '과학교Church of Scientology'라고 불렀고, 그것을 창립한 예언자는 1911년 네브래스카 주에서 태어난 라파이에트 로날드 허바드Lafayette Ronald Hubbard라는 SF 작가였다. 이 종교는 할리우드의 영화배우들 사이에서 인기를 끌었다. 톰 크루즈Tom Cruise와 존 트라볼타John Travolta는 자신들이 성공할 수 있었던 이유가 이 종교의 원리를 믿고 실행했기 때문이라고 믿는다. '과학교Scientology'는 현대의 기술과 정신적 탐구의 기술을 함께 사용하지만, 그런 아이디어 밑에 깔려 있는 철학은 환생에 대한 고대 힌두교의 교리, 즉 삼사라samsāra다. 그들은 *테탄thetans*이라고 불리는 불사의 영혼이 존재하고, 그것이 10억 년 이상의 시간에 걸쳐 육체에서 육체를 옮겨 다닌다고 믿는다. '과학교'의 세부 사항을 확실하게 설명하기는 어렵지만, 어쨌든 테탄은 창조된 존재가 아니라 그것들 자신이 우주의 창조자들이었다고 한다. 그리고 우주 안에서 움직이기 위해 그들은 자기들이 타고 다닐 것을 창조했고, 인간의 육체는 그들이 선택한 많은 탈것의 형태들 중 하나일 뿐이었다.

이쯤 오면 일이 복잡해지기 시작한다. 모든 종교는 세상에 대해 설명하고, 세상의 악과 고통에 대한 치유법을 제공한다. 성서는 아담과 이브의 불복종과 타락 때문에 이 세상에 악이 존재하게 되었다고 설명한다. 그리고 구원과 천국으로의 복귀를 추구하는 것이 인간의 역사라고 설명한다. 힌두교 신학에 따르면, 카르마, 즉 '행위의 법칙Law of the Deed'이 인간을 추동하는 힘이 된다. 그리고 인간의 목표는 수백만 번의 환생을 거쳐 죄를 정화하고 최종적으로는 니르바나로 들어가는 것이다. '과학교Scientology'는 그들의 교리를 만들 때 종교의 이런 두 가지 요소를 적절하게 배치한다.

과학교에서 말하는 테탄은 수백만 번의 환생을 거치는 동안에 경험한 것들 때문에 정서적·심리적으로 피폐해진다. 그것은 마치 고통스런 유년기가 성년기의 인생에 그림자를 드리울 수 있는 것처럼, 그렇게 상처를 남긴다. 이렇게 상처 입는 경험은 우연히 발생한다. 허바드는 그런 경험을 인그램engrams이라 불렀다. 그것은 수백만 번의 환생을 거치는 동안의 시간이 테탄에게 남겨준 일상적인 타박상일 뿐이었다. 그 상처는 때로는 어둠의 힘 쪽으로 넘어간 테탄들이 일으키는 것이거나, 다른 테탄을 지배하고자 힘을 행사할 때 생긴 고의적인 것이다.

허바드는 인간의 정신psyche에 가해진 이러한 고의적 상처를 임플란트implants라고 불렀다. 이것이 신체적·심리적 비극의 근원이며, 테탄이 고의적으로 타락을 유도하면서 이식한 나쁜 생각들의 근원이기도 했다. '임플란트는 다양한 질병, 무감각, 타락, 신경증, 그리고 정신이상을 일으킨다. 그것은 인간 정신 안에서 나타나는 모든 부정적인 현상들의 원인이다'라고 그는 쓰고 있다. 그는 천국에 대한 기독교의 관념은 43조 년 전에 도입된 것이라고 말한다. 그 관념은 두 개의 임플란트가 테탄을 속인 결과 생겨난 것이다. 그런 속임수에 의해 테탄은 그들을 기다리고 있는 것은 무한한 생이 아니라 단 하나의 생이라고 생각하도록 세뇌당했던 것이다.

인그램과 임플란트는 기독교인들이 '타락Fall'이라 부른 것의 과학교 버전이다. 그 둘은 인간의 삶에 비참함이 존재하는 이유를 설명해준다. 그리고 우리를 괴롭히는 그 모든 것에 대한 과학교의 치료법은 아주 구체적이다. '인그램'은 허바드가 '반응적 정신reactive mind'이라고 부른 인간의 잠재의식 안에 자신을 가두고 삶에서의 정신적 고통을 촉발한다. 구원은 '심사auditing'의 과정을 통해 고통을 일으키는 '인그램'을 정화 혹은 '세척함clearing'으로써 획득된다. 이것은 마치 상담사가 내담자의 이야기를 들으면서 현재의 고통을 야기하는 과거의 사건을 서서히 밝혀나가는 것과 비슷한 과정인 것처럼 보인다. 그러나 그런 상담법은 '과학교' 에서 사용되는 방법이 아니다. 심사자auditor는 내담자의 말을 조용히 듣는다. 그리고 그는 거짓말탐지기처럼 작동하는 *전자심리측정기*electropsychometer, 즉 *이미터E-meter*라고 불리는 도구를 사용한다. '이미터'는 심사자가 내담자의 깊은 곳에 감추어진 사건을 표면으로 불러낼 수 있는 질문을 발견하도록 도와준다. 각 세션(상담시간)의 목표는 계시의 순간, 즉 '승리win'를 획득하는 것이다. '승리'는 죄책감의 경험을 표면으로 끌어올리고, 그것에 펀치를 가하여 삶 바깥으로 날려버리는 것이다. 그것은 단순히 사건을 다시 기억하게 만들어 치유하는 것이 아니다. 그것은 아예 기억으로부터 제거된다. 과거를 고백하거나 회개하는 것이 아니다. 그것은 제거되어버리는 것이다.

과학교에서는 기독교의 '구원salvation'에 해당하는 것으로 인도하는 또 다른 구제의 기법들을 사용한다. 그러나 그것은 특별한 의미에서의 구원이다. 그 구원은 신자가 현재 겪고 있는 이번 생애에만 한정되는 것이다. 최후의 구원이나 영원한 저주는 존재하지 않는다. 천국도 없고 지옥도 없다. 인생은 단 한 번에 끝나는 승부가 아니다. 하나의 인생이 끝나면 다음 인생으로 이어지는, 영원히 반복되는 인생이 있을 뿐이다. 그것은 니르바나nirvana가 없는 삼사라samsāra다. 과학교가 하는 일은 인그램, 즉 부정적 경험을 정화하고 임플란트, 즉 정신적 상처를 인정함으로써, 사람들이 현재 겪고 있는 인생을 더 나은 것으로 만들어갈 수 있도록 돕는 것이다.

그러나 그것은 결코 싸지 않다. 이러한 구원의 기법을 이용할 때는 현금을 지불해야 한다. 그리고 그 기법 역시 아주 비싸다. 과학교의 신비 속으로 깊이 들어가면 갈수록 더 많은 돈을 선불로 지불해야 한다. 그런 이유에서, 과학교를 비판하는 사람들은 그것은 종교가 아니라 비즈니스에 불과하다고 말한다. 그러나 다른 종교들 역시 계속 유지되기 위해서는 사람들로부터 돈을 끌어오는 방법을 가지고 있어야 한다. 그렇다면 과학교라고 그러지 말라는 법이 있는가? 그것이 과학교도들의 대답이다. 라파이에트 로날드 허바드는 1986년에 죽었다. 그가 과연 과학교도로서 돌아올지, 아니면 다른 무엇으로 돌아올지는 말할 수 없다. 마찬가지로 우리도 그가 여전히 그 프로그램 안에 있는지 어떤지 모른다.

과학교 같은 종교들은 계속해서 나타나고 있다. 그러나 그들의 주장에서 새로운 것을 발견하기는 힘들다. 아마도 그것은 구약성서의 전도서에서 말하고 있는 것처럼, 그 무엇인가에 대해서든 새롭게 말해줄 것이 없기 때문일 것이다. '이미 있던 것이 나중에 다시 있겠고, 이미 한 일을 나중에 다시 할 것이라. 태양 아래에 새로운 것이 없나니.' 그것은 이번 챕터의 마지막 부분에서 잠시 살펴보려고 하는 또 하나의 종교에 대해서도 분명한 진리인 것 같다.

통일교, 또는 '세계 기독교 통일 신령 협회Holy Spirit Association for the Unification of World Christianity'는 그 창설자이자 영언자인 문선명의 이름을 따라 무니Moony라는 별명을 가지고 있다. 문선명은 1920년 한국에서 태어났다. 그가 열여섯 살 되던 해, 예수가 그에게 나타나, 자신의 미션을 완성할 자로 문선명을 지명했다고 말해주었다고 한다. 문선명은 섹스에 대단히 관심이 많았다. 그는 이브가 사랑과 섹스를 분리함으로써 인간의 섹스를 망쳐놓았다고 믿었다. 이브는 아담과 간통했을 뿐 아니라 사탄과도 간통을 했다. 그래서 그 오염은 계속 전해졌다.

그래서 신은 상황을 회복하기 위해 예수를 지명했다. 그가 결혼해서 죄 없는 자녀를 생산하는 것이 계획이었다. 이 방법으로, 과학교의 용어를 빌리자면, 인간의 섹스라는 경험 안으로 들어간 이브의 '임플란트'는 제거되고 예수와 그의 신부는 죄 없는 자녀를 생산하게 될 것이었다. 그러나 불행하게도, 예수는 완벽한 짝을 찾아 인간을 구하기도 전에 십자가에서 처형되었다. 신의 계획은 다시 좌절되었다. 그러나 이제 다시 궤도로 돌아왔다. 문선명이 예수의 일을 완성할 메시아로 지명되었기 때문이다. 그리고 그것은 이상적인 가족을 확립함으로써 이루어질 것이다. 그런 가족 간의 사랑은 이브의 죄가 남긴 오염을 씻어줄 것이다.

문선명은 완벽한 짝을 발견하고 결혼을 통한 구원 운동을 시작하기 전까지 네 번 결혼했다. 이제 그는 자신의 본을 따를 제자들을 불렀다. 그는 제자들이 대규모 결혼식을 통해 결혼하도록 장려했다. 일정한 요금을 내고 수천 쌍이 동시에 결혼식을 올렸으며, 그들 중 많은 사람들은 그가 짝을 지워주었다. 그것은 분명 이익이 많이 남는 일이었을 것이다. 문선명이 2012년 92세로 죽었을 때 그에게는 9억 달러의 재산이 있었다고 한다.

통일교는 1970년대에 미국 서부로 옮겼으며 많은 젊은이들을 신자로 끌어들였다. 그의 가르침을 보면, 종교에서 타락과 구원이라는 주제가 얼마나 반복적으로 나타나는지 볼 수 있다. 인간은 불만족 때문에 끊임없이 자기 문제에 대한 답을 찾는다. 그리고 항상 새로운 종교를 만들어 그 답을 제공하기 위해 기다리고 있는 누군가가 있다. 그것이 바로 우리가 다음 챕터에서 새로운 종교의 수를 늘리는 대신 여러 종교를 통합하려고 하는 운동에 대해 살펴보는 이유다.

CHAPTER 37

문 열기

여러분의 종교 어휘에 추가할 유용한 단어로 에큐메니컬 ecumenical(보편적)이라는 것이 있다. 이것은 집을 의미하는 그리스 어 단어 오이코스oikos에서 왔으며, 그것은 나중에 오이쿠메네 oikoumene, 즉 인류 전체라는 개념으로 확장되었다. 에큐메니컬 운 동은 닫힌 문 안에 갇혀 있던 하나의 가족에서 벗어나서 세계 안 의 전체 인류로 확대되어가는 것이다. 보편적ecumenical이 된다는 것은 다른 사람들에게 손을 뻗어 그들과 공통적으로 가지고 있는 것을 존중하는 것이다. 닫힌 문을 뒤로하고 밖으로 나와서 이웃 과 손을 마주 잡는 것이다. 그런 종류의 개방은 20세기의 커다란 종교 이야기였다. 이것은 세계의 여러 지역에서 일어났지만, 우 리는 그 이야기를 기독교에서부터 시작하려고 한다.

16세기의 종교개혁은 기독교를 서로 투쟁하는 여러 개의 그룹으로 분열시켰다. 그리고 그들이 서로 죽이기를 멈춘 다음에는 서로를 무시하면서 몇 세기를 보냈다. 각 교파denomenation는 자신의 테두리에 갇혀 자신만의 삶을 산 것이다. 그러다가 서서히 무거운 문이 열리기 시작했고, 기독교도들은 자기 문밖으로 나와서 각자 자신들의 높은 담에 대해 이야기하기 시작했다. 1910년 스코틀랜드의 에딘버러에서 열린 회의에서, 프로테스탄트 선교사 단체들이 서로의 관심사를 공유하기 위해서 만났고, 거기서 대화가 시작되었다. 그러다가 1938년에는 100개 교회의 지도자들이 '세계 교회 협의회World Council of Churches'의 성립을 투표로 결정했다. 그러나 1939년에 발발한 제2차 세계대전 때문에 그 야심은 유보되었다. 그리고 1948년에는 147개 교회의 대표들이 모인 최초의 '세계 교회 협의회' 회의가 개최되었다. 그리고 오늘날에는 345개 교파가 '세계 교회 협의회'의 회원으로 참여하고 있으니, 그 숫자만 보아도 기독교가 얼마나 파편화되어 있는지를 잘 알 수 있다.

에큐메니컬 운동 초기에는 분열된 기독교 그룹들을 하나의 전체, 즉 '하나의 교회One Church'로 묶는 재통합을 희망했다. 완벽한 비유는 아니지만, 그것은 수많은 경쟁 회사들을 하나의 대기업으로 합병하려는 시도라고 볼 수 있다. 그러나 그것은 하나의 공학적 모델이었다. 여기서 부품 하나를 빼고, 저기에 하나를 추가하고, 그것들을 함께 나사로 조여 만든 기계를 생각해보라. 그렇게 만들어진 연합교회! 실제로 몇몇 프로테스탄트교회는 그런 식의 통합에 성공했다. 예를 들면, 1957년, 다른 두 교파가 통합하여 '연합기독교교회United Church of Christ'를 발족시켰다. '오스트레일리아연합교회Uniting Church in Australia'는 1977년에 세 개의 교파가 연합한 것이다. 몇몇 지역적인 성공을 예외로 하면, 이런 종류의 통합 운동은 실패했다. 그러나 그런 시도 자체는 교회의 분위기를 바꾸어놓았다.

통합을 위한 모색은 교회들 사이의 상호 접근을 가능하게 만들었다. 서로 다른 여러 교회들은 다른 교회와 결혼하는 것은 원치 않았지만, 그렇다고 친구가 되지 못할 이유는 없다는 결정을 내릴 수 있을 만큼의 여유를 가질 수 있었다. 교회들이 이미 공통점을 가지고 있었기 때문에, 서로의 차이점들을 무시할 준비만 되어 있다면, 그것은 더 용이한 일이 될 수 있다. 에큐메니컬 운동의 용어를 빌리자면, 그들은 이제 서로 '하나communion'를 이룰 수 있게 되었다. 그래서 1992년 영국 여러 섬의 영국국교회들Anglican churches는 북유럽의 루터 교회들Lutheran churches과 연합하여 하나가 되었다. 그것은 그들이 통합을 통해 하나의 새로운 교파를 형성하는 것을 의미하지는 않았다. 그들은 모두 자신들의 본래 집에서 살았다. 그러나 서로에게 자기 집 대문을 열어놓는 커다란 대가족이 되었다.

이런 에큐메니컬 운동이 기독교를 '어디로' 데려갈 것이라고 단언하기에는 아직 이르다. 경험적으로 볼 때, 공학적인 일체화의 모색은 아마도 그 나름의 역사적 시기가 있었다고 추측할 수 있다. 그리고 난 이후, 교회들 사이의 차이도 나름대로 인정할 가치를 가지고 있다는 사실을 인정하는, 더욱 유연한 접근이 일어났다. 어쨌든, 모든 가정은 자신만의 스타일과 일을 처리하는 방식을 가지고 있지만, 그들은 모두 하나의 범세계적인 인간 공동체에 속한다. 다양성variety을 중시하는 접근법이 나타나고 있다. 수천 개의 기독교 교파들이 하나의 대기업으로 통합될 가능성은 거의 없어 보인다. 그러나 다양성multiplicity의 미덕과 아름다움을 보기 시작하고 있다. 마치 100가지의 다양한 꽃이 피어 있는 정원처럼, 다양한 방식으로 신을 이해하고 예배드릴 수 있다.

이런 말은 서양적이기보다는 동양적인 것으로, 또는 기독교적이기보다는 힌두교적으로 들릴 수 있다. 사실이 그렇기 때문이다. 에큐메니컬 운동, 즉 교회일치운동은 1910년 기독교 안에서 처음 시작되었지만, 그 배경에 있는 동력은 훨씬 더 오랫동안 준비되고 있었다. 우리는 다른 신앙 전통들에 대한 열린 태도를 갖고 있던 시크교Sikhism 안에서 그것이 작동하고 있었다는 사실을 이미 살펴보았다. 거기에는 많은 물줄기들이 바다로 향한다는 힌두의 비유가 반영되어 있다. 그러나 그것은 예언자 무함마드에게는 호소력이 없었을 생각이다. 왜냐하면 그는 이슬람이 다른 여러 신앙 중 하나가 아니라 다른 모든 것을 완성하고 성취하는 것이라고 보았기 때문이다.

따라서, 오늘날 지상에서 가장 에큐메니컬한 종교가 그 기원을 힌두교가 아니라 이슬람교에 두고 있다는 것은 매우 흥미롭다. 그 종교는 페르시아, 즉 오늘날의 이란에서 1844년에 시작되었다. 기독교나 이슬람처럼, 바하이Baháʼí는 고전적인 예언자 종교다. 그 예언의 핵심은 다음과 같다. 신의 정신은 특별히 선출된 사람, 주로 남자들에게 계시되고, 계시를 받은 사람은 자기가 보고 들은 것을 알려준다. 그리고 이 세상에 그 새로운 가르침을 가져 오기 위해 하나의 공동체가 형성된다. 이슬람의 경우, 아브라함 에서부터 예수로, 나아가 무함마드로 이어지는 예언적 전통을 중 시한다. 그러나 이슬람은 무함마드가 마지막 예언자이며, 그에게 서 계시의 물줄기가 정점에 이르고 완성되었다고 믿는다. 따라서 무함마드는 예언자의 봉인Seal of the Prophets이다. 강물은 마침내 호 수에 도달했고, 예언은 멈추었다.

그러나 바하이들은 그렇게 이해하지 않았다. 그들은 신의 계 시를 제한하는 호수나 댐을 인정하지 않는다. 강물은 여전히 흐 르고 있다. 예언도 여전히 흐르고 있다. 그것은 역사가 끝날 때까 지 흐를 것이다. 그리고 때때로 새로운 예언자에게 나타나는 계 시로서 표면에 부글부글 솟아오른다. 바하이들은, 19세기 중반 이란에서, 신이 지상에 보낸 새로운 예언자가 표면에 떠올랐다고 믿는다. 여러분은 기독교 복음서가 예수 그리스도에 앞선 세례자 요한이라는 인물에 대해 말해준다는 사실을 기억하고 있을 것이 다. 사람들이 요한에게 '당신이 메시아인가?'라고 물었다. 그러자 요한은 '자신은 예언자가 아니다, 자신은 앞으로 오실 메시아를 위해 길을 준비하는 사람일 뿐'이라고 대답했다.

똑같은 일이 1844년 이란에서 일어났다. 자신을 밥Báb, 즉 대 문Gate이라고 부른 한 젊은이가 나타났다. 그는 자신은 곧 도래할 예언자를 맞이할 길을 준비하라고 신이 보낸 전령이라고 주장했 다. 그는 예언자가 아니었다. 그러나 그는 대부분의 예언자들이

맞는 운명을 겪었다. 새로운 예언자가 통과할 대문이라는 그의 주장은 정통 무슬림이 보기에는 이단heresy이었다. 그들에게는 무함마드가 최후의 예언자였다. 다른 예언자는 있을 수 없다. 1850년에 밥은 체포당했고 처형되었다.

몇 년이 지난 후, 밥의 추종자로 감옥에도 갇혔던 경험이 있는 미르자 후세인 알리 누리Mirza Husayn Ali Nuri라는 사람이 나타났다. 그는 밥이 말한 예언자가 바로 자신이라는 계시를 받았다고 주장하고 나섰다. 그리고 그는 이름을 '신의 영광'이라는 의미를 가진 '바하울라Bahá'u'lláh'로 바꾸었다. 여기서 바하이 신앙이 탄생했다. 바하울라는 밥보다 더 큰 성공을 거두었다. 이란 당국은 그를 처형하지 않고, 40년간 감옥에 가두고 유배를 보냈다. 그리고 그는 1892년 팔레스타인의 감옥 도시 아크레Acre에서 숨을 거두었다. 그는 새로운 종교를 시작한다는 것이 얼마나 위험한 일인지를 보여주는 또 하나의 사례다.

그가 죽은 후, 그의 아들이자 오랫동안 함께 수감 생활을 했던 압둘 바하Abdu'l-Bahá가 그를 계승했다. 그리고 1908년, 감옥에서 풀려난 압둘 바하는 이집트, 유럽, 아메리카를 돌아다니며 새로운 계시를 전파하고 추종자를 모았다. 1921년 그가 사망하고, 그의 손자 쇼기 에펜디Shoghi Effendi가 그를 계승했다. 바하이 신앙은 세계 전역에서 계속 성장해나갔다. 그리고 1957년 쇼기 에펜디가 런던에서 숨을 거두고 난 후, 이 종교운동의 지도력은 한 개인으로부터 '세계 정의 평의회Universal House of Justice'로 알려진 그룹으로 이동했다.

바하이의 장점은 전혀 복잡하지 않다는 것이다. 핵심적인 아이디어는 그 계속되는 계시에 담겨 있다. 신은 계속해서 예언자를 보내고, 그들 중 바하울라Bahá'u'lláh가 우연히도 최후의latest 예언자가 되었다. 그것은 바하울라가 받은 계시가 최종적인final 계시라는 뜻은 아니다. 그것이 진정으로 의미하는 바는, 그가 바로 '당분간for the time being' 인간이 주의를 기울여야 할 예언자라는 것이다. 왜냐하면 그의 계시가 사람들이 배워야 할 가장 최근의latest 계시이기 때문이다. 그것은 단순한 교훈, 시대의 보편 정신과 일치하는 교훈이다. 인간의 이해를 넘어서는 그 어떤 존재, 즉 하나의 신God이 있다. 예언자들은 그들이 얼핏 들여다본 신의 마음을 포착한다. 불행히도, 이 얼핏 보기glimpses를 둘러싸고 형성된 종교들은 언제나 한 가지를 잘못 이해한다. 그리고 그 실수는 항상 동일하게 반복된다. 자신들의 말을 신에 대한 최후의last 말이라고 생각한다는 것이다.

바하이는 세계의 모든 종교가 신의 불가사의mystery의 일부분을 이해했고, 그래서 존중되어야 한다고 믿는다. 그들이 얼핏 본 것들은 타당하다. 그러나 어느 것도 신에 대한 완전한 그림을 그리지 못했다. 바하이조차도 그렇다. 바하이는 단지 우연히 가장 '최근의' 버전이 되었을 뿐이다. 그리고 그것은 단순함이라는 장점을 가지고 있다. 많은 종교가 있지만, 그들이 모두 동일한 신을 바라보고 있다는 사실을 깨달았다. 그런 의미에서 그들은 이미 하나one다. 그리고 그것이 그들이 바라보고 있는 대상이며, 또 그것이 그들을 통합한다. 여기서 중요한 것은 바라보는 각도가 아니라 바라보고 있는 대상이다. 그러나 종교들은 그 사실을 잊어버린다. 보이는 대상과 그것을 바라보는 주체를 혼동한다. 이 모든 것은 다시, 각자 다른 방식으로 생각했던, 앞을 못 보는 사람들과 코끼리의 비유로 돌아간다. 코끼리는 아마도 하나one겠지만, 보는 사람들은 각자 다른 시각을 갖고 있다.

그렇다면 바하이의 시각은 무엇인가? 하나의 신이 존재한다는 말에는 전혀 새로운 것이 없다. 바하이가 계속 지적하는 것은 인간 또한 하나one라는 사실이다. 인간 종족의 단일성unity은 신의 유일성unity만큼이나 중요한 가르침이다. 그리고 그것에는 확고한 실용적인 의미가 있다. 자신들의 말이 최후의 말이라고 생각하는 종교의 비극은, 그것이 인간을 서로 싸우는 여러 구역으로 나누고 분할시킨다는 것이다. 현대에 와서 종교는 인간의 *최대 적이 되어버렸다.* 그러나 모든 종교가 신을 다른 시각에서 보지만, 그들이 보고 있는 것이 동일한 신이라는 사실을 일단 깨닫기만 한다면, 종교는 분열division보다는 통합unity을 위한 힘이 될 수 있다.

그것이 바로 세계의 여러 종교를 하나로 묶는 '세계 종교 의회(World's Parliament of Religion → Parliament of the World Religions)'라고 불리는 새로운 종류의 지구적 에큐메니즘ecumenism(종교일치) 운동 안에서 바하이의 존재가 가장 두드러지는 이유다. 그 의회는 1893년에 시카고에서 처음 개최되었고, 1세기 후 1993년에 다시 열렸다. 그리고 가장 최근 회의는 2015년 10월 솔트레이크시티에서 개최되었다. 이 의회는 우리 시대에 와서 일부 종교들이 오랜 분열과 의심으로부터 우정과 대화라는 새로운 시대를 여는 방향으로 돌아섰다는 징표다.

바하이의 추종자들은, 신의 유일성과 인간의 단일성에 대한 지구적 증언과 더불어, 자신들만의 단순하고 독특한 영적인 실천 스타일을 가지고 있다. 그들에게는 헌신적인 사제직이 존재하지 않는다. 구성원들에게 교리적인 획일성을 요구하지도 않는다. 그들의 신앙은 가정에서 영위되는 것이며, 의례는 주로 거실에서 이루어진다. 그러나 그 의례들은 바하이의 신앙이 이슬람에 기원을 둔다는 것을 보여준다. 바하이는 씻기 의례가 끝난 다음에는 특정한 방향을 바라보고 기도하는 행위를 한다. 그러나 그들은 메카Mecca가 아니라 이스라엘에 있는 바하울라의 무덤을 향한다. 그리고 그들의 기도는 단순하다. '오 나의 하느님, 당신을 알고 당신을 경배하도록 당신께서 저를 만드셨다는 것을 명백히 압니다. …… 당신이 아닌 다른 신은 없습니다. 위험에 처한 우리를 도우시는…….'

바하이는 과거의 분열로부터 벗어나 다른 종류의 새로운 통합을 향해 나가는 우리 시대의 종교가 추구하는 하나의 트렌드(경향)를 예시한다. 새로운 구조 안으로 모든 시스템을 망치질해 넣어 하나를 만드는 것이 아니다. 우리 인류의 공통성, 이미 존재하는 단일성을 드러냄으로써 그렇게 한다. 그리고 그것은 말하기보다는 듣기를 통해 더 쉽게 발견할 수 있는 것이다. 그것은 소음보다는 침묵 속에서 더 잘 표현된다.

그러나 그것이 결코 하나의 '보편적' 트렌드가 되고 있지는 않다. 그것은 '반대되는' 트렌드에 의해 균형이 잡힌다. 자신들만이 유일하게 신의 진리를 소유한 자라고 보는 화난 근본주의자들fundamentalists에 의해서. 그리고 그들은 오늘날 세계에서 발생하는 가장 추악한 갈등에 대해 어느 정도 책임을 져야 한다. 우리는 다음 챕터에서 그들의 이야기를 살펴볼 것이다.

CHAPTER 38

성난 종교

　오늘날 몇몇 종교 그룹은 근본주의자Fundamentalists라는 꼬리 표를 달고 있지만, 처음에 그것은 20세기 초에 등장한 미국 개신 교의 특정 종파를 가리키는 말로 사용되었다. 근대과학은 성경을 문자적으로 받아들이는 기독교인들의 삶을 점점 더 어렵게 만들 고 있었다. 성서는 신이 엿새 동안 우주를 창조하고 일곱째 날에 는 쉬었다고 말해주었다. 그리고 창조 과정에서 여섯째 날에, 신 이 완벽한 형태를 가진 인간을 만들었다고도 했다. 적어도 19세 기까지는 많은 사람들이 이것이 실제로 일어났던 일이라고 생각 했다. 그리고 진짜 과학자들이 게임 안에 들어왔고 그것에 대해 의문을 제기하기 시작했다. 그들 중 한 사람이 신자들에게 두통 거리를 안겨주었다.

그의 이름은 찰스 다윈Charles Darwin이었다. 다윈은 그의 연구에서 지구상에 존재하는 모든 생물 종은 대단히 오랜 시간에 걸쳐 환경에 서서히 적응하는 과정을 통해 진화했다는 생각을 제시했다. 그의 이론으로 '6일 창조설'은 유지하기 어렵게 되었다. 그것은 아주 나쁜 소식이었다. 더 나쁜 것은, 완전한 모습으로 만들어진 인간이 6,000년 전 어느 날 특별한 창조에 의해 출현한 것이 아니라는 것이 그의 주장이다. 인류 역시 수백만 년 동안 천천히 진화했다. 그리고 인류의 가장 가까운 조상은 원숭이apes다! 다윈의 책 『종의 기원On the Origin of Species』이 1859년에 출판되었을 때, 그것은 성서를 신에 의한 우주 창조를 찬미하는 한 편의 시로 읽지 않고, 창조의 방법에 관한 정확한 묘사라고 읽고 있던 사람들에게 충격을 안겼다. 기독교인들은 다윈의 책에 대해 다양한 방식으로 대응했다.

많은 이들이 그의 책을 읽었고, 다윈이 옳다는 사실을 납득하게 되었다. 그렇다면 성서가 틀린 것이 분명해졌다! 그리고 믿음의 집은 내동댕이쳐졌다. 마치 더 이상 산타의 존재를 믿지 못하게 된 아이들이 슬픔에 빠진 것보다 훨씬 더 심각하게, 사람들은 종교를 상실하면서 슬픔에 빠졌다. 그러나 일부 신자들은 다윈의 책에서 배운 것을 바탕으로 새로운 과학에 자신의 종교를 적응시켰다. 그들은 성서를 새로운 방식으로 읽는 것을 배움으로써 이것을 해냈다. 성서는 과학이 아니라 예술이다. 성서는 인생의 의미에 대해 생각하도록 만들어진 것이지 생명의 작동 원리에 대한 정보를 주기 위해 만들어진 것이 아니었다. 그들의 종교는 살아

남았지만, 과거와 같은 확신은 잃었다. 그 이후로 종교가 '처음으로' 신앙이 되었다는 것을 의미했다! 확신은 신앙이 아니다. 신앙의 반대이다. 여러분이 무언가를 확신한다면, 그것을 믿을believe 필요가 없다. 여러분은 그것을 알고 있다. 나는 '2+2=4'를 믿지 believe 않는다. 그 사실을 알고know 있다. 그것을 확신하고 있다. 나는 손가락으로 그것을 셈할 수 있다. 그러나 나는 인생에는 무엇보다 중요한 의미가 있다는 것, 그리고 세계를 창조하고 또 세상을 사랑하는 창조자creator가 있다는 것은 확신하지 못한다. 또는 죽은 후에 또 다른 생명을 얻게 될 것이라는 것도 확신하지 못한다. 이런 것들 중 확실하게 알 수 있는 것은 아무것도 없다. 우리는 그것을 믿거나 또는 믿지 않는다. 우리는 신앙을 가지거나, 신앙을 가지지 않는 것이다. 과학은 종교가 스스로를 더 잘 이해하고 또 스스로에 대해 말하는 방식을 바꾸도록 도와줌으로써 종교에 도움을 주었다.

그러나 일부 기독교인들은 근대과학을 받아들이기를 거부했다. 그들은 근대과학에 항복하지도 않았고, 그것 때문에 다른 이해 방식을 찾지도 않았다. 그들은 과학과 싸우기로 결정했다. 과학은 그들을 슬프게 만들지 않았다. 그들로 하여금 생각하게 만들지도 않았다. 과학은 그들을 화나게 만들었다! 그리고 분노는 근본주의의 주요 재료가 되었다. 그런 현상을 이해하기 위해서는 과학이 촉발한 분노와 좌절을 직접 느껴봐야 한다.

여러분은 혹시 제대로 작동하지 않는 도구 하나 때문에 성질이 나서 그것을 방구석에 내동댕이치고 싶은 충동을 느꼈던 경우가 없는가? 어떤 테니스 선수가 지금 막 놓친 공이 마치 라켓 탓인 것처럼, 라켓을 내동댕이치는 모습을 본 적은 없는가? 인생은 끊임없이 우리를 향해 변화를 던지며 안전지대 바깥으로 넘어지게 만든다. 그리고 어떤 사람들은 다른 사람들보다 그런 변화를 좀 더 잘 처리한다. 새로운 도전에 쉽게 적응하는 사람이 있다. 우리는 그들을 '얼리 어댑터early adapter'라고 부른다. 그들은 최신 전화나 아이패드를 손에 넣고 싶어 참지를 못한다. 그러나 새로운 변화에 마지못해 적응하는 사람도 있다. 그리고 어떤 사람들은 아예 적응하기를 거부한다. 그들은 변화를 질색하며 화를 내며 대항하여 싸운다. 특히나 그것이 소중한 믿음에 대한 도전이라면! 과학은 근대기에 있어 최대의 변화의 동인agent이었기 때문에 과학에 의해 습격을 받았다고 느낀 분노한 신자들의 공격 목표가 되었다. 그들의 분노는 1910년에서 1925년 사이에 미국 전역에서 뒤끓었다. 그 전쟁을 시작한 것은 다윈의 진화론theory of evolution이었다.

진화론에 대항한 최초의 공격은 자칭 '세계 기독교 근본주의 협회The World's Christian Fundamentals Association'라는 그룹이 출간한 일련의 소책자였다. '근본적fundamental'이라는 말은 강한 기반을 의미한다. 만약 그 위에 집을 짓는다면 홍수에도 씻겨나가지 않을 것이다. 그 소책자의 저자들에게는 기독교가 세워진 기반은 성경이라는 무오無誤[어떤 오류도 없는]의 진리infallible truth였다. 신이 한 글자, 한 글자를 불러주어 받아 적게 했고 신은 실수하지 않는다. 그리고 그것과 모순되는 어떤 인간적인 말도 틀린 것이었다. 다윈은 성경과 모순된다. 따라서 다윈은 틀린 것이다!

　근본주의자들은 과학의 오류를 입증하기 위해 힘쓰지 않았다. 그들은 과학에 대항해서 논쟁하지 않았다. 그들은 과학에 대항해서 선언했다. 그것은 마치 '왜냐하면 내가 그렇게 말하니까'라고 소리치며 아이와의 논쟁을 매듭짓는 부모와 마찬가지 태도였다. 증거가 아니라 권위로 반박한다. 왜 다윈이 틀렸는가? 왜냐하면 성경이 그렇게 말하니까! 그들은 교황청보다 더 많은 일을 하려고 했다. 과학 자체를 금지하려고 노력했다. 그러자 과학이 반격을 가했다.

　기독교 목사단Christian Ministers의 분노로 가득한 저항에 촉발되어, 1925년에 테네시 주에서는 학교에서 진화론을 가르치는 것을 위법이라고 결정했다. '성경에서 가르치는 그대로, 신성한 인간 창조 이야기를 부정하는 어떤 이론을 가르치거나 인간이 저등한 동물로부터 나왔다고 가르치는 것'은 처벌할 수 있는 범죄가 되었다. 존 토마스 스코프스John Thomas Scopes라는 젊은 과학 교사는 이 새로운 법에 도전하기로 결심했다. 그는 학생들에게 진화론을 가르쳤다고 주장함으로써 스스로 체포당했다. 그의 계획은 창세기를 인용하여 진화론을 반박하려는 것이 얼마나 어리석은지를 자신의 법정 사건을 이용하여 보여주는 것이었다. 스코프스는 '미국 시민 자유 연합American Civil Liberties Union'의 지지를 받았고, 당시 미국의 가장 유명한 법률가였던 클라렌스 대로우Clarence Darrow가 변호를 맡았다. 그리고 스코프스 사건은 원숭이 판례Monkey Trial로 알려지게 된다. 인간의 조상은 유인원이라는 다윈의 주장 때문에 그런 이름이 붙여진 것이다. 스코프스는 진화론을 가르친 것에 대해 유죄를 시인했고 100달러의 벌금형에 처해졌다. 대로우는 변론을 통해 근본주의자들의 입장의 모순을 드러내고, 근본주의 측의 주요 대변인조차도 근본주의가 주장하는 내용을 모르고 있음을 증명했다. 스코프스는 재판에서 졌지만, 그를 변호했던 대로우는 논쟁에서 이겼다. 그러나 학교에서 진화론을 가르치는 것을 금지하는 법은 1968년 되어서야 미국 대법원에 의해 뒤집어졌다.

스코프스 판례는 새로운 지식이 근본주의자를 얼마나 격분하게 만들었는지 잘 보여주는 사례다. 모든 종류의 근본주의자는 역사와 역사가 불러오는 변화를 좋아하지 않는다. 그들은 미래로부터 자신들에게 다가오는 것에 대응하기보다는 차라리 테니스 코트 위에서 라켓을 내동댕이치는 쪽을 선택한다. 그들이 원하는 것은 과거다. '왜 당신들은 자꾸만 미래를 끌어오는가?' 그들은 이렇게 소리친다. 근본주의는 떼쟁이에 가깝다. 그것은 새로운 현실을 거부하며 날카롭게 외치는 발작이다.

그러나 만일 근본주의자가 과학적 변화와 그것이 가져오는 새로운 지식을 받아들이기 어렵다고 한다면, 우리가 사회를 운영하는 방식에 있어서의 변화를 일으키는 것은 훨씬 더 어려울 것이다. 우리 시대에 종교적 근본주의가 뒤흔들리는 이유는 과학의 압력보다는 사회의 변화 때문이다. 그리고 일부 형태의 근본주의는 단지 화가 난 것에 그치지 않는다. 그들은 이미 폭력적으로 변했다.

20세기와 21세기에 세계를 강타한 가장 혁명적 변화는 여성 해방이었다. 성경과 쿠란은 남성에 의해 주도되던 사회에서 만들어진 것이다. 그것은 전혀 놀라운 일이 아니다. 그것은 상당히 최근까지만 해도 세계 모든 곳에서 사회가 움직이던 방식이기 때문이다. 그리고 이 주제 안으로 더 깊이 들어가기 전에 주목할 가치가 있는 사항이 있다. 책임을 지는 사람은 절대 자진해서 자신의 특권을 포기하지 않는다는 것을 역사가 보여준다. 그들이 어느 날 아침에 일어나, '내가 다른 사람들을 통제하고 지배하는 방식이 잘못되었다는 것을 갑자기 깨달았어. 내 방식을 바꿔야만 해. 그래서 난 저들과 내 권력을 공유하겠어. 저들에게 투표권을 줄 거야!'라고 말하는 일은 결코 일어나지 않는다. 절대로 그런 식으로 일이 이루어지지 않는다. 권력은 언제나 가진 자들로부터 억지로 빼앗아야 한다는 사실을 역사는 가르쳐준다. 여성의 투표권과 참정권suffrage을 위해 싸운 여성 참정권자들suffragettes은 그런 교훈을 배웠다. 남성은 자진해서 여성에게 투표권을 주지 않았다. 여성이 그것을 얻기 위해 싸워야 했다.

권력에 대해 주목해야 할 또 한 가지 사실이 있다. 다름 아니라 권력이 바로 종교가 들어오는 통로라는 사실이다. 힘을 가진 자들은 자신의 이익을 지키기 위해 권력을 사랑한다. 그러나 자신들의 욕망을 정당화하는 이론을 가지고 그 사실을 덮는다. 그들이 여성의 투표를 막기 위해 사용했던 이론은 여성의 두뇌로는 복잡한 정치를 이해할 수 없다는 것이었다. 그리고 사람들을 본래의 자리에 잡아두는 이유를 가장 잘 제공해준 것은 언제나 종

세계 종교의 역사

교였다. 우리는 노예제를 둘러싼 논쟁에서 종교의 효과를 살펴보았다. 성경과 쿠란은 모두 노예제를 당연하게 여겼다. 그들은 여성의 종속 역시 당연하게 여겼다. 따라서 우리는 신성한 문서들이 백성을 통제하려는 사람들에게 무기를 제공하는 데 이용될 수 있다는 거북한 사실과 부닥치게 된다.

그리고 그 문서들은 오늘날에도 여전히 그렇게 사용될 수 있다. 근본주의 기독교인들에게는 남성 지배로부터의 여성의 해방은 어마어마한 문제였다. 왜냐하면 성서에서는 여성이 남성에 종속되어야 하며 남성보다 높은 권위를 절대로 가져서는 안 된다고 말하고 있기 때문이다. 오늘날까지도 대부분 기독교는 여성이 교회의 공식적인 목사 직무에 들어가는 것을 허용하지 않는다. 이 주제는 지금까지 지구에서 가장 큰 조직이며, 10억 이상의 구성원을 갖는 조직인 가톨릭교회에서는 토론의 대상조차 되지 않는다. 보다 진보적인 유형의 기독교에서조차 그 문제를 둘러싸고 오랜 시간의 투쟁이 벌어졌다. 영국국교회가 여성에게 주교직을 허용한 것은 불과 2015년의 일이다. 진보적인 종교들이 다윈에 적응해가는 것을 배워나갔던 것처럼, 그들은 여성해방에, 대단히 고통스럽게, 적응하려고 배워가고 있는 중이다. 그러나 시대는 정지해 있지 않으며, 이제는 동성애자들의 해방 문제를, 훨씬 더 고통스럽게, 해결해내야 한다.

이 모든 것이 기독교에는 충분히 힘들다. 수많은 이유로 이슬람에는 훨씬 더 힘들다. 그리고 여기서 변화를 따르는 것을 배우기 위한 투쟁은 폭력적으로 변했다. 근본주의 무슬림들은 단지 화가 난 것이 아니다. 가장 극단적인 형태로 그들은 잔혹한 살인을 저지른다. 이슬람 안에 닥친 이 위기에 기여한 요소는 많다. 그리고 그런 것들 중 많은 것이 이 책의 범위를 벗어난다. 그러나 그 요소들은 세상의 모든 곳에 존재하는 종교적 근본주의자들과 문제를 공유하며, 그런 근본주의자들 중에는 이스라엘의 근본주의자들도 포함한다. 이스라엘에는 팔레스타인과 성지를 공유하려는 어떤 시도도 거부하는 근본주의자들이 있다. 그들은 신이 자기들에게 수천 년 전에 팔레스타인 땅을 주었으며, 그들은 도난당했던 것을 되찾아오는 것일 뿐이라고 주장한다. 그러한 입장의 위험성을 지적하려고 하면, 그들은 기독교 근본주의자들이 다윈에게 말했던 것을 반복한다. 우리는 맞고 너희는 틀렸다. 왜냐하면 성경이 그렇게 말하기 때문이다.

성경과 쿠란이 이런 방식으로 사용되고 있기 때문에, 성경과 쿠란이 모든 문제의 근원이고 갈등이 터져 나오는 근본 원인인 것처럼 보인다. 또는 다른 방식으로 말한다면, 이들 문서는 신으로부터의 계시라는 생각, 그것이 바로 어려움의 근원이다. 어쨌든, 여성 또는 동성애자의 신분에 대해 나는 여러분과 논쟁할 수 있다. 우리는 같은 의견을 가질 수도 있고, 다른 의견을 가질 수도 있다. 그리고 그렇게 의견이 다르다는 사실이 중요하다. 그러나 만약 이 주제들에 대해 여러분이 갖고 있는 입장이 여러분 자신의 것이 아니라 신의 입장이라고 말한다면, 더 이상의 논의는 불가능해진다. 그때 논쟁은 원숭이 판례의 재방송이 된다.

근본주의자들은 논쟁하지 않는다. 그들은 증거를 심리審理하지 않는다. 그들은 판결문을 전달할 뿐이다. 그리고 그 판결은 언제나 '유죄'이며, 그들의 성스러운 책이 이미 그런 결정을 내렸기 때문이다. 이것은 우리 시대의 근본주의가, 그 폭력적인 버전을 포함해서, 종교의 심장부로 가는 질문을 담고 있다는 의미이다. 그 심장부는 신으로부터 직접 나온 계시에 기반하고 있다고 주장한다. 물론, 만약 그것이 무시에 대한 사랑뿐만 아니라 폭력에 대한 사랑을 정당화하는 데 사용된다면, 그들 식의 언어를 빌려 말해서, 거기에는 '근본적'으로 잘못된 것이 있다. 그렇다면 종교는 과연 어떻게 이 특정한 덫에서 빠져나올 수 있는가? 이 질문에 대해, 우리는 종교의 폭력 역사를 면밀하게 살펴보면서, 다음 챕터에서 숙고할 것이다.

CHAPTER 39

성스러운 전쟁

많은 사람들이 생각하는 것처럼, 종교가 인간의 역사에서 발생하는 폭력의 주요 원인일까? 물론 종교에서 폭력은 낯설지 않다. 종교는 과거에 폭력을 사용했고 오늘날도 사용한다. 그러나 종교가 그런 폭력의 원인일까? 사려 깊은 많은 사람들이 그렇다고 생각한다. 그리고 그들은 세계에서 폭력을 없애기 위해서는 세상에서 종교를 없애야 한다고 제안한다. 어떤 사람들은 이런 관점을 더 밀고 나아가서, 인간에게 저주를 내려서 인간으로 하여금 폭력을 사용하라고 명령한 것은 신이었기 때문에, 인간을 그런 신의 저주로부터 구해내는 최선의 방법은 신을 없애버리는 것이라고 주장한다. 그것은 결코 무시할 수 없는 강력한 비난이다.

이런 논의를 아브라함의 종교인 유대교, 기독교, 그리고 이슬람에 국한한다면, 이런 비난은 상당히 타당해 보인다. 초기 유대교역사 안에는 많은 폭력이 존재했다. 폭력이 없었다면 유대인들이이집트의 노예 신분에서 해방될 수 없었을 것이다. 이 지점에서 우리는 과연 그 폭력이 필수적인 것이었는지 물어봐야 한다. 타인에대한 폭력은 '절대' 정당화되지 않는다고 주장한 사람은 거의 없다. 폭력은 언제나 악이지만, 때로는 그것은 서로 맞서는 두 개의악 중에서는 약한 쪽에 속한다. 노예제는 악이었다. 노예제는 노예를 인간이 아니라 소유주의 변덕에 따라 처분될 수 있는 동물로 취급했다. 오늘날 대부분의 사람들은 자신들의 소유주에 맞서 일어나 자유를 위해 싸우는 노예의 권리를 지지할 것이다. 그것이 바로유대인들이 한 일이었다. 그들은 주인에 맞서 일어섰고 사막으로탈출했다. 그다음에 벌어진 일에서 문제가 복잡해진다.

기원전 1300년경에 이스라엘 민족이 가나안(현재의 팔레스타인)에 살고 있던 부족들에게 행했던 것은 19세기에 기독교도 정착민들이 아메리카 원주민들에게 행했던 것과 다르지 않다. 그들은 그 부족들이 신에 반역하는 죄인들이라고 믿었다. 하나의 민족 전체를 근절하고 파괴하는 것을 의미하는 현대어는 '민족대학살genocide'이다. 그 말은 여기에 꼭 들어맞는다. 그리고 그런 행동에 대해 책임을 져야 하는 것은 성서다. 아마도 역사가들은 유대인들이 팔레스타인 땅을 차지하는 데 얼마나 오랜 시간이 필요했고, 또 그들이 실제로 얼마나 폭력적이었는지에 대해 논의할것이다. 성서는 그때 발생한 살상에 대해 분명히 밝히고 있다. 그리고 성서는 신이 그런 살상을 명령했다고 말한다. 그 과정을 서술하고 있는 책이 '여호수아 Joshua'다. 그 책 안에는, '너희는 그들을 완전히 파괴하게 될 것이다', '그들이 그들을 전멸시켰다', '호흡이 있는 자는 하나도 남기지 않았다' 같은 구절이 자주 보인다. '여호수아'가 우리에게 알려주는 것은 이스라엘 민족이 신이 명령한 폭력을 행사함으로써 약속의 땅에 정착했다는 사실이다.

기독교에 대해서도 같은 말을 할 수 있다. 기독교 역시 폭력에 의해 시작되었다. 그러나 그 경우 기독교는 폭력을 행사하는 주체가 아니라 폭력의 대상이었다. 처음에 기독교는 세속적인 정치와의 관계가 그리 오래 지속되지 않을 것이라고 예상했다. 그렇다고 그들이 받는 박해가 멈추었던 것은 아니다. 그들은 십자가에 처형된 신에게 예배하면서 자기들이 겪는 고통을 껴안았다. 그러나 그들의 고통은 콘스탄티누스 황제가 기독교를 채용하고 그것을 자기 입맛에 맞추어 작동하게 만들면서 끝이 났다. 그 후 교회는 폭력의 맛을 알게 되었고, 그것을 어떻게 통제 수단으로 사용할 수 있는지를 배웠다. 그 이후 교회는 유대인들에게 폭력을 행사했다. 예수를 십자가에서 처형한 유대인들은 '신을 살해한 자들 God slayers'이라는 것이 이유였다. 그 과정에서 교회는 예수가 산상수훈에서 가르친 것을 깡그리 망각해버렸다. 교회는 십자군 원정 기간 동안 무슬림에 대해서도 폭력을 행사했다. 또 교회는 종교재판 Inquisition을 통해 이단 기독교인들에게 폭력을 사용했다. 그리고 종교개혁의 뒤를 이은 종교전쟁에서는 경쟁적인 관계의 기독교 집단들이 서로 대항하여 싸웠다. 결국 그들의 폭력에 지친 사회가 그 싸움을 끝내기 위해 끼어들었다.

세계 종교의 역사

이슬람 역시 폭력적인 탄생 배경을 가지고 있다. 지하드, 즉 투쟁이라는 개념을 비폭력적인 방식으로 이해할 수 있다. 하지만 이슬람은 그 개념을 이교도나 불신자에 대한 폭력을 정당화하는 데 사용했다. 기독교도와 마찬가지로, 무슬림도 믿음에 대해 다른 시각을 따르는 신도들을 죽이는 일에 적극적이었다. 시아파와 순니파는 기독교의 프로테스탄트와 가톨릭만큼이나 열광적으로 서로를 살육해왔다. 그리고 그들 사이의 증오는 오늘날 중동 지역에서 발생하는 갈등의 주요한 원인 중 하나다.

따라서 문제는 '과연' 종교가 역사상 발생한 수많은 폭력의 원인이었는가를 묻는 것이 아니다. 문제는 '왜' 그것은 우리를 그다지도 괴롭히고 있는가, 이다. 우리가 노예제에 대해 잠시 살펴보았을 때, 폭력이 '유효한/타당한' 도덕적 선택이 되는 상황들이 있다는 사실에 주목했다. 그것이 대외 정치뿐 아니라 국내 정치에 있어서 대부분 나라들을 이끌어가는 원칙이다. 통계적으로 볼 때, 미국은 지구상에서 가장 기독교적인 국가다. 또한 미국은 가장 폭력적인 국가 중 하나이다. 미국에서는 사형을 허용한다. 일반 시민의 총기 소지를 허용하고, 자기방어를 위해 그것을 사용할 권리가 있다고 믿는다. 그리고 그 결과 매년 수천 명의 시민이 살해된다. 미국은 자국을 방어하기 위해서뿐만 아니라 다른 나라들의 일에 간섭하기 위해서도 폭력을 사용해왔다. 이런 모든 상황에서 폭력이 정당화될 수 있다면, 종교가 자신의 목적을 위해 폭력을 사용하는 것에 대해 우리는 왜 그렇게 화를 내는가? 우리 인류는 폭력적인 생물 종species이다. 그렇다면 어째서 종교적인 폭력은 우리를 그렇게 불쾌하게 만드는 것인가?

두 가지 이유가 있다. 첫째로, 종교가 다툼에 들어올 때면 다른 갈등에서는 잘 나타나지는 않는 독성 재료를 혼합물에 첨가한다는 것이다. 인간은 어쨌든 폭력을 쓰기 쉽지만, 만약 그들이 스스로에게 그 폭력 행사가 신에 대한 복종이라고 납득시킨다면, 그로 인해 갈등으로부터 자비나 절제의 기회를 제거해버리게 된다. '살상의 시대Killing Times'라고 불리는 17세기 스코틀랜드의 종교전쟁 기간 동안, 대립하는 양편은 '신과 가차 없는 살상God and no quarter!'이라는 구호를 외치면서 상대방을 공격했다. 상대방에게는 어떤 자비도 보여서는 안 되고, 포로로 잡지 않고 죽여야 한다는 의미였다. 저녁 텔레비전 뉴스에서 경쟁 관계인 중동의 무슬림 파벌들이 서로에게 포탄을 퍼붓고 있는 장면을 보고 있자니, 서로를 향해 미사일을 쏘면서 알라를 찬양하는 그들의 목소리가 귀에 들리는 듯하다.

만일 우리가 우주가 제시하는 도덕적 판단에 순종한다면, 일이 잘못될 리가 없다. '신과 가차 없는 살상!' 그것이 바로 종교적 광신자들 사이의 갈등이 그 어느 쪽도 화해하려는 기미를 보이지 않으면서 수 세기 동안 계속될 수 있는 이유다. 그리고 오랜 시간의 갈등과 반목이 새로운 에너지를 충전하게 될 때, 그것은 때로 '정체성의 정치identity politics'로 설명되기도 한다. 세력이 약한 그룹은 자신을 규정하는 믿음을 교묘하게 행사함으로써 정체성과 목표 의식을 강화시킬 수 있다. 그것은 국외자가 품기 쉬운 떠돌이 감정을 위로할 수 있다. 그리고 그 감정은 국외자를 흥분시키거나 화나게 만들 수도 있다. 또 그것은 2005년 런던의 붐비는 지하철 기차 안에서 폭탄으로 자신을 날려버리게 만드는 이유를 제공할 수 있다.

우리가 종교적 폭력을 끔찍한 것으로 여기는 첫 번째 이유는 그것이 인간의 갈등에 대해 불합리한 격렬함을 덧붙이기 때문이다. 그리고 두 번째 이유는 그것의 심장부에 엄청난 모순이 있기 때문이다. 그 모순은 종종 신자들에게보다 비신자들에게 더 명확하게 보인다. 그 모순의 이름은 신God이다. 대부분 종교는 신이 궁극적 실재ultimate reality라고 주장한다. 그리고 신은 그들의 도덕적 규칙을 만든 존재다. 신을 표현하는 방식은 각각 다를지 몰라도, 신이 우주의 부모라고 본다는 점에서 그들은 모두 일치한다. 인간은 신의 자녀다. 신약성서에서 말하는 것처럼, 신 안에서 '우리는 살고 움직이고 우리 존재를 가진다'.

그러나 만일 우리가 모두 신의 자녀라면, 왜 신은 우주라는 가족 중 하나가 다른 것을 쓸어버리라고 명령하면서 그 많은 시간을 허비하고 있는가? 왜 유대인 자녀에 대한 신의 사랑이 팔레스타인 자녀의 전멸로 표현되어야 했는가? 그리고 왜 신은 그 이후에 그의 기독교 자녀를 위해 그의 유대인 자녀를 포기하게 되었을까? 왜 신은 새롭게 사랑하게 된 자녀들로 하여금 더 나이 든 형제를 괴롭히라고 장려했을까? 신은 왜 자기를 유일자One로 경배하는 무슬림 자녀들이 자기를 다수Many라고 생각하는 이교도 자녀들을 박해하도록 명령을 내렸을까? 왜 종교의 역사 안에는 신이 자기네 편이라고 주장하는 그룹들에 의해 행해진 그 많은 폭력이 존재하는가?

만일 신God이 정말로 미친 폭군을 편애한다고 믿지 않는다
면, 이런 딜레마에서 벗어날 수 있는 길은 딱 두 개밖에 없다. 쉽고
분명한 방법은 신이란 존재하지 않는다고 결정하는 것이다. 신이
라고 불리는 존재는 이방인에 대한 폭력과 증오에 대한 인간의
애착을 정당화하기 위해 인간이 만든 발명품 중 하나에 불과하
다. 신을 제거한다고 인간 폭력이라는 문제가 해결되지는 않겠지
만, 그 핑계 중 하나는 없어질 것이다.

그러나 만일 신을 버리고 싶지 않다면 좀 더 깊이 생각해야
한다. 신이라는 괴물 같은 존재가 살인광적인 종교를 만들어낸
것일까? 아니면 종교가 신을 오해하여 종교 자신의 잔인성을 신
의 의지와 혼동한 것일까? 과연 어느 쪽이 더 그럴듯해 보이는가?
우리는 여기서 스스로 물어보아야 한다. 만일 신을 괴물이라고
생각하는 쪽을 선택하지 않고, 종교가 신을 오해했다고 생각하기
로 결정한다면, 여기서 하나의 문제가 발생한다.

어쩌면 무신론자보다 종교를 믿는 자들이 더 큰 '신의 적enemy
of God'이 되는 것은 아닌가? 무신론자들은 신이 존재하지 않는다
고 생각한다. 그러나 정말로 신이 존재한다면, 신은 무신론자의
무례함에 대해 화를 내기보다는 오히려 그들의 생각에 흥미를 가
질 수 있다. 그리고 무신론자는 신의 존재에 대해 금방 배우게 될
것이다! 그러나 만일 신이 괴물이 아니라면, 신은 자신의 존재를
만들어낸 종교가들 때문에 기분이 나빠질 것이다. 결국, 여기서
우리는 종교가 신의 참된 본질을 보여준다고 주장하고 있지만 실

제로는 신을 자기들의 잔인성이라는 짙은 안개 뒤에 숨기고 있었던 것이라고 결론 내릴 수 있다.

종교가 신에 대한 가장 강력한 적대자라고 하는 생각은 성서 구절 안에서도 가끔 만날 수 있다. 성서에서 볼 수 있는 것처럼, 예수는 사람들이 종교를 악한 일을 하는 구실로 이용할 뿐 아니라 착한 일을 하지 않는 핑계로도 그것을 이용한다는 사실을 간파했다. 사제와 그의 수행자는 도둑들에게 폭행을 당하고 쓰러져 있던 사람을 보고도 그냥 지나쳐갔다. 자기와 같은 민족이 아닌 사마리아인을 구제하는 것을 가로막는 나쁜 종교의 영향 때문이었다.

그렇다. 이처럼 종교는 역사 속에서 최악의 폭력을 야기했고, 지금도 계속해서 그렇게 하고 있다. 그리고 그런 폭력을 정당화하기 위해 신을 이용했다는 것 또한 사실이다. 따라서 만일 우리가 신이라는 단어로 자비로운 우주 창조자를 의미한다면, 그런 신은 존재하지 않는 것이거나, 종교가 신을 잘못 이해한 것이다. 어느 쪽이 되었건, 종교는 우리를 조심하게 만든다. 그렇다고 우리가 꼭 종교를 통째로 포기해야 한다는 말은 아니다. 종교를 고수하기로 결정한다면, 지금까지 종교는 선행뿐만 아니라 악행도 저질렀음을 겸허하게 인정해야 한다. 그리고 그런 선택은 우리가 내리는 것이다.

그러나 피에 굶주린 종교의 역사 때문에 정신이 나갈 정도로 놀라서, 종교를 길들여서 본래의 위치로 되돌려 보내겠다고 결심한 사람들도 있었다. 마지막 챕터에서는 그들이 어떻게 그 일을 했는지 살펴볼 것이다.

CHAPTER 40

종교의 종말?

내가 기르는 애완견 데이지는 11월 첫 주가 오는 것을 지독히 싫어한다. 내가 사는 곳 주변의 마당과 주차장에서 사람들이 밤하늘 저 멀리로 폭죽을 쏘아 올리기 때문이다. 그 소리는 데이지를 두려움에 떨게 한다. 자기를 쫓아오는 적으로부터 몸을 숨기기 위해 내 서재 카펫에 구멍을 파려고 애쓴다. 데이지는 전혀 위험한 상황에 처해 있지 않지만, 그것을 이해시킬 수는 없다. 데이지는 HADD hyperactive agency detection device라고 알려진 것을 가지고 있어서, 존재하지도 않는 위협을 탐지한다. 그러나 그것은 우리들 누구에게나 일어날 수 있는 일이다. 다락방 마루에서 삐걱거리는 소리가 나면 우리는 침입자를 상상한다. 그러다 우리의 이성적 부분이 되살아나면서 갑작스런 바람이 낡은 마루를 떨게 만들었다는 것을 깨닫는다. 데이지는 그렇게 논리적으로 생각할 수 없기 때문에, 11월 초의 폭죽 시즌은 데이지에게는 악몽이 된다. 데이지는 큰 소리가 나면 도망가는 반응을 하도록 프로그램되어 있고 내가 아무리 설명해도 자기를 해치려는 사람이 없다는 사실을 이해시킬 수가 없다.

역사적으로 볼 때 데이지가 HADD를 갖게 된 유일한 피조물은 아니다. 그것은 수 세기 동안 대부분의 인간에게 영향을 주었다. 세상은 자연법칙이 아니라 초자연적 힘에 의해 지배된다고 종교는 사람들에게 말해주었다. 그런 믿음을 지칭하는 단어가 수퍼스티션superstition, 즉 미신이다. 이 세상에는 자연적 원인 없이, 즉 마법magic에 의해 어떤 일이 발생할 수 있다는 믿음이다. 이러한 사고방식은 계몽주의Enlightenment의 시대라고 알려진 17세기에 와서 변화하기 시작했다. 그 시기에 세상에서 발생하는 일을 설명하는 최선의 방식이었던 미신을 과학science이 대신하게 되었다. 과학은 모든 것에는 자연적인 원인이 있다고 말해준다. 발생하는 모든 일에는 이유가 있다. 계몽주의의 모토는 '알기 위해 도전하라Dare to Know'였다. 미신에 굴복하지 말라. 사물의 진정한 원인을 알기 위해 도전하라. 계몽주의의 결과 중 하나로 인간 정신을 지배하던 초자연적 설명들이 힘을 잃게 되었다. 사람들의 머리에 불이 켜졌고 스스로 사유하기 시작했다.

자연이 어떻게 작동하는지 알기 위해 도전하게 된 것이 계몽주의의 충격 중 하나라면, 또 다른 하나는 수 세기에 걸친 종교적 폭력에 대한 혐오였다. 미신은 충분히 나빴다. 전쟁은 더 나빴다. 계몽주의 사상가들은 종교들이 언제나 서로 다른 의견을 가진다는 사실에 주목했다. 서로 다른 종교는 자신들이 신의 진리를 소유한다고 믿으며, 다른 종교들은 틀렸다고 주장했다. 그리고 그들의 종교가 한 나라를 컨트롤하게 되면, 모든 사람이 그들의 장단에 맞춰나가게 만들려고 애썼다. 그것은 아주 나쁜 일이었다. 만일 한 나라에 두 개의 종교가 경쟁하게 되면, 더욱 나쁜 결과를 만들어냈다. 종교개혁 이후 유럽에서 그랬던 것처럼, 그 두 종교는 항상 서로의 목을 겨누고 있었기 때문이다. 그러나 한 나라 안에 30개의 종교가 있었다면 그들은 모두 평화롭게 지냈을 것이다.

계몽주의는 이런 사실로부터 두 가지 결론을 끌어냈다. 첫 번째 결론은, 한 사회에 더 많은 종교가 있으면 있을수록 모든 사람이 더 안전할 것이라는 것이다. 그래서 평화에 대한 최선의 보장은 차별을 불법화하고, 관용을 실천하는 것이었다. 두 번째 결론은, 종교는 사회 안에서는within 관용되어야 하지만 동시에 사회에 대한over 통제권을 가져서는 안 된다는 것이었다. 종교 지도자들의 권위는 그들만의 믿음 공동체 안에 국한되어야 한다.

이러한 원칙이 엄격하게 강제되었던 곳은 오직 미국뿐이었다. 미국의 헌법 제정자들은 종교에 대한 생각에 있어서 계몽주의의 영향을 받았던 사람들이다. 그들은 최초의 아메리카 정착민들이 유럽에서의 종교적 탄압을 피해 어떻게 도피해왔는지 기억하고 있었다. 그리고 그들은 그들의 새로운 약속의 땅에서는 그런 종교적 탄압이 있어서는 안 된다고 결의했다. 그것이 바로 독립선언서Declaration of Independence를 쓴 사람들 중 한 사람이자 새로운 공화국의 제3대 대통령이었던 토마스 제퍼슨Thomas Jefferson이 미국 국민들에게 '종교의 설립을 존중하는 어떤 법도, 또는 그것에 관한 자유로운 실천을 금지하는 어떤 법도 만들지 않도록' 충고했던 이유다. 그들은 교회Church와 국가State 사이에 '분리의 벽wall of separation'을 세워야 했다. 그리고 그것은 미국 건립의 원칙 중 하나가 되었다.

교회와 국가가 수 세기 동안 엉켜 있던 유럽에서는 상황이 더 복잡했다. 그러나 계몽주의에 의해 고삐가 풀린 아이디어들이 국가의 일에서 종교의 권위를 허물어뜨리기 시작했다. 머지않아 교회와 국가 사이의 근본적인 분리split는 미국이 아닌 유럽에서 이루어졌다. 미국에서는 종교가, 비록 공식적인 입장을 갖고 있지는 않지만, 여전히 상당한 사회적·정치적 영향력을 가지고 있었기 때문이다.

유럽에서 일어난 일은 현재 '세속 국가secular state'라고 불리는 것의 출현이었다. 세속적secular이라는 단어는 '하나의 시대'를 의미하는 라틴어 세쿨룸saeculum에서 유래한 것이다. 그것은 영원eternity에 반대되는 일시적인 시간, 교회와 반대되는 이 세상, 종교적 계시에 반대되는 인간적 사고를 의미하게 되었다. 세속 국가는 종교에서 나온 원칙 위에서 삶을 사는 사람들과 상관하지 않기로 선택했다. 이 세상으로부터 도출된 원칙들에만 자신의 결정 기반을 두기로 한 것이다. 이제부터, 오늘날 이것이 어떻게 작동하고 있는지 몇 가지 예를 들어보기로 하자.

우리가 살펴보았던 것처럼, 많은 종교들이 여성을 차별 discriminate한다. 그들의 성스러운 책이 알려주는 것에 따르면, 여성은 남성의 조력자로 운명 지어졌으며 결코 남성보다 높은 권위를 가질 수 없다. 그러나 세속 사회secular societies에서 여성을 차별하는 것은 도덕적으로도 잘못이며, 어떤 경우에는 범죄로 취급되어 재판에 넘겨질 수도 있다. 그럼에도 불구하고, 만약 세속의 원칙secular principles이 종교들에게 그들 공동체 내부에서는 그들 방식대로 일을 처리하도록 허락하는 경우에는, 종종 사회에서 범죄가 될 수 있는 관행들이 종교 공동체 안에서 일어날 때에, 국가는 그것을 묵인할 수밖에 없을 것이다.

다른 예는, 동성애와 관련된 것이다. 다시 말하지만, 종교의 성스러운 책들은 동성애를 승인하지 않는다. 동성 섹스는 언제나 죄이며 그것으로 처형을 받을 수도 있다. 세계의 어떤 지역에서는 오늘날에도 그것 때문에 살해될 수 있다. 그러나 대부분의 현대 세속 사회에서 동성애자에 대한 박해는 그 자체가 범죄다. 동성애자들은 지금은, 여러 나라에서, 결혼할 권리를 포함하여 이성애자들과 동일한 권리를 획득하고 있다. 그럼에도 여전히 세속 국가는 많은 신앙 공동체에서 실행되고 있는 동성애자들에 대한 차별을 묵인한다.

세속 국가는 신앙 공동체들의 여성 차별sexism과 동성애 공포증homophobia을 무시할지 몰라도, 그 국가들의 대다수 시민들은 그 문제에 많은 관심을 가지고 있으며, 그런 차별과 공포증을 드러내는 것을 좋아하지 않는다. 계몽주의에 의해 세속 국가뿐 아니라 *세속 정신*secular mind이 태어났기 때문이다. 이 정신은 인생에 대해, 그리고 세계가 어떻게 질서 지워져야 하는지에 대해, 신을 끌어들이려고 하지 않는 사고방식이다. 세속 정신은 자신들의 삶에 종교적인 원칙들을 적용하는 것을 거부하는 것 이상이다. 그 정신은 종교가 사람들의 삶에 미칠 수 있는 영향력에 대해 두려움을 가지고 있다. 또 그 정신은 후기 청동기시대 이후에 기록된 성스러운 기록을 근거로 여성과 동성애자를 차별하는 사람들에게 반대한다. 세속 정신의 출현은 결과적으로 서양에서 종교의 권위를 서서히 잠식해 들어갔다. 그리고 그 결과, 수 세기 동안 유럽을 지배했던 기독교가 쇠퇴하기 시작했고, 그 기세는 멈출 기미가 거의 보이지 않는다.

그 결과는 스스로 종교를 실천하지 않게 된 사람들을 포함한 많은 사람을 슬프게 만들었다. 그들은 교회가 역사 속의 그 긴 항해를 통해 많은 결함을 만들어냈다는 것을 알고 있지만, 미덕을 가지고 있다는 사실 또한 알고 있기 때문이다. 교회는 인간의 적일 뿐만 아니라 친구였으며, 괴롭히는 자일 뿐만 아니라 치유자이기도 했다. 그러나 인간의 속성은 공백을 아주 싫어한다. 그래서 서양에서 기독교의 쇠퇴가 남긴 빈자리는 *세속적 인본주의*secular humanism라 불리는 운동의 형성을 불러왔다. 그것을 엄격한 의미의 종교라고 부르기는 어렵지만, 종교가 가진 최선의 아이디어들을 빌려왔다. 여기서 이 운동을 간단히 살펴봄으로써 종교의 역사를 마무리 짓는 것이 좋겠다.

그 명칭이 말해주는 것처럼, 세속적 인본주의자들은 사람들이 종교에 의해 부과된 원칙들에 따라서가 아니라 인간 스스로 만들어낸 원칙들에 따라서 좋은 삶을 살도록 도와주려고 노력한다. 인간성은 성장했고 이제는 스스로 책임을 져야 한다고 그들은 믿는다. 어린 시절에는 무엇을 하고 무엇을 하지 말아야 하는지 종교, 즉 신이 이야기해주었다. 그리고 어떤 지시 사항들은 충격적이었다. 노예제, 여성 억압, 동성애자들에게 돌 던지기, 강요된 개종, 그리고 잘못된 것을 믿는 것에 대한 처벌 등등. 그들은 적어도 그것보다는 더 잘할 수 있을 것이다! 인간이기 때문에, 그들은 인류를 위해 무엇이 좋은지 판단할 수 있는 최선의 위치에 있다. 관용은 좋다. 박해는 나쁘다. 선의는 좋다. 잔인함은 나쁘다. 이런 것을 이해하기 위해서, 신을 믿을 필요는 없다. 이웃을 사랑하고, 자기가 대우받기 바라는 대로 다른 사람을 대하는 것이 바람직하다고 말해주기 위해, 종교가 필요하지는 않았다.

세속적 인본주의자들은, 신앙 그룹을 포함하여, 세상을 더 나은 장소로 만들길 원하는 그 어떤 그룹의 사람들과도 즐거운 마음으로 함께 일했다. 그들은 심지어 몇몇 종교의 옷을 훔칠 준비도 되어 있었다. 그들은 종교의 쇠퇴와 함께 좋은 것이 상실되고 있음을 인식하고 있었고, 그래서 상실된 것을 어느 정도는 회복시키고 그것을 인본주의적humanistic 방식으로 사용하려고 최선을 다했다. 종교는 인생에서 커다란 전환점을 기념할 수 있도록 도와주는 데 큰 역할을 했다. 태어나고, 결혼하고, 죽음을 맞고. 종교는 이런 특별한 경우를 위한 의례들을 가지고 있다. 문제는 세속적 인본주의자들이 믿지 않는 하늘의 세상을 종교가 전제하고 있

세계 종교의 역사

다는 것이었다. 신생아의 죄는 정결하게 해주는 것이 옳다거나, 결혼은 부부가 좋건 싫건 평생을 함께하는 것이라거나, 그리고 죽은 자는 모두 다른 생으로 가는 것이라거나, 이들 중 어떤 것도 인본주의자들은 믿지 않았다.

그래서 그들은 자신들의 의식services을 실행하기 시작했다. 그리고 현대 세속 국가는 그들이 그들의 의식을 실행하도록 면허를 내주었다. 이제 스코틀랜드에서는 인본주의 의식 집행자가 주관하는 결혼식이 기독교 목사가 주관하는 결혼식만큼이나 많다. 그들은 장례식도 이끈다. 그들은 신생아의 명명식도 주관한다. 그들은 사람들의 필요에 따른 맞춤형 의식을 아주 잘 수행하고 있다. 인본주의 의식 집행자는 의식을 필요로 하는 사람들이 자신들만의 가치와 선호를 그 행사에 담아내도록 도울 수 있다. 그리고 그러는 과정에서, 그들에게 개인적인 의미를 부여할 수도 있다. 전통적인 종교에 의해 독점되었던 인생의 순간들에 대해, 다른 종류의 영성spirituality을 나누어 줄 수 있다. 세속 영성secular spirituality은 이 생애this life에서 의미와 아름다움을 찾는다. 이 생애는 우리가 갖게 될 유일한 생이며, 따라서 우리는 그것에 감사하고 잘 사용해야 한다.

세속적 인본주의자들이 종교에서 빌려온 것은 이런 형식들에 그치지 않는다. 그들은 신앙인들이 예배를 위해 함께 모이거나, 또는 함께 모여 서로의 경험을 나누는 것을 매우 높게 평가한다. 그런 모임이 아니면 결코 만나지 못했을 사람들이 어울리고 서로 돕는다. 매주 예배에 참여하는 것은 진지하게 현재 누리고 있는 삶을 점검해볼 수 있는 기회를 제공한다. 그리고 어떤 변화를 결정하는 데 도움을 받을 수도 있다. 세속적 인본주의자들은 이런 모임의 가치를 잘 안다. 그래서 그들은 자신들만의 일요 집회를 만들어냈다. 그것은 때로 '무신론자들을 위한 교회 출석 church-going for atheists'으로 알려지기도 했다. 그들은 반성reflection과 축하celebration를 위해 만난다. 그들은 세속 설교와 연설을 듣는다. 노래를 부른다. 침묵과 반성의 순간을 지킨다. 초자연성supernatural 이 없는 종교, 인간적human 종교인 것이다.

이런 종류의 인본주의가 과연 살아남아서 성장할 수 있을지, 아니면 시들해져 죽을지를 예단하기는 너무 이르다. 세속 종교에 대한 시도는 전에도 있었지만, 짧은 시간 돌아가다가 사라졌다. 비판가들은 그런 것들이 무알코올 맥주나 카페인 없는 커피를 마시는 것과 같다고 말한다. 요점은 무엇인가?

이 모든 것이 증명하는 것은, 세속적인 정신을 가진 사람들을 위한 종교의 매력, 그리고 그런 종교의 곤란함, 둘 모두일 것이다. 그들은 종교가 지금까지 이룬 것의 대부분에 대해 찬사를 보낼 것이지만, 종교가 근거하고 있는 초자연적 믿음을 더 이상 받아들일 수는 없다. 그들은 인간의 교정correction에 대해 우월하다고 주장하는 모든 형태의 권위를 의심한다. 그들은 종교가 새로운 지식의 중요성을 받아들이는 것뿐 아니라 인간 행동에 있어서 좋은 변화들에 적응하는 것이 얼마나 느린지 알고 있다. 종교는 새로운 것을 알기 위해 도전하기는커녕 대개 옛것에 매달리는 것을 더 좋아한다.

우리가 살펴본 것처럼, 종교는 수많은 망치를 다 닳아버리게 만드는 모루와 비슷하다. 종교는 어쩌면 세속적 인본주의보다 더 오래 살아남을 것이다. 오늘날 여러 곳에서 쇠퇴하고 있다고는 해도, 종교는 여전히 지구상에서 가장 큰 공연이며, 여러분 가까이에 있는 예배 장소에서 진행 중이다. 그러나 그 입장권을 사느냐 마느냐는 전적으로 여러분에게 달려 있다!

이 책은 세계 종교의 긴 역사 안으로 우리를 안내하는 간결하지만 세련된 입문서다. 책 표지가 아니라 책 내용을 세련된 것이라고 부르는 것은 일반적이지 않을 수 있다. 하지만 적어도 리처드 할러웨이 주교의 이 책은 세련된 책이라고 부르는 것 이외에 다른 형용사를 쓰기가 어려울 만큼, 깊고 넓은 종교의 세계로 독자를 자연스럽게 이끌고 들어간다. 그리고 그 안에서 독자는 감동과 관점의 변화를 경험하게 된다. 그것은 일종의 회심回心의 경험이라고 부를 수 있을 것이다.

이 책을 읽고 번역하는 동안 나는 과연 입문서는 아무나 쓰는 것이 아니라는 생각을 하지 않을 수 없었다. 진정한 입문서는 마음먹는다고 쓸 수 있는 것이 아니다. 그리고 입문을 가르치는 것 역시 만만한 일이 아니다. 우리나라에서 입문 강좌나 입문 저술이 학문 초보자의 업이라고 여겨지고 있지만 그런 오해가 우리 학문의 발전을 가로막고 있다고 생각한다. 입문은 쓰기만 어려운 것이 아니라 가르치기도 어렵다. 왜냐하면 입문을 가르치거나 쓰기 위해서는 충분한 학문적 축적이 전제되어야 하기 때문이다. 모국어로 이루어진 충분한 연구 업적이 쌓여 있어야 하는 것은 당연하고, 그런 기존의 연구 업적을 자기 '나름'의 방법과 관점으로 정리하는 실력을 가지고 있어야 한다. 나아가 독자의 호기심을 자극하고 이끌어가는 스토리텔링 능력 또한 필수적 자질로서 요구된다.

사실 이런 요구를 충족시킬 수 있는 저자를 찾기란 쉽지 않다. 게다가 단순한 정리에 그치지 않고, 기존의 축적 위에서 새로운 방향을 제시하는 통찰력이 요구된다고 한다면, 그런 자격을 골고루 갖춘 저자를 찾는 일은 하늘의 별 따기만큼이나 어려울 것이다. 워낙 입문서라는 이름으로 상업적 요약서가 범람하는 탓에, 입문의 홍수에 휩쓸려, 가치 있는 것을 가려내는 안목조차 실종되어버린 것이 우리의 현실이다. 그리고 그런 현실은 다름 아니라 바로 연구자들의 무능력에서 기인한 것이라고 말할 수 있다. 도처에 인문학이 널려 있지만, 정작 쓸 만한 입문서가 그다지 많지 않은 것이 우리의 현실이다.

대학 강의에서 사용할 만한 적절한 입문서 찾기에 어려움을 느끼고 있던 나에게 할러웨이 주교가 쓴 이 책은 아주 고마운 책이라고 말하지 않을 수 없다. 나는 약 10년 전에 엘리아데의 『세계종교사상』(이학사)를 번역한 바 있다. 『세계종교사상』는 명실공히 이 분야를 대표하는 탁월한 저작이다. 그러나 그것은 대학생을 대상으로 하는 입문 강의에서 사용하기에 상당히 부담이 되는 책인 것은 틀림없다. 따라서 그 이후 나는 입문 강좌에서 사용할 교재를 쓰거나 번역해야 한다는 부담을 늘 가지고 있었다. 엘리아데를 교재로 사용할 때에는, 내용을 쉽게 전달하기 위해 다양한 보조 자료를 활용하여 강의를 진행해왔다. 그러나 그 보조 자료를 하나의 완전한 입문서로 발전시키기 위해 요구되는 실력을 갖지 못한 죄책감을 느끼면서 차일피일 시간이 흘러갔다. 물론 다른 여러 가지 이유가 없었던 것은 아니다. 논문이나 강의, 기타 잡다한 학내 업무로 차분하게 입문서를 구상하고 정리할 시간을 얻지 못했던 것이다. 그러나 언젠가는 조금 더 쉽고 분명한 관점과 스토리텔링의 묘를 살리는 입문서를 써보고 싶다는 소망을 버린 적은 없었다. 하지만 막상 입문서를 집필할 수 있는 정신적 여유를 갖는 것은 쉽지 않았다. 그러던 중 2017년 연구년을 맞아 밀린 저술과 연구에 몰두하던 나는 어느 날 할러웨이 주교의 이 책을 번역해보지 않겠느냐는 제안을 받았다. 올해는 다른 밀린 일이 너무 많다는 이유로 망설였지만, 동업자의 호기심에 이끌려 책을 받아 검토는 해보기로 했고 결국은 번역을 수락하지 않을 수 없었다. 바로 내가 찾고 있던 그런 종류의 책, 엘리아데의 세계종교사를 대신할 수 있을 정도로 깊이와 안목을 가진 세련된 '입문서'였던 것이다.

어떤 학문 분야에서든 입문서를 저술하는 것은 쉽지 않다. 그 분야에서 오랜 연구의 경험과 강의의 노하우가 축적되어야 하기 때문이다. 입문서는 방대한 정보를 단순히 요약하는 책이 아니다. 그 분야의 학문적 전망을 제시하는 동시에 깊이와 재미를 전달해야 하는 과제를 완수해야 하는데, 그것이 말처럼 쉽지는 않다. 그래서 입문서는 그 분야 최고의 대가들의 학문 생애 최후의 저술이 되는 경우가 많다. 그런 사실이 입문서 저술의 어려움을 단적으로 말해준다. 특히 세계종교사를 저술하기 위해서는 풍부한 지식을 가지고 있어야 한다. 단편적인 정보가 아니라 인간과 문명에 대한 깊은 공감 능력과 통찰력이 필요하다. 그런 점에서 세계종교사 저술은 그야말로 아무나 할 수 없는 지난한 주제라고 여겨지고 있는 것이다. 나아가 세계종교사를 쓰기 위해서는 하나의 종교에 정통한 것만으로는 부족하다. 하나의 종교에 정통한다는 것 자체가 대단히 큰 일일 터인데, 세계종교사 저자에게는 적어도 둘 이상의 종교에 정통할 것이 요구되니, 그 어려움을 더 말할 필요도 없다. 거기에 덧붙여 종교사 저자는 비교문화적 시각을 반드시 갖추어야 한다. 풍부한 지식은 기본이고 안목의 객관성과 공정함, 나아가 포용성까지 요구된다니. 게다가 종교사 저자는 탁월한 스토리텔링 능력을 가지고 있어야 한다. 방대한 시간과 공간을 아우르는 정보에 함몰되어 재미없는 지식 나열에 그치거나, 한 방향에 치우친 박식을 과시하는 방향으로 흘러가버릴 위험에 노출되어 있기 때문이다. 그런데, 이 세상에는 정말 드물지만, 탁월한 재능을 가진 르네상스적 지성을 가진 사람이 가끔 나타난다. 나는 이 책의 저자 할러웨이 주교가 그런 분들 중의 한 사람이라고 생각한다. 개인적으로 나는 할러웨이 주교를 알지 못한다. 종교학, 내지 비교종교학의 영역에서도 그렇게 널리 알려진 학자는 아니고, 과문이 겹쳐서이기도 하지만, 이 책을 통해 저자를 처음 접했다. 그러나 이 책의 내용에 나는 감탄하지 않을 수 없었다. 해박함, 깊이, 통찰력, 균형 잡힌 시각, 모두가 놀랍다. 나 자신이 평소에 자주 하는 이야기, 혹은 하고 싶었던 이야기, 학생들에게 전해주고 싶었던 내용이 이 책의 구석구석에 깨알처럼 언급되고 있다. 더구나 그 모든 것을 꿰어서 풀어내는 저자의 스토리텔링 능력은 탁월하다.

한편으로는 저자에게 감사했지만, 다른 한편으로는 섭섭함을 느끼기도 했다. 책 내용의 불만 때문에 갖는 섭섭함이 아니다. 이런 책을 쓰는 것은 결국 나에게 주어진 몫이 아니었다는 것을 발견하고 느끼는 섭섭함이다. 연구자는 항상 더 뛰어난 연구자를 만나면, 가슴이 설레면서 미묘한 질투감을 느끼는 것이 아닐까? 그러나 그 질투는 다리를 걸고 싶은 질투가 아니다. 더 분발해야 하는데 단지 분발만으로 도달할 수 있을까 하는 두려움에서 오는 질투다.

이 책을 우리말로 옮기면서 줄곧 느낀 것은 저자가 종교사를 꿰뚫는 안목을 가지고 있다는 사실이다. 그는 세계 종교의 다양성과 복잡성을 잘 이해한다. 그러면서도, 그 다양성을 관통하는 핵심을 찾아내는 날카로움을 유감없이 보여준다. 저자는 여러 종교의 다름을 승인하면서도, 다름을 관통하는 핵심을 파악하고 있다. 그 핵심에 도달하기 위해 저자가 제안하는 개념이 다름 아닌 상징[symbol]이다. 종교의 언어를 '상징'으로서 이해하는 안목을 가질 때, 우리는 다양성에 의해 지리멸렬해지지 않을 수 있다. 상징을 이해하는 순간, 우리는 다양성을 꿰뚫는 하나의 중심에 다가갈 수 있는 것이다. 그러나 그것이 모든 종교가 '결국은' 하나라고 말하는 것은 아니다. 결국은 '하나'라고 말하는 것은 복잡함을 받아들이지 못하는 편협한 마음의 표현일 수 있다. 그렇다고 다름만을 보게 되면 방향을 잃고 산만해진다. 저자도 한계를 가진 사람인지라, 다른 종교를 이야기할 때에도, 어쩔 수 없이 자신이 가장 잘 아는 종교에서 출발하여 이야기를 풀어나간다. 그러나 그런 방식도, 자기가 아는 것으로 다양함을 축소해버리는 편협함을 훌쩍 넘어서 있기 때문에, 전혀 거슬리지 않는다. 인간의 인식은 자기가 아는 것에서 출발할 수밖에 없다. 그것은 인간 인식의 한계이자 숙명이다. 숙명의 노예가 되는 것에 그치는 사람에게서 우리는 탁월함을 발견할 수 없다. 탁월함이란 숙명을 넘어서는 데서 성취되는 것이기 때문이리라.

자기에게서 시작할 수밖에 없지만, 그 한계를 넘어 더 멀리 더 깊이 나아가는 것이 학문의 궁극적 목표이고, 나아가 삶의 궁극적 목표가 아닐까? 그것이 소위 말하는 깨달음enlightenment이고 구원healing이 아닐까? 깨달음은 나의 한계를 깨치고 넘어가는 것이다. 스스로의 한계를 깨고 자신의 낡고 익숙한 껍질을 벗어던지는 것이 구원이다. 그런 깨달음에 이른 사람에게서 우리는 건강한 인격의 모델을 볼 수 있다. 자기에게서 출발하되 자기를 넘어서는 초월과 초탈이 인격적인 건강함이다. 여러 언어에서, 건강은 성스러움과 통하는 개념이라는 사실을 기억하자.

수많은 종교 전통은 자기에게 익숙한 세계를 벗어나는 여행과 탈주와 파괴라는 '상징'을 통해 초탈을 표현한다. 종교사에서 숱하게 등장하는 종교적 천재들의 여행과 탈주는 깨달음의 상징으로 읽힐 수 있다. 고향의 호수를 떠나 산으로 들어가는 니체의 자라투스트라, 고향을 떠나는 아브라함과 모세, 그리고 공자와 바울의 탈주와 여행, 안전하고 안락한 궁전을 떠나는 붓다의 여행, 자기를 실현하기 위해 천하를 주유하는 공자의 여행. 고향에서 배척받고 내몰려 탈주하는 무함마드. 깨달음을 찾기 위해 방랑하는 나나크의 여행. 이런 모든 종교적 천재들의 여행 이야기는 구원을 향한 비전을 찾고 실행하는 '정신적 여행'에 다름 아니다. 그러나 그 천재를 모방하는 데 급급한 세속의 우리는 물려받은 것을 지키기에 몰두하고, 결국 그 정신을 왜곡하고, 기껏 받은 것조차 지키지 못하고, 깨우침과 구원의 가능성을 질식시켜 껍질 안에 틀어박힌다. 그것이 아집이고, 고집이고, 편견이다. 정통의 이름으로 창조적 비전을 질식시키는 우愚를 범하고 마는 것이다. 종교가 깨달음의 방해물이 되는 역설적 상황에 빠져버리는 것이다.

우리가 종교를 배워야 하는 이유는 무엇인가? 무조건적 믿음과 신앙으로 구원받기 위해서인가? 그것이 아닐 수 있다. 나의 한계에서 출발하여, 그 한계에 사로잡히지 않는 시야를 확보하기 위해 우리는 종교를 배우고 종교를 실천해야 하는 것이 아닐까? 종교는 맹목적으로 믿어야 하는 것이 아니다. 종교는 몸과 마음으로 배우고 실천하는 것이다. 종교적 '상징'은 우리에게 사유를 촉구한다. 프랑스 철학자 폴 리쾨르는 상징은 사유를 불러일으킨다고 말했다. 종교의 존재 이유는 낡은 틀을 깨는 깊이와 통찰의 힘을 주기 위해서다. 종교의 지식은 정신적 여행의 에너지를 제공한다. 그러나 책 안의 지식만으로는 부족하다. 나는 종교인들이 추구하는 소위 구원이라는 것이, 그리고 현대의 우리 모두가 찾아 헤매는 소위 힐링이라는 것이, 의미가 왜곡 축소되고 있긴 하지만, 결국 그런 배움과 실천의 기반 위에서 획득되는 것이라고 생각한다. 힐링이라는 말 자체가 구원과 관련되어 있다는 사실을 자각하는 사람은 많지 않다. 구원이 서양 종교가 좋아하는 개념이라면 동양의 종교는 깨달음을 더 선호한다. 그것은 다르지만 같은 정신적 차원에 속하는 경험이다. 깨달음을 표현하는 영어enlightenment는 빛과 관련이 있다. 너머에서 오는 빛을 받아들이는, 혹은 너머의 빛으로 나아가는 경험이다. 한편, 영어의 힐링healing은 독일어의 성스러움heilige과 어원을 공유한다. 그리고 그 말은 라틴어의 성스러움sacred과 동의어다. 프랑스어나 영어에서 건강이나 신성을 의미하는 saint, sante, sain, sanity 등등, 다 종교적 구원, 깨달음과 관련이 있다.

자기의 한계를 초탈하기 위해서는 개방적 태도가 필요하다. 나보다 더 큰 무엇이 존재한다는 사실에 나를 열어놓아야 한다. 그런 더 큰 세계, 더 큰 실재가 존재한다는 신념이 종교의 기초를 이룬다. 전통적 종교들은 그런 실재를 신, 하느님, 브라흐만, 도, 알라 등등 다양한 이름으로 불러왔다. 철학자들은 그 실재가 '정말로' 존재하는가를 둘러싸고 줄기찬 토론을 벌였고, 그것이 철학과 신학이라는 학문의 뿌리가 되고 있다. 그러나 그런 실재를 증명하는 일과는 별개로, 그런 실재의 승인은 인간에게 중요한 실천적 가치를 가진다. 그것을 무엇이라 부르든, 더 큰 위대한 궁극적인 실재를 인정해야 우리는 겸손해질 수 있기 때문이다. 인간은 오만한 동물인지라, 자신이 별것이 아니라는 겸허함을 놓치는 순간 문제가 일어난다. 그런 문제는 과학기술이 극에 도달한 이 시대에 정말 눈먼 사람이 아니라면 누구라도 확인할 수 있다. 종교학자 니니안 스마트는 현대인의 윤리인 개방적 태도를 '다른 사람의 신발을 신고 걷기'라고 부른 적이 있다. 그런 개방적 사고와 열린 상상력을 갖지 못한 사람은 깨달음에 도달할 수 없다. 즉 건강한 삶을 살기가 어렵다.

　종교를 이해한다는 것은 교리나 제도 등, 단순히 외적인 지식을 습득하는 것 이상의 일이다. 종교는 단순한 믿음이나 복종이 아니기 때문이다. 물론, 믿음과 복종이라는 단어를 역시 '상징'으로서 읽을 수 있다. 그때 그 말은 종교의 핵심이자, 시대와 장소를 넘어선 지혜를 담는 말이 될 수 있다. 그 말은 결국 자기의 편견이나 아집을 버린다는 말이 될 수 있기 때문이다. 내가 잘났다는 고집과 편견을 버리는 것이 믿음이다. 나보다 더 위대한 실재가 존재한다는 것을 승인하고, 내가 보잘것없는 존재라는 사실을 자복自服하고, 나의 편협함을 내려놓고 겸허하게 물러나 존재 그 자체의 목소리에 귀를 기울이는 것이 복종이다. 이슬람의 복종, 기독교가 강조하는 믿음, 유교가 가르치는 겸謙(겸손)과 경敬(경건), 불교의 공空(비움)과 지관止觀(생각을 그치는 것), 도교의 무無와 허虛(비우기)…… 이런 모든 것이 종교의 핵심에 자리 잡고 있는, 깨달음과 구원의 상징이기 때문이다.

종교는 깊이와 관련된 영역에서 솟아나오는 삶의 태도와 성찰의 노력이다. 이류 종교사는 종교의 교리나 종교와 관련된 정보를 전달하는 데 힘을 쏟을 것이다. 하지만, 일류 종교사는 깊은 차원에서 인간이 어떤 비전을 가지고 무엇을 추구했는가, 더 나은 더 살 만한 인간 세상을 만들기 위해 어떤 꿈을 꾸고 어떤 상상력을 발휘했는가, 그런 상상과 비전과 분투의 역사를 서술하려고 한다. 따라서 종교를 이해하기 위해서는 정보적 지식에 그치지 않고, 다양성을 단순화시키지 않으면서, 다양한 형태로 전개된 인간적 '분투'를 꿰뚫어보는 안목이 필요하다. 역사 쓰기에서는 정보 그 자체의 수집 능력보다 더 중요한 것이 바로 꿰는 능력이다. 구슬이 서 말이라도 꿰어야 보배라고 하지 않았던가. 이런 능력은 지식 공부만으로는 성취하기 어려운 일종의 탤런트, 즉 재능이다. 다원주의적 사유와 문화 환경을 자연스럽게 받아들일 뿐 아니라 그런 다양성을 즐기는 사람이 아니라면 가지기 어려운 재능일 것이다.

내가 익숙한 것이 좋은 이유는 그저 그것이 익숙하기 때문이다. 그러나 내가 익숙하기 때문에 그것이 다른 것보다 반드시 더 좋다고 말하기는 어렵다. 나의 것을 사랑하기 때문에 다른 것의 좋음을 눈감고 부정하는 태도로는 종교의 깊이를 파악하기 어렵다. 그런 태도로 비교종교학은 처음부터 불가능하다. 비교적 시각을 가져야 하는 이유는 무엇인가? 다른 것의 나쁜 점을 후벼내고 내 것의 좋음을 부각하는 경쟁에서 이기기 위해서가 아니다. 일부 기독교인은 선교를 위해 비교종교학을 해야 한다고 말하기도 한다. 왜 선교를 해야 하는가? 그 사실을 근본적으로 물어보지 않는다면, 선교는 결국 나르시시즘의 폭력을 확산하는 일에 그칠 수 있다. 이처럼, 자기중심적 나르시시즘을 강화하는 데 비교적 방법을 이용하는 경우가 없지 않지만, 그것은 비교의 진정한 방법도 아니고 목표도 아니다. 각각의 문화가 각자 방식으로 '좋음'을 살고 있고, '좋음'을 누리고 있다는 사실을 공평하게 평가하기 위해서 비교가 필요한 것이다. 그때 비로소 나의 아집을 버릴 수 있다. 그것을 기독교에서는 케노시스, 즉 내려놓기라고 부른다. 아마도 불교의 공空이나 유교의 경敬도 비슷한 말일 것이다. 문화마다 다르다면, 왜 각각의 문화는 그런 서로 다름을 자기의 것으로 '체화'하기에 이르렀는가? 그런 질문을 통해 타자에 대한 공감적 이해를 가질 수 있다. 그러나 21세기 지구적 삶을 위협하고 파괴하는 다양한 형태의 근본주의는 공감적 이해를 즐길 수 있는 여유로움을 상실한 문화적 자폐증의 산물이라고 말할 수 있을 것이다.

저자가 제공하는 또 하나의 중요한 논점은 종교와 정치의 관계에 관한 것이다. 이것은 우리의 인식적 편면성을 교정하기 위해 대단히 중요한 논점이다. 사실 모든 사상은 정치적이다. 저자도 이야기하고 있는 것처럼, 정치가 사회의 작동과 운영을 의미하는 말이라면, 종교보다 더 정치적인 활동이 있을 수 없을 것이다. 프랑스 철학자 앙드레 레비는 철학이란 투쟁의 무기라고 주장한 바 있다. 정신적 문제야말로 진정한 정치적 투쟁의 주제라는 말이다. 허접한 정치인들의 헛소리, 토호 정치인의 이익 추구, 기득권 유지를 위한 지역주의, 기회만 주어지면 자기 이익 찾기에 눈이 먼 조무래기 정치꾼의 이전투구에 익숙한 우리는 정치에 알레르기적 거부감을 가지는 경우가 많다. 그렇기 때문에 우리 사회에서는 숭고한 종교와 저속한 정치를 하나로 섞어버리는 것에 대한 거부감이 유난히 강하다. 그러나 그런 태도는 오히려 정치의 중요성을 이해 못하는 오류로 이어질 위험이 있다. 그렇게 눈을 가렸기 때문에, 선거판에서는 정작 자기 이익을 확대하기 위한 편협한 정치적 선택을 하고 마는 것이 아닌가?

정치는 사회와 사회에서의 개인의 삶을 바르게 만드는 것이다. 바르게 사는 것의 의미를 끊임없이 되묻지 않는 정치가 얼마나 공허한가? 바르게 사는 것의 의미를 끊임없이 반추하지 않는 정치는 결국 진흙탕 싸움으로 전락하고 만다. 지도자가 자기의 권한을 백분 발휘하여 자기 이익 내지 자기 패거리의 이익을 극대화하는 데 권력을 사용하는 것을 정치라고 착각하고 있는 것이 한국의 현실이 아니었던가? 한국 정치의 무능과 부패가 바로 이런 안이한 정치 이해에서 비롯된 것이 아닌가? 권력 주변을 맴돌며 떨어지는 콩고물을 고대하거나 지도자를 활용하여 토호적인 이익을 취하는 것이 민주주의요, 지방자치라고 오해하면서 우리의 정치 환경을 만들어온 것이 아닌가?

바르게 사는 삶을 탐색하는 것이 정치다. 그렇다면, 정치와 종교가 다르지 않은 것 아닌가? 유대교, 기독교, 이슬람은 말할 것도 없고, 동양의 종교 역시 끊임없이 그런 바름을 탐색하는 정치—

종교로서 존재했다. 공자가 정치를 '바르게 하기'라고 규정한 이유가 그것이다. 불교는 그것을 정도正道의 실천이라고 말한다. 그러면 바름이란 무엇인가? 그것은 하나로 고정되어 있지 않다. 시대마다 상황마다 변화한다. 그 변화 속에서 유연하게, 그럼에도 불구하고, 그 상황에 가장 어울리는 조화로운 바름을 탐색하는 것이 중요하다. 그것이 유교에서 말하는 중용中庸(여기서 용庸은 범용이라기보다는 바른 실천, 실행이다)의 이념이고 불교에서 말하는 중도의 이상이다. 동양의 종교는 믿음이 아니라 실천과 실행을 중시했다. 영어로 신앙, 즉 크레도credo라는 말 역시 맹목적 믿음이 아니라 실천을 함축하는 말이었다. 믿음이란 바른 삶의 탐색이고 실천이었던 것이다. 그러나 종교를 맹목적 믿음의 문제로, '무조건 믿습니다!'로 축소하고 왜곡한 것이 한국 기독교가 저지른 최대의 실수라고 말할 수 있다. 아니, 그런 왜곡은 근대기 동양에서 일어난 종교 오해의 연장선에서 일어난 일이니 한국 기독교 탓만 하기도 민망하다. 그러나 그런 오해를 확대 고착화시킨 것이 기독교인 것은 틀림없다. 그런 오해로 인해 종교의 본래 정신이 망각되었고, 종교를 맹목적 믿음이나 신앙과 동일시하는 편향적인 종교 이해가 만연하게 되었다.

종교란 맹목적 믿음으로서의 신앙에 관한 일이 아니다. 신앙은 바른 삶을 탐색하는 인간적 분투의 한 국면이며, 바르게 사는 것이 가능하다는 신념이며, 비전에 대한 신뢰다. 나도 할 수 있다는 신념, 우리도 할 수 있다는 믿음이다. 그런 믿음이 있어야 우리는 우리 삶을 더 나은 삶으로 만드는 구체적인 노력과 분투에 착수할 수 있다. 우리만 옳고 너희는 틀렸다는 맹목적 믿음이 절대화되는 방식으로 방향을 잘못 잡으면 비극이 초래된다. 그것이 타자의 전면 부정으로 이어지면 독단이 된다. 민족주의나 애국심이 독단주의와 결합하여, 인종주의와 파시즘을 낳는다. 인종주의, 혹은 자민족중심주의는 근대적 형태의 왜곡된 종교라고 볼 수 있다. 전통적 종교를 죽이고 만들어진 국가주의 종교가 인종주의이며, 그것이 홀로코스트를 낳는 비극을 초래한 것이다. 정치와 종교를 형식적으로 분리하는 것이 능사가 아니라는 말이다. 정말 필요한 것은 단순한 형식적 분리가 아니다. 정말 필요한 것은 정치가 바로 바른 삶의 탐색이라는 본래 정신을 회복하는 것이다. 정치가 독단적 자기주장과 결합하는 것이 근본주의다.

그렇다면 바른 삶을 실현하기 위해서는 어떻게 해야 하는가? 단순하게 답을 내리기 어렵다. 과학만으로도 안 되고 철학만으로도 안 된다. 그 시대의 지혜를 총체적으로 이용해야 한다. '회택백가會澤百家(모든 사람의 지혜를 이용하다).' 과학도 필요하고 철학도 필요하다. 어느 한 시점의 진리가 다음 시대의 진리가 아닐 수 있다는 겸허함이 중심에 있어야 한다. 기독교가 겸손을, 불교가 자비를, 유교가 중용과 조화를, 이슬람이 형제애를 강조하는 것이 모두 그런 정신 태도의 요청이다. 그러나 순진한 민중의 신앙을 개인 혹은 작은 집단의 이익을 위해 이용하는 자들이 세상을 어지럽힌다. 한 국가 안에서 경제적·정치적·권력적 이익을 장기적으로 독점하려는 지역 토호에서부터 하나의 테러 집단이나 거대한 국가, 모두가 그런 근본주의 세력이 될 수 있다.

종교와 정치를 분리하는 근대적 정교분리 이념은 작은 종교 집단이 자기들의 이익과 국가 전체의 이익을 혼동하는 데서 발생하는 갈등을 해소하기 위한 방편이었다. 특히 근대 유럽에서 100년 동안 이어진 종교전쟁으로 탄생한 근대국가는 다양한 종족, 다양한 인종, 다양한 언어 집단, 다양한 종교 집단을 하나의 새로운 틀 안에서 재편성하는 과정에서 궁여지책으로 정교분리의 이념을 만들어낸다. 전통적 종교들을 새로운 국가종교가 대체한 것이다. 작은 집단의 이익을 거대한 국가의 이익과 동일시하는 데서 발생하는 과도한 갈등을 넘어서기 위한 어쩔 수 없는 선택이었던 것이다. 그런 정교분리를 통해 국가는 새로운 종교가 되어버렸다. 그것이 근대적 정교분리의 실상이다.

　　그러나 종교를 사적 영역으로 몰아낸 정치는 바른 삶의 모색이라는 이상도 함께 제거해버렸다. 바른 삶의 모색을 포기한 정교분리, 즉 바른 삶과 무관해진 정치는 자본주의와 결합하여 제국주의적 이익 추구 체제로 변화한다. 그리고 그것이 나중에 세계대전의 원인이라는 사실은 잘 알려져 있다. 여기서 국가와 세계는 오직 경제적 이익을 탈취하기 위한 전투장으로 전환되어버린다. 물론 현시점에서는, 기존의 어떤 종교 집단의 권리나 지배권을 회복하고 인정하는 방식의 정교일치는 더 위험한 시도가 될 것이다. 최근 발생한 몇몇 이슬람 국가에서 벌어지고 있는 일이 그것이다. 미얀마의 로힝야족 말살 정책이 이런 시도의 연장에 있다. 미국이 독립전쟁 이후 나아간 길이기도 하다.

　　그런 점에서 우리는 종교의 의미를 재인식할 필요가 있다. 그리고 동시에 정치의 근본 의미를 재확인할 필요가 있다. 종교와 정치가 바른 삶의 탐색이라는 근본 의미를 회복해야 한다는 것이다. 인간이 마주하는 문제는 크게 세 가지 차원으로 이루어진다. 나 자신, 나와 타자, 나와 자연(세계)의 관계다. 그러나 그 모든 차원에서 발생하는 중요한 문제들은 이론적 인식만으로는 완전히 해결할 수 없다. 이론만으로는 재단할 수 없는 거시적·심층적 과제들이 존재한다는 사실을 받아들일 필요가 있다. 이런 문제들 앞에서는 나의 판단, 현재의 판단이 절대적인 것이 아닐 수 있다고 인정하는 겸허함과 긴 안목이 요구된다. 형이상학적인 초월 존재가 물리적인 실재로서 정말로 존재하는가, 그런 문제는 중요한 것이기는 하지만, 다급한 해결을 필요로 하는 것은 아니다. 신이나 도道, 혹은 그것을 무엇이라 부르든, 그것은 인간의 한계를 자각하게 해주는 상징이다. 대중의 욕구를 채워주기 위해 만들어진 낮은 수준의 비유가 사실로서 고착되어 답이 없는 신학 논쟁이 벌어진다. 사실 신을 실체화하는 모든 인간의 노력은 우상숭배라고 말할 수 있다. 십계명의 제2계명이나, 언설불가능한 도를 강조하는 노자 1장은 같은 맥락에 서 있다. 인간의 언어로 규정할 수 없는 다른 차원의 가능성을 인정해야 한다. 그런 차원을 반드시 5차원, 6차원, 혹은 11차원, 그런 물리적 차원으로 볼 필요는 없다. 언어에만 몰두하면 사유의 가능성이 닫힌다.

이 책은 단순히 과거의 종교 전통들에 대한 지식을 얻기 위한 정보원에 그치지 않을 것이다. 종교에 관한 풍부한 지식 정보를 제공하는 것이 이 책의 목적은 아니기 때문이다. 이것만 알면 종교를 알 수 있다는 식의 얄팍한 요약을 제공하는 것이 아니라 정보를 꿰어서 인간 문화의 유장한 역사를 다시 볼 수 있는 관점의 혁신을 제공하는 것이 이 책의 과제요 목적이다. 그리고 저자는 그런 목표를 십분 백분 달성하고 있다. 이 책을 통해, 종교에 대해, 종교와 관련된 세상의 일에 대해, 우리가 미처 생각하지 못했던 새로운 관점을 획득할 수 있을 것이다. 나는 이 책이 현대가 요구하는 현대인의 윤리를 실천하기 위해, 나아가 힐링을 추구하는 현대인의 인생관의 복원을 위해, 반드시 한 번쯤 읽어두면 좋은 책이라고 믿는다.

이 책을 소개하고 번역을 권유한 소소의책에 감사드린다. 방대한 지식을 다루는 책이라 옮긴이의 오해와 무지로 인한 오류가 곳곳에 숨어 있을 것이 틀림없다. 독자의 가르침을 기다리면서, 옮긴이의 말을 마치고자 한다.

2018년 3월
장성 불태산 자락에서, 이용주

413

세계 종교의 역사

초판 1쇄 발행 │ 2018년 3월 27일
초판 10쇄 발행 │ 2023년 10월 30일

지은이 │ 리처드 할러웨이
옮긴이 │ 이용주
펴낸이 │ 박남숙

펴낸곳 │ 소소의책
출판등록 │ 2017년 5월 10일 제2017-000117호
주소 │ 03961 서울특별시 마포구 방울내로9길 24 301호(망원동)
전화 │ 02-324-7488
팩스 │ 02-324-7489
이메일 │ sosopub@sosokorea.com

ISBN 979-11-88941-00-1 (03900)
책값은 뒤표지에 있습니다.

이 도서의 국립중앙도서관 출판예정도서목록(CIP)은 서지정보유통지원시스템 홈페이지(http://seoji.nl.go.kr)와
국가자료공동목록시스템(http://www.nl.go.kr/kolisnet)에서 이용하실 수 있습니다. (CIP제어번호 : CIP2018004177)